本书由河南大学文学院学术著作出版基金资助出版

纪念华锺彦先生诞辰110周年暨古代文学高端论坛合影

HUAZHONGYAN XIANSHENG JINIAN WENJI

华锺彦先生纪念文集

华锋 / 主编

河南大学出版社
HENAN UNIVERSITY PRESS
·郑州·

图书在版编目（CIP）数据

华锺彦先生纪念文集 / 华锋主编. -- 郑州：河南大学出版社，2023.12

ISBN 978-7-5649-5693-6

Ⅰ．①华… Ⅱ．①华… Ⅲ．①华锺彦（1906-1988）—纪念文集 Ⅳ．① K825.6-53

中国国家版本馆 CIP 数据核字（2023）第 237686 号

责任编辑　陈　巧
责任校对　孙增科
封面设计　郭　灿

出版发行　河南大学出版社
　　　　　地址：郑州市郑东新区商务外环中华大厦 2401 号
　　　　　电话：0371-86059701（营销部）
　　　　　网址：hupress.henu.edu.cn　　邮　编：450046
排　　版　河南大学出版社设计排版部
印　　刷　河南瑞之光印刷股份有限公司
版　　次　2023 年 12 月第 1 版　　印　次　2023 年 12 月第 1 次印刷
开　　本　710 mm×1010 mm　1/16　印　张　33.5
字　　数　482 千字　　　　　　　　定　价　88.00 元

（本书如有印装质量问题，请与河南大学出版社联系调换。）

目 录

一 / 华锺彦先生著作补遗

先秦文学史话 / 3
第一章　中国文学的起源……………………………………3

汉魏六朝文学史（存目）／ 15

中国古代文学史　第五编　封建社会文学（二下）／ 16
引言…………………………………………………………16
第一章　民歌………………………………………………26
第二章　三国的诗文………………………………………34
第三章　晋代的诗文………………………………………44
第四章　南北朝的诗文……………………………………53
第五章　小说的发展………………………………………63
第六章　文章理论的奠基…………………………………72
结语…………………………………………………………81

二 / 华锺彦先生文章补遗

1. 中国文学概论弁言……………………………………90

2. 词学起源的时间考 … 92
3. 工业人才对于国文的需要 … 96
4. 古代文学的学习方法 … 98
5. 绝句诗名义考 … 103
6. "二苏"为什么同咏郭纶 … 103
7. 关于近体诗的读法 … 105
8. 继承唐诗传统的三点呼吁 … 110
9. 高亨先生传 … 112
10. 古近体诗及词的声韵格律 … 119
11. 关于古近体诗改造的建议 … 132
12. 给中华诗词学会诸公的一封信 … 134
13. 给李珍华教授的一封信 … 136
14. 发展我国韵文，改造当代诗词创作 … 138
15. 《苏舜钦诗文选注》序 … 141
16. 《孙禄堂拳书五种简注》序言 … 143
17. 中小学生应该读点古典诗歌——作为《古今名诗选读》的前言 … 146
18. 《诗歌精选》序言 … 148
19. 《爱国诗词欣赏》序言 … 150
20. 《红楼梦新补》序言 … 152
21. 《性灵草》序 … 154
22. 《杜甫故里资料汇编》序言 … 156
23. 答中学某老师的提问 … 158
24. 给潘希逸先生的一封信 … 160
25. 《五四以来名家诗词选》结语 … 161
26. 读《唐文选》前言——初步与何法周先生商榷 … 166
27. 评何均地同志《〈借靴〉纵横谈》 … 170
28. 为征集吟诵文献给专家、学者的一封信 … 171
29. 刘禹锡《学阮公体三首》赏析 … 173
30. 《诗经·大雅·生民》赏析 … 176

31. 谢灵运《游赤石进帆海诗》解析 ... 184
32. "唐诗吟咏研究小组"工作汇报 ... 188
33. 《〈诗经〉会通》前言 ... 189
34. 在开封广播电台的讲稿 ... 191

三 / 华锺彦先生诗词选补编

1. 漫兴二首 ... 194
2. 雨后游宁园 ... 194
3. 秋夜独酌怀旧（其一） ... 195
4. 秋夜独酌怀旧（其二，用原韵） ... 195
5. 登楼 ... 195
6. 秋夜怀远二首 ... 196
7. 寿李闇齐先生七十初度 ... 196
8. 春郊漫兴 ... 196
9. 浣溪沙·登楼忆旧四首 ... 197
10. 鹧鸪天·山中二首 ... 198
11. 南歌子·听昆曲 ... 198
12. 虞美人·临河感作 ... 198
13. 鹧鸪天·新雨后游宁园作 ... 199
14. 忆秦娥·游昭陵贵妃墓 ... 199
15. 菩萨蛮 ... 199
16. 菩萨蛮二首 ... 200
17. 桃花扇题词 ... 200
18. 青灯（1932年秋） ... 204
19. 西江月四首（1958年） ... 204
20. 咏蓼（1962年秋） ... 205
21. 红云（1963年） ... 206
22. 通许行二首（1965年7月） ... 206

23. 国庆节咏菊 ... 207
24. 和荔庵《梦回》 ... 207
25. 迁葬吊云纶二女（1976年春） ... 207
26. 与桓公同登吹台（1977年春） ... 207
27. 奉和玉京二首（1978年12月） ... 208
28. 评《曹雪芹小像》部分题咏诗（1979年） ... 208
29. 欢呼四中全会 ... 209
30. 读《莫干山》诸老诗词感赋，赠王运熙教授二首（1980年） ... 209
31. 和鲁迅《莲蓬人》（1981年7月） ... 210
32. 辛酉暑末口占小诗二首恭送苹秋贤伉俪顺利归并，并祈吟正 ... 210
33. 自济南转郑寄北（1981年9月） ... 210
34. 执教三十年感怀（1981年9月） ... 211
35. 中秋有怀（1981年） ... 211
36. 晨练（1982年6月） ... 211
37. 为季容题仕女画三首（1982年） ... 212
38. 梦中吟（1983年3月） ... 212
39. 登旅顺东鸡冠山、白玉山，蓦然感怀（1983年） ... 213
40. 哀悼马荣连同志（1983年） ... 213
41. 寄远（1983年10月） ... 213
42. 和沈阳王树乔等拳友二首（1984年2月） ... 214
43. 无锡鼋头渚（1984年4月） ... 214
44. 绍兴鲁迅故居（1984年5月） ... 214
45. 访旧（1984年春） ... 215
46. 题爱晚亭 ... 215
47. 苏州拙政园（1984年春） ... 215
48. 唾手珠还洛浦来（1985年1月11日） ... 215
49. 卢沟桥事变五十周年感怀四首（1987年7月） ... 216
50. 小栗英一教授远道来访元遗山诗冢，漫咏新诗四首相赠（1987年

11月10日）……………………………………………………………217

51. 庐山雾海（1984年5月）……………………………………218
52. 岑澜颂四首（1985年3月5日）……………………………218
53. 鹧鸪天·咏蝴蝶（1985年7月）……………………………219
54. 和李梦寒、陈玉清、顾潜光、宾梦痕
　　诸诗家步仆甲子《咏菊》诗韵（1985年9月）…………219
55. 陈九思先生赠《转丸续集》周退密先生署其端，
　　歌以鸣谢（1985年）………………………………………220
56. 题廉建中、惠毓明两先生诗画册（1985年）……………221
57. 登极目阁二首（1986年4月）………………………………221
58. 寄汾酒于汪玠如诗家（1986年）…………………………221
59. 虞美人·词到重光风始真（1986年10月）………………222
60. 论诗赠上海诗词学会诸诗友（1986年）…………………222
61. 芙蓉馆文会——酬粤海诸公兼呈与会诗友…………………223
62. 鹧鸪天·丁卯春节（1987年1月）…………………………223
63. 读"纤笔一支谁与似"，怀念丁玲（1958年5月）………223
64. 哭渠彤（1987年7月）………………………………………223
65. 改造诗词用韵四咏（1987年）……………………………224
66. 祝中华诗词学会成立（1987年）…………………………225
67. 送别（1987年）……………………………………………225
68. 马鞍山新成李白纪念馆感赋（1987年）…………………225
69. 恭贺叔容夫人六十晋九初度（1987年11月）……………226
70. 武林杂咏四首（1988年）…………………………………226
71. 哀悼飞将李鹏礼同志五首（1988年）……………………227
72. 歌咏"一国两制"（1988年）……………………………228
73. 哀悼张树德同志（1988年5月）…………………………228
74. 赠刘玉华先生（1988年6月）……………………………229

附录：华锺彦先生所撰对联、挽联 / 230

（一）对联

1. 重修岳阳楼联（1984年3月）..................230
2. 为包公祠后殿撰联（1987年）..................230
3. 贺七十年校庆（1982年9月）..................231
4. 为黄河浏览区贵宾室撰联（1985年11月）..................231
5. 为绿珠庙撰联（1971年）..................231

（二）挽联

1. 追悼万曼同志（1971年）..................231
2. 挽吴鹤九同志（1972年）..................232
3. 挽周恩来总理(1976年)..................232
4. 挽曹东清同志(1976年)..................232
5. 挽戴淑芳同志(1977年9月)..................232
6. 挽周拔夫同志(1979年)..................233
7. 代李春祥等挽周拔夫老师(1979年)..................233
8. 挽刘承坤同志(1979年)..................233
9. 挽钱天起同志(1979年)..................233
10. 代中文系全体师生挽钱天起同志..................233
11. 钱先生遗像两侧挽联(1979年)..................234
12. 挽高晋生夫子(1982年)..................234
13. 挽段再培先生(1982年)..................234

四 / 华锺彦先生学术思想研究

中国历史文选·前言 / 姚小鸥..................236
华锺彦先生的《戏曲丛谭》及其他 / 康保成..................248
《花间集》现代意义读本的奠基之作
　　——试论华锺彦《花间集注》编撰特点及学术价值 / 孙克强..................254

华锺彦的《诗经》研究及其学术精神 / 张应斌 264
后世单作诗人看　使我抚几空嗟咨
　　——简论华锺彦诗词的因时而兴特色 / 宋立民 274
雅什清歌韵无穷
　　——华锺彦先生教学风采撷谈 / 王利锁 289

五 / 2017年河南大学"纪念华锺彦先生诞辰110周年暨古代文学高端论坛"文章选编

华老师魂，铸我文魂
　　——在"纪念华锺彦先生诞辰110周年暨古代文学高端论坛"
　　上的发言 / 曾祥芹 296
怀念华锺彦先生 / 韩玉生 299
《词的创作与吟诵》序 / 赵敏俐 300
纪念业师华锺彦先生诞辰110周年 / 王宗堂 304
论华锺彦先生倡导中华诗词创作和吟咏的杰出贡献 / 葛景春 309
安得促席　说彼平生
　　——有关华锺彦先生怀人诗词的断想 / 宋立民 314
华锺彦先生《诗经》研究的贡献、特色与方法 / 边家珍 331
华锺彦先生文论思想简要述评 / 鲁庆中 359
骋怀吟啸集　著绩丹铅管
　　——华锺彦先生诗词论略 / 张亚军 376
华锺彦先生学术研究与教学活动的关系
　　——以先生的《诗经》学为中心 / 耿纪平 389
华锺彦教授的古诗词吟咏 / 孔漫春 400
《戏曲丛谭》与参军戏研究 / 孟祥笑 413
华氏吟诵调：吟必有法，吟无定法 / 杨娜 420
论词的吟诵传统 / 张宁　华锋 430
忆恩师华锺彦先生 / 马向阳 446

跟随华锺彦先生读书的日子（上）/ 曾广开 451
跟随华锺彦先生读书的日子（下）/ 曾广开 458
现在的大学为什么越来越没有故事了？
　　——华锺彦先生110年诞辰 / 许石林 466

附录：华锺彦先生追悼挽联、诗词、文章

华锺彦教授追悼会悼词 469
挽联选 472
挽诗、挽词选 477
附记 482
纪念锺彦师逝世一周年 / 张芝 493
悼念华锺彦先生 / 叶元章 495
落花时节读华章 / 夏影 497
怀念华老 / 姜海峰 500
砖塔胡同 / 姚小鸥 506
《浩气长存天地间》后记 / 华贲 华维 华锋 508
父亲对我们的教育——回忆中的几个小故事 / 华贲 510
缅怀我的父亲 / 华维 517

后　记 / 524

一 华锺彦先生著作补遗
HUAZHONGYAN XIANSHENG ZHUZUO BUYI

先秦文学史话

第一章　中国文学的起源

中国的历史，过去都以《史记》为据，从黄帝轩辕氏算起，已有四千六百多年，当时没有文字记载，只凭口头传述、口述的历史，很难完全取信。近几十年，从河南渑池县仰韶村发现新石器时代晚期的文化遗址看，生产工具已相当进步，且有红色陶器，其时代约在公元前五六千年，是谓"仰韶文化"（或彩陶文化）。比这稍晚，约在公元前四千多年，又在山东济南的龙山镇发现了"龙山文化"，保存有很精致的黑色陶器、卜骨等。以此珍贵出土材料对照史书，与黄帝时代相差不多。若从"仰韶"时期算起，还要推上去约二千年。但那时所留下的只有文化，还无文学。要研究中国文学的起源，继续从地下发掘是必要的，还必须从先秦古书补记的口头传说资料中进行探讨。

一、原始的诗歌

在没有文字之前，却早已有了文学。追溯最早出现的文学形式，是人类在集体生产劳动中创造的诗歌。因为人们在集体劳动中自然而然地会发出有节奏的呼声，呼声虽无实际意义却会感到省力，从而就有意识地把呼声变成歌词，加上刚健的韵律，进行歌唱，那就更足以减少疲劳，增强功效，诗歌就是这样出现的，是伴随着劳动而产生的。人生为求衣食，无日不劳动，故诗歌源源不断地产生。沈约说："歌咏所兴，宜自生民始也。"（《宋书·谢灵运传论》）也就是说，自有人类就有诗歌。《淮南子·道应训》说：

> 今夫举大木者，前呼"邪许"（音"牙虎"），后亦应之，此举重劝力之歌也。

这种"歌呼"的具体运用，现代犹存。1931年我在无锡街上，亲见两人抬一大缸，走得飞快，本来在我身后，霎时过我身前，他们交替地呼唱着"牙虎"，在我听来，好像贝多芬的歌曲，声音由远到近、由低到高，再由近到远，由高到低，以至于消失。"牙虎"是声音，不是歌词，却是诗歌的基础。鲁迅在《门外文谈》说及更为细致：

> 人类在未有文字之前，就有了创作的。可惜没有人记下，也没有法子记下。我们的祖先原始人，原是连话也不会说的，为了共同劳作，必须发表意见，才渐渐练出复杂的声音来。假如那时大家抬木头，都觉得吃力了，却想不到发表。其中有一个叫道"杭育杭育"，那么，这就是创作。……倘若用什么记号留存下来，这就是文学；他当然就是作家，也就是文学家、是"杭育杭育派"。

尽管如此，有声音而无意义，还不算诗歌。真正有意义的上古诗歌，在古典中追记的还可以见到一些，诗篇虽朴素简短，却都是发于激情的。如《吕氏春秋·音初篇》引《候人歌》：

候人兮，猗。

这诗的本意是说，大禹娶了涂山氏之女为妻，可是大禹忙于治水，在外十三年，三过家门而不入，其妻怀念他，等待他，作了这首四个字的诗歌，诗歌中只有"候人"二字有实义，"兮"，是停顿词，就是"啊"，"猗"，是感叹词，就是"唉"，全诗大意是说："我在等候我的人啊！唉！"这首短诗应给我们以深切感受：大禹的积极工作真了不起，禹妻的抑情等待，也了不起，等待中发出心声，咏成诗歌，表达出真情实感，足以动人，确是好诗。又如《吴越春秋》的《勾践阴谋外传》记载的《弹歌》：

断竹续竹，飞土逐宍（古"肉"字）。

前人解谓孝子陈音为其亲人守尸而作，这是妄加猜测，实不可信，上古根本没有"孝"的教养，这分明是写生产劳动中的英雄形象。射猎禽兽是古代生产劳动的主要方式，诗中写这位劳动英雄，力量极大，经常拉断一个弹弓，再续一个新弹弓，飞快地射出泥弹，追逐禽兽。用"飞""逐"二字显示弹去肉来，技艺精绝，令人神往。

上古时人依靠群众的智慧和力量，战胜了禽兽，从而认为世界的一切都可以按自己的意志改变。他们不了解什么客观规律，往往认为主观力量可以控制一切，甚至把自己的语言包括诗歌，当作咒语来使用，以求满足现实生活的目的要求，这就是把人的能力加以理想化了。如《礼记·郊特牲》所载伊耆氏《蜡辞》：

土反其宅，水归其壑，昆虫毋作，草木归其泽。

这首诗歌本是年终的祭歌，写得很有气魄，与其说是祷告，不如说是命令。仿佛是用咒语命令神去执行，不许土崩沙压，要求各安其位（宅）；不许洪水泛滥，要求各归沟壑；不许昆虫成灾，让万物全都回到生养它们的大泽中，各自生长无害于人。语词决断，气魄昂扬，颇有浪漫主义情调，能给读者以守正不阿、自强不息的感受。

原始时代的诗歌，常常与音乐、舞蹈相结合。《吕氏春秋·古乐篇》记载："昔葛天氏之乐，三人操牛尾，投足以歌八阕：一曰'载民'，二曰'玄鸟'……"由此可知，"三人"是集体，"操牛尾"是手拿射猎胜利的果实；"投足"是舞蹈；歌唱"八阕"是音乐伴奏。可以想象其欢快的歌舞情态，如在目前。《礼记·檀弓》说："人喜则斯陶（乐），陶斯咏，咏斯犹（摇），犹斯舞。"由此可见，在生产劳动胜利的欢乐中，是最容易唱出诗歌的。再如《尚书·虞书·益稷》所载舜与皋陶（音"尧"）唱和的诗歌三篇：

股肱（音"工"）喜哉！元首起哉！百工熙哉！
元首明哉！股肱良哉！庶事康哉！
元首丛脞哉！股肱惰哉！万事堕哉！

第一篇是舜的唱作，他把辅佐他的大臣比作股肱（大胳膊大腿），说大臣皆得喜悦，国君自然振作，百岁之业乃得广阔。第二、三篇是大臣皋陶的和歌，第二篇是说"国君真够高明，大臣也够贤能，各种政事乃得安定"，第三篇是从反面和歌："国君若无大略，辅臣就要堕落，万事必然受挫。"这三篇诗歌的思想是积极的，情调是真挚的，一句一个"哉"字，以示音节的曼长，态度的恳切。在没有文字的时代而能流传如此高度艺术性的诗歌，这就为周代出现的《诗经》奠定了广泛而充实的基础。

原始时代的诗歌保留下来的确实很少，可以参看《古诗源》《古谣谚》。

二、古代神话传说

在没有文字以前，不仅有诗歌，还有神话，是什么呢？就是古代人民对他们所接触的自然现象和社会现象，幻想出具有艺术解说的集体口头创作。正如马克思说："神话是在人民幻想中，经过不自觉的艺术方式所加工过的自然界和社会形态。"（《政治经济学批判·导言》，若以神话与诗歌相比，一般说，诗歌是以韵文直接表达情意，而神话则是以散文通过故事传说表达情意，而且其写作方法都是浪漫主义的。

神话是怎么产生的呢？原来在上古时代，生产力很低，人们在生产斗争中，不能认识与掌握自然规律，对自然界带有盲目性，有时胜利了，则自以为了不起，可以发出命令式或咒语式的祝词，但在自然界的对抗面前，难以取胜时，就往往迫使人们把自然界各种变化的动力都归之于神的作用，是神在指挥他们。既然自然界有神力，那么，人类当然也有压倒自然的神力相助为理，于是这样的神力，就在人们的想象中逐步形象化与人格化了。随后又在生产劳动中依照自己的英雄形象，塑造了各式各样的神的故事，以克制自制力的对抗，最后征服自然，取得胜利，这就是神话的基本来源。

神话的形成，虽由于想象和幻想，但并不是凭空乱想，而是以现实生活为依据的，是客观现实生活斗争的反映。所以一切自然界的神话故事，都与人类社会生活密切相关。

《淮南子·览冥训》所载"女娲炼石补天"的神话故事：

> 往古之时，四极废，九州裂，天不兼覆，地不周载，火爁（音"滥"；燃烧貌）炎而不灭，水浩洋而不息。猛兽食颛（音"专"，良善）民，鸷鸟攫老弱。于是女娲炼五色石以补苍天，断鳌足以立四极，杀黑龙以济冀州，积芦灰以止淫（洪）水。苍天补，四极正，淫水涸，冀州平，狡虫死，颛民生。

这段神话说明了很多问题。首先，可以表明这个神话的产生是在母系氏族社会，女娲是神化了的氏族领袖，她有超人的才能，能够完成人们理想中的一切要求。其次，可以说明当时自然界似乎受暴力神的驱使，造成灾难重重，有地震，有野火，有洪水，有害人的猛兽与鸷鸟，都不能使人安生。可是为人类造福的女娲具有超人的才能，任何灾害，一经她的神力措施，都可以妙手回春。再次，女娲所用的神物都可以从人类社会找到根据，五色石是天空彩云的象征；鳌足稳固，意在安定；黑龙代表暴力神，作为斗争的主要对立面，非杀不可；芦灰可以止水，是人类社会所习见的。可知神话是按照人类社会的理想和习惯编写而成的，终归要为人类的生产和生活服务。

《山海经·海内北经》记载有"夸父逐日"的故事：

> 夸父与日逐走，入日。渴，欲得饮，饮于河、渭，河、渭不足，北饮大泽。未至，道渴而死。弃其杖，化为邓林。

这是神话中塑造的夸父这个英雄人物形象，他敢于与太阳赛跑，表现了这位英雄与自然界斗争的大无畏精神，体现了人类要求征服自然的强烈愿望。这个神话给人们两点启示：其一，夸父虽然没有取胜，却展现出人要战胜自然的开端，显示出继夸父而起的必有人在，迟早总有取胜的一天。其二，夸父虽然累死了，但留下一个邓林，表现出为人类造福不怕自我牺牲的伟大精神。

《山海经·大荒北经》记载"黄帝擒蚩尤"的神话故事：

> 蚩尤作兵，伐黄帝，黄帝乃令应龙攻之冀州之野。应龙蓄水。蚩尤请风伯雨师，从（纵）大风雨。黄帝乃下天女曰魃，雨止，遂杀蚩尤。

这段神话说明人类社会总有正气与邪气的矛盾斗争。蚩尤是代表邪恶势力的暴力神，制造兵杖，发动战争。"纵大风雨"以伤人。黄帝则代表正派势力，维护人类安宁，相与战斗，终于消灭了制造祸乱的暴力神。神话遂把黄帝塑造成为中华民族的始祖，说他是具有神力、反对暴乱、追求和平的象征，千秋万代受到人民的尊敬。

《淮南子·本经训》记载"羿射十日"的神话故事：

逮至尧之时，十日并出，焦禾稼，杀草木，而民无所食。猰貐（音"牙余"，兽名）、凿齿、九婴、大风、封豨（音"希"，野猪）、修蛇，皆为民害。尧乃使羿诛凿齿于畴华之野，杀九婴于凶水之上，缴（音"灼""酌"，射箭）大风于青丘之泽，上射十日而下杀猰貐，断修蛇于洞庭，擒封豨于桑林。万民皆喜，置尧以为天子。

这段神话说明什么问题呢？（一）说明羿是个善于射箭、为民除害的英雄，人民念念不忘他的好处，把他神化起来，又把善于发挥英雄才干的尧，推上天子的宝座。（二）从故事中，反映当时人民最苦痛的是干旱，他们很可能把干旱的原因归到太阳过多，认为射掉多余的太阳，干旱就可以解除了，从而幻想出"十日并出"，羿射九日的神奇才干。（三）羿不仅能射掉九日，还能消除三种自然灾害：修蛇是虫灾，大风（《淮南子》高诱注：鸷鸟）是鸟灾，其余都是兽灾。这些灾害，也都神化了，都属于暴力神，只有这位英雄的神人，才能射杀之，终使正气压住了邪气。

《山海经·海内经》记载"鲧、禹治水"的神话，更与人类社会的历史有一定的联系：

洪水滔天，鲧窃帝之息壤以湮（音"烟"，塞也）洪水，不待帝命。帝命祝融杀鲧于羽郊。鲧复（腹）生禹，帝乃命禹卒布土以定九州。

这段故事可以反映：（一）阶级社会已经明显地出现了。只有地上存在着不讲情理的统治者，才能塑造出不讲情理的天帝。鲧为了救民，急于治水，迫不及待地窃取天帝所藏止水的土，这事虽有错处，却也情有可原；而天帝竟要维护自己法令的尊严，不惜把这个好心肠的鲧杀掉。表明统治阶级无情可讲。（二）神化了的鲧，一心想要治水，虽被杀害，从肚子里生出的"神禹"，自然是先天性的治水能手，子承父业，坚定不渝，终于平治洪水，安定九州。（三）这段神话与正史相出入，《史记·夏本纪》说："当帝尧之时，鸿水滔天，浩浩怀山襄陵，下民其忧。"尧求能治水者，群臣皆举鲧，鲧治水九年不成。更用舜，舜"乃殛鲧于羽山"而使鲧子禹"续鲧之业"。可见神话故事与人类历史多有互相标榜之处，都在突出禹的功能，否定了鲧，却不否定鲧尝治水，当然更不会联系起来，看到"失败为成功之母"的道理。

三、最早的散文

最早的诗歌与神话，都出现在有文字之前，经过口头传述流传下来，既不可不信，又未必全真。而最早的散文，则只能产生在有文字之后，而且还需要一段熟练运用文字的过程，才有可能出现。根据地下发掘，还没有见到商以前的文字。

我国最早的文字，要数殷商时代的甲骨文（按：殷商墓葬中也曾发现钟鼎，如后母戊鼎，重约八七五公斤，鼎上有各种花纹，但无文字，故本章不谈钟鼎文）。甲骨文也就是殷墟卜辞，殷人迷信鬼神，遇事则卜，并把卜得的结果，写成文辞埋在墓葬中，经过几千年，直到1898年，才开始由河南安阳小屯村殷墟发现。经过刘铁云、罗振玉、王国维、郭沫若等很多人研究,近人胡厚宣著《五十年甲骨文发现的总结》说:"到今为止,研究甲骨文字的约有二百八十余人出版的著作,共有八百七十多种。"有人估计出土的甲骨约有十万片,所载甲骨文的字数总共五千以上。可以确切认识和使用的,接近一千字。由字连缀成辞,可以表意,但还不够文学。其中初步具有文学意味的也不多,如郭沫若《卜辞通纂·三七五》:

今日雨:其自西来雨?其自东来雨?其自北来雨?其自南来雨?

这段卜辞是说,今天要下雨,是从哪一方来的雨呢?答案不定,可能是与风向时刻转变有关。这段文字已具备了朴素的文学意味,初步建立了语法规律,可以看出书面文学的最初形式。这里需要说明,卜辞一般说都不用韵,不属于诗歌体。不过上古时文字尚简,简则于自觉或不自觉中,往往用韵文表达思想,并与汉魏乐府"江南可采莲"相比,形式虽相似,意味截然不同。

《周易》经文中有文学意味的,比卜辞大为增多,有显著的进步。《周易》或简称《易》,或称《易经》,是五经之一种,原是古代卜筮之书,也有自我修养作用。故孔子曾说:"学易之后","可以无大过矣"。严格说来,卜筮是两种不同的算法。卜,用龟盖,凿孔而灼之,巫者观其裂文,判断吉凶。筮用蓍草五十根,筮人(算卦人)使卦者(问卦人)任取六次,观其单数双数,自下而上,组成内卦和外卦,共为六爻,并于六爻之中,观其阴阳变动,择定主爻,按照主爻的爻辞与卦辞联系起来,以断吉凶。

《易》的来源很古,相传起自伏羲,画为八卦,初为单卦,后经文王、周公之手,变为重卦,重为八八六十四卦。于是每卦各有卦辞,每卦六爻各有爻辞,合为周易经文。后来又有传文,即象(音"团",去声)辞上下,象辞上下,系辞上下,文言、说卦、序卦、杂卦等十篇,或称十翼传说为孔子所作，司马迁称之为"易大传"。曾于《孔子世家》中说："孔子晚而喜易，序彖、系象、说卦、文言，读易韦编（穿竹简的皮绳）三绝。"看来孔子作传是有可能的。不过，传文出现的时间较经文年代相差很远，故这里只举经文，大约与卜辞的时间不相上下。如乾卦的卦辞与爻辞：

  乾：元、亨、利、贞。
  九三：君子终日乾乾，夕惕若，厉无咎。
  九五：飞龙在天，利见大人。

  上边所引乾卦的卦辞是说，人若筮得此卦，"可举大享之祭，乃有利之占问"（按：此注见高亨先生的《周易古经今注》与《周易大传今注》，注下又云："乾：卦名。元，大也。亨即享字，祭也。利即利益的利。贞，占问。"）。"惕若，犹惕然。厉，危也。咎，兴也。"上边所引爻辞是说，如遇九三爻为主爻，则才德之士，要终日乾乾然勤勉努力，至夜也要警惕，虽处危厉之境，亦无灾害。又如遇九五爻为主爻，是以至德而当盛位，如飞龙在天，是大有所作为之象。若见大人，即可显达。

  又如谦卦的卦辞与爻辞：

  谦，亨，君子有终。六二：鸣谦、贞吉。九三：劳谦、君子有终，吉。

  首先说卦辞，人若筮得谦卦，将要亨通。才德之士能以谦虚自处，必有好的结果。其次再说爻辞，如遇六二为主爻，是说有名而能谦虚（鸣，犹名也），又得其正（贞，犹正也），乃吉。如遇九三为主爻，是说有功劳而能谦虚，则此才德之士，必有好结果，是以吉。以上所引，虽有文学意味，还是不算文学。真正称得起散文文学的，最早要数《尚书》。

《尚书》简称为《书》，又称《书经》，也是五经之一种，尚，犹言上，是"上古帝王之书"，也是古代记言的史书。孔子曾以《尚书》教学，故此书经他选择或删削是可能的。《尚书》有今古文之分，今文尚书二十八篇，古文尚书五十八篇，过去争论很大，古文尚书虽为伪作，今文尚书也不全真。今通行《十三经》本是根据古文尚书刻印的，内分虞、夏、商、周四部分。虞书五篇与夏书四篇，当时皆无文字。商书十七篇，虽迁殷以后始见文字，但亦不尽可信。唯《盘庚》篇，作为最早散文的代表，可以无疑。兹引于下：

予告汝于难，若射之有志。汝无侮老成人，无弱孤有幼。各长于厥居，勉出乃力，听予一人之作猷。无有远迩，用罪伐厥死，用德彰厥善。邦之臧，惟汝众，邦之不臧，惟予一人有佚罚。凡尔众，其惟致告，自今至于后日，各恭尔事，齐乃位，度乃口，罚及尔身，弗可悔。

商王盘庚要迁都于殷地（今河南安阳），由于臣民反对，他就对臣民作了上述的训辞，这是其中一小段，译文如下：

我告诉你们：办事的难处，如同射箭必须射中正确的目标。你们不要轻视老成人的话，不要不考虑孤儿与幼儿的受害。每人对其居处，要作长远打算，要奋勉献出你们的力量，听我一人的谋划。我对你们没有远近亲疏，谁要采用犯罪的道路，我就处罚他至死，要采用德厚的道路，我就表彰他的善行。国家办好了，功劳都归你们，国家办不好，只有我一人有罪受罚。所有你们臣民只有接受我的告示。从今以后，我要求每个人都忠于其职守，整齐其职位，要度量其出口的言辞，否则刑罚临到你们身上，后悔也来不及了。

从整段散文的语言神气，可以看出当时奴隶主权威的严厉性和文学表达能力的深刻性。在此基础上，到了春秋战国时代，发展成为丰富多彩的历史散文与诸子散文，也就自然而然，不足为怪了。

第二章　诗经
第三章　历史散文
第四章　诸子散文
第五章　屈原与楚辞

(《先秦文学史话》原书共五章，其中二至五章为白本松先生撰写，此处仅存其目。)

汉魏六朝文学史（存目）

（1962年在郑州大学任教时讲稿）

中国古代文学史
第五编　封建社会文学（二下）

（魏晋南北朝）（公元 184 – 589 年）

引　言

本阶段文学史包括从黄巾起义到隋统一（公元 184—589 年）的四个世纪。

在 400 年间，地主阶级上层分子世世代代把持着政治与文化。赋税徭役日益苛重，土地兼并日益加剧，这不是西晋的占田制和北朝的均田制所能改善的。世族地主过着奢侈荒淫的生活，而在他们压榨下的农民却终日啼饥号寒，挣扎在死亡线上；加以国内长期分裂，战祸频繁，更增加了农民阶级与地主阶间的矛盾。

同时，由于汉代向外扩张所造成的民族移动，使某些边疆民族逐渐进入内地来。他们起初做汉族地主的佃户，后来起而反抗，并在北方建立起自己的国家来。他们掠夺汉族人民，也自相掠夺，一部分汉族地主渡江南下，一部分地主留在北方，投降了边疆民族的统治集团，而农民则受双重的压迫。所以这时期的阶级矛盾是又复杂又尖锐。

由于社会非常动乱，人民的苦难非常严重，宗教便得到钻空子的机会。道教建立在传统的迷信与带有迷信色彩的科学幼芽的基础上，杜撰了一些所谓道经，在东汉以后逐渐流行。接着佛教输入中国，不少佛经译成汉语,也广泛地传播起来。原来在思想意识方面占统治地位的是儒家学说,现在演变而成儒、道、佛三足鼎立之势,互相排挤,更加重了社会上的乌烟瘴气。

在这样的历史条件下,明显地出现了两种不同的文学。一方面,广大的人民群众用民歌作武器,表达了对丑恶的鞭挞和对光明的向往。进步的作家也创造出具有一定深度的思想内容与一定高度的艺术形式的作品。另一方面,封建文士们却写出了汗牛充栋的阿谀文学、玄言文学、游仙文学、宫体文学,造成一段汹涌的逆流。也有一部分作家摇摆于二者之间,他们作品中精华与糟粕是相杂糅着的。

以上这些错综复杂的情况,为便利计,将分成三个段落来论述:一是三国,包括东汉末年在内(184—265年),二是晋代(265—420年),三是南北朝(420—589年)。

(一)

首先,谈谈第一个段落的情况。公元二世纪初年以后,东汉王朝就走向了下坡路;统治阶级中的三个集团(外戚、宦官、上层官僚)不断混斗,结果是农民的慢性的穷困生活终于变成急性的穷困。农民忍受不了严重的压榨,各地不断发生暴动;到公元一八四年,就爆发了黄巾大起义。他们攻破了地主们的"坞壁",杀戮了贪官污吏;各地响应,声势浩大,统治阶级用豪强的武装进行了残酷的镇压。后来豪强间互相厮杀,边疆民族又参加其间,造成了连年混战。这就使东汉的经济、文化遭受到重大的破坏,到处是一片荒凉。建安年间,人口中十分几乎去了九分。洛阳附近,二百里内没有人烟。不但城市空虚,农村里也缺少人来种地。当时的历史里有很多这一类的记载。

就在这样的局面下,出现了像《孔雀东南飞》那样强烈地控诉封建礼教与封建家长制血腥罪恶的乐府民歌,也孕育了建安作家们的现实主义诗篇。这些作家大都饱经丧乱。如王粲祖上虽是大官僚地主,但他早年就过逃难的生活，所以对人民的苦难比较能够理解，因而能够在作品中揭露战争的罪恶，并对"饥妇人"的悲惨遭遇表示同情。杰出的女诗人蔡琰通过自己亲身经历的悲剧，写出卓越的诗篇，概括地反映了汉末动荡的社会面貌和阶级间的矛盾。

这时曹操父子在政治上、文学上起了一定的作用。曹操为人有不少缺点，如参加对黄巾义军的镇压，在历次战争中杀了许多可以不杀的人，等等。但是他在当时的局面下，的确有不可磨灭的功绩。他统一了中国北方，发展了农业，减轻了对农民的剥削。他厉行法治，改变了东汉的用人制度，破格录用有才能的人。在文学上，他重视对汉乐府民歌的学习。他的儿子曹丕在《典论·论文》里反对崇古贱今，认为不同的作者应有不同的风格，不同的文学样式应有不同的艺术特色。曹植在《与杨德祖书》里认为"街谈巷说必有可采，击辕之歌有应风雅"。这些进步的主张对当时文坛是有促进作用的。

同时，他们自己的作用基本上能够实践他们的主张。在社会现实与民歌的启发下，曹操在某些诗篇中真实地反映了汉末战乱给予人民的痛苦，对祖国也很关怀，这就提高了他的创作成就。虽然他的作品还有一定的局限性，但仍较曹丕为胜。文学史上有名的"建安风格"的形成，曹操父子和建安七子同样有贡献的。

不过这时文坛上不良的风尚也已经开始了。曹氏父子收留了不少作家，建安七子除孔融外，其余都依附在曹氏父子门下。七子以外，还有邯郸淳、杨修、繁钦、吴质、缪袭等人。三国时的文人，十分之九到了魏国。他们一起游园喝酒，一起吟诗作赋，这种远离人民的生活使他们的作品常常是糟粕而不是精华，作品内容有些是肉麻的阿谀奉承，或者是消极游仙避世。而某些作家在语言上重视修饰，也对后代产生一定的副作用。

在曹氏父子建立魏国的时候，刘备在西南建立了蜀国，孙权在东南建立了吴国。二〇八年赤壁之战以后，三分的局面是逐渐稳定了。这是东汉末年北方社会大破坏以后的自然趋势。西南和东南在汉代虽逐渐开发，但北方仍是全国的中心地区。后来中心地区受到了破坏，失去统一力量，西南与东南便脱离而分立了。三国内部，暂时获得了安定，因而经济上多少有些进展。

不过蜀、吴两国在文学上的成就却不能和魏国比。蜀国有诸葛亮，他是个伟大的政治领袖，同时也是有一定成就的散文作家。吴国有韦昭，他也写散文，也写诗。可是他的《吴鼓吹曲》却是和缪袭的《魏鼓吹曲》一样的坏作品。

到了3世纪40年代以后，三国初期的上升的形势渐渐过去了。曹操所不承认的世族特权，到曹丕已不能不承认，不得不实行九品中正制了。世族地主不但有做官的特权，而且还受经济上的优待。渐渐地就形成了刘毅所谓"上品无寒门，下品无势族"（《晋书》卷四十五）的局面。吴国也是依靠流寓的和土著的世族，来维持统治的。蜀国的情形大体与魏、吴相似。后来，出身高级世族的司马懿终于夺取了曹氏政权，他的子孙又合并了蜀、吴两国，建立了晋王朝，使世族制度得到进一步的巩固。

三国的统一在历史上是一件好事，但是对于当时的知识界来说，王朝交替的过程是个苦难的时期。那时魏、蜀、吴的统治者日益荒淫残暴，而司马氏集团在争权夺利、钩心斗角的斗争中，手段也是险诈残忍的。为了更便于控制，统治阶级要求唯心主义思想不断发展，因而魏晋间的老庄道家思想便抬起头来。同时，封建文士们为了逃避现实，明哲保身，也就以老庄消极思想为避难所。他们不但躲避在《道德经》《南华经》里边，也躲避在服药、饮酒的颓废嗜好里边。鲁迅先生说："正始名士服药，竹林名士饮酒。"（《魏晋风度及文章与药及酒之关系》）这些"名士"的精神面貌是不健康的。

从何晏开始，就宣扬"逍遥放志意"（《拟古》），主张"且以乐今日"（《失题》）。嵇康与阮籍都是站在老庄的角度来抨击儒学、嘲弄礼法。

阮籍在《咏怀诗》里斥责统治集团的丑恶与社会的黑暗,这是应该肯定的;不过他认为人生无常,而趋向退隐或求仙,他的局限性是十分严重的。嵇康诗文中也是积极面与消极面同时存在,而消极面比重尤其大。所以正始的文风和建安是不同的。

(二)

其次,谈谈第二个段落的情况。西晋统一以后,局面暂时稳定下来。由于劳动人民的努力,生产力逐渐获得恢复。统治者对世族予以优待,承认他们有分割人口与免除租役的特权;同时又分封子弟,给予统治实权。这些大地主阶级生活的腐朽堕落,在历史上是少有的。他们的荒淫、奢侈、贪财、残忍,发展到令人难以置信的地步。可是那时的老百姓,却正处在水深火热之中。他们在统治者的压榨下,常常被迫大量流亡。流民在各地起义反对统治者,不过没有能够很好地组织起来。同时,统治阶级内部争权夺利,造成所谓"八王之乱",互相厮杀,边疆民族趁虚而入,便产生了"十六国"的局面,后来中国北方沦陷了。

尖锐的阶级斗争与崇高的爱国思想,是这时期民歌的主要内容,民间诗人把无耻的统治者比作"兽""驴""狗"。他们歌颂保卫祖国的将领,特别是《陇上为陈安歌》,不但热烈地表达了人民对农民英雄的热爱,也深刻地体现了人民的爱国激情。在社会现实与人民创作的启发下,产生了优秀作家左思、刘琨等人的作品。左思出身寒门,向为世族集团所歧视。他用清新而不雕琢的语言,在诗中体现了他轻视"贵者"而重视"贱者"的思想情感,他对政治的抱负,他对无能者窃踞高位、有才者受压抑的愤慨。刘琨亲自参加保卫国土的斗争,把自己满腔的爱国热情都贯注在作品中,表达了对于敌强我弱的形势的无限痛心,对于挽救危局的殷切期望,对于未能击退敌人的悲愤,这些卓越的诗篇能鼓舞读者的斗争意志,提高读者对统治者的仇恨与对祖国的爱。

与此相反的是陆机、潘岳等人。在世族地主把持政权的年头,地主阶级的文士们生活空虚，感情贫乏，思想意识消极落后，只知道用骈偶和典故来装饰自己的诗文。本来对句和用典，可以追溯到很早，适当的对偶和典故，在作品中也无可厚非。但是过分地重视这类技巧，而又缺乏充实的内容，便成为严重的弊病，这不能不算是文坛上的逆流。这一批人看不见祖国的危机，看不到人民的灾难，也瞧不起进步的作家，他们作品中，糟粕占绝对的多数。

4世纪初年，司马氏的政权被迫南渡，北方汉人也有不少随着南迁，偏安在长江流域，而中国北方的广大土地就控制在边疆民族手里。南迁的劳动人民就把生产技术也带到南方，与南方劳动人民一起使长江流域的经济更进一步发展。南迁的世族与当地的地主阶级得到充裕的物质供养，过着骄奢淫逸的腐朽生活。渐渐地统治集团内部起了分裂，苏峻、祖约、桓温、桓玄、王恭等人相继用武力来争权夺利，更加重了人民的苦难。人民群起反抗，到4世纪末年，义军领袖孙恩率领群众，从海上攻破了会稽郡，其余几郡的人民同时起义，响应孙恩，声势非常浩大。他们一度打到京师附近，使统治者惊惶失措。他们虽然最后不免失败，但东晋王朝不久也就跟着垮下来了。

这一百年中的文坛是黯淡的。这时社会动荡不安，封建知识分子内心苦闷，因而不但正始以来的玄风逐渐盛行，佛教也因此而日益传播。所以庾阐、孙绰等游仙、玄言诗，成为这一时期的流行作品。庾阐诗中完全是出世的话，孙绰也喜欢用空洞的语言来讲玄奥的道理。此外，如艺术家王羲之和史学家袁宏所作诗文，也离不开道家的框子。到东晋末年，殷仲文和谢混开始扭转玄言、游仙诗的风气，不过他们并没有能够使创作和现实结合起来。所以总起来看，东晋在文学创作上是没有什么成就的。

这时唯一的例外是陶渊明。他在思想上有积极入世的一面，也有消极避世的一面，因而他的作品也应分别对待。他在作品中写出了自己对于世事的关怀，农田耕作的生活，饥寒交迫的苦难，并提出"靡王税"

的理想。语言朴素而清新,风格平淡而亲切。这些都说明他是一个优秀的作家。但是他反映现实的广度与深度都不够,而消极颓废的情调又很突出。所以他和农民还有距离,他仍是一个"隐逸诗人"。他的作品在后代知识分子中所起的作用,好的少而坏的多。这时期应该指出的一件事情,就是小说的发展。三国时的《列异传》与《笑林》,已经显示了一个新的趋势。到晋代,特别是东晋,就产生了干宝的《搜神记》、裴启的《语林》、葛洪的《西京杂记》等作品。其中《搜神记》尤其值得注意,里边固然有一部分毋庸讳言具有迷信色彩,但另一部分却是民间的优秀故事,具有丰富的社会意义,有的故事还有着出色的艺术魅力。这是完全可以理解的。这时期社会的黑暗与动荡,使统治集团更醉心于神权与宿命,但劳动人民却与此相反,他们在严重的压榨下,迫切地憧憬着美好的生活,因而用种种方式表达自己的理想与自己对丑恶现实的憎恨。歌谣如此,小说也如此。

(三)

最后,谈到南北朝的情况。从 420 年到 589 年,南方经历宋、齐、梁、陈四朝。北方在 439 年统一于后魏,后来分为东西魏,再变而成北齐、北周、到 577 年与 581 年分别亡于隋。前后约一个半世纪,南北是分立的。

就南朝论,劳动人民改造了长江流域的面貌,使它逐渐繁荣起来,但财富的享受者仍然是剥削者,特别是把持统治权的世族地主阶级。阶级壁垒非常森严,贵贱不但不通婚,而且也不相交接。贵族子弟涂脂抹粉,肉柔骨脱,连马叫都害怕,简直是十足的废物。劳动人民却喘息于沉重的租税、徭役之下,在死亡线上挣扎。贫民典妻卖子,还应付不了苛税。破产了的农民常常被迫沦为奴婢,一个奴婢在当时只值六斗米。阶级矛盾的加深,是必然的结果。统治集团只知道加重对人民的剥削,但对祖国北方的沦陷,却熟视无睹,毫不动心。梁朝的萧绎、萧詧,为了争帝位,甚至向西魏献媚。怀念故国的,只有老百姓。

地主阶级为了维持自己的血腥统治,用宗教来麻醉人民。宋明帝以后,庙宇越建越多,到梁代就有寺院二千八百多所,僧尼八万二千多人。这些佛寺都是拥有广大田地,兼营高利贷,僧人们的生活极其奢侈腐朽,大大加重了人民的痛苦。进步的思想家如宋何承天、梁范缜,起而反对这种神学思想的统制。他们首先反对佛教所宣传的灵魂不灭和轮回的说教,把古代唯物主义和无神论的思想,提高到新的水平。范缜不但从哲学问题上向佛教开火,而且从社会政治观点上进行批判,斥责教徒们的寄生剥削的生活,这就在一定程度上反映着人民的愿望。

人民用歌谣作武器,严厉地讽刺统治阶级。有些民歌收入乐府,成为清商曲;他们大都用五言四句的样式歌唱妇女的生活,其中优秀的作品不但抒写爱情,也描绘她们的生产劳动,揭发徭役给予她们的痛苦,控诉封建势力对恋爱的压抑。进步的作家如鲍照,认真学习民歌,因而熟练地掌握七言歌行的样式,并在作品中批判了统治者及其爪牙的丑恶,表达了对于"才秀人微"的愤慨,歌颂了卫国的英雄,也关怀了劳动人民的苦难。他的赋与散文也有一定的成就。南朝优秀作家不多,他是唯一值得我们大书特书的人。

当时一般文人大都沉溺在形式主义、唯美主义的泥坑里,他们或者崇尚用典,如颜延之;或者流连山水,如谢灵运。谢灵运描绘祖国东南的明山秀水,还不无可取之处;同时,他也写了些同情灾民生活和反映统治阶级内部矛盾的作品。不过总的看来,是在比较艰涩隐晦而又有点矫揉造作的语言中,呈现出没落阶级的空虚的心灵。谢朓的山水诗虽和谢灵运有些不同,但两人在思想感情上的基调是相近的。此外,由于统治阶级生活的腐朽,灵魂日益堕落,无耻文人甘心作"狎客",便产生些不堪入目的宫体诗,专对女子的体态、服饰作无聊的描绘。在梁、陈文人的集子里,几乎每人都有这一种劣作。选本《玉台新咏》里更是重点选录了它们,其对读者的恶劣影响是应该清算的。这股逆流,也波及骈文和赋，徐陵和江淹可为代表。其中也有例外，如孔稚珪的《北山移文》等。但一般说来，这类作品中大量运用典故，大量运用空虚而浮华的辞藻，常常以宣扬没落阶级的消极的思想意识为主。过去为封建士大夫所称赏，我们现在应予以严肃的批判。

南朝的小说继晋代之后，有所发展，但糟粕却渐渐多了。如王琰的《冥祥记》等，便完全为宗教做宣传。王俭的《汉武故事》等，也尽量美化统治者，较好的是刘义庆等人的《世说新语》，里边虽然也存在着消极成分，但还能对世族地主阶级及其知识分子作一定程度的揭露。

由于文坛上逆流的汹涌，这就向批评家提出了建立文艺理论的迫切要求，来作为进行战斗的武器。同时，祖国文学在诗歌、散文各个领域内的创作量日益繁富，也促进了人们对于艺术的理解和对于美的欣赏。因此，文艺批评和文艺理论获得了迅速的发展，奠定了稳固的基础。这时期的重要的著作，当推刘勰的《文心雕龙》。在此以前，曹丕、陆机、沈约等人各有所论述，也各有优缺点。如曹丕反对崇古贱今是好的，但要文学为封建政权与个人声名服务便错了。陆机认为创作应有必要的准备是对的，但重视形式的美便错了；至于沈约的四声八病说，一方面对诗歌新样式的形成有所帮助，一方面却把创作带进更严重的形式主义泥坑去了。到《文心雕龙》才比较正确地处理了这几个问题：文学作品与现实的关系问题，文学的内容与形式的关系问题，文学创作的原则问题，文学批评的标准问题。接着又出现了钟嵘的《诗品》，虽在评价古今诗人上不免有主观片面的地方，但对当时文坛上的逆流却能提出尖锐的批判，他反对孙绰诸人的玄言诗，反对颜延之诸人的专用典故，反对沈约诸人的专讲声律，这在捍卫古典文学优秀传统的斗争中起一定的作用。

其次，谈谈北朝。早在西晋的时候，几个边疆民族就相继用武力建立了国家；此兴彼灭，彼此混战，直到北魏统一中国北方才告一段落。均田制实行以后，北朝经济稍有发展。边疆民族为了达到统治中国的目的，就渐渐和汉族融化，汉族的封建制度也渐渐为边疆民族所采用。九品中正制度的继续，使门阀豪族得到和南方相同的特权。佛教也和南方一样流行。不过北朝有的统治者如北魏大武帝和北周武帝，为了表示自己也是黄帝子孙，就排斥佛教。然因佛教已有社会基础，所以不可能消灭；当时统治阶级既借此来愚弄百姓，而劳动人民也常常以出家来逃避租税和徭役。这种种情况就使北魏的文化（其中也包括文学）有与南朝相同之处，也有相异之处。

北方的人民创作和南方相类似，也反映着剥削阶级与被剥削阶级间的矛盾，描绘战乱给予人民的灾祸。其和南方不同的是，民歌的内容更深刻、广泛，语言更朴实有力，风格更明快刚健。这一方面的代表作就是人人传诵的《木兰诗》，它和《孔雀东南飞》同为魏晋南北朝民歌中的杰作。北方优秀的作家有郦道元、杨衒之、庾信等。郦道元的《水经注》和杨衒之的《洛阳伽蓝记》是南北朝时期无独有偶的两部杰出的散文作品，庾信早年在南方的创作中沾染了那边文坛上的恶劣习气。后来流寓北方，对故国的怀念，使他在创作上有所转变，丰富了作品的艺术内容。至于民族气节的丧失，自应予以批判。其他的北方作家在南方淫靡的文风的影响下，常常陷入唯美主义、形式主义的歧途上去，甚至写出些无聊的宫体诗来。如王褒、萧纲、卢思道等人的诗赋，基本上是属于这个类型的。

第一章 民歌

魏晋南北朝的民歌在过去民间创作的基础上继续发展，并对后代作家起了巨大的哺育作用。这里我们首先要谈到杰作《孔雀东南飞》，其次有南方的清商曲和北方的鼓角横吹曲，里边包含名篇《木兰诗》，还有常见于各种记载中的民间谣谚。它们大都能够广泛地、深刻地反映社会现实，具有强烈的阶级性与战斗性，成为这一阶段文坛上最重要的收获之一。

第一节 《孔雀东南飞》

《孔雀东南飞》是我国文学史上出现最早的长篇叙事诗歌。它产生在汉魏间的建安时期，不是偶然的。就社会方面说，东汉初年一度稍稍缓和的阶级矛盾，由于统治集团的腐朽而尖锐，到东汉末年终于爆发了大规模的农民起义。同时，封建礼教的血腥罪恶也越来越明显地暴露在人民面前了。就文学方面说，民间叙事诗歌在汉乐府民歌中逐渐出现，逐渐成熟。于是继《陌上桑》《十五从军征》等篇之后，《孔雀东南飞》以三百五十多句、一千七百多字的长篇，生动地叙述了刘兰芝与焦仲卿的悲剧，沉痛地控诉了封建婚姻制度与封建家长制的吃人的罪行，同时也热情地歌颂了刘、焦二人反封建的英勇斗争，以及他们相互间的忠实的爱。

这篇杰作成功地塑造了几个令人难忘的艺术形象，首先是女主角刘兰芝。她从小学会了织素、裁衣，还会弹箜篌、诵诗书，十七岁嫁了焦仲卿，每天从早到晚不断劳动，三天织了五匹。可是万恶的封建家长制度使她不能讨到婆婆的欢心,婆婆借口她不懂"礼节",终于把她驱逐走了。尽管这样,她临走的时候却还对小姑不胜依依,同时也担心自己走了会增加婆婆管理家务的劳累。待她回到娘家,又遇到另一个封建家长——她的哥哥的压制,硬要把她嫁给太守的儿子。本来她和仲卿相约终身相爱,不因外力压迫而变心的,她怎么肯和另一个人结婚呢?她含着眼泪敷衍着哥哥;暗里却和仲卿作最后一次的会面,于是毫不迟疑地投水自杀了。这个时候的兰芝,年龄还不过二十岁左右。她不仅聪明美丽,而且勤劳勇敢,富于反抗性,忠于爱情。她用死来表示对于封建制度的坚决抗议,也用死来教育了后代千千万万的青年。她是古典文学中出现较早的优美完整的妇女形象之一。

其次是兰芝的丈夫焦仲卿。他的性格是复杂的。一方面,他和兰芝一样地忠于相互间的爱,也和兰芝一样地向封建制度开火。他在母亲跟前替兰芝辩护,说她没有什么"偏斜";又拒绝另娶东家的"贤女",尽管母亲想拿这个贤女的"窈窕"来说服他。他最后也和兰芝一样地用自杀来表示反抗。但是另一方面,我们不能不承认他在斗争上比兰芝软弱。在封建家庭中,男子的地位要比女子优越得多。按说兰芝在婆婆和哥哥跟前的力量,远不能和仲卿在母亲跟前相比。但是仲卿对母亲的态度却和他的地位并不相称。当然,他的软弱和他的封建教养是分不开的;所以归根结底,这还是封建社会的责任。

最后是兰芝的婆婆和哥哥。这两个封建家长的狰狞嘴脸,在诗中有极生动的刻画。兰芝婆婆不但极端自私自利,而且既蛮横又泼辣。儿子不愿另娶,她便"捶床"大怒;乃至兰芝来告辞回娘家,她也"怒不止"。直到她的儿子决心自杀的时候,才不得不"零泪应声落";可是大错已经铸成,无法挽回了。她可以说是封建家庭中的恶婆婆的代表者。兰芝的哥哥在诗中描绘得比较简单,但从他向兰芝说的几句话中,就可以很明显地看出他的势利、专横,以及他对爱情的蔑视。诗中对这两个家长的鞭挞,正好体现了人民对封建制度的严厉批判。

在这首诗里，高度的思想内容是与完美的艺术手法相结合的，诗中所刻画的人物形象，在封建社会里具有一定的典型性。伟大诗人陆游和他的夫人唐氏的遭遇，就与焦、刘有相近处。在五四运动反封建的斗争中，北京青年学生把这个故事编成话剧，获得很好的效果。在地方戏中，直到现在，这还是优秀剧目之一。这说明这首诗的作者能够挖掘出封建社会的本质的一个方面，能够接触到封建社会的一个重要的问题。汉乐府民歌的现实主义的辉煌传统，到这里就达到了一个新的高峰，它是古典文学现实主义发展史中的重要里程碑。同时，在诗的结尾却又充满了浪漫气氛的幻想："两家求合葬，合葬华山傍；东西植松柏，左右种梧桐；枝枝相覆盖，叶叶相交通。中有双飞鸟，自名为鸳鸯；仰头相向鸣，夜夜达五更。行人驻足听，寡妇起彷徨。"这和自晋以来民间流行的梁山伯、祝英台故事的结尾是同样美丽动人的。

全篇的结构是完整的，剪裁是谨严的。里边穿插了三十段对话，每一个人都有他自己的语气与神情，有时还出色地运用民歌所常有的铺张手法。这些都能增加这首诗的魅力。

不仅在魏晋南北朝的文学史上，而且在整个祖国文学史上，乃至在全世界的文坛上，《孔雀东南飞》都应占一个重要的位置。

第二节　南方乐府民歌

《孔雀东南飞》以后的乐府民歌，主要是南方的清商曲和北方的鼓角横吹曲。现在先论述清商曲。

清商曲来源很早，汉朝的相和歌中就有一部分（如平调曲、清调曲等）属于清商。我们所谓南方的清商大都是东晋和南朝的作品，里边包含产生于长江下游建业一带的《吴声歌》三百多首，产生在长江中游荆襄一带的《西曲》一百四十多首，此外还有民间祭歌《神弦曲》十八首。其中有统治阶级窜入或修改的作品，如《碧玉歌》《桃叶歌》之类，我们应善于区别，并予以剔除。清商曲中的民歌主要歌唱妇女的爱情生活。它们大都抒写人民的真挚的爱，诉说别离的痛苦，或者斥责男子的不忠实。不但《吴声歌》和《西曲》如此，就是民间祭歌《神弦曲》也如此。其中有时不免杂有不健康的东西，因为这些情歌多采自商业都市或附近地区，而统治阶级所采录的也不是当时民歌的全部，不免用他们自己的趣味来作为取舍的标准，甚至予以改窜，所以和劳动人民真正的歌声还是不同的。不过，其中确有一部分能够沉痛地控诉了封建家庭对恋爱的压抑，如《华山畿》（"未敢便相许"）、《懊侬歌》（"懊恼奈何许"）等。在她们的恋爱生活中，更清楚地认识到封建家长和封建统治者的残暴。此外，有一部分清商曲中歌唱了妇女劳动生活，如《子夜四时歌》（"田蚕事已毕"）、《采桑度》（"春月采桑时"）、《作蚕丝》（"素丝非常质"）、《拔蒲》（"青蒲衔紫茸"）等。它们不但描绘了劳动动作的本身，而且把劳动和恋爱结合起来，抒写了劳动妇女的健康的思想情感。所以这四百多首中的某些优秀作品，是具有比较广泛而深刻的社会意义的。《大子夜歌》说得好："歌谣数百种，《子夜》最可怜。慷慨吐清音，明转出天然。"这不仅说出了《子夜歌》的艺术特色，也说出了清商曲中优秀民歌的艺术特色。它们所表达的感情是真切动人的，它们的音节是明亮婉转，语言是清新自然的。歌中喜欢用谐声的隐语，如以"丝"代"思"，以"莲"代"怜"之类，这在以后的民歌和文人作品中也时时遇到。它们五言四句的体裁，经文人学习后，就形成了绝句。

另一首不列入清商而列入杂曲的《西洲曲》，倒可以代表《吴声歌》和《西曲》的成熟阶段。诗中写一个女子怀念她的爱人，表达了她从春到秋、从早到晚的相思。傍晚在楼上隔帘望见一片蓝天，帘动时碧空就像海水一样的荡漾。结尾说："海水梦悠悠，君愁我亦愁，南风知我意，吹梦到西洲。"天海辽阔无边，彼此相思也绵绵不断；诗虽到此结束，但余味却永远留在读者心中。优秀的抒情歌曲，常常能做到这一步。

第三节　北方乐府民歌

北方的乐府民歌主要是"十六国"及北朝的鼓角横吹曲，现存约六十多首。其中有些是边疆民族的歌曲译成汉语的。

鼓角横吹的思想内容较清商曲更为丰富。如《雀劳利歌》说，"雨雪霏霏雀劳利，长嘴饱满短嘴饥"，这里"长嘴"是指剥削者，"短嘴"是指被剥削者，一饱一饥，苦乐非常分明。又如《幽州马客吟歌》说，"快马常苦瘦，剿儿常苦贫；黄禾起嬴马，有钱始作人"，能劳动的人却常贫困，只有有了钱才能算"人"，这说明社会制度的不合理。同时，由于统治阶级内部争权夺利，引起连绵不断的非正义战争，加重了人民的灾难，行军的时候，艰苦异常，"手攀弱枝，足蹋弱泥"（《陇头流水歌》）；有时战败为俘虏，便"骨露力疲食不足"（《隔谷歌》）。这些歌曲里都浸透了劳动人民的血泪，也充满着他们对统治者的憎恨与愤怒。

鼓角横吹曲的艺术风格比较雄健，这和清商曲是迥然不同的。清商多言儿女情，但横吹曲中的人物却爱"五尺刀"更甚于"十五女"（《琅琊王歌辞》），他们宣称"健儿须快马，快马须健儿"（《折杨柳歌》）。北方人民的尚武精神，溢于言表。歌曲中也有言情的，一般都极坦率，如说"天生男女共一处，愿得两个成翁姬"（《捉搦歌》），如说"老女不嫁，蹋地唤天"（《地驱乐歌》）。我们读了就不免感到清商太含蓄了。《折扬柳歌》说得好："我是虏家儿，不解汉儿歌。"不仅鼓角横吹曲如此，北方的杂歌谣辞如《敕勒歌》也如此。这一首歌虽只有短短的二十七个字，但卓越地体现了北方苍茫辽阔的风光和北方人民的游牧生活。不同的内容与不同的语言相结合，构成不同的风格流派；南歌北曲，同为当时民歌园地中灿烂的奇花异卉。

作为北方的代表作的，是长篇叙事诗《木兰诗》。它产生在五、六世纪间，北魏和柔然族（在今内蒙古自治区境内）经常发生战争，这就激发了人民的爱国情绪。《木兰诗》集中、明确地表达了人民热爱祖国、热爱亲人的思想情感，也衷心地歌颂了出色的女英雄木兰。

诗人对木兰形象的塑造是极其成功的。她本来在家里勤勤恳恳地织布，可是战争爆发了，她的老父亲不得不出去打仗，这就使她不住地叹气。她不忍让老人远征，便毅然突破了封建礼俗，女扮男装，代父从军。在出征的途中，黄河的水流声，黑山的马嘶声，都使她怀念着远在故乡的父母。她的性格既刚强又热情。她爱自己的亲人，也愿意保卫自己的家乡。她一面驰骋疆场，慷慨杀敌，一面又不能忘怀家庭，憧憬和平劳动的幸福生活。待到在前线立功归来，她鄙视功名富贵，只想回到故乡，恢复过去的生活。所以她刚到家里，便立刻脱了战袍，穿上原来的衣服，她又是一个乡间辛勤的织布姑娘了。在她身上，集中体现了劳动妇女勤劳勇敢、忠厚纯朴的高贵品德，也突出刻画了北方人民既英勇善战，又热爱和平的优良传统。千百年来，木兰在中国社会各阶层中获得普遍的敬爱，是完全可以理解的。

诗的语言非常流利、自然。句式是丰富多采的，五、七、九言错综运用，而妥贴恰当。结构剪裁颇费匠心，该铺排的时候就尽量铺排，如出征途中周围景色与木兰内心活动的描绘，如回家来父母姊弟的欢迎与旧时伙伴的惊讶的叙述，等等。但该简洁的地方又十分扼要，如她十年的戎马生活，只有"将军百战死，壮士十年归"两句，就完全概括进去了。不拘于情节的描述，而善于烘托渲染，使人物的精神面貌活跃于字里行间，使全诗充满着动人心魄的积极浪漫主义的气氛。

进步的倾向性，鲜明的形象塑造，细致的心理刻画，丰富的想象，以及其他艺术手法上的完美，使木兰诗获得高度的成熟，使它成为可与《孔雀东南飞》并驾齐驱的民间杰作。

第四节 民间谣谚

以上我们简单论述了乐府中的民歌。此外，还有记载于各种书籍中的民间歌谣或谚语（其中有一部分曾收入郭茂倩《乐府诗集》的杂歌谣辞中），也是我们所不能忽视的。

首先，这些歌谣反映了人民的劳动生活，如《齐民要术》及注所载《力耕谚》（"智如禹汤"）和《耕田谚》（"耕而不劳"）等，就精湛地总结了农民在生产中的宝贵经验。

其次，这些谣谚也反映了统治者、剥削者与被统治者、被剥削者之间的深刻的阶级矛盾。有的作品赤裸裸地揭发了酷吏的罪行，如东汉末年《军中为卢洪赵达语》（"不畏曹公"）控诉了曹操部下陷害好人，如西晋时《蜀人为罗尚言》（"尚之所爱"和"蜀贼尚可"）斥责了平南将军罗尚的贪婪奸邪。有的作品无情地暴露了统治阶级的腐朽生活，如三国初年《洛阳行者为薛灵芸歌》（"青槐夹道多尘埃"）讽刺了曹丕的骄奢淫逸，如南齐《百姓为东昏侯歌》（"阅武堂"）抨击了东昏侯和潘妃的荒淫无度。这与《江淮间童谣》（"太岳如市"）和《洛中童谣》（"虽有千黄金"）所描写的人民饥寒交迫的生活，正好作一个鲜明的对照。有的作品则进一步指出封建政治的腐败、黑暗，如三国时《曹植引谚》（"相门有相"）接触到世族地主阶级世世代代掌握政权的不合理现象，如三国魏《正始中民谣》（"何邓丁"）和南齐末年《都下民语》（"欲求贵职"）等都反映了一群小人把持朝政的丑恶事实。有的作品集中体现了人民对统治者的深刻仇恨，满怀信心地预告了统治者的溃灭，如《建安初荆州童谣》（"八九年间始欲衰"）表达了人民对割据政权败亡的渴望；如东晋《太和末童谣》（"犁牛耕御路"）断定了司马奕的统治不会长久，如北齐《后主时童谣》（"黄花势欲落"）也深信穆后必将垮台。

再次，这些谣谚又反映了统治阶级内部的矛盾，如西晋《元康中京洛童谣》("南风烈烈吹黄沙")揭露了贾后对太子的阴谋,如刘宋《时人为刘劭刘骏语》("遥望建康城")嘲讽了宋帝父子兄弟间的残杀,如北齐《武平元年童谣》("狐截尾")、《武平二年童谣》("七月刈禾伤早")鞭挞了当时一群大官僚相互之间的陷害。

最后,这些谣谚还反映了人民的爱国热情,如东晋初年《陇上为陈安歌》("陇上壮士有陈安")哀悼一个在秦州和匈奴贵族刘曜作战而死的英雄,如《豫州耆老为祖逖歌》("幸哉遗黎免俘虏")歌颂能够收复失地,如《北魏童谣》表达了北方人民对北魏统治者的仇恨。

这些谣谚的价值不仅在于具有广泛的社会意义与深刻的思想内容,它们在表现手法上也有一定的成就。西晋《永熙中童谣》("二月末")与《民谚》("貂不足,狗尾续")中有"驴"和"狗"的字眼,实乃"一字之贬"。《陆凯引童谣》("宁饮建业水")中为了坚决反对重税,就说宁愿在建业饮白水,也不愿迁居武昌;《南豫州军士为王玄谟宗越语》中反抗王玄谟的残暴,就说宁愿判五年徒刑,也不愿遇到王玄谟,即景生情,巧妙而形象。

在这一阶段的歌谣中篇幅比较长的是《陇上为陈安歌》。歌中陈安的形象刻画得较为生动,他在西晋末年十六国的战乱中最后称"凉王"。他英勇善战,爱护士卒,深得民心。东晋初年,他率领汉人、氐人和羌人十多万,在战争中身先士卒,敌人离他近了就用刀矛,离他远了就用弓箭,杀了很多敌人。但众寡不敌,又仁爱又勇敢的英雄,赢得了群众的热爱。这首歌谣对他的悲剧的痛悼,热爱祖国的决心,都有出色的反映,这些作品不仅在思想性上,也在艺术术性上对后代作家起着深远的影响。

第二章 三国的诗文

在社会现实与民间文学的启发下,魏晋南北朝的优秀作家们也在创作上取得了一定的成就。他们能够从社会矛盾中认清是非,接近人民,而写出有进步意义的作品。但另一部分人则不敢正视现实,反而消极逃避,安命乐天,或者沉溺在雕章琢句的把戏里,构成了文坛上的逆流。

就这一时期的诗文而言,大体可以分成三个段落:一是三国,二是两晋,三是南北朝。至于小说和文艺理论,我们在后边另有专章来论述。

关于三国的诗文,主要是 3 世纪初的建安作家,其次是 3 世纪中的正始作家。从这些作家的作品上,我们可以看出:谁能够联系现实,肯接受民歌哺育的,谁的成就就比较高;反之,谁脱离现实,脱离民间创作优良传统的,谁就不免要失败。

第一节 蔡琰和建安七子

"建安"是汉献帝的年号,包括 2 世纪末到 3 世纪初的 20 多年;它在文学史上所以著称,是因为这时期文坛上出现了蔡琰、王粲、曹操、曹植等优秀作家,形成了特殊的"建安风格"。这个特殊"风骨"之所以能够形成,主要由于汉末战祸连年、民不聊生的社会现实影响作者的生活,震撼作者的灵魂,提供了创作的丰富的源泉,同时汉代的乐府民歌又树立了创作的光辉的榜样。至于曹氏父子的提倡,那只是次要的因素。

现在我们先谈谈蔡琰。蔡琰字文姬(一字昭姬),陈留圉(今河南杞县）人，175年左右生，死年不详。她一生的遭遇，和当时黑暗的政治是分不开的。她刚生下来，父亲蔡邕受到陷害，她就跟着父亲流亡了十多年。结婚不久就守寡，守寡不久就被董卓部下的边疆民族骑兵抢走，接着又落在匈奴左贤王手里，在那边一住就是12年。后来曹操赎她回国，可是她在南匈奴生的儿子却不能回来。她再嫁董祀，董祀犯了死罪，还得她蓬头赤脚去营救。乱世妇女饱经忧患的一生，孕育了20首好诗——《悲愤诗》两首和《胡笳十八拍》。

《悲愤诗》包括第一章五言一百〇八句，第二章骚体三十八句。第一章是文人写作五言诗的空前长篇述作，里边首先用了四十句的篇幅，沉痛而又详尽地叙述了汉末的连绵的战乱，以及战乱中人民被掳掠、被屠杀的凄惨景象。这不仅是作者个人的厄运，也是当时广大人民所共有的厄运。她回国以后所见的，仍然是"城郭为山林，庭宇生荆艾，白骨不知谁，纵横莫覆盖"的一片荒凉。所以作者流落北地，以及弃儿回国，再嫁又不太圆满的特殊遭遇，在整个诗篇中，已经融合在当时一般人的妻离子散、家破人亡的共同悲哀里边，而具有一定的典型意义。这一点在其他十九首里同样可以看到。《悲愤诗》第二章一开始就说"嗟薄祜兮遭世患"，《胡笳十八拍》第一拍也说到"干戈日寻兮道路危，民卒流亡兮共哀悲"，第十七拍讲到回来时满是触目惊心的"沙场白骨兮刀痕箭瘢"。作者在这里不仅为自己，也为广大人民提出了辛辣的控诉。

当然，她自身特殊的悲哀也同样通过饱和着血泪的诗句而感动了我们。20岁左右就被掳到远方去，直到30多岁又抛弃了亲生儿女回到故乡，这确是个不常有的悲剧。《胡笳十八拍》有十一拍是抒写她怀念故国的万缕愁丝的，所以"忽遇汉使"来赎她，的确是天外飞来的喜讯。无奈亲生儿女不能回去，"去住两情"使她万分为难，于是后边七拍里就充满了"子西母东"的"怨气"，为六合所不能容。这在《悲愤诗》两首里都提到，而第一章里更把她那时"当发复回疑"的复杂心理作了极细致又极深刻的分析。因此，"文姬入塞"就成为大家喜闻乐见的传统故事。

总之，蔡琰在这二十首诗里，以她自身的悲惨遭遇为线索，成功地揭露了统治集团的滔天罪行，反映了汉末动荡不安的社会面貌，同时也真切地体现了广大人民怀念乡土、怀念亲人的内心痛苦。当我们读到"马边悬男头，马后载妇女"的时候，当我们读到"我不负天兮何配我殊匹？我不负神兮神何殛我越荒州"的时候，不能不为之声泪俱下。对祖国的爱和对子女的爱两难割舍的矛盾，也使我们和作者一起"恍惚生狂痴"了。诗中的情感是那么热烈而奔放，诗的语言又是那么自然而亲切。民歌的现实主义与积极浪漫主义精神，在这里得到了卓越的继承。这些卓越的诗篇，又转而影响到后代的作家，如杜甫的《北征》与《同谷七歌》等，可以看出是学习蔡琰的，《十八拍》还产生了刘商的拟作、王安石的集句等。

其次，我们讲到建安七子。所谓七子，是指孔融、陈琳、阮瑀、徐幹、刘桢、应玚和王粲，其中王粲的成就较高。

王粲字仲宣，山阳高平（今山东邹县）人，177年生，217年死。他祖上都做大官，但他自己十七岁便到荆州避难。十五年的流亡生活，把这身居三公府邸里的少年公子接到动荡的生活大海里。他的环境虽仍比一般人民优越些，但较之过去则和人民的距离多少缩短了一些，这就使他经历到、体验到广大人民所共有的灾难重重的生活与情感。这是他能够写出有名的《七哀诗》和《登楼赋》尤其是前者的原因。《七哀诗》第一首写他从长安到荆州途中"出门无所见，白骨蔽平原"的凄惨景象，又遇到"路有饥妇人，抱子弃草间"的令人目不忍睹的悲剧。这里诗人充分揭示了汉末战乱给予人民的水深火热的痛苦。《七哀诗》第二首和《登楼赋》都作于寄居荆州若干年以后，里边不仅表达了自己对于故乡的怀念，而且在怀乡的情感中也渗透了对于国事的忧虑。这些作品无疑是"建安风骨"的出色的代表者。

他最后十年在曹操幕下度过，清客的地位使他不能不写些歌功颂德的应景诗赋（如《太庙颂》等）。但他对于这种寄居生活并没有完全心满意足，他个人的牢骚并没有为西园的游宴所冲淡（如《杂诗》）；而且，当他随曹操到西北时，他不能不为农村的荒原景象而感动，这就使他写出了《七哀诗》的第三首。他的语言有点修饰，但还不失自然。

除王粲外，陈琳和阮瑀是比较值得注意的。陈琳字孔璋，广陵（今江苏扬州）人，165年左右生，217年死。他们留传的诗文都不多，但陈琳的《饮马长城窟行》和阮瑀的《驾出北郭门行》却是不可多得的佳作。《饮马长城窟行》本来是汉代乐府民歌的旧题，陈琳借秦代筑长城的事来揭露徭役制度的残酷。他通过征夫和妻子的通讯，对统治阶级提出尖锐的控诉。作者还把秦代民歌运用在诗中，更好地表达了广大人民的仇恨。《驾出北郭门行》写一个孤儿的悲惨遭遇，那显然是阮瑀在汉乐府民歌《孤儿行》与社会现实的同时启发下所产生的作品。诗中对后母凶恶残暴的描绘，暴露了封建家庭加在孤儿身上的惨痛的罪行。不过他们其他作品中的消极因素，如陈琳《神武赋》的阿谀，阮瑀《七哀诗》的颓废，却是不应讳言的。

其他四人，在七子中是比较不重要的。孔融是这七人里边唯一不依附曹操的。他不赞成曹操在政治上的一些措施，常常写信或写文章嘲讽曹操。在他的《杂诗》（第一首）里刻画了一位慷慨有大志的封建士大夫，那无疑是他自己了。徐幹、刘桢和应场都是曹操的门客，免不了写些无聊的应酬作品（如徐幹的《西征赋》、刘桢和应场的《公宴诗》等）。但是孙绰说得好，"排沙简金，往往见宝"（《世说新语·文学篇》），像徐幹写游子思妇的《室思》、刘桢以松柏坚贞自勉勉人的《赠从弟》（第二首）、应场写征人乡思的《别诗》等，还是有一定的感染力的。

第二节　三曹

这时，以政治力量和创作实践获得了建安文坛核心地位的，是曹操父子。

曹操字孟德，沛国谯（今安徽亳县）人，155年生，220年死。他的一生是功过互见的：一方面狡诈、残忍、镇压农民义军，历年杀人不少，逐渐爬上北方统治者的地位；一方面他减轻租税，严禁兼并，推行屯田制，开垦荒田，兴修水利，提倡节俭，建立国家法纪，使中国北方的人民逐渐能安居乐业。他在文学上的成就与局限性和他在历史上的这些功过是有密切联系的。

他的诗歌现存二十多首，全是乐府。他和其他建安优秀作家一样，是从汉代的乐府民歌中吸取养料的。他不但袭用了乐府旧题，学得了五言与杂言的体裁，尤其重要的是继承了乐府民歌的现实主义的辉煌传统，以汉末社会现实作为自己创作的主要源泉。例如《薤露》与《蒿里》这两首汉代的挽歌，到他手里便成为忠实地反映统治阶级争权夺利的丑剧，以及广大人民所蒙受的深沉的灾难的卓越画面。这些作品无疑是建安文坛主要收获之一。

他在政治上有自私自利的野心，但也有远大的抱负。这些抱负都体现在《度关山》和《对酒》里。他指出"天地间，人为贵"，希望"三年耕，有九年储"，"路无拾遗之私"。这些漂亮话是不是骗局呢？不是的。为了统一天下，他要杀人；但为了统一天下，他不能不实行屯田制，不能不改变"生民不遗一"的现实，不能不祝福"黎庶繁息"，"仓谷满盈"；在后者中，曹操自身的利益和人民群众的利益是暂时一致的。事实上，当时的人民是获得了好处的；因此，他的政治理想和表达这些理想的诗篇不能不说有一定的意义。他的诗才是多方面的，不但善于说理，善于抒情，也善于写景。《步出夏门行》里写秋冬景象都很成功，特别是写海景的一段，能够使苍劲雄伟的语言与波澜壮阔的沧海和谐地结合起来，同时也很自然地联系到自己"志在千里"的壮心。

不过他在暮年，壮心之外还有消极的一面。乐府中多游仙之作，正是这消极面的表现。就在渴望"天下归心"的《短歌行》里，他一开始也不免慨叹"人生几何",奸雄和真正的英雄究竟是不同的,最后他不能不感到空虚。

总之,他在文学上的业绩,首先表现在他对于乐府民歌的精神的继承和发扬上,他创造了乐府民歌化的色彩更加鲜明的作品。其他表现在他的独特的艺术风格上。过去评论家说他"甚有悲凉之句"(《诗品》),这种悲凉慷慨的情调是和作品的丰富的社会内容相结合的。

曹丕字子恒,曹操的次子,187年生,226年死。他在小说方面和在文艺理论方面的作品,后边另有论述,现在只谈他的诗歌。他的诗中也有学习民歌的痕迹,但他的太子和皇帝的生活限制了他,所以里边反映现实的深度和广度不如他的父亲和弟弟。例如《上留田行》本是汉乐府民歌的旧题,他借以写贫富两种生活的不同,应该是很有意义的;但他结尾却用宿命论来掩盖阶级矛盾,这就违反了民歌的优良传统。学习民歌而较好的有《燕歌行》,这是文人采用七言样式较早的一篇,写游子思妇的离情别绪也还婉转动人。

曹植字子建,曹丕的弟弟,192年生,232年死。从他的《与杨德祖书》里,可以看出他的写作态度比较严肃,对民间创作比较重视。他对政治有抱负,可是由于曹丕的猜忌,他受到种种压抑。他自身的痛苦使他能比较了解人民的痛苦,他对人民的同情和对祖国的关怀使他能写出较好的作品来。

他向民歌学习的成绩直接体现在他的乐府诗中。他在里边讽刺都市中富贵游荡子弟的腐朽生活(《名都篇》),歌颂英勇爱国的男儿(《白马篇》),同情受难的弱者(《野田黄雀行》),关怀海边贫民生活的困苦(《泰山梁甫吟》)。他还能够在民歌的基础上作艺术方面的加工,如《美女篇》前半篇写采桑女子,显然采取汉乐府《陌上桑》,第一节的表现手法而加以变化和提高,所以写得更细致饱满,更具体生动。不过我们同时看到,由于他的阶级局限,他的乐府诗中也有不少表达消极情绪的游仙诗,如《苦思行》《升天行》之类,它们无疑是他作品中的糟粕。

应该指出,他早年的诗和晚年的诗是有区别的。在他29岁以前,过的是公子哥儿的生活,写的大都是与当时文士赠答酬应的作品,它们的意义一般是不大的。但个别的诗篇如《送应氏》第一首写洛阳乱后一片荒凉的景象,字里行间洋溢着作者忧时吊民的情绪,《赠丁仪》里也能看出他对于农村水灾的关心。可是总的看来,他这时反映现实的深度和广度是受到很大限制的。

29岁以后就不同了。试以《赠白马王彪诗》七章为例。这七章实际上是一个整体,不仅表达了作者深厚的骨肉之情,还赤裸裸地揭发了统治阶级内部斗争的残酷。本来他自己就是统治阶级的一分子,现在以当事人的地位,对这个阶级的本质,对封建政权的腐朽丑恶,从内部予以暴露,所以比别人更能击中要害。诗中首先从他离开洛阳时写起,写到旅途的艰苦和秋野萧条所引起内心的感伤,写到弟兄间别离时依依不舍;接着从哥哥惨死想到自己前途的暗淡,结果唯有祝福别后平安而已。这虽然仅仅是统治者家庭间的悲剧,但作者从自己切身利害上,却能进一步认识到以"鸱枭鸣衡轭,豺狼当路衢,苍蝇间白黑"为象征的统治者及其帮凶们的罪恶,而提出尖锐的控诉。鸱枭、豺狼们所毒害的,又岂止一个曹植呢?一切被奴役、被剥削者不正是终日在鸱枭、豺狼的血腥的爪牙唇吻之下挣扎吗?作者前期作品中所写的"千里无人烟"的惨象,有一部分不正是鸱枭、豺狼们所作的孽吗?所以作者的控诉也正说出了广大人民的愤怒。感情既充沛又婉转,语言既犀利又含蓄,使这七章成为古代抒情诗中杰出的典范之一。

后期其他作品,也值得注意。在《杂诗》六首里,他不仅通过当时流行的游子、思妇等主题来发泄内心的苦闷,而且热情地抒写了自己报国的壮志,也沉痛地表达了壮志不遂的慨愤。此外如《七步诗》《喜雨》等,都是这一时期的好诗。因为个人生活上的灾难锻炼了他,使他能够进一步痛恨坏人,关怀穷人,迫切要求替国家做更多的好事,所以作品中所体现的思想情感比前期更深刻,也更有普遍性。当然在后期作品中还有糟粕存在,如《元会诗》《责躬诗》之类。

曹植是有高度文艺修养的。上文曾指出他学习民歌而有所提高,这种艺术手法上的加工,也表现在他的五言诗上。他的一百多首诗中,五言的样式占多数,他对这一新兴体裁的运用比别人更熟练;这不但说明他对民间形式的重视,也说明他创造力的丰富。他的语言是比较工整、华美的,但并不嫌过于典雅,而有清新流丽的长处。

以上11位作家代表了建安文坛的盛况。他们的成就主要在于继承和发展了过去民间文学的现实主义传统,他们的优秀作品成为当时社会的一面镜子。在进步作家学习民歌的同时,另一部分人却堕落为庙堂乐歌的应声虫,如《魏鼓吹曲》的作者缪袭、《吴鼓吹曲》的作者韦昭等。无论是缪袭的《楚之平》等篇,或韦昭的《炎精缺》等篇,都是用堂皇而空虚的语言,肉麻地吹捧统治阶级"越五帝,邈三王","金声振,仁风驰"。这种阿谀的歌曲,是毫无价值的。

第三节　正始作家

建安以后,三国的局面暂时稳定,促进了生产,也巩固了世族地主的政权;统治集团日益腐化,因而加深了地主与农民之间的阶级矛盾。同时统治阶级内部的争权夺利,特别是曹氏集团与司马氏集团之间的钩心斗角,也给予当时知识界以深重的苦闷。他们常常处在夹缝中,生命受着威胁,因此一方面忧乱伤时,一方面又要明哲保身,结果就使他们更深地沉溺在唯心主义玄学思想与饮酒服药的颓废嗜好里边了。这种风尚,在正始年间第一次达到高峰。正始是魏废帝曹芳的年号,包括3世纪40年代的一段时间。这时活跃着的作家主要是所谓"竹林七贤",他们的作品大都表达冲淡旷达的消极思想,虽然他们内心对于世事也不是完全不关心。在"七贤"中,阮籍和稽康是有代表性的。

阮籍字嗣宗,陈留尉氏(今河南尉氏)人,210年生,263年死。

他是建安七子之一的阮瑀的儿子。正始以后，曹氏集团一天天衰败，司马氏集团一天天得势；阮籍不敢参加曹氏集团，就不能不敷衍司马氏集团。他内心不肯同流合污，又不敢正面批判，所以只好做出一副玩世不恭的态度来。他的满腔苦闷，都用曲折的笔调表现在他的作品中。

他的作品主要是五言《咏怀诗》八十二首。它们虽各自成篇，且非一时所作，但基本内容却只有一个：就是从不同的角度上，表达自己内心的苦闷。他独坐空堂上，孤寂寡欢，感到时局如此纷扰，一切希望都落了空。处境虽然险恶，他却没有勇气反抗，就只能在隐约中流露出不满的思想情感来。他常常用借古讽今的手法，来揭露统治集团。如第十一首写楚王的荒淫无度，却不知道他自己的命运和黄雀一样，终于被人家打下来。楚王如此，魏王又何尝不是如此，悲惨的下场正在等待着统治者。又如第三十一首，表面上是写战国时魏国的阶级阶层间的矛盾，一面是食糟糠的战士与处蒿莱的贤者，一面是居朱宫、听箫管的尽情享受的统治者，指出这般统治者最后都不免身为土灰。这个战国时的魏国，不正是三国时的魏国的镜子吗？有时，他也直接讽刺伪善的士大夫（第六十七首），或者歌颂慷慨效命的壮士（第三十九首）。这一类的诗篇，多少也有点积极的意义。

但是这八十二首中不可否认地包含有严重的消极因素。阮籍一方面对统治集团不满，一方面却又不知道到哪里去找到出路，他内心的矛盾与苦闷得不到解决。于是老庄消极思想就冒了头，他觉得世间什么都是不可信赖的；不管是富贵、荣誉、友谊，以及身家、生命，一切都成了过眼云烟（第三、三十五首等）。他羡慕退隐，羡慕神仙（第三十二首），但他也知道神仙是渺茫的（第四十一首），结果还是"忧思独伤心"（第一首）。他在主观上可能也想反抗现实、批判现实，但在客观上却是逃避现实。这是封建文士软弱的表现，也是《咏怀诗》局限性的根源。

此外，他还有四言的《咏怀诗》和散文十多首，里边所表达的思想情感和这八十二首是差不多的。有人说他是一个瑕瑜互见的作家，但应该承认是瑕多于瑜的。

嵇康字叔夜，谯国铚（今安徽宿县）人，224年生，263年死。他和阮籍一样不拘礼法，喜爱老庄。因与曹氏联姻，且和毌丘俭起兵反对司马氏有关，所以为司马昭所忌；后来借口他的朋友吕安不孝的冤狱，把他也杀了。嵇康的思想是充满矛盾的。他一方面不愿与统治者同流合污，严厉斥责虚伪的礼教，这在当时是有积极意义的；但另一方面，他却迷信服食，向往神仙。所以他的作品中精华与糟粕同时存在，而糟粕特多。

就他的诗歌看，他曾一再抨击官场的黑暗、世路的险诈（如《答二郭》《秋胡行》等），这些不消说都来自他的亲身经历。不过他没有从这一批判出发，进而积极反抗，他反而消极逃避，只想追踪高人（如《酒会诗》《述志诗》等），这就不可避免地限制了他作为一个诗人的成就。《赠秀才入军诗》十九首向来被认为他的代表作，里边虽然主要写他和嵇喜的友谊，但也同样表达了他对统治者不满而对神仙十分景慕的错综复杂的思想情感。诗中描绘了一个一面幻想"凌厉中原"，一面却又"游心太玄"的诗人自己的形象。这里边就杂糅着积极的和消极的两种因素。

他的散文也常常尖锐地暴露出统治集团的虚伪奸诈。如《与山巨源绝交书》，用极其犀利、明快的语言，表达了自己的政治态度：借口"必不堪者七，甚不可者二"，来与统治者做彻底的决裂。在《难自然好学论》里，赤裸裸地抨击儒家的正统思想，嘲笑六经和讲堂。但是必须指出，他的散文中更多的是老庄思想，美化神仙的消极作品。一般说来，正始文风与建安有很大的差别。"七贤"不满现实与"七子"同，但在正视现实与靠拢民歌传统上，"七贤"大有逊色；其中像刘伶，消极情绪更甚于嵇、阮。"七贤"以外如何晏，则不但在诗里充满颓废的情调，而且在其他作品（如《景福殿赋》《瑞颂》等）里对统治者作无聊的吹捧，就深深地堕入文坛逆流里了。

第三章　晋代的诗文

3世纪60年代以后，祖国开始走向统一，获得了暂时的安定。但是这个局面没有维持多久，到4世纪初年便又陷于南北分裂了。而且，就在这半个世纪中，统治阶级的严重剥削与内部争权夺利的纠纷，以及边疆民族的进攻，使广大人民的生活日益艰难困苦。

318年以后，世族地主的政权在南方暂时稳定，长江流域的经济情况稍有发展。统治阶级却一贯沉溺在骄奢淫逸的腐朽生活中，加重了对劳动人民的压榨，忘记了北方广大国土的沦陷。

面对这样的社会现实，作家们的反映是不同的。有的能够同情人民，热爱祖国，用自己的创作来歌唱光明，鞭挞黑暗。有的却趋炎附势，歌功颂德，在作品中过于讲究词藻，而内容却极虚；或者消极逃避，写作些以老庄思想为主的玄言游仙文学。有的则依违于二者之间，精华与糟粕杂糅而难分。

第一节　左思和刘琨

在晋代作家中，比较杰出的当推左思和刘琨。左思字太冲，齐国临淄（今山东临淄）人，生于250年左右，死于305年左右。他出身寒微，所以世族文人大都瞧不起他；陆机听说他要写《三都赋》，就说只配做酒坛盖子。晚年曾担任些低级的官职，但在政治上始终不曾得意。作品现存诗和赋十多首。

他对祖国文学的贡献，主要在于八首《咏史诗》。这八首诗的题目虽是咏史，实际上是通过咏历史人物来咏自己，特别是咏自己对当时政治的看法。例如第三首里歌颂了段干木与鲁仲连，最后说："连玺曜前庭，比之如浮云。"第六首里歌颂了荆轲，最后说："贵者虽自贵，视之若埃尘；贱者虽自贱，重之若千钧。"这里拿连玺、千钧和浮云、埃尘做对照，诗人的倾向性就十分鲜明地告诉了我们。他希望"遭难能解纷"，但不希望"受赏"，更瞧不起"豪右"。当然"豪右"也不会赏识他，所以第二首里用百尺的松和径寸的苗来比喻：松低在涧底，苗却高在山上，正如冯唐头发白了还做小官吏，而纨袴子弟却永远占据着高位置一样。这种不能容忍的丑恶现象，在阶级社会里是普遍存在的。第七首曾列举主父偃、朱买臣、陈平、司马相如的落魄故事，替埋没到"草泽"中去的"奇才"提出控诉。他自己正是这种被埋没者之一。不过他不肯屈服、妥协。他没有机会为祖国立功，还可以从事著作。第四首在讽刺了骄奢淫逸的"王侯居"之后，他满怀着向往的心情来描绘"寂寂"的"扬子宅"。这同时也是对世族地主的把持政权予以最尖锐的斥责。

　　《咏史诗》在艺术上的最大成就，在于不像同时期作家陆机、潘岳那样过于雕章琢句，而能够继承汉魏民歌和进步作品的现实主义精神。他以雄迈的笔力、自然的语言，一面无情地揭露了统治阶级，一面也描述了一个有志气、有作为，轻视名利权势、轻视达官贵人，而又愿意立功立言的封建社会优秀文人的形象。从第一首第一句"弱冠弄柔翰"起，他不但写出了他的文才、他的武略（当然不免有点夸张），也写出了他的志愿、他的品德。在其他几首里，对这些还有所补充。特别是第五首里，在唾骂了趋炎附势的"攀龙客"之后，他要："振衣千仞冈，濯足万里流。"这种高瞻远瞩的气概，卓越地体现了他与丑恶现实坚决决裂的强烈愿望。这是思想性与艺术性高度结合的典范。

　　同时，我们也应该指出，诗中赞美"贵"的"达士"（第八首），反映了作者在思想上的局限性。

　　《咏史》以外的诗如《招隐》《杂诗》等，表现的思想情感和这八首是差不多的。只有《娇女诗》比较不同，里边描述了两个天真烂漫的女孩子——诗人的大女儿蕙芳和二女儿纨素。她们固然是聪明而美丽的,尤其顽皮而活泼;不但刻画得非常细致、真实,而且字里行间也洋溢着父女间的感情。杜甫《北征诗》中,"平生所娇儿"一段,同左思这首诗的写法是有关连的。

附带着谈谈他的赋。对于赋的写作,他有特殊的见解。他在《三都赋序》里,认为写赋必须能够真实地反映各地的实际情况,使人读了就可以正确地知道这些情况。因此,他花了十多年的时间,来赋三都。不过,他这些精力不能不说是白费的。他这三篇赋只能提供一些历史的或地理的知识,而不能成为有艺术价值的创作;因为尽管他的史料比较可靠,但仍不免堆砌、呆板的毛病。他另有一篇《白发赋》,虽没有《三都赋》那么出名,却有一定的价值。赋中借托自己和白发的对话,来讽刺世族地主政权的黑暗、用人的不当。语言也是比较鲜明而生动的。

从这里,我们可以看出,左思的作品主要是以统治阶级为批判对象的。虽然他只是从正义感出发,从个人所受压抑出发,但对世族地主的抨击却和当时广大人民的意志有一定程度的联系。他在作品中能够提出与人民利益有关系的问题,能够在相当的深度与广度上反映人民的愿望。通过出色的艺术手法,他的作品不但批判了统治阶级的政治措施,也对抗了统治阶级的文坛风尚。

西晋末年的民族危机,孕育了爱国主义诗人刘琨。刘琨字越石,中山魏昌(今河北无极)人,271年生,318年死。他早年和潘岳、陆机等人在一起,号称"二十四友";后来又和民族英雄祖逖等人,共同枕戈待旦,捍卫祖国。他做过并州刺史、大将军、都督并冀幽三州军事。不幸为鲜卑段匹䃅所害,没能完成他的报国壮志。现存诗文20多首,大都是这种壮志的体现。

他的最主要的作品是三首诗:《扶风歌》《答卢谌诗》和《重赠卢谌》。《扶风歌》作于307年他做并州刺史的时候,主要抒写他自洛阳北行道中的感慨。那时北方已沦陷,所以他北行的过程也就是与敌人战斗的过程，他的"泪下如流泉"也是为祖国危急而流的热泪。这是现存刘诗中之较早者，里边已经充满着爱国主义思想。《答卢谌诗》作于316年被石勒败后，所以诗中对于敌强我弱的处境是十分痛心的。《重赠卢谌》作于被害前不久，他渴望有陈平、张良一类的人来共同保卫祖国，尤其为不能实现自己的爱国宏愿而无限悲愤。他不是为个人功业而叹"夕阳忽西流"，主要还是担心祖国的复兴越来越渺茫了，所以最后用"化为绕指柔"来警惕自己。总之，这三首诗只有一个中心内容，就是在国破家亡的时候，想尽最大努力来报仇雪耻；虽然环境险恶，但决不灰心。

他给卢谌的信里说："不复属意于文二十余年矣。"正因为他坚决和当时潘岳、陆机等人所代表的繁缛的文风割断联系，所以充沛的热烈的情感不至为雕琢的辞句所损害。他的爱国的激情，决定了他的诗歌的雄峻、清刚的风格。他蔑视当时弥漫文坛上的形式主义风尚，用质直而有力的语言，来表达自己的壮志和自己的悲痛，来教育人民为保卫祖国而斗争。

他的散文篇数虽多，但就文学史的角度看，还不如他的诗的意义大；不过也有几篇，的确可以和他的诗互相发声。例如他的《为并州刺史到壶关上表》，可以和《扶风歌》一起读；又如他的《答卢谌书》，就好比是《重赠卢谌》的序。他并不以散文著称，但像这样不用典故，不讲对偶，而纯粹以崇高的思想情感来鼓舞读者的文章，在当时是不可多得的。他和左思无疑是西晋文坛上最优秀的代表人物。

第二节　陶渊明及其他

陶渊明是一个优点与缺点同时存在的作家，对他应作具体的、细致的分析。

陶渊明一名潜，字元亮，浔阳柴桑（今江西九江）人，365年（？）

生，427年死。他生长在一个官僚地主家庭里，不过到他的少年，已经相当贫苦。二十八九岁以后，他断断续续地担任着一些低级的官职，如州祭酒、镇军参军、建威参军、彭泽令等。到41岁辞官回家以后，就再也没有出仕。

他当时所以要做官，不能说没有显亲扬名的想法，但他自己也有一些政治上的抱负。不过在世族地主专政的局面下，他这样的人不能不碰壁。渐渐地，他看透了统治集团的黑暗，便下决心和龌龊的官场宣告决裂。

在决心退隐的同时，他也决定了归耕。以前他可能下过地，但那时的劳动多少带点消遣的味道。后来，为生活的需要，他不得不认真劳动，尽管还只是辅助性的劳动。在认真劳动以后，在思想情感上不能不有所变化。自然他和真正的农民中间还有距离，但这距离比以前是多少缩短了一些了。事实上他晚年的生活，是相当清苦的。

自3世纪以来，道家思想在地主阶级文人中间就泛滥开了。陶渊明早年所受儒家"邦无道则可卷而怀之"（《论语·卫灵公》）和"穷则独善其身"（《孟子·尽心》上）的教育，和道家出世的情趣结合起来了。这就构成他在生活上和思想上的矛盾状态。

在生活上，和他来往的不但有务农的田父，也有一些赏奇析疑的文士；他手里经常拿着锄头和耒耜，也不断拿着诗书和酒杯。他欣赏着秋菊的佳色，南山的佳气，同时也担心着田中的螟蛾，山中的霜露。在思想上，他乐天安命，孤芳自赏，消极颓废的成分相当深厚；但另一方面，他仍能突破思想的框子，不拘于"劳心者"与"劳力者"的界限，要求他儿子善待仆人。这些进步的思想是可贵的，但它各种的因素是相杂糅着的。

了解了这些错综复杂的情形以后进而论述他的作品。首先我们分析一下他作品中的社会现实。

他的时代是个黑暗的时代，矛盾十分严重。他憎恨当时的统治集团,把做官的环境称为"尘网""樊笼"(《归园田居》之一)。在这些统治者的压榨下,老百姓不可能有好日子过;他所看到的,不免是"死没无复余"(《归园田居》之四)和"邻老罕复遗"(《还旧居》)的凄凉景象。他对现实的憎恨,使他逐渐产生了桃花源的理想。不可讳言,这里有复古的思想,但值得我们注意的是,他提出了"秋熟靡王税"的要求。在桃花源里,只有劳动者,没有收税者,这不是一个可贵的愿望吗?当然他还不可能怀疑私有制度的本身,更没有指出改变现实的出路,而仅仅表达了一个书生的空想罢了。

他对于社会现实的反映,更多地是通过他自己的生活与思想情感的抒写来体现的。首先是他的躬耕生活。他认真参加了劳动,因而能真实地描绘劳动,与后代所谓田园诗人是不同的。他的"带月荷锄归"(《归园田居》之三)和"躬耕未曾替"(《杂诗》之八)的生活,在一定程度上也反映了当时广大劳动人民的实际情况。其次是他生活上的贫苦。到了晚年,他的日常生活越来越困乏了,有时不免陷于饥寒(如《乞食》《有会而作》等)。当然他的"贫士"生活和正直的农民还不一样。他有满座的诗书,担心的不仅是"窥灶不见烟",还有"倾壶绝余沥"(《咏贫士》之二)。但是他生活上的艰难,和一般农民的情况不能不说是有点相近的。最后,对于某些历史人物(如《饮酒》中的邵平、《咏贫士》中的原宪、《咏荆轲》中的荆轲诸人)或神话传说(如《读山海经》中的夸父、精卫、刑天等)的咏叹,这里可以看出他的倾向性,他向往有骨气、有作为、百折不回、顽强英勇的人物;而在歌颂荆轲的同时,也谴责了秦帝,正如在《读山海经》里谴责了共工、钦䲹一样。他的爱憎是分明的。

现在可以进而论述他怎样表现这些思想内容的艺术手法。在前边的分析里,可以看出他描述了自己的形象。他是一个性格比较清高,是非比较清楚,虽怀壮志而不免消磨的封建社会的知识分子。此外,在《晋故征西大将军长史孟府君传》里,还生动地刻画了他的外祖父的形象。

他从孟嘉事迹中选取了有积极性的几件事,使我们清楚地看到这个人如何傲骨嶙峋,蔑视帝王将相,在这类人面前意气自若,丝毫不曲意逢迎。此外,他也善于描绘自然的景色,善于捕捉自然界中动人的胜景。如《时运》《归园田居》(第一首),《杂诗》(第二首),《桃花源记》等篇里,他没有点缀什么绚丽的辞藻,更没有堆砌什么隐僻的典故,只是用平易近人的、朴素自然的语言,写出人人所习见而又未必为人人所注意的日常景物,使我们读了以后感到如此亲切,如此新鲜。在这些抒情、写景或叙事的诗文中,他都用白描的手法。比起魏晋以来崇尚雕琢、争奇斗胜的形式主义逆流来,他显然是鹤立鸡群了。这种艺术上的成就,和他的生活经验有一定的关系。比起同时期其他作家来,他的生活还算是接近人民的,因而对事物能有比较深刻的观察和比较真实的感受。同时,他也接受了乐府民歌和神话传说的影响。这些都有助于他在艺术上的成就。

应该指出,他虽然有成就,但也有巨大的缺点。他的成就应该予以足够的估计,不过他的作品的消极成分却也十分严重。他由于抱负不能实现,走上独善其身的道路;结合着道家思想的影响,形成了乐天安命、委任自然的消极情绪,在读者中散布毒素。值得注意的是,他的作品的消极成分常常与积极成分杂糅在一起。如《怨诗楚调示庞主簿邓治中诗》中,一方面沉痛地写出了农村里的灾难,一方面却又充满了悲观颓废的情调。有时,他把农村写成一片悠闲静穆(如《归园田居》之二),却忘记了还有"死没无复余"(同上之四)的悲惨事实了。这即使不是有意替统治者粉饰太平,但至少也是在反映现实上既不全面,又不真实。此外,如《命子》《赠长沙公》等诗,庸俗而空洞,都是没有什么意义的作品。

最后,谈到他对后人的影响。这种影响虽然也有好的一面,但更多的是不好的一面。好的影响主要在于他参加劳动和对统治者的不合作。陆游和辛弃疾很称赞他的躬耕,而高适和林景熙则重视他与一般士大夫的区别。此外，他的平淡、自然的艺术风格，也对后代起到了好的作用。不好的影响主要是他常常成为封建文人逃避现实、逃避斗争的坏榜样；如唐代所谓田园派诗人的作品中的消极因素，和他是有联系的。当然这些不好的影响也不能完全由他负责。如他的《桃花源诗》及记，王维和王安石读了都写过《桃源行》。王维的《桃源行》主要强调这是个仙境，却把陶渊明的"靡王税"的宝贵理想一脚踢开了。王安石的《桃源行》不但辛辣地讽刺了徭役，抨击了统治者的昏庸残暴，并且特别提出了"无君臣"的理想，就是没有压迫者、统治者的理想。从这里我们可以看出王安石所受陶渊明的影响是和王维不同的，但是我们不能借此来替陶渊明作品中的毒素作辩护。

总之，我们现在评价陶渊明，必须明确分辨精华与糟粕，在文学史上还给他一个适当的地位；在承认他的某些成就的同时，也要严厉地批判他的缺点。

晋代作家除上述三人外，还有西晋的傅玄、张华、潘岳、张协、陆机等人和东晋初年的郭璞。陆机向被推为当时文坛的领袖，但他的作品的思想内容十分贫乏，而又过于重视排偶，讲究雕章琢句，并且常常模拟古人。张华、潘岳等人也是这样。此外，还有不少人跟着他们走，在西晋文坛上造成一股形式主义、唯美主义的逆流，影响极坏，应严厉批判。郭璞以《游仙诗》出名，里边虽然也有讽刺统治集团的话，但是歌颂神仙、逃避现实的消极情绪十分严重，所以成就是不高的。比较起来，只有傅玄一人可以说是庸中佼佼。

傅玄字休奕，北地泥阳（今陕西耀县）人，227年生，278年死。他在魏晋两朝都做官，性格却比较刚直，敢说话。现存的作品比同时人多些，诗歌就有一百多首。这些作品的题材又广泛，又狭仄。他也叙事，也写景，也抒情，但大都是围绕着封建士大夫生活小圈的。值得注意的是，诗歌中有一部分能接触到社会的现实，提出了问题。如在《炎旱诗》与《无题诗》中描绘了旱灾与水灾，反映了天灾给人民带来的苦难，同时表达了诗人对人民生活的关怀。他的作品中有不少是歌咏妇女的，特别批判了重男轻女的恶习，如《豫章行苦相篇》《董逃行历九秋篇》等都为女子提出了控诉。他认为妇女之所以会被欺负，正由于社会没有给她们保障。这就是他为什么喜欢写思妇与弃妇的原因。这虽是一般诗人所用滥了的题目，但他从另一角度来对待这一类内容，常常把自己深厚的同情倾注在诗句里，如《短歌行》就是一例。总之，关怀被压抑者是傅玄诗的特点。与此相关的，就是语言的朴质。他也有拙劣的模拟之作，如《艳歌行》《四愁诗》之类。但一般说来，他不大为古典作品的形式所拘束，而语言是比较接近口语。如《秦女休行》写庞氏妇复杂的故事，句式就非常自由，这不消说是从学习民歌得来的。这就使他和同时期形式主义作家不一样，也使他的作品不为齐梁文人所重视。也许有人要责备他缺乏文采，但他毕竟没有雕琢的毛病，这在当时文坛上是难得而可贵的。他的比较严重的缺点，在于他替皇室写的祭歌、乐歌太多。语言僵化，又多无聊的阿谀，的确一无可取。

第四章 南北朝的诗文

现在进而论述第三个阶段的作品。南北朝是一个极度动荡不安的时期,这时的民间创作和从前一样具有旺盛的生命力,但作家文学则瑕瑜互见。玄言游仙诗的逆流渐见平息,形式主义、唯美主义的恶劣风尚还在继续发展。到后来,更出现了无聊到极点的宫体文学。不过,例外还是有的,如南朝的鲍照确有杰出的成就,北朝的郦道元也写出了优秀的散文。在暗淡的文坛上,他们能发出一定的光和热来。

这时期还有小说和文艺理论的重要作品,后文另有专章。

第一节 鲍照

鲍照字明远,东海(今江苏涟水)人,410年左右生,466年死。他的家世比较寒微,但从小就露出写作的才华来。他想献诗给宋临川王刘义庆,有人劝阻他,他不听。渐渐地,他担任了一些低级的官职。当时的统治者附庸风雅,自命不凡,妒忌一切写得比自己好的人,因而鲍照在写作上就受到限制,不能尽量发挥自己的天才。后来在敌军中被害,作品散失不少,现存诗文约230多首。

5世纪以后,世族地主的政权走向了下坡路。它不但给广大的劳动人民带来日益深巨的灾难,也使知识分子受到愈来愈重的压抑。鲍照的创作正是在这种悲惨的社会现实启发下产生的。他的贫困的生活也使他比别的作家更广泛、更深入地认识到统治者的丑恶与被统治者的痛苦。同时,他又从民歌吸取有益的滋养。在他的共二百首左右的诗歌中,乐府诗占了将近一半;而在他的乐府诗中,常用七言和杂言的歌行体,抒写他的思想情感。他在民间创作的基础上，能有所提高和发展，取得了重大的成就。现在我们举《拟行路难》十八首和《拟古》八首作为他的乐府诗和古体诗的代表，来进行简单的分析。

《拟行路难》是他早期的作品，但思想内容是相当深刻的。他在里边沉痛地表达了对于黑暗政治的极端不满。他慨叹"自古圣贤尽贫贱"，气愤得"对案不能食"（其六）。既然"富贵不由人"（其十八），只好说"功名竹帛非我事"（其五）了。他本来很想有所作为，无奈日子一天天过去，而理想不能实现，所以他一再惋惜"红颜零落岁将暮，寒光宛转时欲沉"（其一），"人生倏忽如绝电"（其十一），"日月流迈不相饶"（其十七）。诗中虽也说到及时行乐，但更主要的是体现着作者一颗忧时伤乱的炽热的心。他不因眼前的"冬雪"而沮丧，坚信"阳春"即将来到。洋溢于字里行间的激情，使我们懂得他的借酒浇愁并不意味着消极颓废。

这十八首的写作手法是值得注意的。全诗近二百句，绝大部分是七言，也穿插了一些五六言或八九言的诗句，以及骚体和散文化的句子，句法非常自由。这不但比过去作家（如曹丕）更发展了七言的式样，也十分适合于全诗中奔放热烈的情感。诗人的不平之气，常常通过男女间的悲欢离合来表达。如第二、第三、第八、第九等首，别开生面地体现了作者对于世途艰险、人情反复的斥责，也体现了他的轻富贵而甘贫贱的操守。有时又借神话传说来抒写他的"怆恻不能言"的"愁思"（其七）。这些都使这一组乐府诗富有浪漫的色彩。杜甫称他为"俊逸"，主要就是指这一类的作品。

《拟古》八首是纯粹的五言。题虽"拟古"，但并不是模拟，实际上等于"咏怀"。诗人抒写了自己的抱负：一方面能够"五车摧笔锋"，一方面立志"乘障远和戎"（其二）；他关心着"边城屡翻复"（其三），而不希求"怀金袭丹素"（其一）。无奈事与愿违，有志不逮；对着历史的陈迹，空发悲叹（其四、其五）。同时，诗人又关怀着人民所受的压抑，

- 54 -

特别是剥削的惨重（其六）。这一组诗的思想内容，和《行路难》是相近的；在表达的方式上也许没有那么驰骋奔放，但字斟句酌，更见匠心。当时流行对偶与用典的风尚，鲍照沾染的比较轻；偶然使用这种技巧，也不像别人那么生硬、晦涩、呆板。如第六首的"河渭冰未开，关陇雪正深"和第八首的"朝朝见云归，夜夜闻猿鸣"，能够以排句把凄凉的心情贯注在自然景色中。又如第三首的"石梁有余劲，惊雀无全目"和第六首的"田租送函谷，兽藁输上林"，通过宋景公、帝羿和汉代统治阶级的往事，更突出了报国的壮志和剥削的残酷。这是作者进步的倾向性使典故与排偶都变得灵活，都能发挥出为主题思想服务的良好作用。

这两组代表作在思想性与艺术性上的一些特点，也体现在其他作品里。他叹息自己的"才秀人微"（如《学刘公幹体》《山行见抓桐》等）；渴望有一个报国的机会（如《代出自蓟北门行》《代陈思王白马篇》等）；同情劳动人民的苦难（如《代东武吟》《观圃人艺植》等）；而鄙视追逐名利的人（如《代放歌行》《行药至城东桥》等）。他善于用七言、杂言的歌行体，抒写热烈、奔放的情歌（如《梅花落》《代鸣雁行》等），也能在山水诗中做到情景交融的境地（如《发后渚》《上浔阳还都道中》等）。他的成就在同时期诗人中是最杰出的。

诗歌以外的作品，也有不少是值得我们注意的。就赋的方面说，如《芜城赋》的写作本事由于459年竟陵王诞据广陵抗命，宋孝帝派兵镇压，屠杀三千余人，故以"廛闬扑地，歌吹沸天"的"全盛之时"和今日"泽葵依井，荒葛罥途"的"芜城"作动人的对比，更突出了统治阶级内部矛盾给人民带来的深重苦难，和给国防带来的巨大损害；如《飞蛾赋》歌颂飞蛾"赴熙焰之明光"，而谴责文豹"避云雾而岩藏"，强烈地体现出追求光明、不惜牺牲的精神。就散文来说，如《登大雷岸与妹书》用细致的笔触、拟人的手法，词汇丰富而不雕琢的语言，不但写出了"五洲""九派"的自然景色，也写出了自己"旅客贫辛"的心情；

如《爪步山揭文》借山水作比喻，沉痛地控诉了"才之多少不如势之多少"的不合理现象。所以，鲍照在写作上的成就，是多方面的。

《南齐书·文学传论》说当时的文坛有三派，而"发唱惊挺，操调险急"是"鲍照之遗烈"。其实他的影响不仅在于南齐，也在于后代，如李白、高适、岑参等人的诗都可以证明。

第二节　南朝其他作家

南朝作家除鲍照外，写山水诗的谢灵运与谢朓也应附带提一提。

谢灵运，陈郡阳夏（今河南太康）人，385年生，433年死。

他出身于一个大世族地主的家庭，生活比较奢侈腐化，所以民间流行"四人挈衣裙，三人捉坐席"的歌谣来讽刺他。他在政治上有一定的打算，参加过统治集团内部的斗争。不过他始终不得意，所以做地方官的时候常常不问政事，而专门去游山玩水，在文坛上成为山水诗的创导者。

他的诗最善于描绘祖国东南秀丽的山水。例如《登江中孤屿》写永嘉的自然景色，诗人特别注意于中流发现的孤屿山；通过"云日相辉映，空水共澄鲜"等卓越的诗句，给我们提供了一幅难以描摹的画面。优秀的写景诗常常能做到情景交融，谢诗亦然。如《登池上楼》写作者久病起来，开窗远望，远郊山色历历在目，满园春光明媚，生意盎然。"池塘生春草"所以成为名句，就因为它不仅描绘了眼前的景色，也表达出作者面临着大自然中一片生机而感到的内心的喜悦。

不过，由于作者在思想上严重的局限性，当他寓情于景的时候，常常寓了些消极的情，因而诗中就染上一层玄言色彩。如《于南山往北山经湖中瞻眺》写他的一天游踪，景物宜人，末尾却发出独游无侣的感叹，而沉醉在"抚化心无厌"的道家情调中去了。又如《游赤石进帆海》写游览而联想到《庄子》上的子牟、任公等人的故事，用"矜名道不足"一类的议论来代替了自然景色的描述。把山水诗和玄言诗杂糅在一起，是他的不可饶恕的缺点。

以上简单指出他的山水诗的优点与缺点。至于山水诗以外的作品，成就也是不平衡的。在《白石岩下径行田》中，他揭示了当时灾民生活的苦况，显出作者兴修水利、期待丰收的善良愿望。在《种桑》中，他也表达了想替人民做些有益的事情的意图。此外，他也学习民歌，用五言四句的样式，而写了一些生动活泼的小诗（如《东阳溪中赠答》等语）。不过诗中消极颓废的思想常常出现（如石壁立招提精舍》），有时则陷于无聊的模拟（如《善哉行》等），而语言又过于雕琢，所以他的成就远在鲍照之下。

谢朓字玄晖，是谢灵运的堂侄，464 年生，499 年死。他出身大世族地主的家庭，担任的官职不算小。当时的主要文人如沈约、王融等都和他是朋友。沈约等人提倡四声八病的理论，在诗坛上形成"新体诗"的风气。谢朓也从事这一方面的写作。后来因为他拒绝参加政治阴谋，死于狱中。

他是一个长于写景的诗人，善于捕捉自然景色中动人的形象，用秀美的语言表达出来。在这一方面，他有不少传诵的诗句，如"余霞散成绮，澄江静如练"（《晚登三山还望京邑》），"叶低知露密，崖断识云重"（《移病还园示亲属》），"日华川上动，风光草际浮"（《和徐都曹出新亭渚》）之类。他也常常把自己的思想情感贯注在周围的景物里，如他离开随王府时作的《暂使下都夜发新林至京邑赠西府同僚》，一开始就写"大江流日夜"，为的是说明"客心悲未央"；又如他到宣城做官途中作的《之宣城郡出新林浦向板桥》，着意描绘"天际识归舟，云中辨江树"，好来烘托"旅思倦遥遥，孤游昔已屡"的感慨。不过应该指出，这些写景诗中所体现的情绪常常是比较消沉的；所以他在赴宣城途中愿意学南山的玄豹那样避祸，而在《晚登三山还望京邑》中不免"泪下如流霰"。这类作品的基调和谢灵运的山水诗相近，所以成就也不高。不同的地方在于谢朓诗中不大杂有玄言，而对于声律则更加重视些；到 5

世纪下半期,玄言文学的盛时业已过去,而新体诗却正在日益流行。

写景以外的作品,同样是瑕瑜互见的。他学习民歌,写出一些优秀的抒情小诗(如《铜爵悲》《同王主簿有所思》等),他又在《敬亭山庙喜雨》《赋贫民田》等诗里,流露出对农民生活的关怀。这些作品都有一定的意义。但在另一方面,他写了不少歌功颂德的乐章,如《齐雩祭歌》《隋王鼓吹曲》之类;也写了一些只有诗的形式而内容空洞的咏物诗,包含"乐器""坐上玩器""坐上所见一物"等。有些作品,如《夜听伎》二首,则已染有宫体诗的毛病了。这些都是应该严肃批判的。

二谢外,南朝还有不少作家。他们大都沉溺在宫体诗、骈文和赋的写作里。其中也偶有佳作,但一般说来,这些作品常常是代表着文坛上形式主义、唯美主义的逆流。其中只有一个孔稚珪可算是个例外。

孔稚珪字德璋,会稽山阴(今浙江绍兴)人,447年生,501年死。他在宋、齐两朝虽不断做官,但性格是比较耿直的。作品现存诗、文十余篇。其中《北山移文》是当时骈文方面的杰作,使作者能够在文学史上占到一个位置。《北山移文》的主题思想是通过周颙的种种丑态,深刻地批判了封建士大夫的伪善和卑鄙。他首先指出隐士有真假的分别,真隐士是"芥千金而不眄,屣万乘其如脱"的,而假隐士却是"始终参差,苍黄翻复"的。接着他尖锐地揭露了周颙虚伪的性格,早年隐居时的装腔作势和后来做官时的庸俗、势利。这里他成功地刻画了一个"虽假容于江皋,乃缨情于好爵"的反面人物形象。最后他用拟人的手法,假托山中的高霞、明月、青松、白云……对这无耻的官僚投以应得的蔑视与斥责。他写的虽是当时流行的骈体,也用了一些典故,但他的进步的倾向性与形象的语言大大地增加了揭发的力量,使这篇《北山移文》成为我们爱读的作品。此外,他的《白马篇》歌颂保卫祖国的英雄,在当时也是比较有意义的。

第三节　北朝作家

这一时期的北朝文坛，不免沾染了南朝的形式主义、唯美主义的弊病，产生了一些没有意义的作品。但是同时也出现了几位优秀的作家，如郦道元、杨衒之和庾信。

郦道元字善长，范阳涿鹿（今河北涿鹿）人，生年不详，死于527年。他曾担任过地方上的高级官职，为人富于正义感，不怕得罪人；终于被排挤到关右，为雍州刺史萧宝夤害死。他很博学，著作不少，最重要的是他替三国时无名氏所著《水经》作的注，这个注实际上是一部独立的书。作为一部地理的著作，《水经注》是有重要的价值的，书中就国内一百多条水道所经历的地区，来叙述地理、古迹、人物和风景；作者熟悉的地方就写得详细些，不熟悉的地方就简单些，这是他的实事求是的精神。同时，作为一部散文的作品，它也有高度的成就，使作者能够在文学史上占一个位置。

《水经注》在文学上的成就，主要在于作者精心描绘了山川的雄壮美丽，热情歌颂了祖国的景色。如以黄河为例，写到龙门一带，他说："其中水流交冲，素气云浮，往来遥观者常若雾露沾人，窥深悸魄。其水尚崩浪万寻，悬流千丈，浑洪赑怒，鼓若山腾，濬波颓叠，迄于下口。"这里就充分写出河水的迅急，使读者感到惊心动魄。但是写到长江的三峡，虽然同样是个险要的地方，他在指出山高水急的同时，却突出了景色的清幽动人："春冬之时，则素湍绿潭，廻清倒影；绝巘多生怪柏，悬泉瀑布，飞漱其间，清荣峻茂，良多趣味。每至晴初霜旦，林寒涧肃，常有高猿长啸，属引凄异，空谷传响，哀转久绝。"写景的词藻都由他自己熔铸，这不独显出他无比的才华，也说明他曾付出不少的心血。

写景以外，他还吸收了民间创作中进步的东西，来丰富自己的散文。例如关于纣"斮朝涉之胫"(《书·泰誓》下)的传说,他在淇水注里加以发挥,对暴君的残酷作了无情的揭露。还有些优秀的民间歌谣,如"陂汪汪""帆随湘转"之类,和他自己的写作结合起来,能够更好地表达各地人民的思想情感。

杨衒之,北平(今河北卢龙)人,生年不详,卒于555年左右。北魏末年,曾担任期城(今河南泌阳)太守、秘书监等职位;547年,曾到过洛阳,看见一片荒凉,寺庙的建筑多成灰烬,因写了《洛阳伽蓝记》一书。它和《水经注》同为北朝散文的名著。

过去已有人指出杨衒之是一个"讪谤佛法"(《广弘明集》卷六)的人,因为他曾上书指责"释教虚诞"。所以他在《洛阳伽蓝记》里虽然详细追述了当年庙宇园林的盛况,却不是为了宣扬佛教;相反的,他通过这些建筑的描绘,强烈地谴责了统治阶级的骄奢淫逸、贪婪残暴。如卷三记高阳王寺,就无情地揭发了高阳王起居的豪侈与姬妾的众多;又如卷四记法云寺,也尖锐地鞭挞了河间王惊人的荒淫与贪暴。

同时他和郦道元一样长于写景。如卷一写景林寺:"讲殿叠起,房庑连属,丹槛炫日,绣桷迎风,实为胜地。寺西有园,多饶奇果;春鸟秋蝉,鸣声相续。"又如卷三写景明寺:"复殿重房,交疏对霤;青台紫阁,浮道相通;虽外有四时,而内无寒暑。房檐之外,皆是山池;松竹兰芷,垂列阶墀,含风团露,流香吐馥。"这里不但把寺院的风景写得引人入胜,而且体现了我们祖先的建筑艺术的高度发展。

以上两部作品,虽然在语言上尚有骈偶的痕迹,但仍极流畅自然。它们不但在南北朝文坛是难得的作品,就在整个文学史的散文艺术发展过程中说,也是有重要贡献的。

庾信字子山,南阳新野(今河南新野)人,513年生,581年死。他的一生可分前后两期。42岁以前,他在南方度过,15岁就给昭明太子伴读,以后和徐陵同为南方文坛的领袖,当时称为"徐庾体"。这时的创作生活是和形式主义、唯美主义的逆流联系着的。42岁以后,羁留在西魏和北周，官越做越大，在民族气节上显然有愧色。但他怀念祖国，渴望南归，确是非常沉痛真挚的；这就提高了他在创作上的成就，渐渐和逆流分家了。

他的早期的作品，可以《咏画屏风》二十五首为例。内容取材于屏风上的画，而画上的人物与景色又不出贵族生活环境之外，所以诗中所歌咏的也就无非是绮罗脂粉和歌舞游宴等腐朽的生活片段。虽然没有当时宫体诗那么庸俗，但作者并没有能够站在这种生活之上，予以批判，因而就没有什么意义。

到了42岁流寓北方以后，诗赋中常常蕴藏着深厚的爱国情绪。《咏怀》二十七首和《哀江南赋》可以做代表。在《咏怀》里，他沉痛地诉说：自己本来抱有大志，不幸一一落空，岁月已晚，琴书无益；现在失节事魏、周，忍辱偷生，身败名灭；加以处境困难，所见所闻，无不令人悲痛；追念梁末种种内忧外患，终致覆亡，追悔无及；自己身受梁恩，不幸被迫留在北方，与江南亲友音信断绝，也不能重睹南国的风光，成为毕生的恨事。诗中真挚的情感突破新体声律的拘束，也不再计较对偶的工整。虽然在词藻上仍有一定的讲究，但和早期作品相比却面目大异了。《咏怀》以外，如《寄王琳》《和侃法师》《重别周尚书》等篇，都吐露出对故国衷心的怀念；五言四句的小诗，也在这几篇里显得更接近成熟了。

《哀江南赋》是他在赋的方面的杰作。全文长达三千三四百字，从庾氏祖先说起，讲到自己在梁代的官职和南方的太平景象，却不知道危机早已潜伏着了。侯景来降以后，就想夺取政权，终于占据了首都；自己奔往江陵，途中尝尽了艰辛，辅助元帝在那边暂时苟安；后来虽然歼灭了侯景，可是统治者的腐朽是不可救药的，终使魏兵侵占了江陵，梁朝也就垮台了。最后，以自己滞留异国的悲哀作结。全赋主旨在于通过自身的经历，来写出祖国的盛衰，而对于统治集团的昏庸深致责难。正因为"宰衡以干戈为儿戏，缙绅以清谈为庙略"，才落得个"举江东而全弃"的悲惨结果。这里就不仅是普通的故国之思,而是对万恶的统治阶级的无情的揭露。不过他采用了传统的大赋的体裁,典故用得太多,几乎一句一典,这不能不削弱了作品的感染力量。而且有些典故,并不是非用不可的。例如,"将军一去,大树飘零;壮士不还,寒风萧瑟"等句,用的是东汉冯异和战国荆轲的典故;但这一段的本意不过是说军队溃败,自己不能生还故土而已,与冯异倚树辞功和荆轲谋刺秦王毫无关联。有些句子如"崩于巨鹿之沙,碎于长平之瓦",用典用得不合乎语法逻辑。这是严重的缺点。

第五章 小说的发展

远在魏晋以前，中国小说已经兴起了。先秦有《山海经》《穆天子传》等书，汉代又出现了《说苑》《新序》《越绝书》与《吴越春秋》。到魏晋南北朝，小说获得了新的发展。这种发展不仅表现在数量的增多上，更重要的是小说反映的面日益广阔了。从帝王将相以至于劳动人民，都有不同程度的描述：统治者的残暴与荒淫，人民的疾苦、愿望和斗争，士大夫的思想言行，社会的风俗习尚，等等。在艺术技巧上，也有所提高。这就为唐以后小说的繁荣提供了条件。

这时的小说，有《搜神记》《西京杂记》《世说新语》三种类型，下文将择要论述。

第一节 《搜神记》

以《搜神记》为代表的一些小说，鲁迅先生称之为志怪小说。志怪小说为什么在这时期大量出现呢？这是有一定的社会基础的。鲁迅先生曾说："中国本信巫，秦汉以来，神仙之说盛行，汉末又大畅巫风，而鬼道愈炽；会小乘佛教亦入中土，渐见流传。凡此，皆张皇鬼神，称道灵异，故自晋讫隋，特多鬼神志怪之书。"（《中国小说史略》第五篇）自汉末以来，统治阶级日益腐化，军阀不断混战，边疆民族又侵入，祖国长期分裂，社会一直在动荡不安之中，人民的痛苦真是一言难尽。这就使原来的巫风与后来的佛教、道教得到滋长的温床。在当时的思想界曾有有鬼论与无鬼论、神灭论与神不灭论的争辩。在小说领域内则继古代神话之后，而产生志怪的作品：优秀的作家便通过鬼神的故事来体现人民的思想情感，而成为杰出的创作，方士与教徒则借此宣传迷信。

现在我们所看到的较早的志怪小说，当推《列异传》。它的作者不能确定，《隋书·经籍志》说是曹丕，《旧唐书·经籍志》和《新唐书·艺文志》则说是张华，可能是曹作而张续。书已不存，他书所引佚文尚有五十条；长的有三百多字，短的仅十多字。其中有些是没有多大意义的鬼神故事，但也有不少是具有深刻的思想内容的。在某些故事中，人物性格得到初步的刻画。如《太平广记》卷四百五十六所引"鲁少千"的故事，不满二百字，却能写出少千的机智与廉洁的个性。至《太平御览》卷三百四十三所引"干将莫邪"的故事，则已较《吴越春秋·阖闾内传第四》有所发展，而为《搜神记》打下了基础。

《搜神记》是志怪小说中出类拔萃的杰作。作者干宝字令升，新蔡（今河南新蔡）人，285年左右生，336年左右死。他的祖上虽做过官，但父亲死得早，他幼年的生活是很贫寒的。他从小就勤于学习，博览群书，能写作，成为有名的历史家。他的著作主要是《晋纪》，现在大都亡佚。使他能在文学史上占一个位置的，乃是小说《搜神记》。他自己是相信鬼神的，所以在自序里说他写作的目的在于"发明神道之不诬"，因而书中就不免有迷信的糟粕。但更重要的是，其中保存了不少民间美丽的故事，并且予以加工提高。它的贫寒的生活使他目击了一些动乱的世态，对黑暗的政治有深切的反感，对人民有真挚的同情。而历史家忠于事实的态度，也给他的作品带来较高的现实性；在记录民间传说的时候，他比较能采取忠实的态度。

《搜神记》中优秀的故事是很多的。它们的价值首先在于进步的思想性。这可以从下列五个方面看出来。

第一，它们揭发了统治阶级的罪恶。如卷十一载"韩凭"的故事，有力地斥责了宋康王的荒淫残暴，迫使一对小官吏夫妇双双自杀。又如卷二载"扶南王"的故事，自己昏庸无知，不能清断民事，而求助于猛虎鳄鱼代为断案。作者在这里饱含愤怒，撕破统治者的人皮，从本质上说明一个真理,就是:统治者是人民的死敌。

第二,它们表达了人民对美好生活的愿望。如卷一载"董永"的故事,写一个"肆力田亩"的人,陷于"自卖为奴"的绝境。怎样才能解脱呢?后来天帝派了织女来替他"偿债"来了。这和书中其他许多由贫变富和死而复生的故事一样,都深刻地反映了人民迫切要求改变这个兵荒马乱、啼饥号寒、生死无定的悲惨现实。

第三,它们反映了人民的斗争精神。如卷十一所载"干将莫邪"的故事,是最典型的,干将是个铸剑能手,对统治者有透彻的认识和深刻的仇恨;他预知楚王必杀他,所以决定留下雄剑,要儿子报仇。儿子一听说可以报仇,即使要自己的头,也毫不犹豫。路上相逢的"客",代抱不平,居然冒死协助,终于杀死了楚王。这里反映出一个重大的主题,就是:天下的人,无一不恨楚王。这就使得人民结成一起,来对付共同的敌人。

第四,它们歌颂了人民征服自然灾害的业绩。如卷十九载"李寄"的故事,写一个少女为了使地方上的老百姓都能免去毒蛇的灾难,便不顾父母的劝阻,毅然单身匹马,亲至蛇穴,杀死了它。大害既除,人民不禁为之编唱了歌谣,流传不息。这里集中表达了劳动人民英勇、机智、舍己救人的崇高品德。

第五,它们赞美了坚贞的爱,暴露了封建家庭的黑暗。如卷十六载"吴王女紫玉"的故事,一方面同情地描述了她和韩重的生死不变的爱,一方面也辛辣地批判了不合理的封建婚姻制度与封建家长制度。又如卷五载"丁新妇"的故事,更尖锐地控诉了封建家长虐待儿媳的残酷罪行,这种罪行在过去社会里是长期普遍存在的。

这些美丽的故事,不仅有进步的思想内容,也有卓越的艺术技巧。

首先在形象的刻画上,相当成功。如干将莫邪的故事,短短四百多字,生动地写出了三个英雄人物和一个暴君。其中对干将儿子的描绘更加精彩。他生下来就问父亲在哪里,知道父亲冤死后就立志报仇,听说有报仇的机会就不惜自刎,自刎后还不倒下,头被掷入汤镬后还不烂。这显出他至死不屈、坚强无比的性格和对统治者的刻骨仇恨。三个英雄有共同之处,也各有特点:干将的预见、儿子的坚毅、"客"的机智。他们从不同的角度上体现了反强暴的人民英雄的品德。

其次在情节的布局上,也颇具匠心。如李寄的故事,一开始就提出了一个尖锐的矛盾:大蛇要求每年送给它一个无辜的童女,否则地方上难免灾害。九年之后,募不到合适的童女了,这是矛盾的进一步发展。最后募到李寄家里,父母舍不得,她却愿意去,终于偷偷地走了,于是故事就引向另一个高潮。事情危急了,情节紧张了,不料事出意外。她居然机智地斩死了大蛇,胜利回来。我们读了,时而疑惧,时而庆幸,而不禁为之钦佩不已。作者在这里是获得相当成功的。

最后是浓厚的浪漫主义色彩。如韩凭夫妇自杀后,冢上的树木、树上的鸟,都为他们的精诚所感,而成为坚贞的爱与斗争胜利的象征。如织女下凡,在十天之内织了一百匹缣,来替董永赎身。如紫玉死后,魂从墓出,和她的爱人团圆。如丁新妇死后仍继续努力,终于使妇女获得休息的日子。这一类例子是很多的,前边讲到的干将、李寄的故事也富于浪漫情调。它们都说明作者能够在社会现实的基础上,给合着极其丰富灿烂的想象力,运用夸张的手法,形象地表达了人民追求美好生活的热烈愿望,和他们反抗压迫的坚决意志。这些作品无疑是古典文学积极浪漫主义光荣传统的进一步发展。

总之,《搜神记》中虽然有落后的部分,特别是卷六、卷七里,大量采用正史中《五行志》的材料,其意义是不大的;但其中优秀的故事确有高度的成就,它们标志着祖国的小说跨入一个新的阶段。它曾给予后代文学以重大的影响,近则敦煌的《韩朋赋》,远则鲁迅先生的《铸剑》都可为证。

《搜神记》以后,还出现不少志怪性质的小说。书尚存者有《搜神后记》(传为陶渊明作)、《异苑》(宋刘敬叔作)、《拾遗记》(梁萧绮作)、《续齐谐记》（梁吴均作）等；书虽不存而佚文尚多者，有《幽明灵》（宋刘义庆作）、《冥祥记》（齐王琰作）等。在这些书中，常常是糟粕多于精华；或者宣扬因果报应之说（如《搜神后记》中"周同"的故事），或者传布宿命论（如《异苑》中"永康人"的故事）；更多的是为宗教作宣传，如《冥祥记》中的故事几乎全是为这个目的编造的，所以我们常常会遇见"诸佛菩萨窥豹一斑为证明"（《法苑珠林》卷二十八引"仕行"的故事）、"冀如来大士当照了诚"（《太平广记》卷一百十二首引"董吉"的故事）一类的语句。这些作品，是应该严厉批判的。

但是书中夹杂有些较好的故事，也不当一概抛弃。《搜神后记》中的桃花源故事，固然是因为要托名于陶渊明，所以才把他的散文收在里边；但除此以外，书中还有几个类似的故事。这些故事虽没有《桃花源记》写得那么好，但情节曲折，也能引人入胜。叙法各不相同，却表达了同一基本思想，就是对现实不满，希望能有一个清平安乐的容身之处。《幽明录》里边几个关于鬼的故事，有的叙述一个"新死鬼"瘦饿不堪，有的叙述一个鬼回到自己家里看到妻儿不胜穷困，有的叙述阴天听到饿死鬼的呻吟声，等等；这些显然能够用多样化的笔调，反映了人民在严重的压榨下，啼饥号寒，无以为生的悲惨现实，还是有一定价值的。

第二节 《西京杂记》

《搜神记》外，另有一些小说常常以"野史"的姿态出现，而且常常假托为汉人所作。如晋葛洪作的《西京杂记》托名刘歆，而王俭作的《汉武故事》托名班固，无名氏作的《汉武帝内传》也托名班固，《汉武帝别国洞冥记》托名郭宪，等等。

《西京杂记》是其中较好的一种，作者葛洪字稚川，丹阳句容（今江苏句容）人，290年左右生，363年左右死。他是著名的道教徒，著作很多，以《抱朴子》与《西京杂记》为最重要。《西京杂记》中所记虽多贵族琐事，但反映的社会现实却超过了琐事的范围。例如王嫱的故事，不仅动人地写出了她的性格和遭遇，而且通过这个故事也告诉我们在杀人不见血的深宫中，不知吞食了多少宝贵的青春，残害了多少良家妇女；后来因此而使京师画工同日被杀，更暴露了统治者的残忍。又如广川王的故事，不但批判了刘去疾一人腐朽的生活，同时由于详细描述了他掘墓的勾当，也就普遍地揭露了历代帝王将相们经营墓葬的穷奢极欲。因此，这些琐事是有一定的思想内容的。

在叙述上，《西京杂记》常用第一人称的方式，这个方式常为唐人传奇所应用，能使故事的真实性气氛更加浓厚。在这些作品中，虽还缺乏完整的形象，但在某些细节的刻画上也能给人深刻的印象。例如新丰的故事，因为两个城市的建筑完全一样，所以不但士女老幼都很容易认识自己的房子，连犬羊鸡鸭也都能找到自己的老家，那么匠人胡宽建筑的技巧可想而知了。又如司马相如的故事，写他和卓文君的恋爱生活，也比历史上的传记更生动一些。

与汉武帝有关的几种小说，文学价值比较差些。《洞冥记》与《内传》的宗教气味太重。《内传》与《故事》虽都假托于班固，但两书的文笔是不同的。《汉武故事》中多美化统治者的地方，不过某些故事也还有一定的意义。例如颜驷的故事，批判了帝王按照自己的偏见来用人，因而埋没了多少有用的人才。又如栾大的故事，讽刺了武帝求仙的荒唐可笑。

第三节 《世说新语》

以《世说新语》为代表的小说，鲁迅先生称之为"志人的小说"（《中国小说的历史变迁》第二讲）。这一类小说的内容，大体有两方面：一是清谈，一是笑话。清谈的兴起，是有社会根源的。鲁迅先生说过："汉末士流，已重品目，声名成否，决于片言；魏晋以来，乃弥以标格语言相尚,惟吐属则流于玄虚,举止则故为疏放。与汉之惟俊伟坚卓为重者,甚不侔矣。盖其时释教广被,颇扬脱俗之风,而老庄之说亦大盛,其因佛而崇老为反动,而厌离于世间则一致,相拒而实相扇,终乃汗漫而为清谈。"(《中国小说史略》第七篇)在尖锐的社会矛盾面前,士大夫阶层中虽然也有不满于现实的人,但常常不敢正视现实,采取明哲保身的态度,为逃避政治迫害而纵酒谈玄。他们所谈论的东西,和窒息在沉闷的政治生活中的智识界放浪生活的遗闻轶事,也就成为这种小说的主要内容。

现在我们所能看到的这一类作品,以东晋裴启《语林》和郭澄之《郭子》为较早。但写得最成功的,当推宋刘义庆的《世说新语》。

刘义庆是宋武帝的侄儿,彭城(今江苏徐州)人,403年生,444年死。他爱好文学,也能写作。当时文人多在他门下,杰出的作家鲍照也在其内,在《世说新语》里边,可能有门客们的写作。后来刘峻作注,引书极多,使内容更丰富了。

全书分德行、言语、政事、文学等36类,记西汉至东晋的人物言行。在这些记载里,首先揭露了统治阶级的骄奢淫逸与残酷狠毒。例如曹丕,《贤媛篇》记他在父亲死后,把宠爱过的宫女都娶过来了,气得他母亲骂他"狗鼠不食汝余";《尤悔篇》记他因为妒忌弟弟任城王骁壮,就毫无人性地亲手毒死他。又如石崇,《汰侈篇》记他为了和王恺斗富,就"用蜡烛作炊";宴客时令美人劝酒,客人不喝就立刻杀死这美人,这已够残暴了;而客人中居然有王敦这样的人,由他连杀三美人,还不肯喝,为的是"以观其变"。这些记载把封建统治者的丑恶本质生动地刻画出来了。

其次,士大夫们不健康的精神面貌,也有充分的描绘。他们认为"一手持蟹螯,一手持酒杯,拍浮酒池中,便足了一生"(《任诞篇》);他们逃避政治,偶然被诱入郡,也要"于车后趋下"(《栖逸篇》);他们崇尚老庄,"三日不读《道德经》便觉舌本间强"(《文学篇》);他们醉心于清谈,"宾主遂至暮忘食"(同上)。从这些消极颓废的生活与思想中,我们一方面看到封建士大夫的软弱,一方面也看到当时社会上悲惨的现实。什么东西把这些聪明才智之士迫到这条路上去的呢?很明显,是封建剥削阶级的血腥统治。

此外,书中也出现了一些较好的人物的言行。如《言语篇》写周颉诸人的怀念故国,对比顾荣拿"王者以天下为家"的话来解释南迁,优劣立判。如《德行篇》写殷仲堪的俭朴,"饭粒脱落盘席间,辄拾以啖之",这样爱惜物力是难得的。又如《自新篇》写周处从"为乡里所患",变成一个能"自修改"而有"前途"的人,是值得钦敬的。

《世说新语》不但有丰富的思想内容,也有出色的艺术成就。例如《忿狷篇》为了写出王述的性急,就用他吃鸡子的一件小事来烘托。筷子夹不住鸡子,气得他"举以掷地";但鸡子在地上仍圆转不止,他便要以履齿碾之";偏偏他又碾不到,恨得他拿起来放在嘴里嚼碎了再吐出去。短短四五十字,把人物的性格写得如此生动、鲜明。虽然全书中没有创造出完整的人物性格,但作者善于抓住人物的某些特征,然后选择有意义的细节具体而形象地描述,使我们对于人物能有清晰的认识,这确是这部书的一个艺术特色。

这部书还在语言上有较高的成就。作者虽然没有叙述什么完整的故事,但是他以惊人的笔触,仅仅片言只语,却能使我们字里行间懂得许多没有写出来的东西。例如《简傲篇》写钟会去访嵇康,没有交谈就走了,嵇康问:"何所闻而来?何所见而去?"钟会答复:"闻所闻而来,见所见而去。"简单的问答深刻地表达了隐藏在两人内心深处的感情:两人互相轻视,互带敌意。我们还可从这二十个字联想到当时司马氏与曹氏争权夺利的丑剧,联想到后来嵇康的被杀害。这部书在语言上能做到以少许胜多许。

当然,《世说新语》的缺陷也是不小的。由于作者所处时代和阶级的限制,还不可能超出当时一般士大夫的思想意识,因而对于上层统治者所谓德行有过多的颂扬，而对于消极放诞的言行也常用欣赏的态度来描写。封建社会的读者因在思想上与这相近，所以对所谓魏晋风度十分向往，那是有害的。

《世说新语》对后代文学的影响是深远的。自唐至清，不断有人模仿它。有些小故事，如曹操望梅止渴、曹植七步成章之类，曾被《三国志演义》所采用，更广泛地流传在人民大众之中。温峤与表妹的婚事，关汉卿取为《玉镜台》杂剧的题材，因而为群众所熟悉。

至于记笑话的小说，较早的有汉魏间邯郸淳的《笑林》，以后有齐隋间侯白的《启颜录》等。这些书的写作，主要是以诙谐故事来娱乐读者；其中偶然也有所讽刺，如《笑林》中"汉世有人"的故事，批判富人的吝啬，《启颜录》中"刘道真"的故事，揭露知识分子的狂妄。后来如唐陆羽的《谑谈》、宋吕居仁的《轩渠录》、明冯梦龙的《笑府》等，显然是在这一类小说的影响下产生的作品。

第六章 文章理论的奠基

从前边几章的论述里,可以看出这一阶段文学的总的情况。从各方面看来,比以前显然是发展了。作者比以前更多,作品的数量也远非昔比。渐渐地兴起了别集、总集、选集。文学作品的增多,渐渐培养了读者对于艺术的理解与对于美的欣赏的能力,也促进了有关文学批评与文学创作的问题的探讨。

同时,这一阶段的形式主义、唯美主义的恶劣风尚远较以前严重,因而文坛上的斗争也就成为不可避免的现象。尖锐的斗争需要理论的武器,所以进一步发展文艺理论就成为愈来愈迫切的要求。

这时关于文学的论著,无论就数量或质量讲,都有所提高。曹丕、曹植、陆机、左思、挚虞、李光、葛洪、沈约诸人,都有或多或少的贡献。集大成者,当推刘勰,其次是钟嵘。由于他们的辛勤劳动,祖国的文艺理论就在这一阶段里奠定了稳固的基础。

第一节 《典论·论文》与《文赋》

在刘勰的《文心雕龙》以前的论著中,曹丕的《典论·论文》和陆机的《文赋》是比较重要的。

《典论·论文》的贡献,主要在批评论方面。严格地讲起来,在《文心雕龙》以前,还没有真正的批评论。但在《典论·论文》里,涉及的问题大都是与此有关的。

首先提出的是批评的客观性的问题。曹丕反对"文人相轻"的陋习,指出其原因在于"家有敝帚,享之千金,斯不自见之患也"。后来葛洪也批评过"近人之情,爱同憎异,贵乎合己,贱于殊途"(《抱朴子·辞义篇》)。这些都在尝试着探索文学批评的客观性,不过在那个时候,客观的批评还是不可能出现的。

接着他对建安七子作了评论,认为各有所长,这本来也是事实;可是他对孔融独多贬辞,说是"不能持论,理不胜词,以至乎杂以嘲戏"。孔融嘲戏的是谁?主要是曹操,因为他们两人的政治主张是相反的。

作为政治标准的补充,他又提出"贵远贱近"问题及文体、文气问题。他反对贵远,贵远实际就是厚古;他主张贵近,贵近就是厚今。葛洪也曾经讽刺过那些认为"今山不及古山之高,今海不及古海之广"(《抱朴子·尚博篇》)的人。当然极端薄古并不一定完全恰当,所以刘勰曾提出"望今制奇,参古定法"(《文心雕龙·通变篇》)的主张,但曹丕的话在当时还是有进步意义的。

关于文体,他分成"四科"(奏议、书论、铭诔、诗赋),以为各有不同的艺术特色:"盖奏议宜雅,书论宜理,铭诔尚实,诗赋欲丽。"因此,他提出"本同末异"的理论来。这种"唯通才能备其体"的体,乃是文学的式样,一般都是"能之者偏"。

关于文气,他认为"文以气为主",这个气是指作者的气质。气质不同,风格也随之而异,所以他说:"虽在父兄,不能以移子弟。"正因为人各有气而文非一体,所以在批评的时候就不应该"各以所长,相轻所短"了。

最后,他提出文学的社会价值:"盖文章经国之大业,不朽之盛事。"这里不再像过去那么把文学当作末节了。后来葛洪也反对"德行者本也,文章者末也"的意见,认为"文章之与德行,犹十尺之与一丈,谓之余事,未之前闻"(《抱朴子·尚博篇》),所以曹丕有开风气之功。不过他要文学为封建统治者服务,为个人的声名服务,那显然是时代和阶级的局限性所导致的错误。

陆机《文赋》的贡献,主要在创作论方面。他在赋序的开端说:

"余每观才士之所作,窃有以得其用心。夫放言遣辞,良多变矣;妍蚩好恶,可得而言。"可见他的重点放在"放言遣辞"上,因此当然就不可能成为系统的创作论。

他首先谈到创作的准备工作,指出构思的重要,认为在动笔前进行构思,不是凭主观幻想,而是建立在对客观事物特别是自然界的观察和了解的基础上。同时,他又重视想象,认为必须把古今、四海、天地、万物都笼罩于作者的心中,然后才能下笔如有神。他抛开了儒家教条的束缚,而畅言想象,这在文学创作的理论上是一个有积极意义的创见。

其次,他详论了修辞。他的中心意思是"达变而识次",原则是"辞达而理举"。要做到"达变而识次",必须能够达到"其会意也尚巧,其遣言也贵妍",这是因为"其为物也多姿,其为体也屡迁"。他发现观察事物的"多姿"与"屡迁"是非常重要的,因此作者应该懂得和掌握客观事物的规律,而且应该避免模拟与抄袭。这些意见都是对的,不过他特别提出"巧"和"妍",过于重视"一篇的警策",这就对当时形式主义逆流起到了推波助澜的坏作用。而且,他还注意声律:"暨声音之迭代。若五色之相宣。"这对后来沈约等人的声律是有影响的。

最后,他指出感兴的重要。创作不但应注意构思和修辞,更要有热烈的创作冲动。感兴未至,则"竭情而多悔";感兴既至,则"率意而寡尤"。因此,作家必须善于捉住"来不可遏,去不可止"的"应感之会"。这一点,后来刘勰在《养气篇》末段曾有所发挥。

除创作方面的意见外,陆机还谈到文体和文学的社会价值。他把曹丕的"四科"调整为十大类:诗、赋、碑、诔、铭、箴、颂、论、奏、说;同时他强调文学的"济文武于将坠,宣风声于不泯"的功能,而和曹丕同样错误地认为文学应为封建政教服务。

曹、陆以后,沈约诸人的"四声""八病"之说,也应顺带提一提。他们认为创作中应讲究平、上、去、入的分别,应避免"平头""上尾""蜂腰""鹤膝""大韵""小韵""正纽""旁纽"八种毛病。这对诗的新样式的形成虽有一定的帮助，但不可否认对诗、文的创作都有极大的损害。

第二节 《文心雕龙》

在前人文艺理论的基础上，刘勰的《文心雕龙》作了进一步的发展。

刘勰字彦和，东莞莒（今江苏镇江）人，465年左右生，525年左右死。他从小很贫苦，不能结婚，依靠僧祐，同住了十多年，读了很多佛教书籍。40岁左右开始做官，与昭明太子相接近。晚年出家，改名慧地。他的著作主要是《文心雕龙》，成书大约在齐梁间。那时他还没有出名，所以他在沈约出门的时候，装成个卖东西的人，拿着全部稿子走到沈约车前，沈约读了大加称赏。

他精通佛学，也精通儒学。书中立论，完全站在儒家的古文学派的立场上，这一派的特点是在哲学上倾向于唯物主义。本书中不但不混入佛教思想，而且也力避佛书中的词汇。齐梁间正是文坛上形式主义、唯美主义的逆流汹涌的时候，而以前的和当时的文学评论家，都不免疏略碎乱，不能寻根索源。所以他从自己的比较进步的观点出发，写成这部书；一方面使文艺理论推进一步，一方面也对当时的逆流起阻击的作用。

全书共五十篇，分上下二卷。上卷首四篇概述全书持论的基本精神，其余二十一篇分论各种不同的体裁。下卷中三分之二是创作论，三分之一是批评论，最后一篇是全书的序言。在这三万七千多字里，他提出了一些有关文学的基本原则，并本着这些原则，来处理文学上的一些重大问题。

他提出了什么基本原则？首先，他认为天地万物的本来面目就是"道之文"（《原道》），文学渊源于自然，用不着刻意雕饰。其次，他认为文学以"述志为本"(《情采》),志就是人的思想情感,而文采是为述志服务的。再次,他认为人的思想感情是外在世界所引起的,通过文学所反映的人的思想情感,我们就可以认识和理解外在世界,所谓"物以情观"(《诠赋》)。最后,他认为文学是随社会现实的变化而不断发展的。所以他既不"竞今",也不"疏古"(《通变》)。他以这些原则作武器,来和文坛恶劣风尚作斗争。

他讨论了一些什么问题?书中谈到的,主要有四个:一是文学与现实的关系问题;二是内容与形式的关系问题;三是创作的原则问题;四是批评的标准问题。

文学与现实的关系,是文学上的核心问题之一,它既是理论上的问题,也是创作实践上的问题。他从朴素的唯物论出发,认为文学渊源于现实,包含着自然界的"物色之动"(《物色》),也包含着社会方面的"时运交移"(《时序》)。从客观现实的制约作用上,就说明了什么样的现实必然有与之相适应的什么样的反映,也说明了文学是在一定程度上反映着那制约它的客观现实的。这种反映是通过作家的主观感情的,所以就形成了一个"物——情志——文"的公式和过程。在物与心的反复交映的过程中,物融化为作家的情志,而形之于声文。他要求作品有足够的现实性与客观性,反对过火,反对失真。因而优秀的作品不但有认识现实的意义,也可以有教育读者的作用。他一再强调"顺美匡恶"(《明诗》),"彰善瘅恶"(《史传》)而不要"无贵风轨"(《诠赋》),"无所匡正"(《谐隐》)的作品,使文学能对国家的事务有所影响。

内容与形式的关系,也是文学发展中的一个重要问题。古代的优秀作品,早已树立了内容与形式相统一的典范;但在理论上认识到这一点,却是较晚的事。魏晋以后形式主义的猖獗,使内容与形式的关系问题更迫切需要解决。在刘勰以前的评论家常常各有所偏,到他才有比较全面的主张。首先,他提出"文附质""质待文"(《情采》)的理论,认为内容与形式相互间有密切的关连:内容必须通过一定的形式才能表达出来，而形式则是在表达了一定的内容的时候才有意义。其次，他认识到内容的主导作用，所以说"因情立体，即体成势"(《定势》)，这就说明了文章的体势依赖于作家的情志，犹如"不漪"与"无阴"的形式决定"激水"与"槁木"这两种特定的内容一样。最后，他虽强调内容为主，但仍给形式以适当的位置。他反对形式主义的恶习，却并不否认文采的重要。他认为文学作品应有艺术特色，"古来文章，以雕缛成体"(《序志》)。他要求真实，可是不反对夸饰，否则难以达到"发蕴而飞滞，披瞽而骇聋"(《夸饰》)的目的。可见他是在认识了文艺的特征的基础上，来理解内容与形式的关系的。

创作的原则的问题，在全书中是个重点。探讨了上述两个问题，就为解决创作问题提供了条件。文学是客观现实的反映，而客观现实包含自然现象与社会现象两方面，所以作家对现实应该有一定的认识与理解。作家必须做到物与心交融，反复交映，才能写出"以少总多，情貌无遗"(《物色》)的作品，同时，他强调"达于政事"(《程器》)，否则将"为游辞所埋"(《议对》)。认识了现实以后，才能完成反映现实的任务，但反映不是照抄，必须通过作家的思考进行加工，这就少不了"神思"。他指出，创作是在作者对现实的理解的基础上，加以主观的联想，虚构而成的。陆机《文赋》已经重视了文思，他更进一步说明文思并不是神秘莫测的，而是有具体途径可寻的。如能"神与物游"，就可做到"物无隐貌"(《神思》)。这就联系到语言的作用，因为人的思想凝集成某种内容，是通过语言来表达的。字的构成篇章，每一个字都关系着整篇的好坏；字字都要有力量，谋篇更要顺应着自然之势。至于用典、对偶、声律等技巧，他认为应该运用得恰当。他反对"诡巧"(《定势》)，而以自然为宗。

最后是批评的标准问题。他认为批评是困难的，原因有三：第一，因为文学是抽象的东西，认识不易；第二，因为每个人的学力有限，优劣难辨；第三，因为评论没有客观的标准。虽然困难，只要努力也可以做好；做好的关键在于端正批评态度，注意个人修养，更重要的是建立标准。什么是批评的标准呢？他指出是："一观位体，二观置辞，三观通变，四观奇正，五观事义，六观宫商。"（《知音》）这个"六观"虽不够完善，但他寻求规律，探索批评的客观标准，进而设法消灭主观偏见，这种努力是有积极意义的。

由此可以看出，《文心雕龙》的成就是巨大的。它是第一部关于文艺理论与文学批评的系统的著作，第一次奠定了批评论与创作论的基础，反击了文坛上形式主义、唯美主义的恶劣趋势，在批评史上起划时代的作用。

由于时代和阶级的限制，这部书仍有不足之处。刘勰虽认识到社会现实对文学的影响，认识到内容对形式的主导作用，但是他自己还没有系统的世界观，常常不免"二元论倾向"（茅盾《夜读偶记》），特别是他的儒家思想使他过于推重六经，把它们看作永久性的，而文章只是它们的宣传工具。不过这些缺点并掩不住全书的光彩，它的贡献是不可埋没的。

第三节 《诗品》

最后，我们谈到钟嵘的《诗品》。

钟嵘字仲伟，颖川长社（今河南许昌）人，480年左右生，552年左右死。齐武帝永明中（490年左右），他做国子生，明《周易》，为国子祭酒王俭所赏识。后来在齐末、梁初，曾做过几次低级官吏。他能直言指责时政，不怕得罪人。他的著作，主要是《诗品》。

《诗品》中没有评论生存的作家，他评论的诗人中卒年最晚的是沈约（513年），可证成书较《文心雕龙》为晚。不过写作背景是相近的。

这时的文坛，形式主义、唯美主义的风尚是愈来愈厉害了。一般的评论家却各有主观的好恶,态度极不严肃。相传他对沈约有恶感,所以在《诗品》中诋毁沈约。其实在文学的主张上,两人是极不相同的;我们不应把这种不同,归之于私人的恩怨。钟嵘所以能在文学史上占一个位置,正是因为他和同时的文人们志趣各异。

《诗品》所论列的范围比《文心雕龙》为仄,它只把汉魏以来120多位五言诗人分成上中下三品:上品包括李陵、班姬等11人及无名氏古诗;中品包括秦嘉、徐淑等29人;下品包括班固、郦炎等70多人。他不仅用分品来表示对作者的褒贬,还常常指示各家的源流,在文学批评史上提供了历史的批评方法。早期有关文学评论的作品,常常杂有文学史性质的意见,如《文心雕龙》的《时序篇》和沈约的《谢灵运传论》之类,《诗品》不但在序中论述五言诗的总的发展过程,而且对作家、作品也详尽地阐明历史的继承性,如"古诗其源出于《国风》","汉都尉李陵其源出于《楚辞》",等等。这里告诉我们,不同的作者与作品具有不同的风格,构成不同的流派,这是有一定的意义的。不过他把这种源与流看得过于简单了。诗人与诗人间,诗风与诗风间,继承关系是复杂的,仅仅指出甲出于乙、乙出于丙,必然不能符合实际情况。如他说"宋征士陶潜其源出于应璩","魏侍中应璩祖袭魏文","魏文帝其源出于李陵",而李陵又出于《楚辞》,可是从《楚辞》到陶渊明这个系统却很难使我们同意。但尽管如此,他在这一方面摸索之功,是不应忽视的。

其次,他在文学反映现实这一问题上,也有自己独特的见解。

《文心雕龙》曾分别指出自然现象与社会现象对于文学创作的关系,钟嵘在《诗品·序》里有类似的看法。他认为,随着四季气候的不同,诗人所受景色的感染也有异,反映到作品中的自然不会一样。社会现象方面,他讲得更多,特别对于"离群托诗以怨"的种种情况讲得更详细。从楚臣、汉妾,到塞客、孀闺,无论是横骨、负戈,或出朝、入宠,都可以感荡诗人的心灵。在漫长的封建社会里,特别是战祸连年、民不聊生的三国六朝,"托诗以怨"的机缘远比"寄诗以亲"为多,是一点也不奇怪的。在评论某些作家如李陵、刘琨时,他还强调这些作家的身世遭遇对于他们创作的关系,这样就可以更好地说明为什么在同一现实环境之中产生不同的作品来。

再次,他重视作品的内容而反对过分强调艺术技巧的讲究。他首先批判魏晋以来的玄言诗,指出这些"平典似《道德论》"的作品是没有价值的。同时,他认为用典要看什么场合,对于"吟咏情性"的作品,他崇尚自然,而斥责"文章殆同书钞"的恶劣风气。至于声律,他不赞成"文多拘忌,伤其真美"。针对当时文坛上的形式主义、唯美主义的逆流,这些主张是极可贵的。

最后,他认识到文学的特征,认识到诗歌和其他作品的区别。当时文坛上本来已有"文""笔"之分,《诗品》专论诗,诗与"笔"也是对立的。他强调诗的诗味,反对"质木无文""淡乎寡味"的诗,要做到"味之者无极,闻之者动心",才是"诗之至"。从诗的表现手法和诗歌应达到的艺术效果来说,都证明他对诗的艺术特色已有了一定的认识。

在说明《诗品》的成就的同时,我们也应指出它的缺点。上文曾说钟嵘在文学作品的继承关系上过于简单化。此外,他把陶渊明、鲍照列入中品,未免委屈;把赵壹、阮瑀列入下品就是错误了。另一方面,他把何晏、颜延之列入中品,便嫌过高;把陆机、谢灵运列入上品,就有点是非不分了。他对每个作家的评论,常过分重视作品的表面风格,相对的忽视了作品的本质,而且对风格的说明如"流风回雪"之类,也不够具体,因为评论以五言诗为主,所以对一个作家的全貌不能掌握,也是一件美中不足的事情。

结　语

（一）

　　这一阶段的文学史，我们论述完毕了。总的看来，这四百年的成就是肯定的。

　　就民间创作说，继以前几个历史时期之后，得到了新的收获。这主要表现在民歌上。杰出的《孔雀东南飞》里，不但洋溢着反封建的斗争精神，而且还刻画出有一定典型意义的人物形象。《木兰诗》则更运用了积极浪漫主义手法，动人地歌颂了劳动人民的高贵品质。这些优秀作品代表着民歌发展到了一个新的时期，为一般文人所难以企及。

　　同时，我们也看到，作家日益众多，作家文学逐渐繁盛了。这时作家的文集，《隋书·经籍志》载了三百八十多部、三千九百多卷；现存在张溥的《汉魏六朝百三家集》中的，还有八十多家，九十多卷。作家文学的比重越来越增强了，文学作品在社会生活中的作用越来越显著了，人们对文学的认识也越来越提高了。

　　不但文学作品渐渐多起来，研究文学的著作也开始了新的局面。有人对作品进行选录，也从中体现自己的文学主张，如杜预的《善文》五十卷、挚虞的《文学流别集》四十一卷等。流传至今者，有萧统的《文选》三十卷和徐陵的《玉台新咏》十卷。有人对作品加以评论，如李充的《翰林论》三卷、挚虞的《文章流别志论》二卷等。而这方面最重要的著作当推刘勰的《文心雕龙》十卷、钟嵘的《诗品》三卷。它们奠定了文艺理论的基础，对当时文坛上的不良风尚作了严正的斥责，具有一定的战斗性。

　　由于上述种种条件，我们民族的伟大精神面貌能够通过优秀的文学作品得到鲜明的反映。我们的祖先是勤劳勇敢、乐观进取、热爱祖国、反抗压迫、向往光明的,富有顽强的斗争精神,这在民间创作中有卓越的体现。从《采桑度》《拔蒲》等民歌中,我们看到人民对卫国英雄的歌颂。在民歌中还广泛地揭示了统治阶级的贪婪残暴、骄奢淫逸,人民群众所受到的沉重的剥削与压迫,他们的尖锐的阶级仇恨,以及反剥削、反徭役的斗争意志。这些都能给我们以深刻的教育和巨大的鼓舞。

在作家文学中,如果是进步的作家或进步的作品,同样能够正确地反映出社会面貌来。建安时期的现实主义诗人深刻地描绘了汉末社会的动荡局面,不但体现了他们对人民的可贵的同情心,也透露出他们对腐朽透顶的统治者的憎恶和对幸福生活的向往之情。以后,如左思、鲍照对世族地主的辛辣讽刺,刘琨为保卫国土至死不屈的坚强性格,都通过不朽诗篇而传布后世。此外,在《搜神记》等优秀小说中某些经过作家加工了的民间故事,也都具有极其强烈的感染力量。

以上概括地叙述了本阶段文学的巨大成就,这无疑是整个古典文学发展过程的一个重要的时期。当然,与这些优秀作家和优秀作品同时,还存在着文坛上的逆流,有时还表现得相当猖獗。但这并掩盖不住整个文坛上的成就,这时期不但出现了不少的进步作家和进步作品,更重要的是民间创作园地里开出了灿烂的花朵,为这一阶段的文学史增加了光彩。对于这些业绩,我们必须予以充分的评价。

(二)

从这四百年的文学史的论述中,我们对于古典文学的发展过程得到几点认识。

首先,我们在这里看到两种文学的对立。文学既然以艺术形象来反映现实,所以没有现实生活也就不会有创作;同时,客观的现实是通过作家的主观而反映在作品中的,所以文学作品就不能不受作家世界观的制约。在阶级社会里,作家的世界观就必然要打上阶级的烙印。有的作家的世界观基本上是进步的,他们的作品是为社会上的进步力量服务的；有的是基本上落后的甚至反动的，他们的作品是为腐朽力量服务的。民间创作因为作者基本上是劳动人民，所以常常成为进步文学中的主干。

在这一阶段的文学史上，人民的进步的文学像一条红线，始终贯串着。汉代民歌的光辉传统，从汉末的《孔雀东南飞》起，经过南方的清商曲和北方的鼓角横吹曲，以及一些杂曲和谣谚，特别像《木兰诗》《敕勒歌》《陈安歌》等，能够出色地继承下来，并且获得了发扬光大。至于进步的作家文学，不断地涌现出来。诗歌方面，有曹操、蔡琰、曹植、左思、刘琨、鲍照等人的作品；骈散文方面，有孔稚珪、郦道元、杨衒之等人的作品；小说方面，有干宝、刘义庆等人的作品；文艺理论方面，有刘勰、钟嵘等人的作品。这些都是值得我们珍视的宝贵遗产。

同时，这四百年中的文坛逆流，却比以前更严重了。随着统治阶级的糜烂腐朽，政治的黑暗，社会的动荡，老庄消极思想在封建士大夫中间泛滥开了，玄言游仙文学也大量产生了。而且，由于统治阶级生活的空虚，他们就在文学创作中单纯追求形式的美，提倡雕章琢句，堆砌典故，讲究对偶和声律，于是形式主义、唯美主义成了文坛的风尚。这些无聊文人的写作，到宫体文学的出现，可以说是堕落到最低下的底层了。此外，在小说领域里，有些宣传宗教迷信的志怪作品，企图麻醉人民，来巩固封建地主的血腥统治，也是应该严肃批判的。

这两种文学针锋相对，十分明显，十分尖锐，这是统治阶级与被统治阶级间严重的阶级斗争在文学上的反映。有些出身于地主阶级的进步作家，虽然在主观上还没有背离本阶级的意图，但是他们作品的思想内容也会在某种程度上有利于人民，因而在客观效果上和自己原来的阶级是对立的。

在一般情况下，这对立的两种文学不一定正面交锋。但在某些时期，也会出现面对面的斗争场面。如西晋时的陆机，就曾公开排斥左思，宣称左思的作品只配做酒坛的盖子。到刘宋时，鲍照以"雕绘满眼"四字批评颜延之的作品，而颜延之则说鲍照的作品和汤惠休的一样是"委巷中歌谣耳"（《南史·颜延之传》）。梁元帝在《金楼子》里又肆意挑剔鲍照的诗。相反的，钟嵘的《诗品》却称赞鲍照与汤惠休的作品"殊已动俗"，而斥责颜延之影响下的作品"殆同书钞"。《诗品》和《文心雕龙》尤其强调文学创作和现实的密切联系，强调内容对形式的主导作用，对逆流给予有力的打击。尽管人民的进步的文学和封建的反动的文学之间的斗争有时明显，有时不很明显，但斗争始终存在着。而且人民的进步的文学正是在不断的斗争中继续壮大、继续发展的。

其次，我们看到民间创作和作家文学的相互关系。这时期的优秀诗人大都接受以前民歌的哺育，而这时期的优秀民歌又常常哺育了以后的诗人。如王粲的《七哀》、陈琳的《饮马长城窟行》、阮瑀的《驾出北郭门行》、曹操的《蒿里行》、曹植的《泰山梁甫吟》等，都是在当时社会现实启发下，学习民歌而创作的好诗。同时，汉民歌所常用的五言体，也随着民歌影响的扩大而获得更多的采用者。因而在建安以后逐渐成熟，逐渐成为古典诗歌主要样式之一。至于《孔雀东南飞》和《木兰诗》的深远影响，更是人所共知的，清商曲和鼓角横吹曲在当时和后代都有不少学习和模仿的人，在这一方面李白最为突出。这种继承关系不仅在内容上，也在体裁上，例如叙事诗和绝句便主要是从民歌中来的，尤其是绝句，在六朝时就有不少的作者，到唐以后更加盛行了。

同时，诗人对于民歌也可以起加工与提高的作用。如汉代的《饮马长城窟行》写妇女怀念丈夫行役在外的情感很能动人，但关于行役的苦难却只有"他乡各异县，展转不相见"两句；陈琳的诗借秦始皇筑长城的故事，把封建徭役给人民带来的灾难用夫妇通信来表达，中间还运用了秦代的歌谣，其所反映的现实就更具体、更深刻了。又如汉代的《薤露》与《蒿里》都是挽歌，原辞只写人死不能复生的悲哀，曹操的作品却写出了汉末军阀混战造成人民的丧乱,这就比普通的哀挽更有积极意义了。这是指内容方面。至于体裁方面,广义地说,五言与绝句的成长,显然有历代作家许多劳动在内。就绝句说,唐宋以后许多流传千古的名篇,它们的社会影响也不在乐府中的小诗之下。

不仅诗歌如此,散文和小说也是这样。郦道元的《水经注》不但引用谣谚,还运用传说;如伪《泰誓》里关于纣的罪行有"斫朝涉之胫"一句,郦道元做了比较详细的叙述,和伪《孔传》不同,显然是根据民间传说的。这种传说对小说的启发更大。如干将、莫邪的故事,在《吴越春秋·阖闾内传第四》里只载了一半;到《列异传》里才比较完整,但还很简单,干宝的《搜神记》予以加工,不但写得更详细,而且更生动了。从这里可以看出,作家们一方面向民间创作学习,一方面也在学习的基础上予以提高。正是这样互相影响,互相补充,才使祖国古典文学日益完美。

最后,我们看到现实主义和积极浪漫主义优良传统的发扬与光大。

在黄巾大起义之后不久逐渐繁荣起来的建安文坛,是现实主义发展过程中的一个新的顶点。在民歌方面,出现了像《孔雀东南飞》这样的代表作。以前民歌的作者已经初步描绘了一些人物形象,不过还比较简单,比较粗糙。但是刘兰芝、焦仲卿夫妇就不同了。从人物个性、内心活动,一直到服饰、动作、对话等,无不给我们一个真实、丰满的感觉。甚至次要的人物如几个媒人,也都有一定的代表性,并能给读者以深刻的印象。这无疑是民间创作中现实主义的伟大胜利。当时的优秀作家们,在社会现实的启发下,在民歌的哺育下,都沿着现实主义的光明大道,向前迈进。无论是揭露统治阶级的荒淫残暴,或者同情人民群众水深火热的痛苦生活,都能够或多或少地接触到社会矛盾的实质。建安以后,这个优良传统还在左思、刘琨等人身上得到继承。正因为有这样丰硕的现实主义创作成果,所以到刘勰手里就初步形成了比较能阐明现实主义创作原则的文艺理论,为唐以后现实主义的进一步提高创造了条件。

　　与此同时，积极浪漫主义也在继续发展。这在民间创作中，可以看得很明显。无论是民歌或民间故事，都能以丰富的想象、奇幻的夸张、炽热的感情、顽强的乐观精神和对理想的不断追求，构成动人的艺术魅力。而且，汉代几首优秀的浪漫主义民歌在题材上还离不开爱情生活，但到《木兰诗》就广阔得多了。在木兰身上，我们看到劳动人民一系列的优良品质，因而这个英雄形象就得到千余年来人民群众的普遍而热烈的敬爱。同时，汉代某些小说中的民间故事，也还不免过于简单。但是后来的志怪小说，特别是《搜神记》中所包含的一些美丽的传说，都是浪漫主义文学宝库中的珍品。历代传诵的干将莫邪、韩凭夫妇等故事，都能更完整、更动人地表达了人民对美好生活的热烈愿望，以及他们反抗压迫的坚决意志。在民间创作的启示下，某些作家也写出了不少优秀的积极浪漫主义的作品。蔡琰的《胡笳十八拍》、鲍照的《行路难》等，都有一定的成就。而《搜神记》中民间故事的成功，也有干宝自己的劳动在内。

　　但是我们必须指出，这时期的积极浪漫主义的主要特点，就是和现实主义结合。本来极浪漫主义和消极浪漫主义的根本区别，是在于前者有雄厚的现实基础，从现实出发，而使现实理想化，因而能把现实提高了一步，但后者却是脱离现实，并且歪曲现实的，所以积极浪漫主义和现实主义的密切结合，就非常自然了。本阶段的浪漫主义作品，常常是二者结合的卓越典范。如《木兰诗》就是这样。木兰从织布到从军，又从立功到回家，的确富于浓厚的生活气息，又具有一定的典型意义；同时，她的女扮男装、英勇杀敌，和轻视功名，热爱和平劳动，也卓越地体现了我们祖先的高贵的品质和美丽的理想。通过形象的描绘和夸张的手法，这首出色的民歌就获得了更动人的艺术感染力量。

（三）

　　这四百年中的进步作家和进步作品，不能不给后代以深刻的影响。

　　这影响主要表现在思想内容上。我们的祖先具有勤劳勇敢的高贵品质、顽强的斗争精神和英雄的革命传统。这些伟大的精神面貌在这一阶段的优秀作品中有出色的反映。它们不能不在万千读者心中激起对剥削制度的憎恨，对人民反抗斗争的同情与关怀，对幸福美好生活的热烈追求。唐宋以后文学作品中的进步思想，像一条红线一样，一直贯串到近代，这一方面受各个历史时期的社会现实所启发，因为现实生活是文学创作的主要源泉，但另一方面也不能否认，后代作家同时还受到文学遗产的影响。这是蔡琰、刘琨、干宝、鲍照、郦道元以及民间无名作家对后人的最珍贵的赠予。

　　不过这时文坛上还有逆流，有一些落后的甚或反动的文人通过他们的作品来散布毒素，而且这时期的作家大都出身于地主阶级，在思想上带有不同程度的局限性，这些都会给后人以恶劣的影响。特别是这类带毒素的作品常含有一定的艺术技巧，对于思想不健康的读者就更有诱惑力，它们的坏影响直到今天还没有清除干净。像宫体文学那样毛病比较显露的，辨别起来还比较容易，因而危害性也就有了限度，但在消极因素与积极因素杂糅难分的作品中，问题就比较复杂了。我们必须以毛泽东思想作武器，来正确地区分精华和糟粕并坚决消除毒素。

　　思想内容上的影响也会引起创作方法上的影响。具有进步思想的作家就会继承和发展进步的创作方法，主要是现实主义和积极浪漫主义的创作方法。现实主义的传统本来是祖国古典文学发展过程中的光辉传统。在周代民歌和历史散文之后，在现实主义创作方法上的自觉程度，显然继续有所增进，并且有《文心雕龙》来初步总结出一些符合于现实主义原则的创作理论。到了唐代就很自然地出现了杜甫、白居易这样的现实主义巨匠，于是这种创作方法便达到了一个新的高峰。积极浪漫主义的创作方法也是如此,特别在积极浪漫主义和现实主义相结合上,这时期更出现了一些优秀的典范,可供后人的借鉴。这方面给予唐代作家以巨大的影响,是非常显著的,如李白、岑参等人的诗和某些传奇小说都可为证。唐代以后,这影响还在继续着。

当然,落后的或反动的文人还遗留些形式主义、唯美主义、消极浪漫主义的毒害,这也给后代以恶劣的影响,我们必须予以严肃地批判和彻底地消除。

二 华锺彦先生文章补遗

1. 中国文学概论弁言

文之时义远矣哉！古者庖牺画卦，宪象初分。仓颉造书，文字始炳。帝尧文思。野有击壤之歌。虞舜钦明，乃咏南风之诗。诗歌之源，昉于此乎？夏忠商质，纯璞未雕。姬周作而文运兴，孔子出而六经定：诗以道志，书以道事，礼以道行，乐以道和，易以道阴阳，春秋以道名分。自仲尼没而微言绝，七十子丧而大义乖。车轨不同，百姓并骛；阴阳儒墨名法道德，皆务为治，天下多得一察（锺彦按：《庄子·天下篇》原来"察"字下属为句。王念孙谓当作一句读，俞樾从之，似属不安，盖皆未谂"焉"字之义。《经传释词》："焉，乃也。"于此洽合。察，犹知也，识也。《楚辞·怀沙》："孰察其拨正。"王逸注："察，知也。"《庄子·徐无鬼》："察士无凌谇之事，则不乐。"《释文》引李注："察，识也。"王氏以察训为端，俞氏训际，皆失之曲），焉以自好，其为文章，固皆炳炳琅琅，岂不懿哉？楚国多才，灵均特起，轩翥诗人之后，奋飞辞家之前，骚人之文，自兹而作，而文章与六艺分途矣。炎汉既兴，辞同炳耀；贾生枚叔，并辔西京；相如子云，联镳巴蜀。锡荀宋以名号，铺辞彩而成文章，要皆古诗之末流，楚骚之遗也。汉梁以七言奉诏。武帝崇礼，始立乐府，总赵代之讴，撮秦楚之调，遂使延年和律，长卿制辞。中兴以后，文风递改，孟坚季长之辈，平子敬通之伦，莫不隐耀深华，惊彩绝艳，综两京之文翰，可谓彬彬矣。下至建安七子，文采鹰扬，二祖陈王，笔区高蹈。正始流于虚玄，太康臻于绮丽。三张二陆，皆斗险以竞奇；彦升休文，尤骈音而俪字。昭明以规模成选，彦和以科律著书。天鉴大业之间，盖斯文升降之会哉！唐兴以来，诗为最盛。文士绘章缋句，初沿绮丽之风；玄宗崇雅黜浮，乃变雄浑之气。沈宋律体,李杜长吟,王孟著以清腴,高岑树以苍劲。大历以后,才美辈出。韩白之巨丽,温李之芊绵,樊川之豪华,致尧之香艳,皆三唐文苑之精英也。自南朝之宫体,扇北里之倡风,太白制清平之章,梦得创竹枝之调,飞卿既长诗赋,尤善弦吹,侧艳之词,于是乎作。端己秀才,独高西蜀;嗣主后主,并盛南唐。虽多雕琼镂玉之音,不乏移孝作忠之旨,又岂特才华之士,以此相高也哉?赵宋初造,文风未变,欧苏王宋,始脱恒蹊,文以气行,不矜成语,亦时会之然也。崇宁间立大晟乐府,命周美成诸人,讨论古音,审定古调,于是铜琶铁板,别开学士之风,桂子荷香(按:柳永《望海潮》原作"桂子荷花"),流播屯田之句。南渡以还,姜张以刻镂命世,珠辉玉映,曲尽绮靡。而《传踏》《大曲》《诸宫调》于焉继兴。金元之间,词亡曲作,大率假仙佛任侠里巷男女之辞,以舒其抑塞磊落不平之气。东篱实甫,皆北调之宏材;拜月琵琶,著南音之冠冕。明代文学,鲜有专善,四杰七子,声闻过情,独小说之作,可谓远过前古乎?有清一朝,文学最盛;梅村藻思清丽,领袖诗坛,荔裳与尚白相辉,渔洋与简斋异响,要皆婉转附物,怊怅切情。汪姜之文章尔雅;方刘之义法深严,桐城方兴,阳湖继统,文风变幻,莫甚于斯。至于纳兰之文抽丽锦,藏园之拍按香檀,笠翁称度曲之龙门,竹垞推倚声之宗匠,虽文章之别轨,亦乐府之金科也。若夫留仙芹圃之言,皆秋虫吊月之旨。稗畦东塘之作,在小说剧曲之间,盖皆元明以来之流风遗韵也。民六以还,文风丕变,要以明白为本,不以辞华相高。诗歌散文,公诸生民之用,小说戏剧,列入文艺之林。非复比青丽白,映黼黻之辉光,刻羽流商,奏笙簧之曲调矣。

总观往古,会想来兹,日月以推夺经天,文学以嬗变成象。当其变也,或以君主之好尚,或以时会之推移。故战国以策论成风,六朝以靡曼立体;唐宣宗以词倡,金章宗以曲兴,宁不影响斯文风靡当代也哉?夫学如沧海,必沿委以讨源,词比琼瑶,须擘文而分理。是以弋钓书部,斧藻群言,撮其指归,条其纲目。庶使百家别集,可披文而见情;

七阁奇书，休望洋而兴叹。

（见《河北省立女师学院》一九三三年第二卷第一期。）

2. 词学起源的时间考

词是起于什么时候呢？这个问题，现在有许多争论，聚讼纷纭，莫衷一是。为考证详细起见，我一一介绍出来，然后再写我自己的意见，作一个商榷。

第一，词是起于中唐以前的：主张这个说法的，是王静安一派。他们的依据是崔令钦《教坊记》所列调名三百二十四个，内中就有《菩萨蛮》（《湘山野录》《艺苑卮言》均系李白作）等调。《教坊记》是天宝之乱前的书，当然词是起于中唐以前了，若说中唐以前没有词，怎会有那些调名呢？所以王静安在给胡适之的信里边，主张像《望江南》《菩萨蛮》等调，一定是中唐以前就有的。

第二，词是起于中唐的：主张这个说法的，是胡适之一派。他们以为词既起于《菩萨蛮》，而《菩萨蛮》调的创始，乃在中唐。李白何能作此词呢？一定是后人伪造的。王灼《碧鸡漫志》引《南部新书》及《杜阳杂编》云："'大中初女蛮国入贡，危髻金冠，缨络被体，号菩萨蛮队，遂制此曲。当时倡优李可及作菩萨蛮队舞，文士亦往往声其词。'大中乃宣宗纪号也。《北梦琐言》云：'宣宗爱唱《菩萨蛮》词，令狐相国假温飞卿所撰密之，戒以勿泄。而遽言于人，由是疏之。'"由此证明《菩萨蛮》词，乃中唐创体，一定不是李白作的。又据胡适之考订《教坊记》所载几种曲调，如《天仙子》《倾杯乐》《望江南》《杨柳枝》等调，都是中唐以后所加入的，所以《菩萨蛮》也是后人加入的了。（在此附带声明，赵景深以为词是起于晚唐的，他说："因为就词的发展路径看来，到晚唐方才有意作词，不然何以自李白作词后，绝不闻盛唐、中唐有其他词人呢？"这个说法的是非无须辩证了。）

第三，词是出于六朝的：主张这个说法的人，是许之衡先生一派。许先生以为词起于乐府，他说："乐府之时期很长，由汉到六朝，凡能唱的乐曲，都叫作乐府。"（见《研究宋词的我见》）词学起于乐府一说，诚然是很可证明的。例如，王应麟《困学纪闻》说："古乐府者，诗之旁行也。词曲者，古诗之末造也。"朱熹《语类》说："古乐府只是诗，中间却添许多泛声。后人怕失却那泛声，逐一添个实字，遂成长短句，今曲子便是。"（按："今曲子"即词之别名。说见龙沐勋《词体之演进》。）汪森《词综序》说："自古诗变而为近体，而五七言绝句传于伶官，乐部长短句无所依，不得不更为词。"这都是词学起于乐府之好例。词既起于乐府，以时间而论，当在六朝或六朝以上了。（连圃按：乐府时期，不当谓止于六朝，唐人所著乐府歌辞极多，而李白、白居易等为尤著，兹不详论。）

以上三个主张，都有相当的理由。我是很服膺第三种主张，同时我更愿意明白确定词是起于梁朝的。在申说意见之先，我应当举出三个要点。

1. 我从前常想：一种文艺不是到成熟时候，才算起源；也不是将有动机，就算起源。应当按照那种文艺雏形表现出来的时候为准。这样规定，比较公平而允当些。我记得在《词林韵释》的跋语里边，秦恩复说："词也者骚之苗裔，而歌行之变体也。胚胎于唐，滥觞于五代。"这样说法，真把哑子急出话来，我们知道苗裔是对祖先说的。词若是骚的苗裔，骚就是词的先祖了。同样道理，变体是对前身说的，词若是歌行的变体，歌行便是词的前身。究竟词的原起，是骚呢？还是歌行呢？胚胎是产儿的雏形，滥觞又是形容江流原始的浮力，也都是原始的意思，那么究竟词是起于唐呢？还是五代呢？自有离骚体至五代，相去约一千年，这样无头无尾不负责任的说法，能不令阅者发狂吗？假定他说词起于《离骚》吧，这未免成了一—"见卵而求时夜，见弹而求鸮炙"（见《庄子》）的笑话了。这不是以动机当起源吗？若认定他说词始于五代，那又以成熟当起源了，这都是不尽情、不合理之论。

2. 我更想，文艺这种东西，绝不是陈陈相因的，就像说"三百篇变为骚赋，骚赋变为乐府，乐府变为近体诗"（见《艺苑卮言》），中间关系就像连环一样，那是靠不住的。譬如在19世纪末叶，欧洲自然主义文艺没落以后，同时发动的有新浪漫主义和新写实主义文艺。并不是有独无偶的。所以继之而起的，又有所谓未来主义、实感主义、表现主义、写象主义等，它们同时活跃在文坛上。我们中国的词和近体诗，也是一样，同是随着乐府的没落而发生的。

3. 世界上无论哪一种"新发现"，一定先有实在的东西，然后"约定俗成"，才有他的名字。词，也不能逃此公例。这就是说，词的名没有单独成立以前，已经有词的本质了。中唐以前，诗和词没有什么分别，如《舞马词》《踏歌词》《凉州词》等，词就是诗，《六忆诗》就是词。（见《词苑丛谈》）因为它们都是可歌入乐的，所以没有人去分析它们。后来社会流行的作品，五七言渐多，长短句较少，教坊所采的长短句，既不很多，而整齐的五七言，若不加散声（方成培《香研居词麈》说："唐人所歌多五七言绝句，必杂以散声，然后可被之管弦。……后来遂谱其散声，以字句实之。"按此散声，朱熹名为泛声。《全唐诗》十二函又名为和声），又不能谱入管弦，所以教坊乐工不得不自撰新词，宋沈义父《乐府指迷》："秦楼楚馆，所歌之词，多是教坊乐工及闹井做赚人所作，只缘音律不差，故多唱之。求其下语用字，全不可读。甚至咏月却说雨，咏春却说凉。《花心动》一词，人目之为'一年景'。又一词之中，颠倒重复……乃大病也。"因此之故，文士乃为作词。自从乐府没落，到文士有意做词，中间时期，就是从隋至天宝的时期。这个时间，怎能说是没有词呢？所以《羯鼓录》载有玄宗的《好时光》，《松窗录》载有《清平乐》；《碧鸡漫志》引《唐·乐志》载有《荔枝香》，《开元天宝遗事》载有《凌波神》；《乐府杂录》载有《得宝子》，又天后的《离别难》，太宗时的《黄骢叠》；《曲洧旧闻》载有炀帝的《忆睡时》；《迷楼记》载有隋侯夫人的《一点春》；等等，指不胜屈，大都和后来的词牌相同，纵然《教坊记》所载三百二十四调，有后人加入的，能断定中唐以前没有词吗？

所以我们若追求词学起源的时间问题，要找词体最初的雏形所在。杜佑《通典》和段安节《乐府杂录》都载有隋炀帝游江都时作的《安公子》，而《艺苑卮言》又说他的《望江南》最古，实在这都当不起最初的。《南史》载："陈后主每引宾客对张贵妃等游宴，使诸贵人及女学士共赋新诗相赠答，采其尤艳丽者为曲调，其曲有《玉树后庭花》。"（《通典》谓大唐武太后时，犹有此调。）今万红友的《词律》，犹载此调。再由历代的诗句看来，更可以证明他是侧艳之词——"玉树歌残王气终，景阳钟动晓楼空"，"后庭花一曲，幽怨不堪听"，"万户千门成野草，只缘一曲后庭花"，"商女不知亡国恨，隔江犹唱后庭花"，"玉树歌阑海云黑，花庭忽作青芜国"，"后庭余唱落船窗"，"后庭新声叹（一作笑）樵牧"，"不知即入宫前井，犹自听吹玉树花"，等等，都可以证明陈后主时，已有词了。这还算不了词的原始呢。

《梁书·简文帝本纪》："雅好题诗，其序云：'余七岁有诗癖，长而不倦。'然伤于轻艳，当时号曰宫体。"欧阳炯《花间集序》说："自南朝之宫体，扇北里之倡风。"这"南朝宫体"就是指梁而言。《乐府诗集》引《古今乐录》："梁天监十一年冬，武帝改《西曲》，制《江南上云乐》十四曲；《江南弄》七曲：一曰《江南弄》，二曰《龙笛曲》，三曰《采莲曲》，四曰《凤笛曲》，五曰《采菱曲》，六曰《游女曲》，七曰《朝云曲》。"而《乐府诗集》又收梁简文帝《江南弄》三曲：一曰《江南曲》，二曰《龙笛曲》，三曰《采莲曲》。沈约又有《江南弄》四曲：一曰《赵瑟曲》，二曰《秦筝曲》，三曰《阳春曲》，四曰《朝云曲》。这些曲调的句法，长短跌宕，并皆相同。不是词的雏形是什么呢？不过当时沈约阐明四声，为时无几，故每句平侧，未能一致谐和罢了。《词苑丛谈》载有"梁武帝《江南弄》云：'众花杂色满上林，舒芳耀彩垂轻阴。连手蹙躞舞春心。舞春心。临岁腴，中人望，独踟蹰。'此绝妙好词，已在《清平调》《菩萨蛮》之先矣。"这一段话真是"我口所欲言，已言古人口"了。王弇州《艺苑卮言》说："盖六朝诸臣，颂酒赓色，务裁艳语，默启词端，实为滥觞之始。"我认为这是最根本、最合理的话。所以词的起源，我断自梁朝，梁朝以前，一时也找不到更可信的材料了。（至于《菩萨蛮》是否太白的作品，那另是问题，详见拙著《菩萨蛮考证》，载《河北省立女师学院期刊》二卷一期。故不俱论。）

（按：《词学起源的时间考》原载于1935年1月1日《北强月刊》二卷一期，署名"华连圊"。此文章与《华锺彦文集》第三册《词学丛谭》第一章《词之起源》材料多有重合之处，但此文章论述得更加详细和具体。）

3. 工业人才对于国文的需要

向来中国的工科学生，只是在声光化电的圈套里，过着齿轮式的生活。他们不肯把脑海中训练好的摺纹，从死板的方程式里解放出来，去注意到其他的科目，尤其是老生常谈的国文，好久不被人们重视。在原则上这是没什么可以否认的，若仔细去体念、考察，压根儿错误了。

因为任何事的成功，必有多数的基石、复杂的因子，绝没有孤独成立的。比方说：您走了十步远的距离，您的脚踏在地表面上，仅仅占了十个脚印的面积，假使您认为这十个脚印以外的地方，都没有用，好！把那没用的地方，完全撤下去，撤到十几丈深。同时，深洞洞的泉水，在下边翻滚，试问这十步的短距离，您还敢走过去吗？工业也是这样，若单在工业本身上作功夫，的确是不妥当的；必须顾及周围环境及其他关系方面，才能收获伟大的成功。

国文，是工业人才一日不可少的东西，它是开发内心灵性的武器；它是介绍高深理论的良媒；它是推进科学进展的蒸汽机；它是广播世界文化的无线电；它又像药材中的甘草（甘草为百药之和），最能调剂机械生活的干燥，给予人们相当的安慰。国文，的的确确不是装饰品，不是玩意儿，不像老生常谈那般的无用。

国文，诚然是有技巧的、富有情感的、变化无常的，但在起初学习时，谁也不能否认那固定的方法——读与看。读，不在多而在熟；看，不在熟而在多。文言文之熟读，与语体文之多看同样重要，无可讳言，这是费时而又费力的。一个心灵冷静而理智的工科学生，往往用治科学的方法去治文学，否认了"读与看"的程式，以致凿枘不入。自然是他不能把自己的心得和思想表达于外，好像整个地关闭在高温度的暖室里，这是几多苦闷呢？

在政治不上轨道的中国，社会一切都在混乱着，各工业大学或中学毕业生，往往因环境的驱使、生活的压迫、势位的炫耀，以致踏入其他各界黑暗的漩涡。其他各界尤其是政界，无时无地不用国文，于是所学非其所用，所用非其所学，他们平日没有相当的国文训练，自然是应付不了的。结果，四面碰了钉子，不得已转过头来，恭恭敬敬请教低级僚友，也许能得着一知半解。这种事实的例证，指不胜屈，唉，难极了！

简直说来，工业人才所要求的国文程度，不在高深，只在通顺，无论文言、语体，只要文从字顺，没有废话，没有白字，人人可以看得过去，那就足够了。

（按：《工业人才对于国文之需要》原载于1935年12月《河北省立工业学院学报》第2册，署名"华连圊"。）

4. 古代文学的学习方法

中国古代文学浩如烟海，其为用也广大无边，凡爱好文学、想把文学水平提到较高境界的人，无不对古代文学刻苦钻研，深入学习。学习古代文学需要明确学习目的。古代文学有着良好的思想内容和优美的艺术形式。一般学者都要求继承古代文学遗产，掌握历史成败之机，汲取经验教训，促进社会发展；并汲取古代文学艺术中的一切长处，为发扬今天的文学取得良好的借鉴。

古代文学由于产生的时代不同，其语言文字显然有不同程度的古奥艰深，这是它的特点。初学者一定会感到有些困难。但它不是高不可攀的，只要循序而进，勤奋钻研，旷日持久，自然可以打破难关，取得成就。所以有志者知难而进，一往无前，一切难关都是可以突破的。

要想突破古文关，唯一的捷径就是熟读多读。古代语言本来不甚易懂，反复多读几遍，读得熟了，也就懂了。熟读能帮助我们突破阅读古文的难关，不是一个一个地破，而是连续地、加速度地破，乃至由不知变得一望而知，由不会用变得运用自如。前人有言："熟读胸中有本，细作笔下生花。"熟读达到背诵的程度，那就更好。梁启超曾引李商隐诗说："愿书万本读万遍，口角流沫右手胝。"可见他工夫纯熟，无怪他写的古典诗文，汪洋浩瀚，下笔千言立就。熟读是我国传统的读书方法，一般古老经典，一经熟读，很快就能理解，理解多了就能收触类旁通之效。

但是熟读之前要有一个先决条件，那就是对于古代作品的思想与艺术要基本掌握，若能做到这一点，读起来就可以事半功倍，经久不忘；用起来就如探囊取物，随手可得；作起诗文来，就会洋洋洒洒，左右逢源，意到笔随，一往无阻。过去有些人不主张熟读，更反对背诵。我们认为不熟读就不可能更深地理解，更不可能深入体会古代作家的风格韵味，那就谈不到什么升堂入室了。

如何能使古代作品基本融会贯通呢？总不外两条道路：一是请教于师友，二是自学。在初学古代作品时，多半要靠教师的指导，对教师必须以礼相接。荀子讲究"隆礼"，隆礼就指尊师而言，这当然是请教于师的应有态度，但这还不是最主要的。荀子说："学莫便乎近其人，学之经莫速乎好其人，隆礼次之。"可见亲近其师要比隆礼尊师更便于学习。有了疑难，一经请教，随时能迎刃而解。尽管如此，毕竟师弟之间还有一定的拘束。在日常生活中接触最多的还是朋友，朋友之间，可以畅所欲言，相互启发，相互争辩，乃至相互合作，相互发明。所以要解释古代文学的深文奥义，得之于师者深而少，得之于友者广而多，这是一般情况，善为学者，二者不可偏废。请教于师友与自学的关系，极为密切，没有师友的指引，无从学起，没有勤奋自学的工夫，虽有良师益友，也必将言之谆谆，听之渺渺，终于无补于自己的水平。认真说来，还是自学为重，当然有了师友指引，可以少走弯路，直上正途，要想取得大成，非刻苦自学莫办。请看自学成才而能独树一帜者，比比皆是；反之，不通过刻苦自学而能在古代文学领域中取得独特成就者，自古及今，不见一人。所以自学是更重要的。

自学从请教于师友开始，前已言之，师友指明道路之后，又将如何？那就要学习使用工具书了。工具书约分四部分，即字书、词书、类书、索引等。字书是解释单字之音义的。如《康熙字典》《中华大字典》《新华字典》《说文解字》《经籍籑诂》《说文通训定声》《词诠》等。词书是解释两字以上联成一词的，如《辞源》《辞海》《佩文韵府》《诗词曲语辞汇释》《中国人名大辞典》《中国古今地名大辞典》《中国文学家大辞典》《中文大辞典》等。类书是按照事物的性质分门别类地编辑的工具书，如《艺文类聚》《太平御览》《册府元龟》《困学纪闻》《渊鉴类函》《事类赋》《事类统编》《四库全书总目》《曲海总目提要》《书目答问》等。索引是就一部书或一套书中摘取其篇章字句编成号码的工具书，可以查明号码，按图索骥，顷刻即得，如《十三经索引》《二十五史人名索引》《庄子索引》《春秋经传引得》《诗经引得》《杜诗引得》等。以上这些工具书都是比较容易找到的，至于更大部头的类书，如《古今图书集成》等，就需要借重于图书馆了。

以上这些工具书，各有不同的检阅方法，最普通的是，按照笔画多少和部首先后去查阅，如《康熙字典》《辞海》等。其次，则有按照《平水韵》的次序排列先后查阅，如《佩文韵府》《经籍籑诂》等。也有按照注音字母和汉语拼音字母排列次序的，如《词诠》《新华字典》等。还有按照事物分类编排的，如《太平御览》《渊鉴类函》等。还有为选择词句中难解之句编成号码的引得，如《诗经引得》《春秋经传引得》等。检阅之法较为先进的，莫如四角号码，此法必须熟练掌握，才能显出最为敏捷。如《中国人名大辞典》中张、王两姓人数极多，翻检不易，若能使用四角号码，即可随手而得。

"学问"一词，由"学""问"二字组成，二字紧密联系，学在求己，问在求人，独学不问，往往孤陋寡闻。必须勤学好问，才能成为学问。不过在问人之前，总要先作自己力所能及的工作，比如翻检、查阅、研究等，只有在自己力所能及的情况下，再提出请教于人的问题，这样的问题才有一定的质量。这便是劳己者多，劳人者少，经人解答，一点即破,这才对头。反之,一不知就问别人,自己不费心力,很可能听解答后仍不理解,或者印象不深,转眼即忘,这种做法是不对头的。

问于师友,必须有个正确态度,那就是谦虚诚恳。只有如此,才能获得深入全面的解答。一般人最易犯的毛病是不谦虚,虽在问人,也要尽力表现自己,骄气较重,这肯定是所得甚少的。还有一种人,对待某一问题,已有一定的看法,故意问难,极不诚恳,实抱有试探态度,这就更不好了。当然,若作为师弟朋友之间相互研究问题,各抒己见,固无不可,那是另一种情况,而不属于请教于人的性质了。

古代文学源远流长,范围极广,应该分成阶段,举其要领,才可以一目了然。从文学史的角度看来,古代文学应分四个阶段:

一、先秦阶段,这是中国文学的起源阶段,以《诗经》《楚辞》等韵文和《左传》《庄子》等散文为学习重点,要求能够熟读背诵若干篇,试诵古文若干篇,包括解题、注释、译文,这就需要运用古汉语的知识,沟通文学、音韵、训诂等的综合使用方法了。

二、汉魏六朝阶段,这是中国文学继承发展和异军突起的阶段。汉代辞赋继承楚辞之后,向鸿篇巨制发展,在当时占据了文坛正宗。

《史记》《汉书》等长篇传记文,摆脱了《左传》《战国策》等的影响,创造性地矗立在文史之间,为后代史学开山之祖。汉魏之际的文人五七言诗、乐府民歌、小说等三种文体,都以新形式出现在文坛,到了六朝时代,各自蓬勃发展。尤以魏晋声韵学的兴起,促进齐梁诗歌焕发风采,浮声切响,音韵天成。学习到这一段,自应更多地熟读五七言诗,打下坚实的基础;更要求写一篇赏析文章,把分析欣赏的心得体会用文字表达出来,写出来就等于树木开花,开花之后,距离结果就不远了。六朝的民歌与同时的小说都能反映各种各样的社会风情,它们又相互照应,语言艺术也往往情辞动人。

三、唐宋阶段,这是中国古代文学高度发展时期,特别是唐诗宋词的发展,盛况空前。名篇巨制,金声玉振,确为我国古代文学中的瑰宝。学习至此，更应多下功夫，要求大量熟读背诵唐人古近体诗及宋词，提高理解和鉴赏古代诗词的能力；有志者更可进而把握作诗填词的一般韵律，进行些创作的尝试。我们之所以提出这样的要求，不无理由。"五四"以后，古文在社会生活中已经停止使用，而诗词曲等韵文，还在自由自在地流行，并且有所发展。所以有志者也可以在熟读诗词的基础上，进行一些创作的尝试。

四、元明清阶段，这是以戏曲、小说为代表的古代文学全面发展阶段。元曲继唐诗宋词之后，以通俗的语言，立体的形式，受到广大人民群众的称赞。从元杂剧到明清传奇，深入到社会各个阶层，雅俗共赏。小说从简单的话本体演变到复杂的章回体，以《红楼梦》为代表的四部古典小说，以现实主义精神，活跃在文坛上，占据了高峰，经久不衰。明清两代的诗词文章各有特色，特别是清代，各种文体形式都有超越前人的地方。对于这一阶段的学习，要求更多地着力于分析鉴赏，至少要写成一篇以戏曲或小说为内容的有质有量的论文，以锻炼分析作品的能力。

总之，古代文学既有古奥艰深的特点，在学习中就要以"锲而不舍"的精神，专心一志，刻苦钻研。《荀子·劝学篇》曾举例说明："蚓无爪牙之利，筋骨之强，上食埃土，下饮黄泉，用心一也。"同样，若对古典文学专心一志，坚持不懈地钻研，没有不取得成就的。

5. 绝句诗名义考

绝句之名，前人多谓"绝者截也，截取律诗之半而成，或截前半，或截后半，或截中间，或截首尾"。这便是说，先有律诗，然后才有绝句。这与实际情况不符，真正合乎格律的绝句诗，北周至隋已经出现，如庾信《重别周尚书》："阳关万里道，不见一人归。惟有河边雁，秋来南向飞。"薛道衡《人日思归》："入春才几日，离家已二年。人归落雁后，思发在花前。"虽不合律，但亦有绝句之雏形。窃意"绝句"二字，其初应解为字数绝少的诗句，其后作品日多，遂定名为诗体。至于律诗，隋末唐初才开始出现，如王绩《野望》。由简入繁是事物发展的规律，由绝句发展为律诗，是符合规律的，由律诗而产生绝句的说法，从历史事实证明，是倒果为因了。

6."二苏"为什么同咏郭纶

宋仁宗嘉祐四年，苏轼与苏辙随父送母丧毕，将经三峡回京，行至嘉州津亭，会见了猛士郭纶。郭纶是庆历间保卫边庭的勇猛战士，有功而不见赏，蹉跎岁月，沦落天涯。苏轼与苏辙感其不遇，代为之鸣。苏轼诗集的第一篇《郭纶》云：

> 河西猛士无人识，日暮津亭阅过船。路人但觉骢马瘦，不知铁槊大如椽。因言西方久不战，截发愿作万骑先。我当凭轼与寓目，看君飞矢集蛮毡。

苏辙的《栾城集》也把《郭纶》放在第一篇，诗云：

> 郭纶本蕃种，骑斗雄西戎。……自言良家子，少小学弯弓。长遇西鄙乱，走马救边烽。手挑丈八矛，所往如投空。平生事苦战，数与大寇逢。昔在定川县，贼来如群蜂，万骑拥酋帅，自谓白相公。挥兵取其元，模糊腥血红。战胜士气振，赴敌如旋风。
> ……有功不见赏，憔悴落巴賨。……余不识郭纶，闻此起敛容。一夫何足言，窃恐悲群雄。此非介之推，安可不计功。郭纶未尝败，用之可前锋。

这篇五古比苏轼七古写得更为深入。赵官家一向采用和外防内的政策，在"西方久不战"的时候，乐得偃旗息鼓，得过且过，而有经验的战士和深谋远虑的政治家，却深知兵不可一日不备。郭纶如此看，"二苏"也如此想。仁宗曾心许"二苏"为未来的二相，宰相谋国，人才居先。"二苏"对于郭纶的才勇，不谋而合地为之"凭轼""敛容"，他们为国惜才的政治热情是不言而喻的。诗文贵有典型意义，像郭纶这样猛士沦落的典型，"二苏"岂能轻易放过，故同声歌咏，以彰其才勇。倘使诗歌发生应有的效能，赵官家得到感悟，重新起用郭纶及其同类猛士，那将有大量郭纶式的人物，向风慕义，铁槊排空，又何至发生靖康之祸呢。诗云"赳赳武夫，公侯干城"，此之谓也。

7. 关于近体诗的读法

近体诗有格律的限制，读近体诗也必须按照自古相传的规律来读。过去对此规律是口耳相传的，近数十年由于旧体诗无人提倡，所以近体诗的读法也就几乎没人晓得了。于是有人说，每两字一顿；有人说，每四字一顿；又有人说，五言诗每句都要上二字一顿，下三字一顿，即所谓上二下三；七言诗则上四下三。杂说纷纭，都不可信，因为都不符合诗的音乐性的规律，违反"平长仄短"的基本原则，特别是七言诗上四下三的错误读法更为普遍。那好像戏剧舞台的上场诗，千篇一律。上场诗的念法都是上四下三，不讲什么学问，而近体诗的读法，是要讲学问的，必须符合规律。所以最近在西安唐代文学学会成立大会上，苏仲翔教授说："上四下三的读法我们是不要的。"

现在，对近体诗的读法，约有两种：一种是朗诵，即在一定地方要有顿挫，有节奏，声音要拖长，这也可名为朗读。一种是长吟，或称吟咏（也可名为歌唱），即在一定地方要曼声长吟。每一首诗的吟咏处，也就是顿挫处，此二者名虽不同，而对读诗的节奏作用却是相同的。所以二者有时合称吟诵。如果精通读法，其吟咏处与顿挫处必然是统一的。

在读诗时，首先要区分平起还是仄起，怎样区分呢？要以第一句第二个字的平仄作为决定，这第二个字若是平声，便是平起；若是仄声，便是仄起。

仄起绝句诗的读法，不论是五言仄起还是七言仄起，其吟咏顿挫处，除了押韵字外，必须在第一句第四个字，第二句第二个字，第三句第二个字，第四句第四个字，归纳起来，可以说是"四二二四"。为了初学诵读便于注意，不妨在应该吟咏顿挫处，画个铅笔"△"符号，熟练以后，再行擦去。兹举例如王昌龄的《从军行》：

　　大漠风尘日色昏，红旗半卷出辕门。前军夜战洮河北，已报生擒吐谷浑（音突浴魂）。

又如杜甫的《八阵图》：

　　功盖三分国，名成八阵图。江流石不转，遗恨失吞吴。

若读仄起七律，就可以把"四二二四"的规律重复一遍。如杜甫的《登高》：

　　风急天高猿啸哀，渚清沙白鸟飞回。无边落木萧萧下，不尽长江滚滚来。万里悲秋常作客，百年多病独登台。艰难苦恨繁霜鬓，潦倒新停浊酒杯。

提起这首诗，我想起日本友人吉川幸次郎博士，他在 17 岁时，曾在我国北大旁听。1979 年春，他率代表团访问我国。我在龙门接待他。我们曾共同吟咏这首《登高》，自首至尾，其吟咏顿挫处，丝毫不差。这说明我国读诗的古法，已经为日本诗人熟练掌握了。又如杜甫《春望》：

　　国破山河在，城春草木深。感时花溅泪，恨别鸟惊心。烽火连三月，家书抵万金。白头搔更短，浑欲不胜簪。

平起绝句诗的读法，也是不论五言平起和七言平起，其吟咏顿挫处，除了押韵字外，每句中间都有一处。但与仄起诗恰恰相反。它是从第一句第二个字开始吟咏顿挫，其规律则为"二四四二"。如李白《早发白帝城》：

朝辞白帝彩云间，千里江陵一日还。两岸猿声啼不住，轻舟已过万重山。

这首诗的读法，曾经在 20 世纪 50 年代制成朗诵唱片，常常在电台广播，这自然是当作标准读法传播的。在我听来十分诧异，播音者的声音虽很爽朗，但其读法全是上四下三，正如苏仲翔教授所否定的，这种错误影响十分深远。我们现在重读此诗，自然要有所感慨，"安蔽乖方"的读法是不应传播的。又如卢照邻的《曲池荷》：

浮香绕曲岸，圆影浮华池。常恐秋风早，飘零君不知。

若读平起律诗，其道理与绝句相同，不过要把"二四四二"的规律，重复一遍。如祖咏的《望蓟门》：

燕台一去客心惊，笳鼓喧喧汉将营。万里寒光生积雪，三边曙色动危旌。沙场烽火侵胡月，海畔云山拥蓟城。少小虽非投笔吏，论功还欲请长缨。

又如李白《送友人》：

青山横北郭，白水绕东城。此地一为别，孤蓬万里征。浮云游子意,落日故人情。挥手自兹去,萧萧班马鸣。
　　△　　　　△　　　　　　△

以上所论,都是指符合正常规格的近体诗,另有少数不合正格的近体诗,如王维的《渭城曲》、李白的《登金陵凤凰台》等,都不受近体诗"粘法"的拘束,是为变格,初学不应取以为法。对待此种变格诗,在诵读时只能实事求是,按照各句的第二字或第四字的平声处,吟咏顿挫,不能用"二四四二"或"四二二四"的规律了。

五言近体诗的第一句,多不押韵,而七言近体诗的第一句,绝大多数押韵。故七言近体诗的吟咏顿挫处,往往比五言多一处。诵读五七言的近体诗,对待一切不押韵的单句末字,只能稍稍一顿,表明这是一句就可以了,决不能吟咏顿挫,这一点必须注意。

诵读一首近体诗,对于其中最关键的入声字(如一句之中的第二字或第四字),一定要认清。应知诗中所有的入声字,都读仄声,不能读为平声。因为北方人的口语中一般无入声。读者在必要时要查查字书。所谓"入派三声"(只能用于曲,间或用于词)之说,在诗中是不适用的。如李白的《赠汪伦》:第一句"李白乘舟将欲行"的"白"字,和第四句"不及汪伦送我情"的"及"字,在普通话中都读为平声,而实际都是入声,对此等关键字,必须改读,可以读"白"为"擘",读"及"为"计",读起来就美耳中听了。现将本诗录下:

李白乘舟将欲行,忽闻岸上踏歌声。桃花潭水深千尺,不及汪伦
　·　　　△　·　△　　　　　　　　△　　　　　　·　　　　　　　·　　·　△
送我情。(·号表示入声)
　　　△

在这里附带要说明一下,每读一首诗,不但要认清关键的入声字,还应认识所有的入声字。比方在这首诗中,还应认识"欲"字、"踏"字、"尺"字都是入声字。若能这样逐渐积累加多,无论在写作中还是

在吟诵中,才不致犯"以入为平"的错误。

诵读近体诗,往往在倒数第二句遇到拗句拗字。如王之涣的《凉州词》第三句"羌笛何须怨杨柳"的"杨"字,和王维的《观猎》第七句"回看射雕处"的"雕"字,若能稍稍一顿,体现出作者有意运用拗救的跌宕之音,才见功夫。现在让我们吟咏这两首诗:

> 黄河远上白云间,一片孤城万仞山。羌笛何须怨杨柳,春风不度玉门关。
>
> 风劲角弓鸣,将军猎渭城。草枯鹰眼疾,雪尽马蹄轻。忽过新丰市,还归细柳营。回看射雕处,千里暮云平。(·号表示拗处)

不过,像这样的细微处,初学吟咏不去讲究,也是可以的。

至于古体诗,没有严格的格律限制,各地方的读法,更多不同,还没有一定的尺度进行检验。只要掌握"平长仄短"的基本规律,又能掌握诵读近体诗的基本功,就可以自行诵读了。不过,古体诗常常平仄换韵,或单用仄声韵,乃至于单用入声韵。对此问题,也有规定,既属押韵字,照例都要吟咏顿挫,不过,不宜过长。如杜甫的《奉先咏怀》《北征》等,这个问题,只能附带谈一下,因为这是题外的话。

总之,近体诗的韵味优美,必须朗诵或长吟才能体现,特别是曼声长吟,更便于抒情。杜甫有句云:"陶冶性灵存底物,新诗改罢自长吟。"(《解闷》)可见长吟是抒情的最好方式。情之所至,随处可以长吟。如姚合《武功县中》:"山宜冲雪上,诗好带风吟。"风里吟诗,可能是传播更远,兴会更高。所以古人吟起诗来,"贫贱易安,幽居靡闷",这也是经验谈。至于"朗诵"或"朗读"都是今天的通行语,从前只称为"诵"。诵就是有声调节奏的读诗法(《周礼·大司乐》郑注:"倍文曰讽,以声节之曰诵。"),所以诵诗的意义,固然要熟习诗的文词,更重要的还在于深入诗的声情。这和音乐关系更为密切,所以我们认为唐代的诵诗与吟诗,其含意是完全相通的。杜甫有《夜听许十一诵诗爱而有作》诗,诗中用大量笔墨描写许十一诵诗的声音,杜甫作为一个知音人而出现,深受感动,末尾说:"君意人莫知,人间夜寥阒。"只有自己从声音中体会到许的意思,表示同情。可见诵诗声音的入人至深和感人至切。

(见《唐代文学论丛》第四期,1983年。)

8. 继承唐诗传统的三点呼吁

唐诗是我国古典文学中最优秀的遗产,它继承了建安六朝以来丰富的思想和艺术传统,它又在比较开明的政治指引下,把思想与艺术发展到一个更高阶段,创造成功了绚丽多彩的近体诗,深刻地反映现实。这个传统,历代相承。"五四"以后,文体虽变,而以鲁迅为代表的旧体诗和以毛泽东同志为代表的无产阶级革命诗词,都能继承与发展。但是三十年来,由于无人提倡,青年一代不但不能写作,连吟诵的方法也毫无所知了。遂使唐诗的优良传统,在今天已有断根绝种的危险。我们不能不触目惊心。

现在的唐诗研究者,当然不乏其人。他们绝大多数的研究,都在版本、目录、年谱、考证、注释、欣赏等方面,都有成绩,有用处。但这些只应归纳为研究的一个方面,还没有涉及继承唐诗传统进行创作的另一个研究方面。如果缺乏创作方面的研究,数十年后,唐诗的传统仍然

免不了断绝。因此,我想就以下三个问题提出呼吁:

(一)唐诗传统的继承,在于创作。唐诗之所以可贵,在于它以优秀的艺术,反映唐代各个阶段的历史真实,反映爱国主义和关怀人民的伟大思想,反映唐代社会的精神文明;更反映了唐代诗人敏锐的政治洞察力,和热烈的人民感情(如杜甫在《后出塞》中知渔阳必反,"气骄凌上都";在《凤凰台》中,愿以自己的心血"一洗苍生忧")。今天继承唐诗传统,必须使上述这些思想融化于自己的新创作中。如何创造呢?要精选唐代名家的古体诗和近体诗多读熟读;要请良师益友相指引;要浏览历代名家诗话。边学习,边创作,久而自通。

(二)唐诗传统的发展,在于改造。唐诗距现在已一千多年,唐诗的内容再广阔,也不可能满足今天的要求。一切有生命力的东西都需要不断地新陈代谢,才能生存发展。是即所谓吐故纳新,唐诗也是如此。要想唐诗传统向前发展,必须汲取社会主义的新思想纳入新创作中,使这新的创作,和新时代的小说、戏剧等文艺,同样地对社会主义社会起到促进作用。要达到此目的,必须同时在艺术上也要更新,更新就是改造。如何改造呢?首先要掌握唐诗各种体裁的创作规律,不懂旧的,就不能改造新的;其次要求语言平易流畅、雅俗共赏;要求音韵放宽,自然谐调;使广大群众乐于讽咏,要求古体诗与民歌相结合,此二者原来都没有严格的格律限制,因而比较容易结合。这个改造,又可能成为我国诗歌发展的前景。我曾有诗云:"承旧须加改造功,江山代有出群雄。已多横扫千军笔,何必拘拏敦厚风。"

(三)振拔唐诗传统,要求开展研究的新方向,培养新生力量。当今唐诗传统濒于断绝时期,老诗人能写作的像天上晨星越来越少,必须尽快培植新一代的接班人,这个问题刻不容缓。我曾以诗呼吁:"不薄新诗重旧诗,旧诗魂已系于丝。恍如风雨欺花韵,正待东君好护持。"旧诗是指唐诗的传统。东君是指护持百花之神,也就是爱护老诗人以及喜爱唐诗的青年一代。要振拔唐诗的创作,非发动更多的青年群众不可。即如唐代文体革新的主张，王勃呼吁不行，陈子昂呼吁不行，韩愈呼吁就成功了，为什么呢？就是由于他不但亲自创作，还发动广大的门生和朋友。青年像朝日带来光明与勇气，应该承受这个重担，边创作，边革新。像鲁迅那样，仿照旧瓶装新酒，利用并改造唐诗形式，写出惊人的旧体诗，散发出革命的光彩。所以我们说："文体翻新诗不摧，诗坛应见百花开。于无声处惊人笔，犹见三唐风雨来。"只要在唐诗研究的园地，发动千军万马，呈现百花齐放的新气氛，我们的唐代文学学会，就将为祖国四化做出新的贡献。

（见《唐代文学》第三期。）

9. 高亨先生传

（附高亨先生之女给华锺彦先生的回函）

高亨先生字晋生，初名仙翘，吉林双阳人。1900年七月四日生，今年八十二岁。是当代著名的古文字学家、先秦文化史研究的著名学者和古籍校勘考据的专家。

高先生出身于农村家庭，其父高学福原是打零工的雇农，母覃氏，以纺纱织布维持艰苦生活，后经开荒垦田，兼营小商业，才逐渐小康。

由于家道寒素，农村闭塞，高先生十岁始入私塾。因为学习不易，自知刻苦用功。所读经书，多能熟烂背诵，心知其义。白日既没，继以灯火，夜色将分，犹不释卷，天方黎明，诵声又起，严寒酷暑，未尝间断。如此八年，初觉心地豁然，为后来专攻先秦学术打下坚实基础。

1918年春，高先生考入公费的吉林省立第一师范学校读书。除正课外，还在张文澍先生指导下，学习《说文解字》，兼读周秦诸子主要著作及前四史。始知我国古代学术理论，浩如烟海，钻研门径，尚有可循；钻研志趣，由此萌生，五年学习期满，功力多用于此。

1923年春，入北京弘达学院，更上一层楼。秋，考入北京师范大学；明年秋，又考入北京大学；1925年秋，改名高亨，考入清华大学研究院为研究生。

高先生在清华研究院时，以我国第一流学者梁启超、王国维两先生为导师。他的毕业论文《韩非子集解补证》，常常运用《说文解字》变化会通，匡谬补阙，深得梁先生嘉许，曾对高先生说："陈兰甫始把《说文》带到广东，希望你把《说文》带到东北。"并在毕业时赠高先生一联云："读书最要识家法，行事不须同俗人。"高先生遵循清代高邮王氏父子的家法，从文字、声韵、训诂入手，治学谨严，一字不轻放过，锲而不舍，积长增高，遂决心集中精力，以读书、教书、写书等三书为职志，贯彻始终。

1926年夏，高先生由研究院毕业，秋，开始教书。初任吉林省立法政专门学校教授，兼第一师范学校教员。从1929年起，任沈阳东北大学教育学院国文科教授。"九一八"事变后，随东北大学先后转到北京，后历任河南大学、东北大学、武汉大学、齐鲁大学、西北大学和相辉学院等院校教授。新中国成立以后，又任西南师范学院研究员和吉林师范专科学校教授。1953年起任山东大学教授，1957年受中国科学院哲学研究所之聘，兼研究员。从1966年以后，不再教书。1967年，调到北京，专门从事学术研究工作。

高先生在教书的岁月中，时刻与读书、写书相辅而行。他曾说："要想教好书，就必须认真备课，认真读书；能认真读书，就必有心得体会；心得体会多了，自然要求撰写成书，再以所写之书的精华、参以新读之书的真理，进行教书，就会使质量逐步提高，见识逐年增广。"

这便是高先生数十年对待三书的经验谈。他总是学习二王，言必有据，研精覃思，实事求是，故著书立说，扎实可信。

高先生博通经子，淹贯众家。每作议论文章，必从实质问题探索底蕴，借助于文字声韵之学，论列是非。字斟句酌，古朴省净。故能言之确凿，使人叹服。

高先生本不以词章名世，偶有所感，下笔成章，不同凡响。如在20世纪60年代初期，诵读毛主席诗词后，感而写成《水调歌头》一阕：

> 掌上千秋史，胸中百万兵。眼底六洲风雨，笔下有雷声。唤起巨龙飞舞，扫灭魔炎魅火，挥剑斩长鲸。春满人间世，日照大旗红。抒慷慨，写鏖战，记长征。天章云锦，织出革命之豪情。细检诗坛李杜，词苑苏辛佳什，未有此奇雄。携卷登山唱，流韵壮东风。

高先生教书，严肃认真，一丝不苟。每课前都写成详细的讲稿，堂上极少有闲言碎语，声调爽朗，语言稳重，字字句句都能送入学生之耳，与当年钱玄同先生的教学风度颇相类似。讲解清晰，深入浅出，虽文辞古奥哲理深邃的先秦经典诸子之文，一经高先生讲解分析，取譬论证，仿佛云开冰释，化艰难为平易，变枯木为青枝。使学生心明眼亮，精力集中，久不疲倦。

高先生还一贯教书教人，以身作则，言行正直，不同流俗。梁先生当年所赠联语，都已躬行实践。他对学生推诚相见，知无不言，言无不尽，语多鼓励上进，开导门径，循循善诱，谆谆入耳。学生每有一善，除奖掖其成就外，又指其小有不足，务使乐于发扬成绩，避免骄矜。遇有不善，则温言告诫，指陈利害，引古喻今，务使心悦诚服，乐于从善。因此，凡受过高先生之教的，都能感到他在学品双方所给予的深厚影响，有如春风化雨，滋润心田，甚至终身不忘。

高先生平生以大量精力用于写书上。他从研究《说文》入手，逐步研究金石甲骨文字，用了十数年的功力，写成《金石甲骨文字通笺》，装成稿本十四册，达一百多万字，这是一部有助于研究我国古文字学的书籍，不幸在抗战时期丢失，至今未能寻回。不过此稿不会销毁，很可能尚保存在某人手中。

高先生结合教学的需要，首先研究诸子之书。特别是《老子》一书，高先生对于其字句的训释，思想的分析，以及老子生平事迹的考索，俱臻精到，为世所珍。以后他钻研方向进入诸经，重在《周易》《诗经》《尚书》三部。由于《诗经》中雅颂部分难点最多，阻力最大，高先生唯恐我国古典精华无人继承，故不辞劳瘁深入浅出地介绍给青年一代。宁愿舍易就难，人弃我取。攻罢《诗经》，便攻《周易》。

《周易》有象数之说，带有神秘色彩，非有唯物主义观点、实事求是的科学态度与文字学的熟练工夫，很难会通全书。高先生勇于负重，知难而进。尝说："我不攻此难关，将留给谁？"故宵衣旰食，一意攻坚，义不反顾。终以十年之功，打破重重困难，写出了解析《周易》专书四种。他解释《周易》，一反历来熔经传于一炉的惯例，坚持以经解经，以传解传的原则，实事求是，而不滥讲象数，抛弃前人望文生义的无稽之谈。遂把《周易》的研究建筑在比较科学的基础上，端正了研究的方向，并推进一程。

高先生之致力"写书"，实有惊人的毅力。他一面为教书而读书，一面因读书而写书，日孜孜而不倦，常兀兀以穷年。虽年事已高，执笔手颤，仍然振作精神，丹铅不辍。有时一稿初成，令其身边子女高岚、高彦、高云等用工楷抄写；有时屡易其稿，逐字重抄，必亲自检阅，务使精确而后已。数十年来，似乎只知工作，不知休息，心志专一，永无倦色。节序更迁，不辨寒暑，人事庆吊，尽委家人。乃至明月当窗，盆花绽朵，未尝一顾；惟有埋头几案，面对书山。每当一字未安，彻夜无眠；抑或难题得解，喜而不寐。由此可见，他的生活乐趣，尽在于整理古代文化遗产之中。

高先生从新中国成立后，接受党的教育，深深感念党的领导，以摧枯拉朽之势，打败帝国主义侵略军，建立独立自主的社会主义新中国。从而热爱新中国，愿以毕生精力，在整理古代文化遗产方面，为祖国做出更多的贡献。

高先生的著述，已出版的计有十五种，将要出版的有一种，兹分列于下：

《周易古经今注》（1947年开明书店出版，1957年中华书局再版）；

《周易古经通说》（1958年中华书局出版）；

《周易杂论》（1962年山东人民出版社出版，1979年齐鲁书社再版）；

《周易大传今注》（1979年齐鲁书社出版）；

《老子正诂》（1943年开明书店出版，1957年古籍出版社再版）；

《老子注译》（华锺彦校，1980年河南人民出版社出版）；

《诗经选注》（1956年五十年代出版社出版）；

《墨经校诠》（1958年科学出版社出版）；

《诸子新笺》（1961年山东人民出版社出版）；

《楚辞选》（与陆侃如、黄孝纾合写，1963年中华书局出版）；

《上古神话》（与董治安合写，1963年中华书局出版）；

《商君书注释》（1974年中华书局出版）；

《文字形义学概论》（1961年山东人民出版社出版，1981年齐鲁书社再版）；

《诗经今注》（1980年上海古籍出版社出版）；

《文史述林》（1980年中华书局出版。这是一部学术论文集，约二十余篇，多半在国内各报刊发表过）。

另有一种是《古字通会典》，稿本已与山东齐鲁书社议定，将于近期付印。这是一部工具书，它是在阮元《经籍籑诂》、朱骏声《说文通训定声》的基础上，进一步发展扩大。除从以前两书采列个别例证外，都是高先生从精心细读先秦两汉的经、史、子、集中自己的发掘，从中证实某字与某字古本通用，做出新的例证；进而分别部类，成此专书。此书一直是与其夫人罗璘共同撰写，所有搜检群书，汇抄资料，均出其夫人之手。为此工作的早日完成，高夫人竟辞去山东大学图书馆工作，专事赞助。他们的功力之专，用心之苦，可以想见。历时十余年之久，资料已经抄完，例证已经就序，而高先生与其夫人的身体都已衰老，不克再任繁钜。山东大学党委领导对此十分关注与支持，乃转由山东大学中文系教授兼系主任董治安同志负责结尾工作，估计此书问世，将为整理古籍的同志，开创一条新路。

高先生著作既多，成绩卓著。毛主席曾读其书，大为称赞，遂致手书云：

高亨先生：

    寄书寄词，还有两信，均已收到，极为感谢。高文典册，我很爱读。肃此。

    敬颂安吉！

毛泽东
一九六四年三月十八日

其受毛主席的知遇如此。

我曾受教于高先生之门，从他在教学上亲切指导、为国育才和在处事上正直律己、诚厚待人的言行中，都得到很多的珍贵教益，乃有可以终身行之者。最使我钦敬而感动的是，他从20世纪70年代初期，即患皮炎，周身痛痒，不可以风，渐至于身体衰弱，不能下楼。然而坚持伏案、不废丹铅，夙兴夜寐，永不释卷。犹记他在1977年，卧在床上，手持《太玄》，对我说："此书不经整理，无法诵读，吾老矣，不复近于是矣，其将成为'广陵散'欤！"我劝他从实际出发，以颐养天年为主，天下事总有人作，以俟来者。然而高先生在那种艰难情况下，终于坚持写出初稿，现已交由他的门生董治安同志继续工作。他那积极响应党的号召、奋不顾身、整理古籍的精神，永远是我们学习的好榜样。

1982 年 9 月 8 日

附：

高亨先生看到"传略"后，命其女儿高云给作者的回函。

华叔叔：

您好。

前上一函，并寄去家父在解放前后所写的诗词十二首，想已收到。

您给家父写的传略，他已勉力看完，他说您的文章写得很好，但认为您太过于赞扬他了，他汗颜。他无力自己书写意见，命我给华叔去信，请华叔实事求是地修改一下就行了。

至于家父编写的那部《古字通会典》，时写时辍，具体搞了多长时间，他也弄不清了，就写个十余年吧。

解放初期，政府对一切设施尚未就绪，因此重庆西南师范学院附设的研究所，并无具体名称。余不多叙，谨将传略寄还。

敬颂撰安！并问华婶好！

高云上
1982 年 7 月 10 日

10. 古近体诗及词的声韵格律

一、古体诗

古体诗又可称为古诗,个别诗人(如李白)又称之为古风。它有时与乐府相混。它的别名很多,有歌、辞、曲等。它是旧体诗的一种。这种诗体有三言、四言、五言、六言、七言、杂言多样,但写作数量较多的,以五言七言为主,杂言次之。

五七言古诗的声韵格调,有其特点,主要表现在"三平落脚"(如"出入无完裙"),"三五同声"(如"不忍听此言"),"五七同声"(如"黑云压城城欲摧"),等等,一读上口,就会感到古声古调,音响不同。不过,古诗的声韵格律,比较自由,并不严格限定作者处处遵守规律,约在一篇之中,讲求声调之处,多些固好,少亦可行。总应有所了解,有所运用为好。

五七言古诗用韵的基本情况是,平上去三声各分十韵、入声五韵,共分三十五韵。(参看《古近体诗韵表》)由于古今时代变化,声音相差较远。以平声为例,古音东与江合韵(如《李波小妹歌》逢与双为韵),真与寒合韵(如《石壕吏》人与看为韵),今天显然已不适用,应按照词韵的分合,较为恰当(参看词韵表)。

五七言古诗声韵格律的变化,有多种多样,篇章有长有短,长可千言,短可数句。有问答体(如《董娇娆》),有顶真体(如《平陵东》),有通篇句句用韵(如杜甫《饮中八仙歌》),有两句一韵,有通篇不断变韵,平仄韵交相变换(如白居易《琵琶行》),或两句一换,或三句一换

(如岑参《走马川行》），有对仗精工，俱中格律的词句（如《长恨歌》），至于杂言体古诗，变化更多。须从熟读多读中逐步体会。

对于古体诗的创作，需要保证三点。其一，要熟读多读，至少要在百篇以上。要熟习诗篇的思想感情、组织结构。其二，要掌握古诗的声韵格律，妥善运用。其三，要结合自己对客观事物的真实感受，用古典诗歌的词汇与口语相结合，逐步不断练习。前人所谓"熟读胸中有本，细作笔下生花"，这是经验谈，很有道理。至于前人有谓古诗要"句法苍老，意格高古，须于律诗熟后，学问广博，情思超迈，方可为之"，这是从保守观点看待古诗，不是从革命观点出发。很明显，古诗的规格框框很少，和近体诗相比，容易得多。先易后难，乃是常理。当然在写过近体律诗以后，再返过头来写作古体会精进一步。

二、近体诗

近体诗是旧体诗中的格律诗，因为它与古体诗相比，时代较近。故名近体。因为它基本上受到声韵格律的限制，故新中国成立后称之为格律诗。这种诗体形式较多，有五言绝句、五言律、七言绝句、七言律，有五言排律、七言排律。从现存的数量来看，排律较少，七言排律更少，其余都是大量存在的。

学近体诗首先要严格掌握声韵格律。声，分平声仄声。怎样分别平仄？要先会读四声。四声有两种：

第一种指平、上（在这里要读为 shǎng）、去、入。第二种指阴平、阳平、上声、去声。近体诗讲的四声是指前者。（其实后者是由前者变来的，由元人周德清《中原音韵》为了作曲，提出"平分二义，入派三声"，遂把平声字分为阴平阳平二义，把入声字派进平上、去三声之中，以符合北方人一般语言中不见入声字的实际情况。不过，入声字全是仄声，派进上、去二声，当无问题，派进平声，问题很大，在近体诗中，必须一一辨明。辨别入声字的方法：第一，每背诵一首近体诗，要认清全诗的入声字。入声字的读音，常常有多种，可随时翻阅而决定。第二，常常翻阅《诗韵合璧》入声十七韵，韵字不多，久而自明。）每字各有四声，如"风"字的四声应读为"风、冯、讽、奉"，"无"字的四声应读为"乌、无、五、误"，以此类推。第一声为阴平，第二声为阳平，第三声为上声，第四声为去声。前二声皆为平，后二声皆为仄。平仄既明，就要运用到每一句诗中。一般说五言诗"一三不论，二四分明"，七言诗，"一三五不论，二四六分明"，一般说，对初学可以适用，具体说，诗的格律变化很多，这种歌诀是限制不住的。韵，在近体诗中十分重要，近体诗的双句末字要求用同一韵中的韵字。一般说近体诗用韵都依照《平水韵》(此书是宋末平水，今山西新绛刘渊依照《切韵》《唐韵》《礼部韵略》等书编写并刻印的)，又经删简，分平声三十韵，上声二十九韵，去声三十韵，入声十七韵，共为一百零六韵。见古近体诗韵表（参看《诗韵合璧》《诗韵集成》等书）。近体诗都用平声韵。只要把派进平声的入声字认得清，记得牢，就好办了。这些派进的字，在现阶段作近体诗，还不能作平声用。（在《诗韵合璧》等韵书中，平声都分上平声十五韵，下平声十五韵，这是由于韵字多故分上下篇，切不要误作阴平阳平。）过去的近体诗，一般作者都拘束于平声三十韵分用的成规，个别人就力图打破这种局限。时至今日，应该力求解放。解放到什么程度上，是否像词韵那样，并为十四韵？还没有约定俗成。据我个人的意见是同意的。（甚至再解放一步，庚、青、蒸韵并入东、冬韵，把闭口音侵韵并入真文韵，再把闭口音覃、盐、咸韵并入元、寒、删、先韵。才真正是从生活实际出发，给作者以更多的自由。这样，由三十韵合并为十一韵，才更便于作者抒发感情，驰骋思想。）

　　近体诗的格律，①按照律诗与绝句，五言与七言，仄起与平起的区分，应有八种，与其一一列出，不如只列两式，足以说明。②诗人分别平仄，常常用符号代替，平声用"—"符号，仄声用"｜"符号。③所谓仄起与平起，由每篇诗的第一句第二字来决定，第二字平即是平起，第二字仄即是仄起。④今列两格式于下，若能熟悉变化，就能分成八种。

第一种格式：

｜｜－－｜
－－｜｜－
－－－｜｜
｜｜｜－－

｜｜－－｜
－－｜｜－
－－－｜｜
｜｜｜－－

第二种格式：

｜｜－－－｜｜
－－｜｜｜－－
－－｜－－－｜
｜｜－｜｜｜

｜｜－－－｜｜
－－｜｜｜－－
－－｜｜－－｜
｜｜－－｜｜－

上边的第一种格式就是"仄起五律"的格律。如果单用前边四句，就成为"仄起五绝"的格律。如果把第三句当作第一句，而把第一二句当作第七八句，这就成为"平起五律"的格律。如果单用这个"平起五律"的前边四句，就成为"平起五绝"的格律了。所以由一种就可变为四种。

按照同样道理，看第二种格式，就是"仄起七律"的格律。如仅取前四句，就成为"仄起七绝"的格律。如把第三句当作第一句，而把第一二句当作第七八句，这就成为"平起七律"的格律。若仅取这个"平起七律"的前四句，就成为"平起七绝"的格律了。这也是由一种变化为四种。以上八种格律不论任何一种，其首句如欲押韵，可用其末句格式代其首句格式，就可以了。须知五言近体首句押韵者不多，七言近体诗首句绝大多数是押韵的。首句的押韵字，可以不限定同韵字，凡邻韵字（如东与冬，真与文，皆为邻韵）或声韵接近的字均可。

在五七言近体诗的声韵格律方面，还有一些规律性的问题，需要了解：

1. 对仗。五律和七律各有八句，各分四联。一般说，第一二句为第一联，又称首联，第三四句为第二联，又称颔联，第五六句为第三联，又称颈联，第七八句为第四联，又称尾联。颔联与颈联的字句必须自相对仗，即名词对名词，动词对动词。如杜甫《春望》颈联，"烽火连三月，家书抵万金"。至于首尾两联是可以随便的。

2. 粘法。凡近体诗第二三句、第四五句、第六七句，其第二字是平皆平，是仄皆仄，是谓这上下句相粘。有些名家抑或违此（如王维《渭城曲》）。

3. 拗救。是出乎上述格律之外，而照例被肯定的。比如许浑《登咸阳城楼》的颔联，"溪云初起日沉阁，山雨欲来风满楼"。前一句第三五两字都与格律不合，虽说"一三五不论"，但读起来总感到拗口。这就需要在后一句加以挽救，即将下句的一三五字也都改变其原格律。这样相救，实际是以拗配拗，无独有偶，虽则拗口，却又显得别致。许浑另有诗云"水声东去市朝变，山势北来宫殿高"，则更别致了。但此种诗首句必须是平起的句格方可。再有，拗字的用法，常常体现在一句之中，如王之涣《凉州词》"羌笛何须怨杨柳"。第五六字平仄颠倒，与律不合，特别是第六字，必须要"论"的，这就是比较特殊的拗字用法，但也是大家公认的。其规律有两条：一、第六字既用平声，第五字必须用仄声。二、第五六两字既拗，第三字必须用平声以相救。这样拗救的句子常常用在律绝的倒数第二句上，如王维《观猎》："回看射雕处，千里暮云平。"又如杜甫《宿府》："已忍伶俜十年事，强移栖息一枝安。"但也有用在律诗的第五句处，如杜甫《秋兴》："西望瑶池降王母，东来紫气满函关。"用在第一三句处也是有的，但都必须是平起的句格。

4. 近体诗的声韵格律，一般说应该遵守，但遇到有专名词无可回避时，也可违犯规律而用之。如元人吴师道《赤壁图》："丈夫不学曹孟德，生子当如孙仲谋。"

5. "孤平"不属于拗，其句式常表现为｜｜｜—｜｜—，这虽不算大病，总算小疵。

6. 朗读与长吟，应先分别平起仄起，初学应就名诗划定符号，以为区别，读之既久自能中律。其长声吟咏处与朗读顿挫处，杜甫有《夜听许十一诗爱而有作》，这个爱当然是从诵读的声音引起的，这显然是和杜甫诗"新诗改罢自长吟"不谋而合了。

7. 五七言近体诗，若第一句押韵，则此句格律与第四句的格律相同，这句韵字，可随便选用其邻韵字，如东与冬，真与文。兹举杜甫《蜀相》与刘禹锡《秋词》为例：

蜀相

丞相祠堂何处寻？
△　△
锦官城外柏森森。
　△
映阶碧草自春色，
　△　·
隔叶黄鹂空好音。
　△　·
三顾频烦天下计，
△
两朝开济老臣心。
△　△

出师未捷身先死，
△
长使英雄泪满襟！
△　△

秋词
△
山明水净夜来霜，
△
数树深红出浅黄。
△　△
试上高楼清入骨，
△
岂知春色嗾人狂！
△　△

　　由此可知，一切正常的仄起律诗，其吟咏顿挫处，都在全诗八句当中的第四二二四四二二四字及其押韵处（如《蜀相》）。一切仄起的绝句诗与此同，不过减半而已。反之，也是一样，一切正常的仄起的绝句诗，其吟咏顿挫处，都在全诗四句当中的第二四四二字及其押韵处（如《秋词》）。一切平起的律诗，与此同，不过增加一遍而已。至于非正常的律诗（如李白《登金陵凤凰台》）和绝句（王维《渭城曲》）不在此例。

　　排律，是律诗的延长，其规律与律诗基本相同。除首尾两联外，中间各联全部对仗，粘法也丝毫不差。这种诗体总的看来较少，五言排律尚有一些，如元白以《梦游春诗》相倡和，元诗七十韵，白则和一百韵。七言排律就更少见了，如杜甫《重游昭陵》。

三、词

　　词，是近体诗的变体，若没有近体诗，就不能产生有格律的词。过去有人说，词起于梁武帝的《江南弄》，只是字句相同，平仄则不同。那是不对的。词，最早见于盛唐。至中唐而稍多，晚唐五代之间，特别是西蜀南唐，较为风行，至于宋代而大盛，朝士大夫无不能词，公私宴会无不歌词。其初所唱之词，多属女子生活活动，比较通俗易懂，后来词的内容扩大，凡诗所能表现者，皆能入词。再加文词艰涩，典故僻奥，传至宋末，唱词之法遂亡。

词的名称，初名"诗余"，说明它是近体诗之余，因为它一出现就可歌唱，故或名乐府，曲子词，今曲子，又因为它的句法长短不齐，故又名长短句。

1. 词调。宋以前的词既可歌唱，当然要各具调名，分属各个宫调，配合弦管。词调又名词牌，熟悉音乐的人，胸中都能掌握若干词调，如好时光、望江南、菩萨蛮、更漏子等。唐玄宗时，《教坊记》就收集词调二百多，清万树《词律》、王奕清《钦定词谱》增至八百多，每一词调的起源，都有自己的意义，有些久而失传。现在只要求作者按谱填词，与调名意义毫不相关了。

词既名长短句，它的字数多少相差很多，短的只有十六字（如《十六字令》），长的竟达二百四十字之多（如《莺啼序》）。一般多在二十字至一百字左右，有单调、双调，三叠、四叠之别，一般说，单调皆属小令，双调也有属于小令，但属于中调者也不少。由双调发展为三叠四叠之词，都属于长调。毛先舒《填词名解》云："五十八字以内为小令，五十九字至九十字为中调，九十一字以外俱为长调，古人定例也。"这是大概情况，可做参考，不必拘泥。万树《词律》对此就有疑问："如《七娘子》有五十八字者，有六十字者，将名之曰小令乎？抑中调乎？如《雪儿》有八十九字者，有九十二字者，将名之曰中调乎？抑长调乎？"概括言之，小令皆称令，中调，称之引、近，长调皆称慢，这是通行的。

关于词的写作，最早有李清照《词论》，谓："诗文分平侧，而歌词分五音（指宫商角徵羽），又分五声（阴平、阳平、上、去、入），又分六律（指阳律六：黄钟、太簇、姑洗、蕤宾、夷则、无射，阴律六：大吕、夹钟、仲吕、林钟、南吕、应钟,共为十二律。一般称阳六律,阴六吕,其顺序参错排列),又分清浊轻重。"(江永《四声切韵表》凡例云:"见溪清、群疑浊,端透清,定泥浊,知彻清,澄娘浊,帮滂清,并明浊,非敷清。奉微浊,精清心清,从邪浊,照穿审清,床禅浊,晓影清,匣喻浊,来日皆浊,此一定清浊,平声然,上去入亦然。群定澄、并、从、床匣八位最浊,邪、禅次之。"此就切音上字,判定清浊,清者为轻、浊者为重。)如此等等,都是词在能唱时所要讲究的,按此音律,衡量当代诸名家如晏殊、欧阳修、苏轼、王安石、曾巩等,都受评议。只有晏几道、贺铸、秦观、黄庭坚等接近知音,疵病较少。故自唱词之法不传,作词与作诗的意义略同,只是在声韵格律的运用上,有所不同而已。

就声而言,作词用字,须分平仄。一般说,平声皆作平,上去入皆作仄。但由于"入派三声"之故,有些入声字也可作平。故《词律》说:"入声可作平,人多不信,曰:'入声派入三声,始于元人论曲,君何乃移其说于词?'余曰:……词曲同源也。况词之变曲,正宋元相接处,岂曲入歌,当以入派三声,而词则不然乎?故知入作平,当先词而后曲矣。盖当时周柳诸公制调,皆用中州正韵。今观词中如'不'音'通'、'一'音'伊'之类,多至万千,正与北曲同,而又何疑于入声作平之说耶?且用韵处亦可以入为叶。……虽全用入声,而实以入作平,必不可谓是仄声,而用上去为韵脚也。"考之晚唐亦有此例,温庭筠最通音律,其《菩萨蛮》有云:"翠钗金作股,钗上双蝶舞。""蝶"字正是以入为平。此种入声字,除需从精心熟读多读中逐渐认识外,还需从经常翻阅词韵书中,逐步记取。

上声与去声在词中一般都可通用作仄声,但亦有不可通用处,如《满庭芳》过片后第一句末字,要用去声,这也是前人指出过的,后人填词,应即遵此。如:"销魂当此际""多情行乐处""年年如社燕""清平三百载"(队韵)。又如《采莲子》每片末句倒数第二字必用去声。"依旧衔泥入'杏'梁""梦里浮生足'断'肠""一片西飞一'片'东""贴向眉心学'翠'钿"。

2. 词韵。词既导源于诗，词的用韵也源出于诗韵。但它比诗韵更宽更较切合今天的生活实际，故前面说过，古体诗用韵，就应采用词韵。所谓诗韵，是指近体诗所用的《平水韵》（见前），作词韵使用时，则平声独用，并三十韵为十四韵，上去声合用，亦并三十韵为十四韵，入声单用，并十七韵为五韵。有些韵字，古今读音相差较远，并作词韵时，可将原来诗韵分为两半，各归同音之韵，故较切合今音的实际（见后表）。

3. 词谱。词调各自不同，不像近体诗千篇一律地有一定格律。词调各有自己的定格，谓之词谱，也名词律。过去有张綖《诗余图谱》、万树《词律》、王奕清《钦定词谱》、舒梦兰《白香词谱》，最近有龙榆生《唐宋词格律》等，都可取用。

词谱标志平仄的形式，各本不同，有的明白写出平仄，有的用符号代替，有的平仄不可移易，有的可平仄。南宋方千里学周邦彦词亦步亦趋，毫发不爽，上去亦皆尊用。今天看来，大可不必，不过，古名家词常有格格不上口处。正是其音律最妙处，应以倚声照填为好，如"平平仄仄"句格，在词谱中可以通行，而名家之词多作"仄平平仄"；又如"仄仄仄平平"句格，在词谱中可以通行，而名家词多作"仄平平仄平"，这就可以说明名家的拗口处，正宜遵行，故对词谱固应依据，而名家之作尤应取法，如苏轼《水调歌头》《念奴娇》。

四、曲

曲是由词演变而来的。若没有格律严正的词，也不会形成格律稍得解放的曲。词与曲，在宋、元、明时常常混而不分，如晁无咎评词，谓"曲子中缚不住"。元人菉斐轩《词林韵释》实为北曲而吕士雄《南词定律》实为曲律，当行人一见而知其分别所在。总之，在今日还可以歌唱，词之唱法宋末已亡。

曲始于元代，有散曲、剧曲之分。散曲又分小令、散套，剧曲又分杂剧、传奇。本篇专讲散曲中的小令，这是根据我们的学习目的决定的。

小令，元人又称叶儿，是散曲中单独成立可以闲散清唱的短小曲。如果与散套相比，散套是联合若干宫调相同或相近的小令而成的套数曲。两相对比之下，小令显然是短小的。芝庵《论曲》云："作者但取一二支短调填之，与词略同，惟南北曲宜于小令者有定，不若词可以任意选调。至于制腔用韵，均有定格，非词可比。"

小令的声韵格律，比词稍宽。小令四声可以合用，除了个别字有严格规定外，可根据李元玉《北词广正谱》或沈自晋《南词新谱》选谱填曲。因为今之作者，重在声韵协适，借以抒情，并不要求声分清浊，调协宫商。

曲分六宫十一调，总称十七宫调，即仙吕宫、南吕宫、黄钟宫、中吕宫、正宫、道宫、大石调、小石调、般涉调、商角调、高平调、揭指词、宫调、商调、角调、越调、双调。若作小令，可参照任讷《散曲概论》"用调第五"。

《中原音韵》分曲韵为十九韵，今天看来，已见繁多。吴梅《顾曲麈谈》又采王鵕《音韵辑要》之说，分为二十一部，并于各部各分阴平阳平、阴上阳上、阴去阳去等。这对今天北方学者已不适用。必须以诗韵为例，大大归并方可。

填曲较填词最大解放处，在于加添衬字，这在格律方面给作者以相当自由。虽有"衬不过三"之说，但也显得莫大方便。如果作者意义不尽，还可以采用"重头"，重复一、二次也无不可。

元人周德清《中原音韵》载有"作词十法"，乃专为北曲之散曲而发，特别对小令之作，有指导作用，兹录于下。

一、知韵，"平分二义，入派三声。"分"东、锺、江、阳"等十九部。（参看曲韵表）

二、造语。"可作乐府语，经史语，天下通语。"造语以立意为先，语意俱佳为上。"造语必俊，用字必熟。太文则迂，不文则俗，要耸观，又耸听。格调高、音律好，衬字无，平仄稳。"

三、用事。"明事隐使，隐事明使。"

四、用字。"切不可用生硬字、太文字、太俗字。"（王骥德有曲禁四十则）

五、入声作平声。"入声作平声，施于句中，不可不谨，言不能正其音"。"入声于句中不能歌者，不知入声作平声也。"

六、阴阳。"用险字法"。如《点绛唇》首句，韵脚必用阴字，用"天地玄黄"不协，用"宇宙洪荒"协矣。

七、务头。要知某调某句某字是务头，可施俊语于其上，后注于定格内。

八、对偶。逢双必对，自然之理，人皆知之。

九、末句。"诗头曲尾是也，如得好句，其句意尽可为末句。"

十、定格。四十首例曲。

古近体诗韵表

平三十

上二十九

去三十

入十七

备考

1. 过去近体诗皆用平声韵

2. 过去平声三十韵分押；

3. 过去古体诗合并近体诗三十韵为十韵（见上表）；

4. 现在写作古近体诗都可以改用词韵，词韵分十四韵。[将来如可约定俗成，则将并东、冬、庚、青、蒸为一韵，并真文、元（半）与侵为一韵,并元(半)寒删与覃盐咸为一韵,共分为十一韵。]

词韵表

部数

平声

上声

去声

入声

备考

此表就诗韵重新分合,得平声与上去声为十四韵。入声五韵,亦称十九部。

有些韵部之字(如"灰"中有"来"字),在诗歌中收音显然相差较远,变为词韵。理应实事求是,分为两半,各从其收音切近之韵部,以符合实际。

此表按戈载《词林正韵》列成,参看龙榆生《唐宋词格律》。

曲韵表

部数

《中原音韵》

《音韵辑要》

备考

以上就《音韵辑要》列为二十一部。若据诗韵与词韵的合并情况,曲韵也应有所合并,才便于作者写作,也符合今天的生活实际情况。如讲合并,则第一部可与第十七部合;第三、四、五部可合;第六、七部可合;第十部、第十一部、第十二部可与第二十部、第二十一部合,第十四部与第十六部合,第九部与第十九部合,共为十部。不过这也有待于约定俗成。

11. 关于古近体诗改造的建议

在古典诗歌处于危机的时代，我们大声疾呼，要求重新整顿，务使它与人民生活息息相关，与党的方针政策步调一致，才能发展壮大，成为一代新声，故其内容与形式，都必须有所改造。我们建议：在内容方面：时代要求古典诗歌爱憎分明，反映现实。当前，古典诗歌要重登诗坛，异军突起，就应该深入社会生活，或美或刺，诗不虚发。我曾为现代报刊提出写作诗文的拙见："诗情应许热如汤，文胆当求大于斗。言人之所不曾言，须教我手写我口。为诗要为贤者歌，扇动真风振九有。为文要使强梁惧，仿佛黄钺在君手。善不能扬恶不诛，人妖何以分好丑？诗文要具首创心，激励群英并骥走。诗文不切生民病，几何不将覆酱瓿？"我们非常叹服鲁迅的诗篇，他的诗真像投枪匕首那样锋利。所以新的时代要求作者要认真反映现实，与小说戏剧一道驰骋风云，并驾齐驱。一切文学艺术家诗人都有自己的政治使命，不应轻自推诿，要通过诗歌艺术的折光，把社会面貌如实地反映出来，为社会主义前进道路披荆斩棘的古典诗人，就应该振笔抒情，放声高唱。尽可能少致力于嘲风雪、弄花草，脱离现实的吟咏。那不过是唯美主义的余波，非今天人民大众所需要的。

在形式方面，古典诗歌也应该按照时代的要求进行改造。

（一）对形式方面的改造，必须经历学习继承的过程。必须对旧的形式规律，能够基本运用知其美恶难易之所在，才能去粗取精，完成改造，由必然王国进入自由王国。当然若在继承的同时，了解改造的倾向，那对继承运用就可能加快一些。

（二）今天的人民已经处于五四运动文体变革后六十多年，若再使用当年古奥艰深的语言，人民是难以接受的，只有代之以鲜明流畅雅俗共赏的语言，才为人民所喜闻乐见。

（三）自从近代海禁大开之后，国际文化交流频繁，新的人名、地名、事物名的运用，有时不可避免。戊戌前后，如谭嗣同、黄遵宪、梁启超等，都已习惯使用，声韵不差。重新兴起的古典诗歌，当亦不应回避。

（四）古典诗歌的近体诗，过去皆用"平水韵"三十韵，本甚严格。五四以来，已有很多人打破此种限制，如鲁迅先生"支""微"合用，改用古体诗韵，毛泽东同志"江""阳"合用，改用词韵，都为我们创造解放的先例。我们是同意采用词韵的，因为词韵更切合生活实际。如果再求简便，还可以就词韵进一步改造：①并"东"与"庚"为一韵；②并"真"与"侵"为一韵；③并"寒"与"覃"为一韵，共十一韵，才算真正的解放，对于写作古近全诗是十分有利的。不过，这种办法，还有待于"约定俗成"。

（五）过去曾经有人提出改造中国的诗，要用旧体诗与民歌相结合。这话很笼统，没有分别古体与近体。应该说，有格律限制的近体诗只能要求其通俗易懂，不可能使其与无格律限制的民歌相结合。至于古体诗，确实可以与民歌相结合，主要在于尽可能发挥运用古体诗风格声调，而适当地趋向于口语化，这与上面所说的第二点相同。如按这个道路努力作去，将会很快地取得成果。

12. 给中华诗词学会诸公的一封信

中华诗词学会负责诸公同志：

昨读学会通讯第四期，获悉钱公昌照会长慨然以己旧居，让给我会办公，从此免赁庑下，已定根基，自应大展前程，可祝可贺！去年端午，中华诗词学会创立于首都，以钱公为首的领导班子，既各能诗，又皆有较高的社会资望，不言而喻，中华诗词学会实际已有君临各省，成为中华诗词总会的性质，我们河南省诗词学会的成立，即应总会敦促而生。锺彦忝列顾问，殊不敢当，针对学会当前发展问题，不应缄默不言，谨抒所见，略供参考。

仆以为诗原于人之心声，综合心声即成民意。诗一产生即反映时代社会的风貌，或多或少必与时代社会相关。故诗有"上关国政、下导民情"的作用。善为政者重之，则政行为流；不善为政者轻之，乃至悖逆人心，戕贼民意，殷鉴不远，在乎明清末世，坐视分崩离析而不能救，悔之已迟。诗人见微知著，诗篇有望远镜、晴雨表的作用，例如李杜诗篇对于安史之乱、明若观火，顾唐王朝不睬奈何！

"五四"至新中国成立前，当政者皆重违民意，蔑视诗篇，诗风不竞。惟鲁迅五十篇诗以革命性战斗性竖起中华之脊梁，使一代诗风，绵绵不断。

从新中国成立到三中全会，诗坛只有少数人作品风行一时，而广大人民曾在片言只句的鼓舞下，无私无畏、奋不顾身、一往无前、万难不屈。"敢教日月换新天"，"无限风光在险峰"，"一桥飞架南北、天堑变通途"，"要扫除一切害人虫，全无敌"，等等，难道不曾起过克敌制胜、转败为功的作用吗？当然时代不同，不能照搬，但诗对读者意志的影响与感染作用，不可低估，不是积极前进，便是消极倒退。

三中全会以还，百废俱兴，人心思奋，各地诗人自发突起，诗社林立，诗篇尤多。虽则可喜，不无可虑。所可虑者，群龙无首，杂乱无章，自由泛滥，迷失正途。或以此为闲道，可以"潇洒送日月"；或以此为高雅，可以"维舟绿杨岸"，皆不可以同日而语。

盖诗的情意为主，词藻为副，情意有正反、舒惨、公私等多种不同，诗人行吟容许多样化，但必须要求以公正明快为主，数量也要以此为多，以期引导读者意志前进，有所作为，不能允许引向邪路，或意志消沉，无病呻吟；或流连风月，醉酒迷花；或雕章琢句，羌无内容。此无怪世人轻之，有识者哂之。

方今之务，端赖诸公，大力引导，扶正去邪，移风易俗，要首先调整写作方向，一为雅正。每一刊出，要分清若干栏目，明辨先后重轻。譬如"政经法"栏，不妨大力歌颂政治、经济、司法诸方面具体人物的具体成就，英雄烈士的革新功绩，强烈讽刺违法乱纪的贪婪大吏，凡此等等，必须具体确凿，要以党报为据，直指其人，每刊颂英雄者务多，斥贪婪者务少。其不见于党报者，只能姑隐人名，亦可按照国家政治，指责其事。诚如是将见英烈含笑，强梁敛手，党风淳正，众心悦服，何美何刺，岂不荣于华衮、严于斧钺乎？如此诗人，亦犹"无冕皇帝"，如此诗刊，亦犹政治助手，言不虚发，可以肯定是有一定分量的。仆尝谓："诗能寿世无今古，文不关时岂典型？""诗情容许热如汤，文胆当求大于斗。"良由言皆有据，何惧之有？这一栏目应占全刊四分之一，以示突出其重要性。

至于其他栏目，如国际、港台、山川、杂感、倡和、悼念等，诗人当可从不同角度放怀吟咏。编者可从美学角度取材，而以有所寄托者为主，其情意邪曲者，当不入选。其栏目数量当不过四分之三为宜。

诚如此，则此刊一出，面貌一新，必将为当政者所重视，有识者所称扬，逐渐发行国内外，估计十万册将不止也。

仆年逾八秩，已无能为，仅掬热情，犹恐多悖，或想象尚易，实行维艰。平心而论，并非老生常谈。开明如今，古实不多。事在人为，幸祈明鉴。

顺请

撰安！

附上《东生曲》一章。

河南大学华锺彦　上
1988年6月15日

13.给李珍华教授的一封信

珍华教授先生：

日前收到来函，藉悉先生家学渊源，贯通新故，而于律绝吟咏尤有专攻，良用钦佩。来函属词过谦，愧不敢当，幸其改易为好。

吟咏之学本属文化遗产，旧时诗人在师弟日常口耳相传中自然通晓。故不算一门学问，也无人著成专书。五四以还，诗分新旧，律绝严于格调，有如阳春白雪，学之者少，知音者稀。时至今日其学维艰，职是故耳。

先生倡议吟咏，实获我心，及时抢救，大有必要。良以吟咏对于写作与欣赏关系极为密切，欲求创作合乎韵律，欣赏至于精深，舍此吟咏，其道莫由。前年我曾在西安诗会对此有所呼吁，仅能取得许多诗人口头赞同，今先生大力提倡，安旗同志一致应和，乃始形成组织，可见开创之功，微先生莫属！音实难知，知实难逢，逢其知音，千载一时。

今年八月间，唐代文学学会在兰州召开，希望先生惠然肯来。先函安旗同志，将会由兰州筹委专奉请柬。先生与会论文，长短随意，最好能以吟咏为主题，以便展开讨论，促进小组工作。

我目前想到几个问题，愿与先生提出研究：

① 吟咏小组搜集范围，自应以普通话吟咏为主，那么地方音（如闽、粤、川、陕等）的吟咏，是否选择一部分有代表性的搜录？我意应以"吟得诗情"与"平长仄短"为选择标准，不知先生以为如何？

② 唐诗吟咏小组原以律绝为对象，对于乐府、古诗和词曲的吟咏是否也要搜集研究？搜之则力或不足，不搜则遗漏太多，如何是好？

③ 吟咏与朗诵应有区分，朗诵在教学中时刻不离，似乎未可弃之不顾，先生以为何如？

④ 前函中言，台湾有人唱诗，先生以为诗只名为吟，不名为唱。对此，我从生活习惯中，与先生有同感。客冬我在长沙，闻某君"唱诗"，声调虽有高下缓急，但不符合"平长仄短"的基本原则，盖于先生所言台湾之"唱诗"类同。然而国内确有真正名家，如唐圭璋先生，也言"诗可以唱"。考诸前史所载，"诗三百篇孔子皆弦歌之"，歌即唱也。荆卿之歌易水，刘季之歌大风，旗亭之歌凉州，当皆唱也。刘禹锡之"相与殷勤唱渭城"，白居易之"听唱阳关第四声"，此皆以诗作曲，名之为唱，似乎意义不同，对此"唱"的使用是否应当考虑？

前与安旗同志函商后，筹拟吟咏小组计划，尚未开展具体工作，知注附闻。顺候撰绥！

并附"唐诗吟咏小组计划"一份。

华锺彦

1984 年 4 月 12 日

14. 发展我国韵文，改造当代诗词创作

三中全会以来，百废俱兴，长期关心古典诗词垂危的作者们应运而生，全国各地诗社林立，诗词报刊此唱彼和，名家诗集纷纷出版，男女老少，各有咏歌，形势可喜。

当前作者自应以老人为多，青年人较少，未来的作者必然以今天的青年人为主干。不过今天的青年作者对于诗词韵律还有些人掌握不准，确有实际困难。他们要求改革诗韵的呼声，甚为迫切。我们认为改革诗韵是必要的，但还不仅于此。为了青年作者的迅速成长而创造条件，应该改革和研究的问题还有很多。比方：古典诗词应如何写作才有发展前途？诗的内容应以写什么问题为主？诗的词藻应适合于什么水平的读者？诗词中的方音和入声字如何使用？古典诗如何与民歌相结合？如此等等，一言难尽。兹仅就诗的韵律改革问题，略抒拙见如下：

韵，是诗词必要的组成部分，自当有规律可循。但是，韵是为情意服务的。韵的规律过严，势必缚束情意，不便创作。所以诗韵要求以宽为尚。韵宽不仅有利于青年创作，对所有作家无不方便。一切事业的改革，开始总会有感到不便的，但是只要有利于青年创作，有利于诗词的发展，我想同意改革的人可能还是多的。

唐人诗分古体律体，古体诗用韵约为十一部（《平水韵》目下，已分别注明）。韵宽，作者容易发挥情意。唐代大诗人的代表作品大半皆在古诗。律体即近体，往往用于科举考试，故韵律森严。追溯当时限韵情况，约与《平水韵》同。《平水韵》平声分三十韵，过于烦苛，难于辨别。有些青年人说：把"支""机"合韵，"来""回"合韵，我们还能掌握，若使"东"与"冬"分韵，"鱼"与"虞"分韵，"匀"与"云"

分韵,"闲"与"贤"分韵,我们无法说明道理。可见分开困难,合并容易。怎样合并为宜呢?我想提出三点:

第一,以词韵为诗韵,词韵平声十四部,比诗韵三十部宽绰多了。这个诗韵的解放,显然是受鲁迅先生的影响,现在已经逐渐风行。只是还有些老诗人,还未首肯,也未肯自我解放。请看下面词韵表:

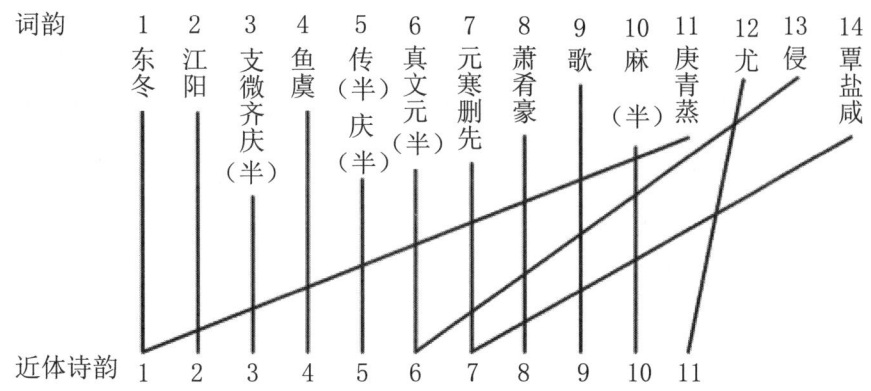

第二,再把词韵的侵、覃二部,分别并入真、寒二部,则成为十二部。见上表。其理论根据与例证如下文:

侵、覃二部,属闭口音,今天能用闭口音讲话的只有广东客家少数人,如"音、琴"二字,末尾皆以 m 收音,与"因、勤"二字有别。但在全国广大地区的人来读,则毫无区别。这样的差异要求统一,只应以少就多,理有固然。所以在鲁迅诗中早就并侵部入真文部了。如《无题》"大野多钩棘,长空列战云。几家春袅袅,万籁静愔愔"。又如《送O.E.君携兰归国》以"心"与"榛"合韵(以上二诗皆近体)。与此同理,就应并"覃、盐、咸"入"寒、元(半)、删、先"韵了。远在二百年前,曹雪芹在《红楼梦》二十七回的葬花诗中就把先、盐二韵合并了。如"花谢花飞飞满天,红消香断有谁怜。游丝软系飘香榭,落絮轻沾扑绣帘"。(古体诗)又如第五回在太虚幻境中写李纨的判词,兰谈合韵（近体诗），也是此证。这倒不是谁依照谁，而应看到天才横溢的诗文大师都不会甘受死规矩控制的。

第三，词韵中的"东冬"韵与"庚青蒸韵"，是否还可以合并呢？这一点与前不同，前边已成现实。而这一问题，还需要更多商量，约定俗成，才算协议。我只提出一些根据与例证。

（一）词韵中的"东冬"韵与"庚、青、蒸"韵的主要差别，在于"东冬"为合口呼，"庚、青、蒸"为开口呼。"开齐合撮"是声韵学上的问题，它与韵文学虽则有关，实则两路。声韵学的目的在于读古书、通古训，对于一字的读音要求变化会通。而韵文学与此不同，主要要求韵字尾音大致相同就够了（鲁迅先生曾有此语意）。细检此二韵之字，可用 eng、ing、ong 三个拼音字母统一起来，这就是二韵可以合并的道理。在普通话中这二韵字的尾音，完全相同，从推广普通话的角度来谈，更以合并为宜。

（二）再看"东冬"韵与"庚、青、蒸"韵，虽有合口、开门之异，而同处却很多，比如"庚、青、蒸"虽为开口呼，而其中"肱（gong）"字则为合口呼。东冬韵虽为合口呼，而其中的"雄"字却从蒸韵的"厷"得声，东冬韵的冬字却从蒸韵的夂字得声，可见东、庚二韵的关系极为密切，有合并的基础。

（三）"东、冬"与"庚青蒸"二韵在古典韵文中合韵之例，也不少见，如《诗·齐风·鸡鸣》："虫飞薨薨，甘与子同梦。会且归矣，无庶予子憎"。《诗·秦风·小戎》："虎韔镂膺，交韔〔韔〕二弓，竹闭绲滕"。《诗·小雅·无羊》："尔牧来思，以薪以蒸，以雌以雄。尔羊来思，矜矜兢兢，不骞不崩。"《诗·小雅·正月》："瞻彼中林，侯薪侯蒸，民今方殆，视天梦梦。"楚辞《国殇》："带长剑兮挟秦弓，终刚强兮不可凌。身既死兮神以灵，子魂魄兮为鬼雄。"楚辞《卜居》："此孰吉孰凶，何去何从，世溷浊而不清，蝉翼为重，千钧为轻、黄钟毁弃，瓦釜雷鸣。"韩愈的《此日足可惜赠张籍》诗，合用"东、冬、江、阳、庚、青、蒸"七韵于一诗之中,这里只就"东、冬"与"庚、青、蒸"的合用问题而言,对"江、阳"又当别论。

我们提议解放诗韵,之所以依据词韵,而不依据别的韵,主要由于词源于诗,变革甚小,功省而易成。凡能作诗填词的人,变十四部为十一部,都胸有成竹,毫不费力。若依据十三辙则分十三部;依据普通话,则分十八部,都较词韵为多。而且远离诗韵、词韵的轨迹,把支机分为二韵,把来、回分为二韵,将使老成的诗人词人反而迷惑,故不从也。

15.《苏舜钦诗文选注》序

余尝读《宋史·苏舜钦传》及其诗文,慨然兴叹,既惜舜钦抱济世才,无辜而遭废黜,又惜其有匡时笔,未能特显于今,明珠在椟,光彩未彰。乃与宋代文学研究室同志共同研究,发煌幽隐,首先精选苏氏诗文,分工注释,以期为前修彰善,为后学导途。历经年载,初稿已成,反复吟诵,不任倾倒。恍如苏氏其人巍巍乎立于吾前,安得不肃然起敬!

窃念舜钦其人,盖为时世而出。当天圣庆历之际,正邪争朝,冗滥侈靡,民穷财尽,边事孔急。非变革无路可通。舜钦才识器宇超乎人,尽心国事出于性。时值玉清昭应宫灾,乃以丁年末职,遽上《火疏》,激切陈词,不避铁钺。不仅杜重建多费之议,且欲引春秋大义,借火灾而除逸佞,因祸为福,转败为功。舜钦每论政事,首重贤才,急除逸佞，正为进贤开路。其《论西事状》即以选将为根本。其《谙目三》亦论将帅，力主"选威重有才谋能训抚者为之"。人存政举，万世不移。欧阳修《苏君墓志铭》谓舜钦"状貌奇伟，慷慨有大志，数上疏论朝廷大事，敢道人之所难言"。舜钦《览照》亦自谓"铁面苍髯目有棱，世间儿女见须惊。……一生肝胆如星斗，嗟尔顽铜岂见明"？信乎奇伟也。其所上书皆关兴革大政，军国要事，慷慨陈词，一往无阻。虽朝廷诏"戒越职言事"（见《乞纳谏书》），而舜钦竟指此诏"非出于宸衷"，实谗佞之蔽明，若此诏不削，"窃恐指鹿为马之事复见于本朝也"。其抗直公忠无私无畏如此，实正直之士处世之楷模，过于庸懦之臣，只知保乌纱、全妻子，不顾国家民族之害者远矣。由是小人不便，屡造冤狱，尽破革新；宋室信伪为真，终致覆鼎。舜钦虽处于沧波鱼鸟竹树烟萝之际，未尝不神驰于魏阙彤廷三边九塞之间，忧时愤世，年仅不惑，遽别人间，千载英才，同志慨叹！

舜钦诗文继承宋初古文载道之风，一反西崑骈俪无实之弊，雄豪放肆，卓然自立。其诗多关国政，时及黎元。其古体骨格锋棱，美刺明快。如《庆州败》："守者沮气陷者苦，尽由主将之所为，地机不见欲侥胜，羞辱中国堪伤悲。"《吾闻》云："予生虽儒家，气欲吞胡羯，斯时不见用，感慨肠胃热。昼卧书册中，梦过玉关北。"《寄富彦国》云："彦国本为廊庙器，何祗口舌乎强梁！使之当国柄天下，夷狄岂复能猖狂？"近体多高华蕴藉，风骨超绝，如《淮中晚泊犊头》："晚泊孤舟古祠下，满川风雨看潮生。"《秋怀》云："家在凤凰城阙下，江山何事苦相留？"其文章正气雄放，辟易千军，真理至情，光照十乘。如《上范希文书》："盖兵家之法，必以饵骄人而后取之，况羌虏常以伏奇包众胜中国，当此之际，阁下能部勒诸将，分乘险阻，不使习小利以为功，持重其体而死其奸谋，不惮旷日而使之内溃，此孙武所谓善之善者也。"对此战略大节，舜钦屡屡言之，唯恐偏将贪功被诱，变出非常，故预为之警，以保万全。又如《沧浪亭记》云："噫，人固动物耳！情横于内而性伏,必外寓于物而后遣,寓久则溺,以为当然。非胜是而易之,则悲而不开,惟仕宦溺人为至深。"凡此深文奥义,非雄杰廓落身受艰辛之士不能言,亦不敢言,其沾匄后学多矣。

舜钦诗文见于《苏舜钦集》者凡十六卷,经选注,共得一百余篇。诗,以李博同志主持编选初稿,王宗堂、陈江风、王利群、华锋、王刘纯、齐文榜诸同志参与焉。文,以白本松同志主持编选初稿,宋景昌、张家顺、李贤臣、张弛、华锋、王刘纯、高启明、宋尔康诸同志参与焉。余惟阅其全稿,参以拙见而已。自知老悖才疏,难免舛错,知音学者,幸多指迷。

16.《孙禄堂拳书五种简注》序言

易曰:"形而上者谓之道,形而下者谓之器。"道本无形,至其著于理论,便亦有形;器本有形,至其超乎技艺,便亦无形。庖丁解牛,始所见无非全牛,是有形也;及其游刃于肯綮之间,神乎其技,进于道,是无形也。拳技之精者亦犹是。学者求得名师,刻苦研练,功力既深,由实到虚,出神入化,则进道。吾于孙禄堂先生所著拳书五种中,观其所述;又从海内大量武术家言,亲见其武功佚事中,想见其人,信乎其出于艺进于道矣。

孙禄堂(1861—1933),名福全,晚号涵斋,以字行,原属河北省完县人,今改望都县。幼年家贫失学,专好拳技,访求名师,足迹遍冀、晋、豫、鄂、川、鲁、江、浙,跋涉万里,终于得到形意拳家郭云深、八卦拳家程廷华、太极拳家郝为桢等的口传心授。矢勤矢谨、唯精唯一，二十余年，兼通妙悟，尽得三家所独专，合溶一炉，化艺于道，入乎虚灵，成为一代宗师。曾任中央国术馆武当门门长，江苏国术馆副馆长兼教务长。

先生武功愈高，武德愈厚，对于拳友往还率多谦让；惟于狂徒跋扈，略施薄惩，促其猛省改善，不致伤人。其武功著于国际，显于当时者，早已传遍中外，不待缕述。其武功传于后世者，一则传艺授徒，一则著书论道，并此二者，遂使孙氏拳法，传之久远、嘉惠后学，蔚为国光。

先生授徒甚众，以任江苏省国术馆副馆长时为最多。其他各地如完县、定兴、天津、上海，亦颇不少，而不远千里拜门求教于京师者难以数计。其中有清末进士，宣统帝师陈曾则（字微明），清末翰林狄楼海、末科状元刘春霖、举人吴心穀等，皆事先生唯谨，上海支夑堂、王禧奎、安新郑怀贤、邢台胡俭珍、完县任彦芝、刘如桐、刘德厚等，各具独到工夫，惜先后凋谢。谨据所知，尚有南京吴章淮先生、云南沙国政先生等，传艺授徒，为世宗仰。

先生武功尝亦传其子存周、女剑云，各以拳技命世，暇则以书画自遣。存周先生功力精湛，曾任江苏省国术馆一级教习、代教务长。往来于南京、镇江、沪、杭间，广授生徒，刚毅耿介，有游侠风，惜于1963年过世。剑云先生拳艺纯正，著有《孙式太极拳》行世。现任北京孙氏太极拳研究会会长。其所授徒众，以李慎泽同志兼文武才，时见宏论。存周先生所授之徒，只知祖雅宜同志至今犹在合肥授徒传业。其授拳于其子女者有三：女叔容、婉容，子宝亨，承其家学。

先生鉴于近代武术名家，鲜能著述，其所成就，往往失传，甚为痛惜！由是发愤强自著书。始于刻苦自励，追补早岁失学之不足，朝夕竞进，文武兼修。久锲之功，显见翰墨，其临写《书谱》，名家水竹邨人犹惊而宝之。其钻研形意、八卦、太极诸拳法，与《周易》《老子》息息相关。因而深究易卦阴阳消长之理与老氏进退盈虚之道，以此道理反复实践，多所契合。先生学无常师，问必穷理，拳艺愈精、拳道愈深。遂著有拳书五种，以传其道。一曰《形意拳学》，二曰《八卦拳学》，三曰《太极拳学》，四曰《八卦剑学》，五曰《拳意述真》。附以图像解说，以便后学。其书问世六七十年，风行中外，早已告罄。有求之者、百金不得，纷纷来函，要求再版。惟以其书皆用文言写成，而《八卦剑学》及各书序文又皆无标点，对于今日读者，困难实多，亟须加以标点、注释。

叔容方八岁时，便得其祖父亲授太极拳，后从其父全面学习拳法、剑法、刀法。从1953年起，在北京月坛授徒传艺，三十年间，其徒分在北京、沈阳、开封各地者先后约四百余人。间写文章论述拳艺。面对其祖拳书五种之校勘注释问题，念念不置，既谋于余，复谋于其师弟李慎泽同志，皆以为前辈论著，创业维艰；后事发扬，责无旁贷。于是会同其妹婉容、弟宝亨，共同磋商，成立编委会。以现任河南大学"特约拳师"孙叔容为主编，郑州东方文化研究院武学研究所所长李慎泽为副主编，北京体育学院讲师兼中国射箭协会裁判委员会主席又兼地区国际射箭裁判员孙婉容和北京体育研究所顾问、北京铁路局卫校讲师孙宝亨为编辑，河南大学中文系教授兼古代文学研究室主任华锺彦为顾问，以便商榷古奥文词和各书序论。皆承孙氏拳法第三代。众擎易举，期年书成，共约二十一万余言，图像共二百九十幅。

在深入探索注释中，益知难度极大。盖由禄堂先生之论拳艺，从有形至无形，出于技，进于道，奥衍宏深，不可致诘。所谓"拳无拳，意无意，无意之中是真意"（在五种拳书中层出叠见）云云，非功力超乎此境，得其神髓者，不能述其梗概。即便得其神髓，也只能心知其意，而非口所能言，笔所能书，此即刘勰所谓"伊挚不能言鼎，轮扁不能语斤，其微矣乎"！（《文心雕龙·神思》）先生于《拳意述真》第八章云："拳术至练虚合道，是将真意化到至虚至无之境。不动之时，内中寂然：空、虚、无；一动其心，至于忽然有不测之事，虽不见不闻，而能觉而避之。"《中庸》云："至诚之道，可以前知，是此意也。"所谓不见不闻之知觉，先生于此书中曾举李洛农、董海川、杨露禅、武禹襄等四人能之（见《拳意述真》第八章）。余以书中所记程廷华、车毅斋之奇迹与先生之谦德度之，当不止四人也。后辈无此功夫，焉能悬揣秘奥？谨能就其所知，加以简注，其所不知，敬待武林高手，发微指迷。

余自30年代初期，即从事古典文学教学，虽好三玄（《周易》《老子》《庄子》），未知拳艺，又缺乏锻炼，体质不强。自与叔容结缡，学习孙氏太极拳法，领会到虚实进退、刚柔相济之道，与玄学通，每晨练拳三趟，虽风雪严寒，亦必见汗，一身清爽，百病不生，发之白者，日益反黑，年逾八旬，犹能伏案著述，非练拳之功，不至于此。叔容等注释既竟，约余为序，余以为此书之作，将以继承先辈之大业，发扣国术之精光，有利于中国人民练武强身，特别有助于老年人之转弱为强，故乐为之序。

1988年5月

17. 中小学生应该读点古典诗歌

——作为《古今名诗选读》的前言

诗是人民心灵的呼声，它反映人民的欢乐和痛苦，愿望和理想。中华民族是最爱诗歌的民族，也可以说整个中国是个诗国。我们祖先为我们留下了许许多多优秀的古典诗歌，是我们民族最宝贵的精神遗产。虽经过"五四"的文学革命运动，而古典诗歌的传统，并没有废止，以鲁迅为首的伟大作家，仍然以古典诗歌的形式反映革命内容。我们的革命前辈毛主席、周总理、朱总司令等都常用古典诗歌促进革命。所以继续他们之后，学习体会乃至于写作，就是对我国优秀诗歌传统的继承和发扬。

诗歌以唐代为最盛，著名诗人指不胜屈。他们都是从小就接受诗歌教养的。像骆宾王七岁能咏鹅，杜甫七岁能咏凤凰，李贺七岁能咏《高轩过》。若不是背诵过很多诗歌，怎么能出口成章呢？当然我们今天对青少年的要求还不在于写作。

我们认为学生在中小学时期，求知欲最切，记忆力最强，最应进行诗歌教育；特别是古典诗歌，篇章短，锤炼精，容易背诵，便于记忆，内容丰富，形式多样，对中小学生有很大的吸引力，一拍即合。若能及时读点古典诗歌，背诵在口，铭刻在心，潜移默化，指导言行，是会起教育作用的。事实也正是如此，有些中小学教师利用课余时间，引导学生讲读和背诵一些古典诗歌，不仅增长了知识和技能，也有利于道德品质的修养，确实收到了良好的效果。因此，从祖国浩瀚的诗歌海洋里，加以精选，及时输送给青少年课余阅读，是完全有必要的。

任杉同志长期喜爱古典诗歌，从中获及说不尽的滋养。最近编写《古今名诗选读》一百首，专为中小学的青少年提供一本通俗读物。

这本书所选的都是古近体诗，不包括词。从思想性看，都是有教育意义的，如热爱国家，关怀人民，坚持正义，反对邪恶，坚持前进革新，反对保守倒退，培养读者思想开朗，工作乐观，抱有百折不挠万难不屈的精神；特别是革命前辈的诗篇，直接对革命后代培育思想，铸造灵魂。从艺术性看，所选诗篇都是千锤百炼精益求精的。对中小学生来说，无论篇章结构遣词炼字，都可以观摩借鉴。至于艺术性强而思想性差的诗篇，则坚决摒除。因为好诗正多，取之不尽，尽力争取思想与艺术的高度统一。

为了便于理解，编者对每篇作了简要的注释、题解和作者简介，文字力求通俗易懂，以适应中小学生的需要。

今年三月间，编者托我看看稿本。我正在编写《古诗今选》，我编选的目的是要为今天从事四化工作的同志鼓干劲争上游的。我看了这个稿本，认为所选诗篇的思想意义，和我选诗目的，大致是相同和相近的。因此，我以先读为快。我想此编问世，对青少年身心的修养和艺术的熏陶都是很有益的，有益的事情，就要竭诚赞助，故略抒所感，作为前言。

18.《诗歌精选》序言

近数年来，古典诗歌的选本问世不少，但仍感供不应求。这说明社会文化水平提高，古典诗歌的爱好者增多，欣赏的能力与兴趣增强。

人们之所以积极欣赏古典诗歌，是由于诗歌本身有着丰富的内容，可以供给读者的需要；有美妙的词藻，可以增进文艺的光辉；有高下铿锵的音节，可以调剂生活中各种感情，所以诗歌有广泛的吸引力和强大的感染力，能给读者以鼓舞和安慰。

古典诗歌的欣赏者，并不限于老年学人如哲学家、政治家等，更有广大青年后起之秀，也积极要求自我修养，自学提高。他们是古典诗歌阵地的生力军，深深受过诗歌的感染，甚至欲罢不能。凡受到诗歌感染的人都在不知不觉中潜移默化，改变了气质。"读书可以化气"，不是空言。有些人变得刚强振奋，坚定勇敢；或深沉凝重，谨慎谦虚；也有些人变得怯懦狭隘，忧郁悲观；或轻率享乐，柔靡爱情。两极分化，高下悬殊，诗歌的感染力，真是不可想象。

过去的诗歌选本，大半采取前人公认的名篇，或者出于编者个人的偏爱。古今时代不同,古之所谓名篇,有些早应淘汰;个人的偏爱未必适应社会的要求。选而不精,鱼龙混杂,泥沙俱下,就有可能引导读者走向邪路。所以选而求精是关键的问题。

怎么样才算精?有没有客观标准?精选的标准是有的,坚持今天的文艺理论与文艺政策,选择那些发扬正气,引人前进的诗歌,就是精选的标准。

本编基于上述的标准,坚决吸取民主性的精华,排斥封建性的糟粕。只有所选诗歌的思想健康,才能培养读者的健康思想,否则必将得出相反的结果,这就是精选与不精选的基本分野。

诗歌以唐代为最盛,但要按我们的标准进行精选,那就不能限于一代。范围务求宽广,采择务求谨严,上自尚书,下至"五四"前夕的鲁迅诗篇,各种体裁兼收并蓄,精选那些热爱祖国、奋不顾身的作品,发扬正气、威武不屈的作品,歌颂清廉、反对邪恶的作品,坚持团结、反对分裂的作品,争取革新、反对倒退的作品等,务使读者精神为之振奋,思想为之开朗,情操变得高尚,气质变得坚贞。这就是本编定名"精选"的意义。

为了阅读方便,本编略加注解。(一)对诗歌作者及其原书都加以简介,以便于知人论世。(二)每题之下,都略说明时代背景,通篇大意;间或涉及艺术特色,而不强求一律。(三)注释务求简明扼要,先解意,后释词。如有新说,另为短文论证,附于篇后。(四)原诗如有观点上的错误,则在注下进行分析批判,以利读者。(五)作品以时代先后为序,以便检阅。

本编选注的参与者有孙叔容、张之、刘宝和、华锋等。他们都是诗歌的爱好者,而张、刘两同志又皆能诗,是编注工作的有利条件,叔容同志勤于翻检,费时尤多,我们限于水平,搜求不周,注释粗疏,恐怕多有错误。希望读者同志,惠予指正。

1984 年 7 月

19.《爱国诗词欣赏》序言

在我国辽阔的土地上,三千年来涌现了多少伟大的政治家、军事家、科学家、文学家等。他们既有光辉的业绩,又有灿烂的诗篇,反映他们在艰苦卓绝的处境中坚定志节,履险如夷,为民族与国家做出伟大的贡献。这些诗篇都是爱国主义的,是中华民族最高贵的文化遗产,必须继承发展,用以培养我们的子子孙孙。

诗的起源,来自远古,诗的体裁,代有变迁。诗至唐而极盛,盛则必分,其支流变而为词。词至宋而极盛,盛则必分,其支流变而为曲。曲虽兴而词不废,词虽兴而诗不废。诗词之所以不废,盖有无穷无尽的生命力存乎其中。我尝读前代的诗词名著,发现无数爱国主义英雄形象,在他们的笔下,放射出耀眼的光芒,发人深省。为什么他们能写出那样生动感人的诗词?当然文采之美是一个重要因素,更重要的是他们有着爱国主义的真实生活和真情实感,这是最基本的。

凡能发自真情的爱国诗词,其文采也往往脍炙人口,特别是那英雄人物的爱国丹心,更能鼓舞人的志气,锻炼人的节操,发扬中华民族的自豪感,精诚昭旷代,义烈壮千秋,使人不能不低首下心,奉为楷模。可知其人之被崇敬与其诗词的辉煌壮丽是密不可分的。

例如文天祥《过零丁洋》一诗是爱国主义诗篇的典范,诗人只用了五六十字,历述了自己的辛苦出身,遭逢国难,国家破碎、身世飘零,以及兵败被俘的旧恨新愁,最后决心殉国:"人生自古谁无死,留取丹心照汗青。"行行是血泪,字字动人心,像这样的爱国英雄及其诗作,怎能不令人衷心折服呢!

再如辛弃疾《永遇乐》"千古江山"一词,是爱国思想受到压抑的愤懑表现。当时宰相韩侂胄，欲借北伐之名以挽人心，但轻敌冒进，而不能任用良将嘉猷，必然失败。谁都知道，辛弃疾才兼文武，为南宋抗战派的中坚，而在兴师北伐的形势下，辛弃疾却被任为镇江知府一个文职，不得亲总戎行，怎能不说"凭谁问、廉颇老矣，尚能饭否"？这分明是轻用他的名位，而不重用他的谋略，实际等于没用。辛弃疾的爱国热情不得发抒，又目击军事危机，痛心疾首，才以爱国激情写成此词。明人杨慎《词品》说"辛弃疾词当以京口北固亭怀古《永遇乐》为第一"，十分允当。我们读了，顿觉心潮跌宕，既对这位爱国英雄的深谋远虑无比倾心，又对他的长才远见弃置不用，感到痛惜！

当然爱国诗词的作者，不全是躬身实践的人，有些亲眼所见亲耳所闻别人的英雄事迹，同声相应，触动心灵，也可能写出瑰丽的诗词，激扬读者。选择爱国诗词不能置此不顾，此中的蕴藏量还是很不小的。

诗词是带有旋律的吟唱文学，而爱国主义诗词思想境界最高，大多属于积极现实主义和积极浪漫主义的作品。若能精选这样的作品，教导青少年日常吟唱，高下铿锵，熟烂于口而铭刻于心。就如同每天都与爱国英雄相友处，耳濡目染，"近朱者赤"，久而久之，其气质节操必将与英雄人物相谐调。取法乎上，至少也可以得其中。原因是声音之感人至深且巨，故孟子说："仁言不如仁声之入人深也。"（《尽心上》）

谭威同志选编了《爱国诗词赏析》，嘱我审阅全稿并为之序，我既阅毕，认为选编工作堪称精当，注释赏析有独到处，尤多文采，能使历代杰出的爱国英雄人物及其思想言行，昭昭然与日月同光。可以肯定它对广大读者是有良好影响的，故愿略为数言。

1983 年 4 月

20.《红楼梦新补》序言

我在早年喜读《红楼梦》，但却非红学研究者。我十分喜欢曹雪芹那枝生花之笔，隐隐约约地写出了当时社会现实生活的各个方面，笔墨宛转瑰丽，诗歌哀艳动人，确是个千秋绝唱。可惜的是，曹氏原作第五回所列的纲目，八十回以后的高程续作大半违合，曹意落笔在"白茫茫大地真干净"，而高续竟落得红彤彤"贾家延世泽"，大旨如此悬殊，细节无须多举，嘉道以后，续书虽多，无出高程之右。其能遵曹意作续补者，尚未前闻。

由于"贤者之后难为继"，所以许多名家否定续补，如戚蓼生序云："或者以未窥全豹为恨，不知盛衰本是回环，万象无非幻泡，作者慧眼婆心，正不必再作转语，而万千领悟便具无数慈航矣。彼沾沾然刻楮叶以求之者，其与开卷而悟者几希。"鲁迅亦谓："或续或改，非借尸还魂，即冥中另配。必令'生旦当场团圆'，才肯放手者，乃是自欺欺人的瘾太大。"然则曹意终于阙而不可补吗？我尝引为恨事。

友生张之同志与我同感，激于曹意不申，长怀怏怏，奋笔十年，作《红楼梦新补》三十回。我尝片段读过，又经再四修改，今将问世，嘱为序言。我尝闻一红学家言：补红难于补天，补天徒托空言，补红却须实力。无曹氏之笔而欲显曹氏之志，譬如夸父逐日，刑天舞干，多劳而少功，费力而不讨好，不如不作。我却以为不然，愿提出三个问题：其一，曹氏写作意图，是否完全体现？除个别人以为完整无阙外，众皆以为未也。高续固与曹意相左，其能与曹意吻合者尚未前闻。其二，应否重新续补以完成曹氏遗志呢？除极少数人以为无须补或不可补外，众皆以为应补。其三，谁应负续补之责呢？有清慑于文网，固无论矣；辛亥以后，红学家先后辈出，项背相望，皆有续补之责，然而皆知其难，慎重自守。惟张之同志壮心不已，猛志常在，不畏刻楮之讥，不避续貂之嫌，毅然决然肩此新补重任，其用心有足多者。他尝与我闲谈，他在执笔续补之前，曾竭尽心力揆度曹意，研摩脂批，以求合乎曹氏前文；又取前八十回原本，朝夕讽诵，甚至朗朗上口，以求近似乎曹氏之风。为了专心一志，名其书斋曰慰芹轩。我听其言而观其行，确乎有一往无前、知难而进之风，殊堪嘉许。

据我所知，关于补红工作，北京红学家端木蕻良先生曾发此愿，可见认为红之当补者不止张之一人。上海红学家徐恭时先生曾发表补红三十回回目，我观其梗概层序，乃至回目词语，两相对照，几乎不谋而合，这难道不是"英雄所见略同"吗？可见深揆曹意者无独有偶，张之同志落笔不空。

张之同志自谓：本非红学研究者，不能入红学家之林，也未尝从事小说写作，率尔操觚，不过作为引玉之砖，探路之石。其言质朴，盖有戒心，深恐堕入派系之争，不可解脱。上海红学家陈诏先生稍知上述情况，鉴于补红工作势在必行，一闻张之新补，欣然索稿数篇，给以较好评价，披露报端。由是补红之讯，风被全国。故此书之问世，以陈先生振臂高呼，多所奖借之力为多，其鼓励后进，填补空白之心，可珍、可感。

总前所述，续补红楼之作，层出叠见，而一本曹意者，独此一编，不得不谓之创始。众所周知，"创始者维艰"，"后来者居上"，"踵其事而增华"者易，破旧俗而凿空者难。然后几经艰难途程，无以达上好境界，亦由椎轮之于大辂，由粗到精，自有过程。草创新路，失误难免，惟望读者量情指瑕，俾得闻过则改，仁人君子当不以闷棍加之，幸甚。

21.《性灵草》序

诗，何为而作？前人高论不胜枚举。我仅从自己的生活体验觉及，诗是为抒写作者内心真认识、真性情的。这可能是我和汝伦同志比较接近的看法。所谓"真认识真性情"，强调一个真字，说明诗的上品首先要真，"真、善、美"以真为主。去掉真字全不足采。认识与性情一般说可指思想感情，仔细分析，还是稍有差距的。性情一词突出了自然本性，即天赋的个性，比较感情一词掺入更多的社会意识，要鲜明可贵得多。汝伦同志《性灵草》就是他数十年来保留真性情的产物。传曰"人不婚宦，性情失半"，何况历经灾难而能保持真性情，更属难能可贵。性情要以思想认识为统帅，喜怒好恶都凭思想认识而产生，然而最好的诗篇绝不直接出于思想认识，而总是从最纯真的性情中流露出来。《性灵草》的写成与问世，正是这种纯真性情的表象，所以我看到稿本就为之喜而不寐。

汝伦同志是东北师范大学第一届毕业高才生，在校时就以"诗人"见称，因当时古典诗词尚无市场，我虽在那里任教，交臂失之。直到1982年西安"唐代文学学会"以诗会友，我们才开始谈心，倾盖为故。其后通信论诗，语皆本色，善善恶恶，不失童心，爱国苦吟，病床不废。去年冬又以长沙诗会朝夕谈宴，益信汝伦同志为吾白山黑水之乡苞、真性情之诗人，诗坛中独树一帜。

我之所以强调诗贵真性情，是由于这样的诗篇具有上关国政下通民情的广泛作用，说到底它对时代有促进作用。汝伦同志曾言："诗应反映时代，诗人应发出时代的声音。可惜我们时代的诗多是狂呼，多是唱圣诗、耍玩意儿，真正时代的声音，人民的声音，正义的声音却消除了。"我对此说深有同感,以为李、杜、白诗篇虽多,而其社会价值却在少数的讽谕诗。故曾有句云:"诗能寿世无今古,文不关时岂典型?休把吟哦作余事,有人危坐正倾听。"倾听的人确是有的,不过为数不多;但还有不多的人闻之不快或恼火。有些诗人唯恐其恼火后果不佳,乐于大量写作游戏诗、倡和诗、捧场诗,大家一笑,完事大吉。既无真性情,亦无真是非,诗的美刺劝诫作用,置之度外。真性情是诗的灵魂,没有灵魂的诗充满人间,无怪大人先生视为玩意,看它不起。

然而诗人的写作态度和他每一首诗的用情均不等同,何妨看看《性灵草》呢?其中有许多诗篇在命意抒情遣词用韵上都有特点,例如《读史歌》是以新乐府的形式,自由用韵,强烈地反对封建,憧憬民主;又如《武侯祠杂咏》"独为武侯悲失策,未招皮匠百千来",是从武侯后继乏人的角度,反语讽刺"三个臭皮匠凑成诸葛亮",轻视知识分子的虚夸之词;再如《鹧鸪天·含鄱口》"淼淼鄱阳百顷姿,含来喷作瀑声奇",作者以拔山移海的笔力把鄱阳湖和庐山瀑布拼在一起,有如杜甫诗"瞿塘峡口曲江头,万里风烟接素秋"一样的神奇。末尾"诗心已共湖光化,痴看斜阳戏流时",这又是以当时的灵感结束本篇。

前人论诗,都说"诗以意为主",意就是诗人对客观事物的思想认识。假如客观事物明明是丑的,而且众口一词,诗人就有责任进行嘲讽,绝不能相容。鲁迅的诗就是这样,像投枪匕首,可以横扫千军,什么"温柔敦厚",《小雅·巷伯》,早已开骂,刘子翚《汴京纪事》对蔡京、王黼之流,不是咏以"空嗟覆鼎误前朝,骨朽人间骂未销"之句吗?骂是诗人真性情的激发,对于如此权奸,岂可不骂?列宁说:"对敌人的仁慈,就是对同志的残忍。"汝伦同志诗中也有骂,对邪恶骂得痛快。我们要坚持革命的真理,做一个有真认识真性情的诗人。

我尝为《梁园咏》,有句云:"诗情应许热如汤,文胆当求大于斗。能言人所不曾言,须教我手写我口。为诗要为贤者歌,扇动真风振九有。为文要使强梁惧,如秉黄钺在君手。善不能扬恶不诛,人妖何以分好丑！诗文要具首创心，激励群英并骥走。诗文不切生民病，几何不将覆酱瓿。"我倒不是"气粗言语大"，我的手里也没有"黄钺"，却有类似"黄钺"的东西，那就是党报和党的政策，依据报载的美恶事实，从诗歌文艺角度发挥彰大，自应起到政治教育的辅助作用；有理有据，风险何来！只要依照"真认识真性情"而立言，以热爱国家社会为心，万物皆备于我。

我尝读《散宜生诗》，以为思想解放，性情真纯，词笔老练，趣味风生。"五四"以来不可多见。汝伦同志诗颇多似之，老练虽不及，创新则颇有之。杜诗说"庾信文章老更成"，此特就文词而言，岁月如流，当可企而及之。

1985 年 6 月 30 日

（按：此篇《〈性灵草〉序》写于 1985 年 6 月，原载李汝伦《性灵草》（花城出版社 1986 年 5 月版。）

22.《杜甫故里资料汇编》序言

杜甫是我国伟大的现实主义诗人，他的诗歌深刻反映了唐代的社会矛盾，充满着忧国忧民的感情，他的诗政治性、现实性、人民性、艺术性都很强。唐代诗人韩愈说："李杜文章在，光焰万丈长。"元稹说："诗人以来，未有如子美者。"毛主席称杜诗是"政治诗"。所以长期以来，杜诗被称为"诗史"，杜甫被尊为"诗圣"。

巩县是个人杰地灵的好地方，是中华民族文化发祥地之一。诗人杜甫就诞生在巩县城东"南窑湾"村的笔架山下。上有茂林丰草，郁郁葱葱，下有清溪如带，涓涓长流。所以杜甫故里像一颗耀眼的明珠，成了举世瞩目的地方。付永魁同志，从事文物考古三十余年，尤喜对杜甫生平事迹的研究工作，这本书就是他积累多年文献资料，搜罗民间遗闻故事，苦心孤诣而撰成的。书中介绍了杜甫的故里、杜墓的情况和杜甫的简略生平，并收录了杜诗名作多首，以飨读者。这对建设精神文明，普及文物知识，增强文学修养，促进爱国主义教育，都将起着积极的作用。还可能吸引读者乐于漫步巩县河山，亲临诗圣故里，以观其流风遗韵。文中穿插一些故事传说，可以略见杜甫的生活深深植根于人民之中。

杜甫的十三世祖杜预是京兆杜陵（今陕西省西安市南郊）人，所以他自称"杜陵野老"。他的曾祖父杜依艺任巩县县令时，由襄阳迁至巩县的南窑湾村。杜甫故里是省级重点文物保护单位，对外开放以来，有很多海内外诗人词客和国际友人前来瞻仰。郭沫若先生曾为其故里题词。许多知名人士，不乏题咏，蔚起诗风。

杜甫的一生，是颠沛流离的一生，他的苦难命运，与唐王朝息息相关。他的爱国思想和关怀人民的感情，洞见于他的许多诗篇。他有锐利的政治敏感，预见到安禄山必反。他在《后出塞》中就明确地指出："渔阳豪侠地，击鼓吹笙竽。主将位益崇，气骄凌上都。……"诗人有胆有识，敢于以诗反映安史乱前的真实情况，实属难得。

他还在许多诗篇中同情人民的疾苦，如《凤凰台》《朱凤行》《茅屋为秋风所破歌》诸篇，都显示出深厚的人民感情，成为千古绝唱。他描写祖国山河的诗篇，气势雄壮，含蕴万千，亦足以激荡人心，发人深省。可见杜诗思想与艺术的伟大成就，早已光照人间，为人民乐于吟咏。那么研究杜诗，参观杜甫故里，缅怀诗人的人格与诗格的高大，正足以鼓舞人们为社会主义祖国，贡献更大的力量。

1983 年 12 月

23. 答中学某老师的提问

××同志：

你好！

来函问顾炎武《文章繁简》中两个问题：一是"时子因陈子而以告孟子，陈子以时子之言告孟子"。两句下面"此不须重见而意已明"的"不须重见"究何所指？二是"得其所哉！得其所哉"！两句下边的"必须重叠而情事乃尽"的"情事"指何而言？

我觉得这两个问题很有分量。它是从现实的客观矛盾产生的。矛盾经过调查研究，终会得到解决，解决一个矛盾就将在教学工作上提高一步。

就第一个问题谈，高中四册教材注"因"字为"由"，并不够明确。《教学参考书》虽然明确，却是错误了。它认为"时子"二句是顾氏赞扬孟子精简恰当。所以它把孟子原文引出说，在"时子"之上有"他日，王谓时子曰：我欲中国而授孟子室，养弟子以万钟，使大夫国人皆有所矜式，子盍为我言之"？它说："时子因陈子而以告孟子"就等于"时子因陈子而以"之"告孟子"，"之"代替了齐王之言；下句的"陈子之言"也就是齐王之言。这个看法不对，顾氏如有此意，至少要把齐王之言引出。不引齐王之言，只到"时子"二句，而此二句又颇近似，故顾氏"不须重见"之意，是指"陈子"句，不是赞扬，而是否定。参考书为什么会有此错误呢？就是由于它把下文"此孟子文章之妙"的赞语，误解为赞扬孟子的一切语言了，不知此语只限于赞"齐人"与"子产"二节，故在此二节下，总结一句："此必须重叠而情事乃尽。"这句与"此孟子文章之妙"紧密相接，这句赞语不包括"时子"两句。因为那两句已经有了总结语和评语，那就是"此不须重见而意已明"。

顾氏的评语是否正确呢?"陈子"句是否可以省去呢?我以为顾氏的评语并不够正确:(一)省文有个原则,即文省而意不损。如损其意,则文就不应省了。齐王向时子说"子盍为我言之",这是齐王命时子直向孟子言之。而时子言的方式,并不是直接而是间接,间接与直接有很大差别。若单就"时子"一句,还看不出时子告与孟子是直接还是间接,有此"陈子"一句,意义就明确了。(二)《孟子》原文中的"因"字,主要有两种解释,一种是"由""通过";一种是"就""依托"。顾氏与教材注解都用前一种,故有重复的观感。如细致体会孟子的真意,应是用后一种讲解,即"时子托陈子把齐王之言告诉孟子",那么"陈子"句显然就是不可省的了。(三)如省去"陈子"句,则上下文的连接,将成为"时子因陈子而以告孟子,孟子曰:然,夫时子恶知其不可也?如使余欲富,辞十万而受万,是为欲富乎"?不仅在上下文的语言形式上不够协调,更重要的是,孟子的发言一开始就批评时子,说明时子间接地告与直接地告,大有不同。因此,"陈子"句省略不得,它起到强调和明确的作用。

就第二个问题谈,"得其所哉!得其所哉"两句的重复使用,顾氏评为"此必须重叠而情事乃尽"。这个评语很正确。因为它不是简单地叙述,而是加重的抒情描写,是作者对人物精神面貌的细致刻画,这样才更生动地表现人物的思想本质,表现"人"欺诈狡猾的嘴脸。"齐人"一节的重复语,也起了类似的作用。所谓"情事"就是指人物的感情与思想,指内心世界的本质。所谓"情事乃尽"就是作者把这些内在东西完全表达出来,表达得更生动、更有力量。

举例说,如《史记·鲁仲连传》:鲁仲连对平原君说:"吾始以君为天下之贤公子也,吾乃今然后知君非天下之贤公子也。"这个重复很有力量,它比简单地否定说"今知其非也",更好地表现鲁仲连讽刺平原君的深刻性,用以达到说服平原君的目的。在艺术上却是"耐人寻味"。取个比喻说吧,在一个许多人闲谈的场面中,某甲发现颈上发痒,用手一摸，着眼一看，是个虱子。他怕别人笑话，便设法掩饰，一面把虱子向地下扔，一面说："我当是个虱子呢，原来不是虱子。"某乙马上起来加以检查，说："我当不是虱子呢，原来还是个虱子。"这样说法，比简单地否定，在艺术上不是高明得多吗？艺术是为思想服务的，在这里，它的揭露讽刺作用，显然是更生动有力了。

　　此致
敬礼

华锺彦

24. 给潘希逸先生的一封信

希逸先生有道：

　　两奉琅函，又得佳联，远惠芳馨，无任拜谢，所嘱为孟晋斋诗存题词一节，自揆诗笔不高，理应藏拙。及读吴端升先生序"先生之作富有时代精神"云云，以视先生之诗，颇合吴序，歆然实获我心。

　　仆尝有句云"诗能寿世无今古，文不匡时岂典型"？诚以"诗者中声之所止也"。中声何来，无非时代社会国计民生生活环境之折光反映，先生诗多及此，是亦乐天与元九论诗之流风遗韵，当今诗坛之翘楚也。以此新编付诸梨枣，将见振拔诗风，转移旧俗，安敢不为一言，谨奉短笺，恭申贺悃，疏陋之处，祈多指迷。

　　致候
吟安

华锺彦
1984 年 12 月 3 日

25.《五四以来名家诗词选》结语

客秋重九以后,我受我校学报的嘱托,参与《五四以来名家诗词选》的定稿工作。朝夕与国内外作家作品相应接,英华照眼,五色缤纷,受益不浅,从而深有所感:

我国历来以诗名世,至唐代突起高峰,宋元以后,诗与词曲代有佳作,千姿百态,蔚为奇观。先民的珍贵遗产,本应继承发展,不应弃置。然而数十年来,无人倡导。有好之者只能暗中摸索,安蔽乖方。诗国流风,几至断绝。识者伤之。

我校学报为此而承编《五四以来名家诗词选》,将以重整坠绪,广收遗珍,以求充实"百花齐放"。这与我连年呼吁继承发展唐诗传统以为世用之说(见《学术研究辑刊》1979年第一期及《中州学刊》1981年第二期),恰相应合。这就是我们编选此书的目的。很多作家来函也表明了不谋而合的心愿。可见本编的问世,符合多数人的要求,有广泛的社会意义。

我们乍一见到来稿的数量之多与质量之高,甚为惊喜交集。因为我们过去所见一般的诗词情景,是那样荒寒零落,贫困可怜,万没想到在荒漠中还蕴藏着如此众多精美的珍品,使人感到广土众民的中华诗国,确是蕴蓄宏深,这是始料所不及的。

我国既有这么多诗词能手,看来这种艺术形式不会断绝。不过,还必须及时努力,加以振拔,组织起来,互助协作;还必须培养一批爱好诗词的青年,形成写作力量,源源不断地美善刺恶,起到推动社会前进的作用,构成社会文艺不可缺少的一环,才可以立定脚跟。否则诗词前景,还不能说没有危机。

我们以"名家"标题选诗，初本无甚深意，只想多选好诗。哪知有些不以诗名的知名学者，虽有不少好诗，却未惠稿。实为一大损失。

本编题为"名家诗词选"，是否非名家诗词绝对不选呢？如果真要这样做去，将见我们这座新辟的文艺园地，老树杈桠，瘦影横斜，只有梅萼报春，不见繁花争艳；甚或冷冷清清，孤孤凉凉。显然这样选法是不够生动的。我们认真推求，数十年来，不曾有此类似的诗词选集，海内外到底有多少诗词名家，无从指数。许多名家名作，不敢在报刊披露，生怕被人增删；报刊也不愿披露，认为不合时宜。这样一来，以诗词知名于世者就难免微乎其微了。《庄子》说过："名者实之宾也，吾将为宾乎？"庄子还不肯从虚名出发，我们还是从实际出发为妥。有其实者有其名，实至则名自归。来稿约选四百三十余家，诗词三千九百余首，浮声切响，皆中规律，风情韵味，各有千秋。其实如此，其名自然可立。至于说一家作品是否篇篇皆确保同一水平呢？这当然是不可能的，我们只能尽心竭力去粗取精。

我们认为唐诗宋词之所以代代相传久而愈彰，就在于它兼有高度的思想性与艺术性。举其大家名作观之，都能运用动人心弦的语言，反映时代社会的真实情景与真实感受。如果引申说明这种诗词的伟大作用，可以概括为：上关国政，下通民情，美善刺恶，移风易俗，发扬爱国精神，鼓励民族气节等。这在李杜苏辛等代表作品中，俯拾即是，决非空言。本编所收来稿，类多受过上述诸大家的影响，故能深刻反映"五四"以后的社会面貌和民众呼声。由于古今时代不同，当然不能相比。但在不同的生活条件下，各自反映不同的社会现实，就可以与上述名家媲美；再从文学角度留下了历史的真实写照，其功绩是不可磨灭的。

然而却有人认为，"五四"以后，若再宣传写作旧诗，便与五四运动唱对台戏，不管出于什么善良动机，如何为四化做贡献，都有复旧意味。我们以为不然：

一、文艺的内容与形式既有不可分割的关系，又有内容为主形式为次的定论。新诗与旧体诗都属形式，形式为内容服务。只要内容进步，采用哪种形式，有作者自己选择的自由，别人无须多事非议。至于作品效果如何，多在于艺术高下之分，却不在于新旧体裁之别。"旧瓶装新酒"的道理，尽人皆知，一贯通行。如果作品内容拂逆人心，背叛真理，像那些吹捧反动人物的作品，不管采用什么形式，迟早总会受到谴责。

二、经过五四运动，中国诗坛分为为新旧两支，各立门户。新诗从胡适的《尝试集》草创，经过多少作家努力改进，才发展到今天的规模。自然还需要改造提高。旧体诗以鲁迅先生四十余篇名作为当然代表，他的诗如其文，像匕首投枪一样，有鲜明的革命性与强烈的战斗性，他对诗的内容与形式都有改造，用横扫千军之笔，打破了怨而不怒之风，又能打破成规，解放诗韵。多年以来一直被尊为旧诗新作的典范，难道有谁能从他那旧体诗中找出"复旧运动的意味"吗？

三、毛泽东同志，在"五四"以后写了不少旧体诗和词，用以教导人民，蔑视敌人，促进生产，鼓励忠贞，被称为时代的最强音。他的写作动机与效果都只能引人走向革命，怎么能说"五四"以后的旧体诗，"不管出于什么善良动机，在客观上都带有复旧运动的意味"呢？

四、十一届三中全会以后，党中央明白宣示："在艺术创作上提倡不同形式和风格的自由发展"（见邓小平同志《在中国文学艺术工作者第四次代表大会上的祝词》），这是与双百方针一致的，是发展文艺的好办法。如果强制作者以统一的文体形式，那岂不要同中央唱对台戏吗？

本编所收作品的思想内容，涉及很多方面，其上一等的内容概括了"五四"以后各个历史阶段的社会真实和人民愿望，对一些重大事件，能做出正义的评论和爱憎的呼声。如对"五四"火烧赵家楼，"三一八"的枪声，"九一八"的责任，"一二·九"的水龙，"双十二"的扭转乾坤，"七七事变"的历史浩劫，"八一五"前后的悲愤，新中国的光明，五七年的辛酸,"文化大革命"的空前灾难,三中全会的拨乱反正,越南反击战的凯歌等,无不有重点深入的描写。再如对全国最仰望的人物(如周总理),和全国最关心的事情(如台湾省)乃至政治清浊、民生甘苦、山川险要、世界风云等,也无不拣入本编,反复吟咏,言者无罪,闻者足戒,谓之"诗史",或未远过。其次一等的内容,多半反映个人的生活遭遇,叹老嗟卑,离愁别苦,贫病交加,坎坷不平;或者登山临水,醉月飞觞,喜不自胜,乐不知疲,凡属自吟自咏,中情激越,类能喷涌而出;或者酒船诗债,有唱斯和,应景既多,真情转淡。唯能骋怀有节,好乐无荒,葆真情性,不失风雅,虽无关于国计民生,亦不失为孤芳自赏。除此以外,凡属一切靡靡之音,无益于世,恐耗读者目力,很少选取。

本编在艺术形式方面,表现三个特点:

一、用韵求宽。从"五四"以后,鲁迅先生带头解放诗韵,他首先打破"平水韵"三十韵,而用词韵平声十四韵,这是革命性的突破,有开创之功,世皆重视。本编用韵基本上暂行准此。惟鲁迅诗韵,又曾将闭口音的"侵"韵与"真"韵合并(《无题》"大野多鈎棘"一诗,"云"与"吟"为韵,又如《送O.E.君携兰归国》"心"与"榛"为韵),这一改造,步伐较大,未得全国名家多数同意,本编以稳妥谨慎为念,未便即从。

如按我个人意见,我是主张从宽的,从宽的理由是根据普通话收音的客观实际。当前用普通话统一全中国的语言,正在力行。诗词用韵求宽,不但有利于推行普通话,且有利于诗人的创作,少受拘束。如能依据现在的词韵,再并三韵,即并"侵"韵入"真"韵,并"覃"韵入"寒"韵,并"东"韵入"庚"韵,那就更好,更符合北京音系的收音。那么诗词的用韵暂时都用十一韵就可以了,岂不皆大方便。不过是否有当,还有待于全国作家多数首肯,约定俗成,方可通行无阻。

二、格律求严。旧体诗和词都要讲求规律,尤其是律绝和词的写作，必须通过必然王国才能进入自由王国，"不以规矩，不能成方圆"。所以有些名家纷纷来函，殷切相嘱，要求本编审稿从严，宁缺毋滥，切勿以名碍实，削足适屦。如此相期，我们不敢不勉。故对来稿格律，务求严正，其不正者，则列选外。其有大体佳胜，而偶一出现失律、失韵、失粘、失对、失拗、失救、孤平、合掌等，则视为智者一失，随即代为更易其词，不变其意，而不因瑕废瑜。为免遗珠之憾，不避续貂之嫌，知音君子，幸祈见谅。

三、风格词藻务求多样。作家风格，因人而异，习用词藻，亦各殊方。所谓"子欲为我亦不能，吾而效子亦败矣"。本编所选，珠玉杂陈，异趣横生。有些是词章耆宿，典实纷挐，镂玉雕琼，移宫换羽，铿锵有金石声。有些是清空虚静，不矜不躁，飘然如鹤，淡然如菊，甚至不见烟火气。有些是热情奔放，一往无前，如江河之下水，如骏马之绝尘，不可窥其止境。有些是谈笑诙谐，情趣委婉，或名种瓜而得豆，或笑卖椟而还珠，皆足以发人深省。还有些是语言平淡而深意动人，如香山说诗，老妪可解。如此等等，不一而足。所用词藻，往往与其风格互为左右，与其学力互为浅深，只要词与情洽，便足以观其风采，燕瘦环肥，各极其美。品类既多，相互比较，促进提高，才符合百花齐放的宗旨。

"物之不齐，物之情也"。这是观察事物一定的规律。本编所选四百余家，只能说明这是本编自己的选取水平，并非这些作家共同的水平。很显然作家之中，有许多是师与弟子的关系。一般说师应强于弟子，但弟子又不必不如师，青胜于蓝的事例，颇不少见。我们说明这些问题，或可减免由于质量高低不甘同列的纠纷，不是无的放矢。

我们认真品味来稿，当然还有老成与精壮之不同，老成之中，除已谢世者外，尚多笔力雄健，吐属渊雅，驰骋词翰，游刃有余。其精壮之中，类多血气方刚，笔锋犀利，美善刺恶，一针见血。若以花树作比，前者为本编主干，后者为本编支条。树无主干不立，花非支条不荣。二者实为一体，相需为用。故本编兼收并蓄，百美俱臻。我们放眼诗词前程，二者尤需紧密结合，尊老爱壮，互相支持，为自愿学习旧体诗词的青年导路指迷，使诗词坠绪，得以提高。为祖国的繁荣昌盛，做出贡献。

本编在征稿过程中，得到国内外许多诗人的高度赞扬和大力协助。来函以为本编可以重振中华传统的诗风，补"五四"以来的空白；并提出许多宝贵意见；乃至积极热情代为搜集许多名家杰作，源源供稿。如福建李鏊帆先生亲为提供四十家之多；而杭州周采泉先生、上海富寿荪先生、南京金启华先生、湖南田翠竹先生、甘肃匡扶先生、北京周振甫先生、虞愚先生和周笃文先生等，也都提供不少佳制，所费心力很多；在此一并致谢！

笔者少既浅学，老尤多悖，参与编选，舛误实多，幸望方家，不吝赐教。

河南师大中文系　华锺彦
一九八三年六月

26. 读《唐文选》前言

——初步与何法周先生商榷

偶从1984年第5期《河南大学学报》上看到何法周先生的"《唐文选》前言"一文，不禁为之惊异！听说何先生每以此文为得意之作，却不自知其文可议处指不胜屈，兹略举数端，用以请教，不文之愆尚祈见谅，以下统称"何文"。

一、"何文"第一段,第一句一开头似乎就欠妥,文章写道:"姚铉的《唐文粹》是全唐五代文学的第一选本。"这未免太武断了。在《唐文粹》一百卷问世之前,已经出现了李昉等人编选的《文苑英华》一千卷。此书从萧梁末到宋以前,搜集弘富。《唐文粹》的编选实依据此本加以增删。这是各种辞书所公认的,只是何先生未尝闻知罢了。未闻则可,妄断是不行的。

二、"何文"第三段说:"唐诗的黄金时代是以近体的格律诗的成就为主要代表。"第二十二段又说:"在诗的领域则是近体诗的格律诗的发展,开创了唐诗的黄金时代。"这恐怕欠妥:①尽人皆知,李、杜、白三家为唐诗的杰出代表,李白的代表作品,则以古风与乐府;杜甫的代表作品,则以《三吏》《三别》《奉先咏怀》《北征》等,白居易的代表作品,则以《秦中吟》《新乐府》《长恨歌》等,这些作品恰恰都不是近体的格律诗,而全是古体诗。这个问题,早被许多文学史家多次阐明,只是何先生"束书不观,游谈无根",以致向壁虚造,自欺欺人。②由于"何文"错认了唐诗的主要代表,接连着便错认了唐诗的黄金时代,所谓唐诗的黄金时代,就是指李、杜、白等在开元、元和之间放笔创作的时代,当时和他们一起创作的还有许多诗人,他们的作品,不仅数量多,更重要的是质量高,故能称为黄金时代。而"何文"竟说什么"近体诗的格律诗的发展,开创了唐诗的黄金时代"。所谓"格律诗"显然是从形式方面提名的。"何文"只重形式,不提内容,断言这种形式诗一发展,就能开创出黄金时代,真是异想天开,错而又错,孟子说:"不直则道不见,我且直之。"直之,正是对读者认真负责的。

三、"何文"第十八段说:"以韩愈、柳宗元为代表的古文运动,打破了骈文独霸文坛的旧格局,恢复了久被排斥于'篇什'领域之外的散文的主导地位","唐代古文运动,完成了这项任务"。又在二十八段说:"晚唐时期,古文运动的高潮已过,散文创作虽然继续有发展……"等等说法,都成问题:①在韩柳古文运动之前,从初唐到盛唐,曾有不少名家如魏徵、陈子昂、张说、王维、元结、陆贽等均以散文行世，有目共睹，那么"骈文独霸文坛"的话，有何根据？②古文运动在韩柳倡导下，师生朋友相互鼓吹，大力创作，确实转动了社会风气，盛极一时。但它并不是牢固地站稳领导地位，更不是彻底完成。如韩愈写的《平淮西碑》，为时不久，即遭到"长绳百尺拽碑倒"（李商隐《韩碑》），"宪宗诏令磨去之"，复以段文昌的骈体文改立新碑。此事虽起因于内容问题，但就改换文体而言，却足以说明古文运动的当时，并非彻底完成。③晚唐时期，有些作家如杜牧、孙樵等，虽也有些散文名篇，但绝非古文运动"继续有发展"，"何文"又是向壁虚造。实际情况是晚唐五代一百多年骈文又占了上风。唯其如此，宋初的柳开、王禹偁等才大声疾呼另行倡导古文，又经过欧、王、苏、曾等相继努力，在文坛上写作古文的风气，才算彻底完成。

　　四、"篇什"二字，是指诗歌的数量而言，不是指文章的数量而言，这是常识性的问题。在《诗经》中，由于二雅、周颂篇数太多，故分十篇为一什，便于翻检。而"何文"不查，竟接二连三地将"篇什"用指散文的篇数，如在第六段说："诸子散文与历史散文……走向独立发展的'篇什'阶段。"又在第八段说："除历史著述以外，骈文占领了几乎是所有篇什的文字（可能是"学"字之误）领域。"又在第十八段说："古文运动恢复了久被排斥于'篇什'领域之外的散文的主导地位。"等等，这不是常识性错误又是什么？

　　五、"何文"第十八段说："长期以来，人们对于近体诗的名篇佳作与骈体文的名篇佳作皆众口称绝，然而就文字（这个'字'，可能是'学'字之误，文字哪有什么体裁）体裁来说，一些人却敢于毫无顾忌地肯定古代的近体诗，而不敢理直气壮地肯定骈体文。"这一句话恐怕有三处欠妥：①尽人皆知，近体诗正式成立于唐代，而在南北朝的末期已见到了近体诗完整的雏形，无论如何，近体诗总不会产生于古代。而"何文"中竟出现了"古代的近体诗"的词语，"古代"只能限于先秦，先秦哪有什么近体诗？也许何先生以南北朝末期为"古代"，果真如此，还需在史学界约定俗成。请何先生谈谈到底是怎么回事？②"何文"既言"长期以来，人们对于骈体文的名篇佳作皆众口称绝"，马上又一转说：一些人"不敢理直气壮地肯定骈体文"。这样自相矛盾，怎能不使人入谜？幸而他提示出转折的关键在于"文字（学）体裁"。这是否是说，骈体文的佳作可以充分肯定，骈体文的文体则不可以理直气壮地肯定？如果我们猜得不错，那么，我们所引"何文"中最末一个"字"字的运用，就大成问题，有了这一个"文"字，就造成与上文不可调和的矛盾，要么去掉这个"文"字，要么在"文"字之后加个"体"字，否则文理难通。揆其所以如此，可能是作者要用"骈体文"与"近体诗"对称的结果。这样就以辞害义了。难道"众口称绝"的骈文佳作不属于骈体吗？不敢理直气壮地肯定骈体，那是心中无数，鼠首两端不知所措？其实，评论古今一切人物事件，只要正视事实，辨明功过，分别对待，就足以服人。那种畏首畏尾，"不敢理直气壮地肯定"态度，是断然站不住脚的。

六、"何文"在第二十段用了三个欲抑先扬的排笔，赞扬韩愈的文学艺术，"他虽然反对骈文的词藻华丽，但他的文学语言却更丰富精彩；他虽然反对骈文的用事用典，但他的文章更有事理依据；他虽然反对骈文的形式主义倾向，但他却创造了比骈文更宜于表达内容的完美形式"。"何文"连用了三个"虽然……但"一套的转折词，而每一套前后的内容含意，了不相关，或者形式相似，而实质无关。请看"骈文的词藻华丽"与散文的语言"丰富精彩"，是两种不同的艺术形式，哪可同日而语；骈文的用事用典，与散文的有事理根据，是两种不同性质的词语，怎能相提并论；骈文的形式主义倾向与散文的完美形式，是两种截然相反的文学概念。可是，何先生却能把这三种不同、六个无关的词语，用"虽然……但"这套虚词联在一起，在虚词的运用上，本领还算高强，只是在前后连贯的道理上，还须向何先生请教一二。我们拭目以待。

27. 评何均地同志《〈借靴〉纵横谈》

(外一篇)

本文是就《借靴》这出高腔戏所做的分析文章。原作脱胎于元人马致远的套曲《借马》。经过改造成戏曲，其情节更加风趣，人物更加丰满，讽刺更加入木三分。本文作者从逐段分析着手，更加突出了刘二的吝啬形象，充分揭露其自私的性格和虚伪的本质。刘二与张担"是二十年的好兄弟"，"好一似灵山会上的旧相知"，但张担一提出"借靴"，刘二却"急得腾腾怒气"，在无可奈何不能不借时，便叫小二取靴，"轻些，不要磕了，不要碰了"，"把头顶出来吧"，乃至于没来由"祭靴"，充满了笑料。《说苑》说："冠虽弊不履于下，屦虽新不戴于上。"而这里要叫小二顶靴，分明说出此靴不可用脚穿，当然不能借人穿。真是虚伪透顶了。遗人嘲笑之处，层出不穷。本文指出："笑，是讽刺喜剧的生命，在笑声中，观众获得了艺术的享受，受到了教育。"

总之，全文分析精细，引证恰切，论述明通，使读者受益宽远。由副教授提升为教授是适宜的。

河南大学中文系教授　华锺彦
1985 年 9 月 25 日

评何均地同志《设幻为文，寓言为本》

这是一篇有卓见的读书笔记，也是一篇精辟的赏析文章。本文源于《崂山道士》，是《聊斋志异》中有特色的作品，确非一般小说可比。

本篇作者强调其特色,命名为《设幻为文,寓言为本》,确是见识不凡。这是由于原作者借此让人易于接受道德真理,故把小说的情节放轻。正如莱辛在《论寓言的本质》中所说的那样:"寓言的最终目的,也就是创作寓言的目的,就是一句道德教训。"这篇文章有理有据,有说服力。特别对末尾的"异史氏曰"一段结尾语,作者从寓言的角度指出,这是不可少的,绝非过去所谓蛇足可比。所见尤为精到。至于艺术分析的部分,突出两个"笑"字,真是析理毫芒,惬理厌心,令人击节。

总之,这篇文章,独出己见、不蹈旧蹊,确有相当分量。由副教授晋升为教授,我是完全同意的。

河南大学中文系教授　华锺彦
1985 年 9 月 25 日

28. 为征集吟诵文献给专家、学者的一封信

先生:

我们"唐诗吟咏研究小组"是从 1982 年受"唐代文学学会"的委托而成立的。目的在于继承发展唐诗古法吟咏的传统,以应当前学习唐诗的迫切需要。

"五四"以前的吟咏古法,师弟相传,自然会通。数十年来,不再提倡,既无师承,只有呕哑,正声古调,势将废坠。为了抢救这一文化遗产,我们呼吁国内外之知音学者,积极协助,各以古法吟咏,录入磁带。

素闻先生拔萃诗坛，自当长于古法吟咏，且与先生往还善吟之耆老以及知名善吟之士，当不乏人。甚望先生组织群伦，都能参加高咏。

宫羽铿锵，古法复振，先生之功实非浅鲜。兹列录音事项如下：

一、吟前准备。在吟咏正文前，请先自报或代报吟者姓名及题目，例如："下边，由某某先生吟咏杜甫《蜀相》。"每吟一首都要如此，以便分篇学习。

二、吟咏内容。主要选吟唐人的近体诗和古体诗，要选寻常多见的，以便大众学习。其次，希望朗读一首，以便教学示范。还希吟唱一首唐宋词，以资百花齐放。

三、吟咏篇数及音调。每人请吟五六首，充分利用磁带，争取多录几人。一般都用普通话吟咏，但有长于用方音吟咏者，亦可少为保留。

四、吟后处理。用木盒装磁带，挂号寄到河南大学中文系华锺彦处。同时将吟者简历（包括姓名、生年、现在单位、现职。若能写出吟咏的师承，那就更好，以便深入探索），磁带发票、包装费、邮费等单据一并寄来（上款均写"唐诗吟咏小组"），以便报销，将款寄还。谢谢！

顺致

敬礼

唐诗吟咏研究小组负责人　华锺彦
1985 年 6 月 9 日

29. 刘禹锡《学阮公体三首》赏析

一

少年负志气,信道不从时。只言绳自直,安知室可欺!百胜难虑敌,三折乃良医。人生不失意,焉能暴己知!

二

朔风悲老骥,秋霜动鸷禽。出门有远道,平野多层阴。灭没驰绝塞,振迅拂华林。不因感衰节,安能激壮心!

三

昔贤多使气,忧国不谋身。目览千载事,心交上古人。侯门有仁义,灵台多苦辛。不学腰如磬,徒使甑生尘。

刘禹锡(772—842),字梦得,自谓中山(今河北省定县)人,又谓彭城人,是唐代杰出的思想家、政治家、文学家、诗人。他和柳宗元都从进士出身,都是永贞革新的骨干,在政治上颇有建树。由于没有来得及掌握军权,遂致政权失败,被贬为朗州司马。居十年回朝,又以玄都观看花的讽刺诗,再贬为连州刺史,辗转在外又经十三年,始得入朝。他在政治上坚决不向保守派妥协,在诗文的成就上永保清刚之气。如"自古逢秋悲寂寥,我言秋日胜春朝",又如"晴空一鹤排云上,便引诗情到碧霄"(《秋词》)。著有《刘宾客集》四十卷。

刘禹锡在永贞革新失败之后,于宪宗元和元年被贬为朗州司马。他以左右朝政的大臣,贬为偏远州郡的闲官,以变幻风云的才能,受保守势力的压迫，以大有作为的年华，放于无所作为之境，他怎么能不激起悲愤！《学阮公体三首》，就是诗人贬在朗州时的抒情诗。

《学阮公体》，就是学阮籍咏怀诗体，阮籍生当魏晋鼎革之际，司马氏操纵政权，朝臣顺之则生，逆之则死。阮籍心倾曹魏，又不能不屈从司马，故作《咏怀诗》八十二首，隐约其词以抒其愤。终赖其词之隐约，使其愤世疾邪之情，流传千古。刘禹锡抱屈贾之才，窜蛮荒之域，积冤蓄愤，过于阮公，而中唐文网又疏于魏晋，故能学阮公体胜于阮公体。

第一首是作者追怀往事，从政治得意到失意，从人事朦胧到觉醒，作了初步总结。首两句追述他在青壮年时代，意气慷慨，信守治平之道，掌握兴革之机，而不屈从时流，因循守旧。

"只言"两句，是说木经绳自直，政权经过改革自然走上正路。直与正意同。我只知"为政者不欺于暗室"，才是正道，哪知世间竟有人偏偏欺于暗室，背弃正道，巧取豪夺。

"百胜"两句，是说百战百胜的将军，也不应自满自足，因为失败的敌人也要千方百计地转败为胜，所以敌人所考虑到的方略，我们很难都考虑到。思想中要时刻考虑敌人，虑而再虑，方保万全。《左传·定公十三年》说："三折肱（gōng）知为良医。"意思是说多次受到挫折，吸收失败的教训，才能成为良医。

末二句是说，如果人生不经过失意，怎么能暴露出自己所知道的太少了呢？反言之，只有遭到失败，才知道自己见识不足，学习不够。作者在总结失败的教训中，带有自我批评，这是前代进步的政治家共有的特点。

第二首是作者阐明自己的雄心壮志，奇才异能，本应及时贡献给国家，偏偏事与愿违，遂使壮怀激烈。全诗以老骥鸷禽自比，这样比在刘诗中是常见的，如"马思边草拳毛动，雕盼青云睡眼开"（《始闻秋风》）。老骥就是骅骝骏马，老而不老，鸷禽即指雄鸷鹰雕，永世称雄。二者分别铺陈描写。首两句是说骏马和雄鹰在朔风和秋霜的严肃气氛下,自然受到感动,骏马奔驰,雄鹰要求展翅,都要锻炼自己。说明作者是要及时进取的,而不是苟且偷安的。

"出门"四句,是用赋笔分别描写老骥与鸷禽的奇才异能,一个是驰骋绝塞,平沙万里,鞭影蹄声顷刻消失。一个是盘旋高空、俯冲阴云,横扫华林,异常迅猛。

末两句承接上文,铺陈才能,是一个转承,为什么要转承呢?因为有才能却不一定要驰骋才能,关键在于节候的转变,有感于心,这才激发起壮心,一定有以驰骋。这个结尾思想,在首两句已经概括地提出了,这里又加回应,以见首尾圆合。

第三首是作者分析古今仕途不同情况表明自己立身行道,正直不阿,宁死不屈。首两句,概举古之贤者以气节为尚,这个气就是孟子所谓"浩然之气","至大至刚"。"使气"就是在关键时刻要动气。特别在立身(立名节)问题上,必须动用浩然之气,刚强不屈。要聚精会神地处理国家政治大事,而不考虑自身的衣食琐屑问题。这就是自己立身的准则。

"目览"两句是说要立身就需要修养、读书,从千年历史的兴衰成败中,寻求鉴戒,要同高明的古人交为朋友,心心相印,达成默契。"前事之不忘,后事之师也",那么对待今天的政治社会我就懂得如何处理了。历史上的是非成败写得一清二楚。我已牢记在心,辨明取舍。

"侯门"两句是要求辨别名义的真伪,决心选择正确的道路。《史记·游侠列传序》:"窃钩者诛,窃国者侯,侯之门,仁义存。"又说:"人富而仁义至焉。"这是为什么,比如说,一个富翁,称霸一方,遇到荒年,他一施粥放赈,也可能骗得"善人"称号。汉乐府《平陵东》:"平陵东,松柏桐,不知何人劫义公。"显然这个"义公"就是富人中的一霸。可见"仁义"的称呼有真有伪,侯门的"仁义"多半是以霸取之。既已辨明真伪,就要实行抉择。抉择的结果,假仁义者往往毕生富贵,真仁义者可能终身贫困,这样用心的抉择,又将带来说不尽的苦难酸辛。"灵台",心也,鲁迅诗"灵台无计逃神矢"即其例。

末尾两句,是以古人高明的修养指导立身的道路,坚决不学那些屈膝折腰的官儿迷,宁肯学那位穷得吃不上饭,饭锅充满尘土而保持浩然正气的范丹。范丹,字史云,派他为莱芜长,他不到任卖卜为生,常常断炊,饭锅生尘。民间为之歌曰:"甑中生尘范史云。"(见《后汉书》本传),像这样立身端正、守义不屈的人,才是作者的师友。这里的"徒使"犹言竟教。言其坚决守义,竟教甑中生尘,不怕饿死。真是了不起的。

总括这三首诗的基本精神都是抒发自己感情,阐明自己怀抱的。有自悔语而无颓丧情,有振奋意则无骄傲情,有清刚气而无遁世情。语言质朴无华,而无锋芒刺眼,真是学阮公体像阮公体,胜阮公体。

30.《诗经·大雅·生民》赏析

一章

厥初生民,	周初生民之根源,
时维姜嫄。	是乃起始于姜嫄。
生民如何?	姜嫄如何始生人?
克禋克祀,	她能祀神又祀天,
以弗无子。	祓除"无子"之灾难。
履帝武敏、歆,	践帝拇趾动欣然,

攸介攸止，　　　　　或躺或坐神情变，
载震载夙，　　　　　乃感孕娠乃戒严，
载生载育，　　　　　果然生养一儿男，
时维后稷。　　　　　是即后稷——周祖先。

二章

诞弥厥月，　　　　　姜嫄怀胎十月满，
先生如达。　　　　　头生儿顺利如射箭。
不坼不副，　　　　　母体不裂也不割，
无菑无害。　　　　　没有灾来没有难。
以赫厥灵，　　　　　姜嫄以白其灵巫，
"上帝不宁，　　　　 "巫诡说帝很不满，
不康禋祀，　　　　　责你不续祀神天，
居然生子"！　　　　 竟然生下小儿男"！

三章

诞寘之隘巷，　　　　姜嫄置稷于窄巷，
牛羊腓字之，　　　　牛羊卫护喂乳浆。
诞寘之平林，　　　　姜嫄置稷于平林，
会伐平林，　　　　　正值伐林难隐藏。
诞寘之寒冰，　　　　姜嫄置稷于冰上，
鸟覆翼之。　　　　　群鸟以羽来相帮。
鸟乃去矣，　　　　　姜嫄走来群鸟去，
后稷呱矣。　　　　　后稷呱呱哭找娘。
实覃实訏，　　　　　哭声真大又真长，
厥声载路！　　　　　其声满路娘收养。

四章

诞实匍匐,　　　　　　　后稷才是会爬时,
克歧克嶷。　　　　　　便能懂事能识辨。
以就口实,　　　　　　　要求吃食自己办,
蓺之荏菽。　　　　　　种植大树以当饭。
荏菽旆旆,　　　　　　　大豆长得茂腾腾,
禾役穟穟,　　　　　　　谷穗垂得沉甸甸。
麻麦幪幪,　　　　　　　麻和麦子密麻麻,
瓜瓞唪唪。　　　　　　大瓜小瓜一片片。

五章

诞后稷之穑,　　　　　　后稷种田种得好,
有相之道。　　　　　　有助苗长之妙道。
茀厥丰草,　　　　　　　铲除田里之丰草,
种之黄茂。　　　　　　种得成熟黄犹茂。
实方实苞,　　　　　　　麦种真大真实成,
实种实褎。　　　　　　麦杈儿真多又真高,
实发实秀,　　　　　　　麦苗真壮真结穗,
实坚实好。　　　　　　麦粒真饱真叫好。
实颖实栗,　　　　　　　真拔尖儿真出众,
即有邰家室。　　　　　就在有邰把家造。

六章

诞降嘉种,　　　　　　　稷得嘉种如神赐,

维秬维秠。	有秬籽啊有秠籽。
维穈维芑，	有赤粟啊有白粟，
恒之秬秠。	遍地秬子和秠子。
是获是亩，	边收获啊边堆积，
恒之穈芑。	遍地穈子和秠子。
是任是负，	或用肩扛或背驮，
以归肇祀。	要以始祭为依归。

七章

诞我祀如何？	我祖后稷祭如何？
或舂或揄，	或管舂米或拾掇，
或簸或蹂。	或管簸来或管搓，
释之叟叟，	淘米飕飕快似梭，
烝之浮浮。	蒸米腾腾热气多。
载谋载惟，	祭神大事郑重谋。
取萧祭脂。	拿来香蒿和羊脂。
取羝以軷，	再拿公羊把皮剥。
载燔载烈，	或用火烧或火烤，
以兴嗣岁。	以祈来年收获多。

八章

卬盛于豆，	我盛祭肉于豆中，
于豆于登。	既盛于豆又于登。
其香始升，	祭肉香气始上升，
上帝居歆。	上帝安然请享用。
胡臭亶时，	何其馨香又及时，

后稷肇祀。	感稷始创祭神功。
庶无罪悔,	祭神幸而无罪过,
以迄于今。	承稷遗教至今同。

《生民》,是周人追溯姜嫄生后稷之神异,后稷能稼穑之神奇,又能创祭报神,以见周家劝农立国之功。

这篇是周王朝开国前的七篇史诗(文王、大明、緜、皇矣、文王有声、生民、公刘)之一,应以此篇追溯的内容为最早(在尧舜时代)。由于当时没有文字记载,只靠口头传说,又掺以神话传说,自然有些分歧,读者若加以科学分析,自能辨明。

全篇共有八章,一、三、五、七章各十句,二、四、六、八章各八句,参差错落,比较自由。全篇共分三段,各段意义分明,结构紧密,惟其词句简古,需要伴以今译,才较便于阅读,故附今译于原文之下。

一

在第一段中包括第一、二、三章,写的是姜嫄生后稷的神奇。姜嫄是什么样的人物?她所处的时代社会又是如何呢?《史记·周本纪》说"姜嫄乃喾帝元妃",这与诗文中的姜嫄后稷的活动情况,存在着不少疑问。应该相信科学的推断,如郭沫若《中国古代社会研究·导论》之说:"黄帝以来的五帝和三王的祖先的诞生,传说都是感天而生,知有母而不知有父,那正表明是一野合的杂交时代或血族群婚的母系社会。"姜嫄正是这一时代社会的人,是有邰氏部族之女。从这一神异传说中,可以看到母系氏族残存的一点印迹。

诗的第一章,概括提出,姜嫄为周族生民之始,说姜嫄之生民是由于她能祭祀天神,以祓除"无子"之灾。锺彦按:任何社会的一般妇女,无不以"无子"为人生最大灾难,好像在任何时候的祭祀,都不能不作"以弗无子"的祷告。但是这可不等于说，现在就祈求生子。朱嘉《诗集传》说："祓无子，求有子也。"恰恰就是这样的理解错误，从下文生而难养的矛盾得到证实。同此错误的，比比皆是，都是由于未通全文之过。据姜嫄自己说，她踩了上帝大人脚印的大拇趾，立刻感到欣然一动，从此以后，或躺或坐，都觉得神情变异，"载震载夙"，乃感到怀孕了，乃需要儆戒了。果然由此而产生了后稷。这样说来，后稷之生，与上帝有关，是感天而生。不过这只是自己的宣称，还有待于客观事物形象的证明。

第二章从姜嫄生稷的神奇说起。姜嫄怀胎满了十月，"先生如达"，头生儿的生产迅速，像射箭一样，"哧溜"一下，小儿便出世了。达、解作射，是根源于郭沫若说。他在《周颂·载芟》"驿驿如达"下曾解说，连绵不断的幼苗出土，像箭射出（见《青铜时代》）。这样讲虽有夸张，却很合理，也很风趣。旧解以为"达，小羊也"，小羊降生较易，当亦可通。在生产时，母体不裂不割，无灾无害，这种异乎常人的情况，倒有点神奇，尚不足为上帝赐子之证。这就使姜嫄产生了疑问，是吉还是凶呢？自然要"以赫厥灵"，就是说，把上述种种奇异情况坦白给本氏族的灵巫，征求意见。这个灵巫便假托神的意旨，胡说"上帝对你很不满意，是由于你在怀孕之后，不能继续祭神，竟然生出子来！不妥、不妥"。按"以赫厥灵"以下四句，旧解皆敷词句，根本不通，如云："赫、明白显现。不宁：丕宁。不康：丕康。"（见马持盈《诗经今注今译》等），千篇一律，解如不解，唯高亨《诗经今注》独创新说如此。由于灵巫诡说"上帝不宁"，掀起巨大的逆转波澜，才使姜嫄不敢养育，这个转折的发现，有如发现天空一颗明星，可以光照千古。至于"不康禋祀"的"康"字，借为"赓"字，也属于高先生独具只眼，真吾师也。

第三章继承灵巫掀起的轩然大波，进一步写姜嫄在神权的高压下，不得不忍慈割爱，弃稷而不养，连用三个排笔，描写后稷弃而不死的神奇情况。描写中兼抒情。如把后稷放在窄巷，而牛羊乳他；放在平林，又"会伐平林"；放在冰上，而群鸟用羽翼保护他。大难不死必有大成。姜嫄走来，群鸟飞去，后稷呱呱地哭起来了，声音又大又长，散遍道路，这样就可以证明"履帝武敏"不是凶兆，而是吉兆，后稷之生不是不祥，而是大祥，又是众所周知的大祥，不言而喻，作为后稷亲娘的姜嫄再也不忍弃而不养了。

二

第二段，包括第四、五、六章，是写后稷能稼穑的奇异。稼穑以生产粮食为主，粮食是人民生活中最根本的要素。所以本篇要以此段为重点，表现后稷在粮食生产上的特殊功能。篇中描写他的生产劳动，自然要加以美化，乃至于神化。到底如何美化，如何神化，读者若能"以意逆志"，求则得之。

第四章从后稷的才智超人说起，然后进入稼穑。超人这是自然的程序。他在刚会爬时，就"克歧克嶷"，能懂事，又有识辨，这是天纵奇才。他要"以就口食"，也就是说，自己吃的自己搞，自己种的大豆，当作自己的食粮。于是他种豆种穀、种麦、种瓜，无不茂腾腾密麻麻地收获丰盛。

第五章进一步对后稷能稼穑，作细节描写。有相之道，道，是理论，说明后稷掌握了助长禾苗生长的理论。首先是排除阻力，铲除丰草，在种植过程中，使禾苗顺利成长。直到黄熟，枝叶还是茂盛的。下边连用五个排笔，十个"实"字，实，就是真，实是夸奖赞扬之意，说后稷种的麦种真大真实成，生出的麦权真多又真高，麦杆直壮真能结穗，麦粒真饱真叫好，他的稼穑真拔尖儿真出众，这样一系列的热情称赞，都是印证后稷的稼穑功高。从来经济生活的充实，必然决定政治生活的发展。于是就在有邰氏（今陕西武功县）地区定居下来。

第六章写后稷稼穑所得的嘉种，后稷自视也如天降神种，可以代代相传，意义深远。嘉种之中有秬子、有秠子、有穈子、有芑子，遍地皆是。于是边收获、边堆积，或用肩扛，或用背背。丰收以后怎么办？"以归肇祀"就是要集中力量搞好始祭。也就是说，以开创祭神为依归。

三

第三段包括第七、八章，是从上段末尾提出的"以归肇祀"加以铺张描写，以见后稷稼穑，丰收祭祀，以报神功，在当时的重要意义。报，报德也，是祭祀的一种，《国语·鲁语上》"禘、郊、祖、宗、报此五者，国之典祀也"。周人"禘喾而郊稷，祖文王而宗武王"。《小雅·甫田》"报以介福，万寿无疆"。后稷祭神，以报神功，周人祭神也包括报后稷之功。

第七章追溯后稷始创祭祀时，周人积极响应的情况。在祭祀之前，周人具体分工，有管舂米的，有管簸米的，有管淘米的，有管蒸米的，都作细致描写，以体现其积极热情。古以祭神为大事，要集思广益地着重谋划。在祭祀时，需要香蒿和牛羊脂以敬神，还要拿公羊剥去皮，在火中烧和火上烤，如此等等，报答神功。是否这样就完全达到了祭神的目的呢？不，应该还有一个目的，那就是祈求来年更大丰收。

第八章，陈述周族人民永远继承后稷所创祭祀遗法。"卬盛于豆"是祭者自我陈述。谓我将祭肉盛于豆中或登中。登意与豆同。肉的香气开始上升，请上帝诸神安然享用。这是多么馨香又多么及时啊！我们不能忘记，这样的祭祀是后稷创始的。我们继承下来，得神与后稷之后，幸无罪过，緜緜不断，直到于今。

综括本篇的思想与艺术，可见周族初期的历史，虽已进入父系氏族社会，还表现出晚期的母系氏族社会的痕迹。第一段叙述姜嫄之生后稷，掺杂了一些神话传说，姜嫄毕竟是有血有肉的人，对她的铺陈描写，合乎当时的情理，娓娓动听。但就全篇来说，姜嫄的神话传说并不占主要部分，它只是起"借宾宣主"的作用。姜嫄只能是宾，是陪衬，是引序。第二段的后稷稼穑，才是全篇的主体。稼穑是生产粮食的大问题，这对于周族人民发展壮大的作用不可估量。诗人对于后稷稼穑的叙述与描写，由神话夸张，过渡为艺术夸张，使后稷这位中心人物，在稼穑上创造了奇迹。从稼穑的成功，决定了定居的开始；从农产的丰收，出现了嘉种的神化；从嘉种的扩大生产，引出祭祀的要求。这就自然过渡到第三段，专写后稷始创祭祀，以报神功，"以兴嗣岁"。同族人民亦步亦趋地追随后稷祭天祭神，自然要包括祭祀后稷，祭神和祭祖是一致的。在扩大祭祀声中，浮现出一片宗教色彩，这是周初时代社会神权作用决定的。时过境迁，至于今日，宗教的意义与作用逐渐减消了，但在艺术上对于古代有发明创造功垂后世的英雄人物，给以夸张的描述，还是可以借鉴的。

31. 谢灵运《游赤石进帆海诗》解析

首夏犹清和⁽¹⁾，芳草亦未歇⁽²⁾。
水宿淹晨暮⁽³⁾，阴霞屡兴没⁽⁴⁾。
周览倦瀛壖⁽⁵⁾，况乃陵穷发⁽⁶⁾！
川后时安流⁽⁷⁾，天吴静不发⁽⁸⁾，
扬帆采石华⁽⁹⁾，挂席拾海月⁽¹⁰⁾，
溟涨无端倪⁽¹¹⁾，虚舟有超越⁽¹²⁾。
仲连轻齐组⁽¹³⁾，子牟眷魏阙⁽¹⁴⁾，

矜名道不足⁽¹⁵⁾,适己物可忽⁽¹⁶⁾。

请附任公言⁽¹⁷⁾,终然谢夭伐⁽¹⁸⁾。

【注释】

(1)首夏:初夏。清和:温暖。

(2)芳草亦未歇:言芳草仍在不停地生长。

(3)水宿:过着水上生活。淹晨暮:言日夜留住在舟中。

(4)"阴霞"句:言水上朝晖夕阴,气象万千,忽起忽没。

(5)周览:纵观四周,游遍海滨各地。倦:言厌倦海滨已游过处。瀛(yíng)壖(ruán):指海滨。

(6)"况乃"句:谓乃进一步,想超越穷发之北,人所罕到之地,以寄情怀。陵:越过。穷发:指荒远不毛之地。《庄子·逍遥游》:"穷发之北,有冥海者,天池也。"言近游已倦,进乃欲扬帆游冥海。况:矧也,有进一层意思。

(7)川后:水神。后,与侯通。安流:平静地流动。屈原《湘君》"令沅湘兮无波,使江水兮安流。"

(8)天吴:水神。《山海经》:"朝阳之谷,神曰天吴,是为水伯。"此两句言水神不动,风平浪静。

(9)石华:《草堂诗笺》引华作花。石华是一种介类的海味,肉可食,附生于海中石上。

(10)挂席:扬帆。海月:又名窗贝,海中动物,肉可食,壳可装饰门窗。

(11)溟涨:大海。端倪(ní):边际。《庄子·大宗师》:"反复终始,不知端倪。"言大海浩渺,横无际涯。

(12)虚舟:不载物的轻舟。超越:超过。言众舟行于海上,唯我游船轻虚,时有超越。

(13)仲连:战国时齐国策士鲁仲连。鲁仲连曾有功于齐,不肯受封，隐于海上。组：古时官印背上有钮，钮上系有组带。引申组为官印或做官的代称。言鲁仲连拒绝封爵，才是真正的高士。

（14）子牟：指中山国公子牟。《庄子·让王》有："公子牟谓詹子曰：'身在江海之上，心居魏阙之下，奈何'？"言隐身在江海，心恋荣华，是假隐士。

（15）矜名：言崇尚空名，是对道的理解觉悟不够。

（16）适己：自得。《史记·庄子传》有："其言洸洋自恣以适己。"忽：忘。言若能逍遥自得，世俗的一切均可忘却。

（17）附：附和。任公言：《庄子·山木》篇有任公教导孔子的一段文字。意为"直木先伐，甘泉先竭"，一个人只有"削迹损势，不为功名"，才能无累。

（18）终然：终也。谢：避开。夭，逯辑校本作天，当是与夭形似而误。兹据叶笑雪诗选改作夭。夭伐：指生命受外力的侵伤而过早地毁坏。此两句意在去名求道，全身避害，颐养天年。

【鉴赏】

本诗是作者任永嘉太守时作。作品描绘了赤石、帆海两处的风光，抒发了希望能归隐于海上的愿望。赤石，在浙江省定海县东北海滨。帆海，即今帆游山，在瑞安县北五十里。宋郑缉之《永嘉郡记》说："帆游山，地昔为海，多过舟，故山以帆名。"大约在晋宋之际，帆游或犹是海。

全诗分为二层。前十二句为第一层，写赤石、帆海美好的景象。"首夏犹清和，芳草亦未歇"，交代出游的时间及节令特点。初夏四月气候温和，凉热适中；况春意尚浓，芳草犹在滋长。正是出游的好时节。于是诗人乘船而出，暮宿舟上。朝看彩霞之斑斓，晚赏夕阳之余晖，至于阴阳变幻，云霞起没，更是尽览无余。海天辽阔，气象万千，使诗人游光勃发。海滨的景物已满足不了诗人对美的追求，他要像大鹏一般，越北海，超穷发，在横无际涯的远海中，寻求更为奇丽的景致，探索大自然的奥秘。"川后"以下六句皆用对仗句法，是说远海风平浪静，和诗人轻舟漫游的情景。对仗为诗歌艺术技巧中的一种，在一联中，上下呼应，彼此映衬，以加强铺陈的艺术效果，使场面更为壮阔，气势更为宏伟。使我们仿佛看到舟行海上，波澜不惊；上下天光，一碧万顷。天高海阔，使诗人心胸豁然开朗，情绪更为高昂。"扬帆采石华，挂席拾海月"。石华、海月都是可口的海味，作为世族的谢灵运，对此海味并不稀罕，但能亲手捕捞，也应是很有兴趣的。实则是要面对这样开阔性的美景，把酒临风，以石华、海月等海味为佳肴，干上几杯，也非容易。"溟涨无端倪，虚舟有超越"。这在写景中又兼叙事，色彩鲜明，情趣深厚。读者完全可以想见到：青天红日，绿水白帆，荡起轻舟飘摇在广阔的海面上，有时超越别人的货船，留下一道淡淡的水纹，这真是一幅美丽的图画。在谢灵运之前，没有真正的山水诗，更没有描绘海上风光的作品；谢灵运开了山水诗之先河，也是描绘大海风光的首创。在本诗中，作者以精雕细刻的手法，描绘出大海的辽阔，海霞的变幻，捕捞海味的情趣，及航行海上的闲情逸致，可谓我国诗坛上的第一首海上游览诗。

后六句为第二层，写诗人由饱览海上风光，联想起曾在海上隐居的鲁仲连。鲁仲连曾却秦兵，解了赵国邯郸之围。功成而不受平原君的封赏，长揖而去。他又曾有功于齐国，齐侯欲裂土封之，他逃隐于海上。诗人对鲁仲连的做法佩服得很，说这才是真正的隐士，而对中山国的公子牟那样"身在江海，心存魏阙"的假隐士，但崇虚名，迷恋富贵，则明白加以批判。谢灵运本来热衷于仕途，希望能在政治上有所作为，此时为什么会推崇隐士呢？这是因为在刘宋政权打击下，旧世族的势力，已大为削减，谢灵运也屡遭迫害，政治上的无望，使诗人转向老庄、产生了出世的念头。故诗人说："请附任公言，终然谢夭伐。"他意识到，圣人尚遭陈蔡之困，自己只有"削迹损势，不为功名"，浪迹江海，才能全身远害。这个道理他是明白的。只是知之非艰，行之维艰啊！

总观全诗，作者以精雕细刻的手法描绘出辽阔的海上风光，别开山水诗作之蹊径，黄子云《野鸿诗的》评云："舒情缀景，畅达理旨，三者兼长。"诗中写景精妙，谈玄微宛。反映出诗人对刘宋政权的认识，对自己的处境都有新的提高，这在其他山水诗中，还是不多见的。

32."唐诗吟咏研究小组"工作汇报

1982年秋，唐代文学学会，鉴于唐诗吟咏的重要性，委托锺彦组织一个"唐诗吟咏研究小组"。1983年春在开封组织成立有苏仲翔、高文等参加的七人小组，1984年秋，在兰州召开第二次唐代文学大会，唐诗吟咏研究小组发展到十五人，周振甫、周祖譔、蔡厚示、李珍华等也都参加。在大会上一一吟唱，得到好评，他们来自五湖四海，方音土语各自不同，自然吟咏的腔调不同，但是他们对平长仄短、抑扬顿挫之处则完全相同，若不是根源于古法，怎么可能出现抑扬顿挫彼此一致的结论呢？这个小组现正与国内外各方面诗人、学者通信联系，磁带交流。欢迎各方面提供资料，共同研究。把这唐诗吟咏的坠绪，重新振拔起来，以光复这份宝贵的文化遗产。

近数年来，有些歌唱家喜欢吟唱唐诗，但由于不知古法吟咏，便按照自己的情意自由吟唱。渐渐感到每次吟唱的声调各不相同，遂依照唱腔制成歌谱，然后再以歌谱为准，制约唱词。这种自发的情况，不止出于一地，据我所知，福建、广西、湖南、湖北、四川都有。其腔调或用民歌、山歌，或用昆腔、皮黄，歌唱起来，不受平仄的限制、比较自由，因其腔调多变，有时也是美耳中听的。但此终原以歌唱为主而不受平仄约束的自由唱歌，并非以写作为主而有基本规律的古法吟咏。"道不同不相为谋"。

我们要继承唐诗吟咏的坠绪，还应发动各地的诗人学者，把各地带有方音的古法、吟咏尽量挖掘出来，如北京虞愚先生就善于用闽南方音吟咏。在基本规律一致的情况下，百花齐放，腔调杂陈；然后以普通话的吟咏为准，取及基本统一，这便达到了我们研究唐诗吟咏的目的。至于读唐诗的人们，愿意采用普通话的古法吟咏或者采用带方音的古法吟咏，主次分明，那就完全自便了。

33.《〈诗经〉会通》前言

《诗经》是我国古代第一部诗歌总集，经过两三千年的历史变迁，对于这部古籍非重新整理不能诵读。过去为序传注译者，颇不乏人，虽各有其长，亦各有其短，求一完美简要、情理清通而音义明畅的读本，实不可得。为了青年读者便于理解，我久欲从事新作，以广会通，总以文债鞅掌，未得兼顾，今虽年近八秩，而志犹未衰。近读吾师高亨晋生先生《诗经今注》，始感服膺。此书博极群经，取材精当，力破旧说，独创新义，理据充沛，足以启发读者。惟读者不见译文，尚多难于会通。我尝以此意与师言之，师即属我继承述作，这便是本编《〈诗经〉会通》的写作缘起。

本编对每篇的写法约分六部分：

第一，序诗大意，本编基本上打破小序毛传的束缚，合则从之，否则去之。以就诗说诗为主，从诗文中考定其写作时间与环境，务求情理通洽，词语简当，一目了然。

第二，通译全诗，用直译与意译相结合的方法，以诗译诗，两相对照，尽量要求符合真实性、通俗性、艺术性，即符合信、达、雅的原则。

第三，注释原诗，是为了读者便于会通译文。有时，还必须批判旧说，不破不立，在去旧翻新时，务求删繁就简。但遇重要问题，需要旁征博引，繁亦不辞。

第四，考证得失，阐明本源。前人说诗有得有失，小序毛传，传世既久，成为常识，虽有失误，亦必须略为讲明，使读者知而后废，却不可避而不谈。抑或有高才卓识，先我立论，对我有所启发，亦不掠人之美，必表而出之。

第五，校勘字句，四家诗异文较多，过去只以毛诗为准不计其余，不无可议。本编以毛诗为蓝本，与齐、鲁、韩三家及群书引文相对照，辨别是非，比较优劣，举其大端，提出己见，供读者研究参考。

第六，阐明音读。诗本乐章，自有音韵，由于古今变迁，音亦殊异，必须依据古音诵读古诗，方可欣赏韵味，沟通韵律。不取叶音叶韵之说（朱集传），而用"古人韵缓"（陆德明《经典释文》）之论。以顾氏（《顾氏音学五书》古音表，分为东、支、鱼、真、萧、歌、阳、耕、蒸、侵等十部）十部为准绳，以陈第《毛诗古音考》、江永《古韵标准》为参考，盖两周时代的诗人，只能略取音声相近之字为诗，断无细分二三十部之理。分部过密，转失其真。

如上所述，期在赅备古今，比较新旧，择善而从。倘能使读者便于会通，易于成诵，使文字艰深的古籍，经过整理，面貌一新，既可为社会主义培养青年忠于祖国的情操，又可为诗歌创造提供多种风格韵味的滋养，在百花齐放的中国诗坛，放出新异的光彩，便是我最大的希望。知音学者，幸其不吝赐教。

34. 在开封广播电台的讲稿

对于古典诗歌的诵读,从来就有两种声调,一种是朗读,又叫作朗诵。另一种是吟咏,又叫作吟唱,是带有旋律的。二者在腔调上不同,而在节奏上基本相同。吟咏是一种口耳之学,自古以来就有传授,近数十年无人提倡几乎断绝,这可不行。我们现在就要继承古法进行吟咏。我们吟咏的诗歌有古体、有近体,二者有很大不同,今天吟咏的八首,分三种形式:一,古体,如《敕勒歌》;二,规则的近体,如《鸟鸣涧》《蚕妇》《回乡偶书》《凉州词》。三,不规则的近体,如《静夜思》《江畔独步寻花》。根据吟咏原理产生许多原则,如平长仄短、声情一致等。近体有一定的规律,比较容易掌握,古体诗的吟咏有时需要根据原理进行选择,如《敕勒歌》的"风吹草低见牛羊"句就需重点选定在"低"字处。又如平长仄短是个原则,但押仄声韵时、韵字也必须吟咏,如敕勒歌的"下"字"野"字,又如单句一般不吟,但在押仄声韵时,单句末尾的平声字,也必须吟咏,如"穹庐"的"庐"字便是。今天简略地就说这么多。

三 华锺彦先生诗词选补编

1. 漫兴二首

其一

咏诗聊寄兴，饮酒堪适意。
才疏诗不工，量豪酒不醉。
诗酒谋生涯，原非丈夫志。
不如携宝剑，慷慨游燕市。

其二

驱马千仞岗，凉飚吹我衣。
仰首霜天高，转看鸿雁归。
天高不可及，使我心伤悲。
愿为双羽雁，翩翩俱远飞。

2. 雨后游宁园

一宵疏雨喜新晴，晓入宁园气象清。
三径路濡行迹重，半塘水涨画船轻。
幽禽下砌参差影，绿树垂廊点滴声。
独向最高峰上走，天怀淡处起诗情。

3. 秋夜独酌怀旧（其一）

此诗作于十九年秋，和者甚众。自遭兵燹，全部遗失，殊堪浩叹，追惟警句，犹能仿佛一二，如"容易邀来天上月，最难晤见梦中人""风老先摧将落叶，月明偏照未归人""千水千山千里月，一灯一酒一愁人"云云，是吉光之片羽也。

灯红酒白自相亲，隐隐高城鼓角频。
秋冷先知惟瘦客，夜长最苦是愁人。
风光流转十年事，书剑飘零一介身。
多少莺花春梦了，秋来总欲买无因。

4. 秋夜独酌怀旧（其二，用原韵）

秋宵惟有酒堪歌，酒入愁肠泪转频。
孤客厌听帘外雨，玉楼难见梦中人。
漫将天地论长恨，安得菩提化此身。
无可奈何谋一醉，休提絮果与兰因。

5. 登楼

独上高楼第一层，新凉风劲觉难胜。
回眸已在青云里，容易飞身化作鹏。

6. 秋夜怀远二首

其一

莫道灵犀一点通，心期原在渺茫中。
宵来总有思君梦，最怕吹残夜半风。

其二

摇落深知秋士悲，珠帘不卷任风吹。
已凉天气愁如许，退掩闲关欲告谁？

7. 寿李闇齐先生七十初度

河朔名贤大有人，渊源桃李一家春。
早年词气干牛斗，旷世薪传守洛闽。
应继太公称大老，想来蘧瑗是前身。
辟雍他日隆三五，又见高门几杖新。

8. 春郊漫兴

寻春小步出郊坰，细草烟尘望杳冥。
柳浪一堤浮水绿，麦苗千里接天青。
溪山阅世成今古，花鸟宜人启性灵。
一片生机堪寓目，等闲高咏倩谁听？

（按：1935 年 12 月《河北省立工业学院学报》第 2 册载有华锺彦先生之《尹厂诗存》10 首。）

9. 浣溪沙·登楼忆旧四首

其一

斜日沉沉烟霭深，登楼忧思孰堪任。自从纷浊到如今。
故国山川千里隔，锦城花木一春阴。泥愁万缕镇眉心。

其二

碧院楼高接暮云，轻雷隐隐变朝昏。雄关千里阻烟尘。
望欲断时肠亦断，思相因处泪无因。三年回首梦如新。

其三

亚字栏杆样式殊，依栏人独送金乌。黄昏钟鼓月轮孤。
曾记红楼秋夜雨，芭蕉声里泪如珠。故吾争料有今吾。

其四

把酒高楼拍案呼，一尊倾倒酒家胡。胡姬十五独当垆。
妆罢分明花态度，吟成费却醉工夫。豪情胜慨忆陪都。

10. 鹧鸪天·山中二首

其一

峭壁危悬百尺梯,高高直上与云齐。风来远谷烟光冷,雨后春山日脚低。

疏磬语,翠禽啼。玲珑塔在断崖西。此中不羡真仙境,便是真仙也自迷。

其二

风送春云缓缓归,云开始见暮山巍。兰房寂静鱼声远,松径森寒鸟语稀。

排世虑,叩烟扉。醮坛月殿道心微。问渠古往今来客,几见王乔一鸟飞。

11. 南歌子·听昆曲

玉笛横吹曲,金泥万舞衣。水磨调下会瑶姬。管色更翻声颤、欲怜伊。
不惜歌喉苦,但伤识者稀。悲欢抗坠尽情词。犹是韩娥余韵、绕梁时。

12. 虞美人·临河感作

临河弥望情难遣,故国天涯远。离愁似水正茫茫,何处云帆烟际,闪孤光。

潮生潮落更翻次,几换人间世。当年豪右为谁雄,铁笛一声吹唱,大江东。

《世界日报·明珠》1935 年 11 月 28 日

13.鹧鸪天·新雨后游宁园作

雨后园林散晓烟,冷香风过紫藤栏。映阶红药花初绽,出水新荷叶未圆。

波涵演,草芊绵,他时应忆此时欢。心情惯得无拘系,又听清歌上翠峦。

(按:以上 9 首词见 1935 年 12 月《河北省立工业学院学报》第 2 册。)

14.忆秦娥·游昭陵贵妃墓

昭陵墓,杜鹃啼断行人路。行人路,萋萋宿草,愁痕无数。
柳腰犹似霓裳舞,故宫粉黛归何处。归何处,百年青塚,几重烟树。

15.菩萨蛮

贵妃园寝名如旧。宫墙不是春时候。墓草宿寒烟,萧森九月天。
白杨堪作柱。叶落闲空树。树上乱啼鸦。当年人似花。

(按:以上 2 首见《东北大学周刊》1929 年第 87 期,署名"花锺彦","花"误,当为"华"。)

16. 菩萨蛮二首

昭君,寄意某要人去国

汉宫深锁苔痕碧,花枝欲舞春无力。明镜懒梳妆,楚腰双带长。琵琶娇玉马,曲怨弦中泻。凝恨上高台,雁从天外来。

燕子

翠条金缕深深院,绣帘初放雕梁燕。商略落花风,玉阶香影红。画堂空自惜,来去差池翼。芳讯几时归,凭栏人语稀。

(按:以上两首见 1933 年 6 月 19 日《女师学院周刊》第 116 期第 6 版。先生新中国成立前的诗赋词曲在 1966 年焚毁,故收入文集中的作品中新中国成立前的比较少,这些发表于民国时期的诗词,更突显出其独特的价值和意义。)

(按:以上诗词由南开大学孙克强先生、南阳师院和希林先生提供,在此致谢。)

17. 桃花扇题词

原作共 14 首,有 5 首见载于《华锺彦文集》,现先将《文集》未收的 9 首发表于下,再以对比的方式,刊录其余的 5 首。首先是《文集》未收的 9 首。

题全书

阅尽偏安一局棋,古今世事可胜悲!
何人更解翻新谱,教与儿曹撅笛吹。

柳敬亭,苏昆生

玩世逃名尚有邻,几番眷护秣陵春。
弹词教曲寻常事,原是披裘一辈人。

李贞丽

自在幽香深处藏,斜风细雨损春光。
天台一片桃花水,流到人间赚阮郎。

阮大铖

一曲新歌燕子笺,当时才调亦堪怜。
只因得罪东林党,故送人家疏拢钱。

左良玉

矢志勤王大节存,将星摇落月黄昏。
精魂不得清君侧,常托江声下海门。

马士英

铁锁沉江误帝图,爱财怕死引天诛。
当朝何必求贤士,数尽班行一个无。

张瑶星

尘烟万丈晚风凄,岭树萧萧猿狖啼。
留得归来躯干在,残山剩水悟菩提。

高杰

骑鹤扬州梦未阑,斯人亦是沐猴冠。
长河一败军心散,万里江淮欲守难。

赞礼

阅历兴亡岁几多,当年豪气尽消磨。
渔樵正可常来往,编作神弦饮泪歌。

有改动的 5 首是:

杨文聪

两版文字没有变动,只是《文集》版将题目改为《杨龙友》。

侯方域

1935 年版是：

妙手天生笔底霞，文开复社已名家。
怜香自是多情种，肠断春风桃李花。

《文集》版是：

奋笔诛奸碎齿牙，文开复社已名家。
遣怀一扇酬知己，肠断春风桃李花。

李香君

1935 年版是：

长闭朱门春怨深。黄金难买美人心。
青楼犹有好儿女，侠气英风愧士林。

《文集》版第一句改为"独守朱楼春怨深"，其余未动。

史可法

1935 年版是：

半壁山河已动摇，将军遗恨广陵涛。
孤忠泪溢长江水，千古寒烟锁六朝。

《文集》版是：

独捍江防势已非，孤臣血战瘗征衣。
梅花岭下行人泪，慨见年年杜宇飞。

黄得功

1935 年版是:
> 十分事业九分休,报国无功宁断头。
> 鼓角昏灯风力紧,江山无主蟋蛄啾。

《文集》版是:
> 长淮千里阵云秋,报国无功宁断头。
> 鼓角声高风力紧,江山无主蟋蛄啾。

(按:以上诗词见《世界日报·明珠》1935 年 11 月 29 日,由河南大学刘涛先生提供,在此致谢。)

18. 青灯（1932 年秋）

青灯对影自相亲,手把云笺中酒频。
秋冷先知惟瘦客,夜长最苦是愁人。
精魄幻化三生石,书剑飘零一介身。
回首莺花春梦了,千金纵欲买无因!

19. 西江月四首（1958 年）

锻炼

挖矿必须起早,匆匆争取时光。枕前被上摸衣裳,却被邻人穿上。
都为炼钢采矿,何辞苦战山岗。人经百炼也成钢,好献身心于党。

送馍

早起送馍送水,西村北路迢遥。挺身飞步跨山腰,晓月疏星相照。
都为炼钢采矿,英雄苦战通宵。风寒霜冷亦应劳,饮食急需送到。

恨雨

门外檐流点点,房中漏雨溅溅。人人衣被不曾干,只好床头支伞。
可恨龙王作恶,妨俺采矿登山。错教冬季雨连绵,应打八十大板。

修路

修路紧急任务,须从实际出发。石基稳打土平扒,不怕水冲车轧。
保证运输路线,好叫生产增加。开封日夜放钢花,定把敌人吓杀。

(按:以上4首为1958年作者随开封师院去太行山采矿时所作,发表于学校油印的《太行诗抄》之三。)

20. 咏蓼(1962年秋)

我爱红蓼花,垂条何清淡。
自无桂子香,不比牡丹艳。
本生在野塘,移植入栏槛。
用之既不矜,舍尔无所憾。
瘦影对清风,相看两不厌。

21. 红云（1963 年）

窗外植蜀锦丛生，繁英数百，光彩照人。晚窗初启，红云拂面，意象催诗，欣然有青莲"迢迢见明星"之感。

越纱分绿晓窗开，一片红云窗里来。
恍若明星相接引，不知何处是云台。

22. 通许行二首（1965 年 7 月）

栽　　树

小叶杨和紫穗槐，分行列队绕堤栽。
定知天力加人力，不待十年便取材。

对　　镜

衣宵食旰总纷忙，青镜凭添两鬓霜。
学稼不辞心力碎，须眉白尽又何妨。

（按：《通许行》组诗多首，余见《华锺彦诗词选》及《华锺彦诗词选补编》。）

23. 国庆节咏菊

菊花香阵透长安，飒沓金光旁稷坛。
扫径方迎东客赏，隔篱不许北胡看。
岂同桃李争春色，惯与风霜斗岁寒。
移作成功北上选，此花一放万人欢。

注：1. 诗人当时在北京，正值日本首相田中访华。
　　2. 成功：成功湖，纽约联合国会址所在地。

24. 和荔庵《梦回》

榴花照影墨痕香，蕉叶题诗情韵长。
枕上梦回惊岁晚，夜风吹雪透窗凉。

25. 迁葬吊云纶二女（1976年春）

加杨不敛女儿魂，老泪抛洒白日昏。
三尺孤坟迁不得，天涯何处觅花痕。

26. 与桓公同登吹台（1977年春）

荼蘼花尽楝花开，春几何时归去来。
拣点芳林无限好，不须惆怅此登台。

27. 奉和玉京二首（1978年12月）

其一

读书得闲嫌天短，思子无眠觉夜长。
安得事由人主宰，昏明颠倒两相当。

其二

休言"君在我心间"，汴水燕云路几千。
纵使前期堪指教，算来犹隔两重年。

28. 评《曹雪芹小像》部分题咏诗（1979年）

把来诗句笑葫芦，文物虽真题画疏。
"进老"既非"芹圃"号，"支颐"岂似"悼红图"？
"石床三尺"伊谁见？"花县一官"与史殊。
最好不将诗画配，高吟休管入情无。

注：
1. 陈兆仑诗末尾"是为进老学长兄"，雪芹平生不曾以"进"字为号。
2. 皇八子永璇题诗"支颐依瘦石"，而王南石写"悼红轩小像"并未支颐。
3. 陈兆仑诗"石床三尺草为茵"，图上何曾见得？
4. 谢塘诗"书中手泽留花县"，潘岳为河阳令全县遍植桃李，庾信《春赋》有"河阳一县并是花"，雪芹不曾为县令。

29. 欢呼四中全会

四中全会及时开,喜讯纷纷到吹台。
真理分明依实践,钧天旋转见雄才。
若非白雪经风化,安得红蓝和露栽?
妙在投荒八司马,白头接踵又归来。

注:
1. 吹台:又名禹王台,在开封城东南。
2. 八司马:唐顺宗时,重用刘禹锡、柳宗元等掌政,协力革新,大有成效。宪宗即位,尽贬刘、柳等八人于南荒诸州为司马,十年后,始召还。

30. 读《莫干山》诸老诗词感赋,赠王运熙教授二首(1980年)

其一

凭君一览"莫干山",东箭南金不等闲。
试以兰成比诸老,高歌何止动江关。

其二

汉唐八代不同风,虎脊龙文入眼中。
同为生民我兼爱,香山流利杜沉雄。

注：王运熙教授以《莫干山》杂志见赠，中多沪江诸老名作。

31. 和鲁迅《莲蓬人》(1981年7月)

菡萏香清叶正圆，莲蓬人立碧波间。
莫愁秋肃寒塘净，自有珍珠慰圣颜。

32. 辛酉暑末口占小诗二首恭送苹秋贤伉俪顺利归并，并祈吟正

君家原不属并州，偏以归欤进白头。
好在启行天气爽，再迟三日是新秋。

戏剧人生亦妙哉，当场别去会重来。
明年草长莺飞日，诗酒相期上吹台。

33. 自济南转郑寄北 (1981年9月)

久客思归切，征车觉路长。
风翻莲叶白，雨打稻花凉。
日月人空瘦，幽燕梦可香？
上京秋更早，衣着好提防。

34. 执教三十年感怀（1981 年 9 月）

教得英才三十春，青灯黄卷乐传薪。
诗文价重千秋笔，风义情关一代人。
年过古稀言未立，老能作健语全真。
休谈师道人多患，犹抱丹心向九旬。

注：
1.《孟子·尽心上》："得天下英才而教育之，三乐也。"
2.《庄子·养生主》："指穷于为薪，火传也，不知其尽也。"意谓火燃此薪尽，彼薪相续燃，终无尽头。后人用作师弟相传，谓之薪传，又称传薪。
3.《左传·襄公二十四年》："太上有立德，其次有立功，其次有立言。"立言，谓有不朽著作。

35. 中秋有怀（1981 年）

云锁中秋月上迟，良宵孤坐不成诗。
何当风起乌云散，千里清光共此时。

36. 晨练（1982 年 6 月）

湖上平明百鸟喧，恍如闲步到林泉。
啁啾跳跃清人骨，两腋风声又少年。

37. 为季容题仕女画三首（1982年）

教子图

常伴鸡声起，辛勤教子工。
遵循慈母意，翻作豫章风。

注：杜甫《短歌行》："豫章翻风白日动，鲸鱼跋浪沧溟开。"豫章，大木也，犹言奇才。

梅林春影

诵罢南华第二篇，庄周蝴蝶两悠然。
红妆不入罗浮梦，自在梅花雪海边。

折得一枝春

蓟北梅花也不迟，每听腊鼓看琼姿。
凭君检点幽香影，占得东风第一枝。

38. 梦中吟（1983年3月）

回首津沽五十年，风花片片渺云天。
修名未立诗人老，空向梁园叹逝川。

39. 登旅顺东鸡冠山、白玉山，蓦然感怀（1983年）

日塔俄碑国耻同，至今不破理难通。
中华岂少五丁划，重勒燕铭记党功。

注：旅顺东鸡冠山有日本所建俄国少将战死纪念碑。白玉山有日本战胜帝俄纪念塔。塔高六十六米，工程虽大，国耻甚明。至今既不破除，又不改造，岂欲存其艺术美耶？咄咄怪事！

40. 哀悼马荣连同志（1983年）

损我英才二十年，重重往事入诗酸。
更翻世网撄人苦，一再医刀却病难。
心迹永存新事业，掌声难忘旧衣冠。
问天何忍摧兰蕙，怅惘西风老泪弹。

41. 寄远（1983年10月）

得凤城颔联，足成欲寄。

小院人空静，珠帘欲下难。
闲看凤城月，遐想汴梁仙。
盈案尘书乱，虚窗玉枕寒。
最怜劳夜坐，星斗动阑干。

42. 和沈阳王树乔等拳友二首（1984年2月）

其一

记得松园月上迟，孙家拳法展英姿。
经天鹞子排成阵，正是秋风作健时。

其二

一诵新诗馆旧情，几番醇醑会群英。
更劳多少临歧语，雁字高旋万里程。

43. 无锡鼋头渚（1984年4月）

鼋头渚水接湖滨，群屐翩翩各有神。
我自南来同好伴，南歌一曲太湖春。

44. 绍兴鲁迅故居（1984年5月）

三味书斋百草园，街南街北市声喧。
茴香豆下咸亨酒，一盹沧桑八十年。

注：三味书屋在街南，咸亨酒店在街东。

45. 访旧（1984年春）

草长莺飞忆旧频，古稀重访秣陵春。
阴阳营里盘桓久，何处群程斋里人！

注：群程斋，是张丹群、张次程、何默哉三人共用书斋名。"哉"或作"斋"。何住阴阳营。

46. 题爱晚亭

灵均赋撼潇湘水，爱晚亭翻岳麓云。
漫撷芳馨遗远者，楚天枫叶正纷纷。

47. 苏州拙政园（1984年春）

建园守拙复奚疑，只为河清不可期。
今日明良当要路，奈何巧宦入时宜。

注：明正德间，政治昏暗，王献臣建园于此。

48. 唾手珠还洛浦来（1985年1月11日）

中英大会北京开，唾手珠还洛浦来。
一国何妨存两制，百年老账结新裁。

49. 卢沟桥事变五十周年感怀四首（1987年7月）

其一

严城炮火震卢沟，猿鹤虫沙五十秋。
正向幽燕伤往事，又添新恨上眉头。

其二

犹记屠城血未干，万千豺虎放生还。
仁恩如此高无价，不抵光华寮一椽。

其三

诗碑原是友情歌，石刻千秋永不磨。
放纵毁碑人未讨，不知为政意如何？

其四

和平结约首田中，信义为邦友好同。
孤傲而今空一切，天涯谁与共东风。

50. 小栗英一教授远道来访元遗山诗冢，漫咏新诗四首相赠（1987年11月10日）

其一

遗山慷慨起金源，独步中华北半天。
君到并州问行迹，好携英气海东还。

其二

"并门自古出英雄"，星旃遥临气自同。
见说千篇伤战泪，佳兵不有睦邻风。

其三

和平结约首田中，信义为邦友好同。
归去殷勤语竹下，天涯珍重共东风。

其四

吉川老去黑川豪，小栗君来菊正高。
同住东京有同好，清吟古调敢辞劳？

注：
1."并门"句，借耶律楚材句。元遗山《杂诗六首》有"袖里新诗一千

首"句。

2. 吉川辛次郎与黑川洋一于1979年春同访洛阳,余前往接待。曾与吉川先生同吟杜甫《登高》于龙门道上。黑川著述等身,举以相赠。今则生离死别,惆怅靡已。

3. 东京:开封,宋代东京,与日本东京同名耳。

51. 庐山雾海（1984年5月）

庐山雾海无多见,脚下锋头认得真。
休道春归花事了,杜鹃夹道正迎人。

52. 岑澜颂四首（1985年3月5日）

《光明日报》1985年3月5日头版标题《民政干部岑澜敢讲真话,敢于报忧》。余惟忧者乐之本,危者安之母,其转化之机固在当政,而舆论实阶梯也。故为之颂。

其一

"光明"何事表岑澜？为利民生重直言。
忘我难能言可贵,要扶正气在人间。

其二

正风自少变风多,诗出真情永不磨。
难得人间无冤帝,能将忠义大声歌。

其三

闻到明时无讳言，良言苦药著前编。
报章一出真风起，引得高明拭目看。

其四

诗关国政见经文，风雅由来王者尊。
寄语輶轩好珍惜，请听布鼓过雷门。

53. 鹧鸪天·咏蝴蝶 (1985年7月)

春半南园几日晴，飞来凤子彩衣轻。可能初破庄周梦，未必深谙韩掾情。

风细软，舞娉婷，寻香不放卖花声。人间多少蘅芜扇，双影休过滴翠亭。

54. 和李梦寒、陈玉清、顾潜光、宾梦痕诸诗家步仆甲子《咏菊》诗韵 (1985年9月)

钝笔难酬隔岁诗，金黄又上好花枝。
香生晚节明如玉，影隔竹帘瘦似伊。

三径苔深秋肃后，一痕梦转夜寒时。

从君放胆歌心曲，打破"东篱醉了"词。

注：
1. 玉清有"晚节花香未算迟"句。
2. 潜光有"影隔疏帘忆瘦姿"句。
3. 痕梦，隐括梦痕、梦寒。

55. 陈九思先生赠《转丸续集》周退密先生署其端，歌以鸣谢（1985年）

太极九转来开封，大声镗镗震瞆聋。
崈题秀妙服忍冬，籍同宾王存古踪。
龙川豪迈草窗工，通家高蹈海门东。
视思明，言思事，开篇马帐电波红。
我生计拙贪屠龙，丹铅宵旰难为功。
铜山东鸣应洛钟，敢不抠衣拜下风。

注：
1. 忍冬，周退密书斋名。
2. 陈九思先生为义乌人。
3. 陈先生为研究生讲课，学校为之广播。

56. 题廉建中、惠毓明两先生诗画册（1985年）

惠画何缘见，廉诗印象真。
赓歌风九域，妙笔服千人。
矜式胡汀露，持家恒少君。
老妻方按剑，共赏也凝神。

57. 登极目阁二首（1986年4月）

其一

白首常怀少日能，欲穷远目强攀登。
谁知扶杖积跬步，也到云阶最上层。

其二

极目黄河万里沙，千秋混沌到天涯。
新来河水清多少，想是包公再坐衙。

58. 寄汾酒于汪玠如诗家（1986年）

村醪千里助清欢，尚倩君家辨圣贤。
轻似鹅毛都不管，开罇莫忘约青莲。

注：青莲，指镇江诗家兼书法家李宗海先生。

59. 虞美人·词到重光风始真（1986 年 10 月）

翠环檀板珠楼上，词为尊前唱。鹿侯烟月泣香红，只是昙花一现未成风。

重光北首风初变，情性深深见。依声漫道胜朝悲，且把人生真味笛中吹。

注：鹿虔扆为孟蜀太保，蜀亡不仕，作《临江仙》以寄意，其下片云："烟月不知人事改，夜阑还照深宫。藕花相向野塘中，暗伤亡国，清露泣香红。"见《花间集》。

60. 论诗赠上海诗词学会诸诗友（1986 年）

千载香山比兴新，根苗华实不轻论。
情关时政词多健，歌到生民义自尊。
次韵数违才子愿，醉吟同断大夫魂。
诗家九派春波绿，正汇江声下海门。

注：
1. 元稹倡步韵和诗，白居易数违其愿。元致白书云："奉烦只此一度，乞不见辞。"（见白居易《和微之诗二十三韵并序》）
2. 醉吟先生《与元九书》："泽畔之吟，归于怨思。"

61. 芙蓉馆文会——酬粤海诸公兼呈与会诗友

芙蓉客馆百花香，五色宣妍光照廊。
初怪三冬春意闹，更疑一夜雨声长。
兴衰辩盛心潮涌，正变风催国运昌。
欲拟高情比清韵，粤山挺秀水沧浪。

62. 鹧鸪天·丁卯春节（1987年1月）

便自今朝玉兔驰，关山未见马蹄迟。金城叠宕千家韵，梅岭飘扬四老诗。

霜上鬓，月沉卮，盈虚消长有人知。何须劝献椒花颂，请待春风入座时。

63. 读"纤笔一支谁与似"，怀念丁玲（1958年5月）

白马如呼马不当，谪人恐亦出人行。
谁怜《风雪人间》主，二十余年老北荒。

64. 哭渠彤（1987年7月）

可惜丁年百练功，却教老泪哭渠彤。
如何朝别南湖水，夕报冤魂不再逢。

注：渠彤为叔容学生，苦练拳功，卓有成效。1987年7月1日下午在龙亭游泳，不幸溺水而亡，年方十八岁。

65. 改造诗词用韵四咏（1987年）

其一

韵部森严起制科，千秋桎梏奈诗何？
而今评点新天地，再守成规不足多。

其二

改造唐音起迅翁，流传四海已成风。
既将词韵为诗韵，再将真侵取大同。

其三

闭口音空纸上谈，葬花诗已并先盐。
英雄所见同如此，未必依谁马首瞻。

其四

东庚合韵著诗骚，韩子从风韵欲飘。
何事春官心太忍，束残弓足瘦宫腰。

注：此四咏是拙作《发展诗词创作，改造用韵方法》一文的总结。余主

张诗词用韵放宽,以利创作。所倡并韵,例证很多。韩愈《此日何足惜,赠张籍》合并东庚,用韵最宽。

66. 祝中华诗词学会成立（1987 年）

嘉会香蒲赋屈骚,中华儿女仰清标。
诗关国政源流远,笔配春秋品第高。
何用艳词嘲翰墨,好将谲谏入箫韶。
虞廷新生赓歌手,布鼓雷门敢不敲。

67. 送别（1987 年）

河洛清辉起永嘉,风云陡起客天涯。
归来骨肉情多少,不让黄河万里沙。

注：1987 年 9 月,接待台澎归客,客自言先祖原籍洛阳,乃知其为永嘉南奔之乡亲后裔,诗以送之。

68. 马鞍山新成李白纪念馆感赋（1987 年）

白也新成百尺楼,吟鞭高会楚江秋。
大鹏赋罢风怜目,明月邀来杯没头。
尚有古风惊旷代,宁无刍议入清讴。
卧龙法肃猖披尽,汉水东南逐电流。

69. 恭贺叔容夫人六十晋九初度（1987年11月）

花甲新更九度辰，天孙依约旧时春。
一身矫健武林客，八节康宁寿域人。
传艺每争天早晚，临池不计岁寒温。
殷勤著得书成帙，犹向松窗问字频。

70. 武林杂咏四首（1988年）

其一

少林侠义万夫雄，闪转腾挪拳脚风。
练就金刚好身手，扶危除暴不居功。

其二

太极拳柔形意刚，刚柔复互转为强。
更参八卦明相济，兼并三家成大方。

其三

太极中分孙氏拳，回环开阖本天然。
纷纷子弟传薪火，只在南湖烟水边。

其四

乌龙绞柱守中攻,快马加鞭退后赢。
起舞常随鸡唱晓,剑花飞在半天星。

71. 哀悼飞将李鹏礼同志五首（1988 年）

其一

一奸操刃破天罗,百客围观柱自多。
大义昭昭飞将死,伤心泪下国殇歌!

其二

偷儿持械岂为偷,直是江洋盗一流。
助义若捕官里去,明朝又见大街头。

其三

囹狱栖迟三五天,出来依旧没遮拦。
护身自有千条法,一剑随仇万胆寒。

其四

官风古道两危微,利重心邪义莫为。

但使千家驹执法，穷凶哪得出重围。

其五

卧龙治蜀法先明，子产为邦刑不轻。
法肃岂容奸作践？刑轻实劝盗纵横。

注：1988年3月2日，一级飞行员李鹏礼在哈尔滨仗义擒贼被刺，当时观者百人，莫能相助，可胜浩叹。见《光明日报》。（四月初，凶犯在京落网。）

72. 歌咏"一国两制"（1988年）

炎黄骨肉本相亲，且举金杯洗战尘。
两地何妨存两制，台澎终古一家春。

73. 哀悼张树德同志（1988年5月）

犹记同抡构厦材，当年襟抱几曾开。
方期妙手宣新政，何忍强魂赴夜台。
晋水长怀人不返，辽天空望鹤重来。
白头已恨知音少，又听山阳一笛哀。

注：十年前余参与河南省高招委员会，与君同选英才，并论河南教育，得君一一首肯。

74. 赠刘玉华先生（1988年6月）

玉腕翻成巾帼雄，霜刀飞起绣衣风。
谁知东亚强儿女，始建中华国际功。

注：中华武术不仅可以强身防身，亦曾在1936年第十一届奥运会上，促使西方人士惊知东亚大有强人。中国第一次赢得国际荣誉。当时刘玉华先生以单刀与会，雪腕风生，功载青史，诗以致敬。

附录：华锺彦先生所撰对联、挽联

（一）对联

1. 重修岳阳楼联（1984年3月）

若无子美凭轩，何从盛世知甘味？
上有希文作记，应向高标拜下风。

2. 为包公祠后殿撰联（1987年）

正气上彤廷，取法郑公三疏，明听纳，辨朋党，惜人才，选将实边，奏议服他匡谏笔。
清风飏碧落，不持端砚一方，任刚毅，绝苞苴，威权贵，保民安业，丹青照我瓣香心！

3. 贺七十年校庆（1982年9月）

指艮岳塔为高标，教得天下英才，看学友遍寰瀛，及门桃李三千子。
借十二大之东风，邀来中秋明月，与嘉宾谈业绩，共寿弦歌七十春。

4. 为黄河浏览区贵宾室撰联（1985年11月）

嘉宾自湖海来，鼓瑟吹笙，代以黄河新奏曲。
游踪从洞窗起，登山临水，留将逸兴好题诗。

5. 为绿珠庙撰联（1971年）

金谷歌管纷纷，楼台剧落花枝恨。
博白馨香冉冉，环珮应归夜月魂。

（二）挽联

1. 追悼万曼同志（1971年）

绛帐五十春，早年屡抨暴政，流转南北东西，时愈困斗志弥坚，晚岁峥嵘入我党。
青箱一万卷，放怀从事丹铅，博通古今中外，曲未终清音遽杳，中天凄怆吊伊人!

2. 挽吴鹤九同志（1972年）

地下若逢庄周，为言棒清玉宇，歌动千山，若此逍遥游更适。
人间自有彭祖，要在惠及烝民，功垂万代，不关养生主何如。

3. 挽周恩来总理（1976年）

平生肝胆照人，鹏程先导，利剑斩长鲸，错节盘根何足算。
举世云烟障眼，铁帚方挥，狂飙摧大树，琼楼玉宇不胜寒！

4. 挽曹东清同志（1976年）

八十六春秋，执教辛勤，广育英才传大业。
梅花发时节，老成凋谢，忍看南雁过中州！

5. 挽戴淑芳同志（1977年9月）

卅载辛勤执教，日蚀己编成，可惜撰著不休疾不起。
一家美满生离，天道何可问，只是人生长恨水长东！

6. 挽周拔夫同志（1979 年）

夙昔居处为邻，绿杨明月，形影总相依，放眼奇文共欣赏。
一朝豺狼当道，奋爪磨牙，正直何能免，伤心热泪敢轻弹！

7. 代李春祥等挽周拔夫老师（1979 年）

吾师正直清刚，循循执教，桃李成荫人不在。
彼帮凶残恶毒，咄咄逼人，弥留饮恨痛何如！

8. 挽刘承坤同志（1979 年）

为历史科学，研精覃思，夜以继日，正如蜀道崎岖，万壑千峰俱过眼。
对教育事业，踏实积极，公而忘私，奈何中年溘逝，遗编剩墨尽伤情！

9. 挽钱天起同志（1979 年）

叔夜抱广陵散而亡，要论千古清音，凭谁问业？
伯玉遭段射洪之害，可怜十年冤狱，何处招魂！

10. 代中文系全体师生挽钱天起同志

擢高材，分等第，贯彻六十条，天道无亲应与善。

置青毡，坐涂炭，再进阎王殿，人间何事暗吞声！

11. 钱先生遗像两侧挽联（1979 年）

何来山魈野怪，越货杀人，忆廿载交游伤别梦。
剧怜孀妻弱女，呼天抢地，用十年血泪诉冤魂！

12. 挽高晋生夫子（1982 年）

学继二王，道通三古，沈水忆重逢，灯音书声情剀切。
骊歌七月，鹤化千秋，地坛如再到，露花风叶泪飘零！

13. 挽段再培先生（1982 年）

此老耿介一生，为国育材，遍栽桃李成蹊，别梦乍惊关塞黑。
上寿春秋九十，闭门种菜，忽载云旗远驾，招魂何止杞人忧！

四 | 华锺彦先生学术思想研究
HUAZHONGYAN XIANSHENG XUESHU SIXIANG YANJIU

中国历史文选·前言

姚小鸥

《中国历史文选》是华锺彦教授在20世纪50年代初期编撰的一部教材，现在得以重新出版，显示出它的学术生命力。

本书的初版曾印行三千册，为全国许多高校的历史系所采用（《华锺彦自传》，《中国当代社会科学家》第9辑，书目文献出版社，1986）。从当时全国高等学校历史科系的招生规模看，三千册是一个相当惊人的数字。然而印数反映的一时学术影响并不十分关键，重要的是，这本教材体现了先生不同凡响的学术眼光。那么，这本《中国历史文选》有什么特色，值得它在五十多年之后再版呢？它主要特色在于其选目。本书选目所显示的学术视野和治学方法，对于今天的读者来说，仍然具有重要意义。

"中国历史文选"作为高等学校文科历史专业的课程之一，设置的主要目的，"在于通过各种典型的历史作品，培养学生阅读并运用一般文言文史料的能力，也向学生介绍一些有关中国史料学和中国史学发展概况的常识"（周予同：《中国历史文选》第三版前言，上海古籍出版社，2002）。根据以上要求，在"中国历史文选"这门课程教材的编写中，选目就是首要的问题。它应当标示出中国史料的范围，并通过史料的列举，体现出中国史学发展的概况。

熟悉20世纪60年代以来历史学科统编教材的人都知道，数十年来，《中国历史文选》最为流行的是周予同先生主编的选本。周予同先生的主编本好处很多，但两者相比，在史料的选编方面，华锺彦先生的选本有许多明显的优点。

以先秦部分为例，周予同先生主编本 1961 年第 1 版的内容为：

一，《书》：含《牧誓》［今文尚书］、《克殷解》［逸周书］，共两篇。

二，《诗》：含《七月》［豳风］、《东山》［豳风］、《公刘》［大雅］，共三篇。

三，《春秋三传》：含《晋楚城濮之战》［《左传》鲁僖公二十七年、二十八年］（节录）、《晋人败秦师于殽》［鲁僖公三十二年、三十三年］、《晋赵盾弑君》［《公羊传》鲁宣公六年］、《虞师晋师灭夏阳》［《穀梁传》鲁僖公二年］，共四篇。

四，《国语》：含《越王勾践灭吴》［越语上］、《楚昭王问于观射父》［楚语下］，共两篇。

五，《战国策》：含《苏秦从燕之赵》［赵策二］、《秦围赵之邯郸》［赵策三］，共两篇。

从文献类型来说，该选本所选先秦文献中只有传世文献而不包括出土文献。在传世文献中，主要是经书和史传，共八种，即《尚书》《诗经》《逸周书》《左传》《公羊传》《穀梁传》《国语》和《战国策》。

而华锺彦先生选编本的先秦部分包括传世文献与出土文献两部分。传世文献则包括《尚书》《逸周书》《诗经》《左传》《穀梁传》《国语》《战国策》《礼记》（以上与周予同先生主编选本大体相同，少《公羊传》一种，多《礼记》），以及《老子》《墨子》《管子》《孟子》《庄子》《荀子》《韩非子》《吕氏春秋》等子部书（李斯的文章有人归入子部，此处不详论），还有《山海经》和《楚辞·涉江》，计十九种。另有《大盂鼎》《虢季子白盘》《诅楚文》等出土文献及《秦绎山刻石》计四种，两者相加共计二十三种。

前面说过，与选目直接相关的是史料之检选，在学术史上，许多学者就史料之重要及中国史料学的范围发表过明见。梁启超《中国历史研究法》全书共六章（《中国历史研究法》，东方出版社 1996 年版），言史料者即占两章，即《说史料》与《史料之搜集与鉴别》。《中国历史研究法》列举的文献种类繁多，大致将可划分为传世文献与出土文献两大类。其中，又将出土文献细分为"古逸书及古文件之再现"与"金石及其他镂文"（《中国历史研究法》63页、66页）。

梁启超先生对中国史料学的这种概括与分类，是由20世纪初期中国史学的发展实践所决定的。下面首先谈一谈"古逸书及古文件之再现"与"金石及其他镂文"，即现在学界艳称的出土文献的问题。有关出土文献在史料学方面的重要意义，王国维、陈寅恪等前辈学术大师曾有切中肯綮的阐述。王国维在《最近二三十年中中国新发现之学问》中，曾列举19世纪与20世纪之交中国新发现的学术资料与形成的新的学术门类，他说：

> 古来新学问之起，大都由于新发现之赐。有孔子壁中书之发现，而有汉以来古文学家之学。有赵宋时古器之出土，而后有宋以来古器物古文字之学。唯晋时汲冢竹书出土后，因永嘉之乱，故其结果不甚显著。然如杜预之注《左传》、郭璞之注《山海经》，皆曾引用其说，而《竹书纪年》所记禹、益、伊尹事迹，至今成为中国文学上之重大问题。然则中国书本上之学问，有赖地底之发见者固不自今日始也。

在《最近二三十年中中国新发现之学问》中，王国维归纳了20世纪初期中国新发现的5类新材料，其中除大内档案外，其余四种，即"殷墟甲骨""敦煌遗书""汉晋木简"与"中国境内之外族遗文"都可归于出土文献之列。

有关出土文献研究对于新的学术方向乃至新的学科生成的意义，陈寅恪先生也发表过重要的讨论。他在《敦煌劫余录序》中说：

> 一时代之学术，必有其新材料与新问题。取用此材料，以研求问题，则为此时代学术之新潮流。治学之士，得预于此潮流者，谓之预

流（借用佛教初果之名）。其未得预者，谓之未入流。此古今学术史之通义，非彼闭门造车之徒，所能同喻者也。（《历史语言研究所集刊》第一本，1930年）

王国维先生《古史新证》第一章《总论》中指出：

> 吾辈生于今日，幸于纸上之材料外更得地下之新材料，由此种材料，我辈固得据以补正纸上之材料，亦得证明古书之某部分全为实录，即百家不雅驯之言，亦不无表示一面之事实。

上文王国维先生所谓"百家不雅驯之言"，首先要包括《山海经》。《山海经》在《隋书·经籍志》中列为《史部》地理类第一种，《经籍志》说："汉初，萧何得秦图书，故知天下要害。后又得《山海经》，相传以为夏禹所记。"按《隋书·经籍志》史部地理类收录图书一百三十九部，史臣在该部类后叙中仅述及数种，可见非以其为寻常。《四库全书》将其列为子部小说家类。《四库全书总目提要》说："《山海经》之名始见《史记·大宛传》，司马迁但云《禹本纪》《山海经》所有怪物，余不敢言，而未言为何人所作。"《四库提要》又说："观书中所载夏后启、周文王及秦汉长沙、象郡、余暨、下巂诸地名，断不作于三代以上。殆周秦间人所述，而后来好异者又附益之欤。"

在这里，我们特别要指出，史迁"不敢言""《禹本纪》《山海经》所有怪物"，不见得是以为《禹本纪》之类传自先秦的史籍文献无可采信之处，其所怀疑者，在其所言之"怪物"而已。这一点，可由《史记》的《五帝本纪》等相关部分的叙述得以明证。

《山海经》等先秦文献的史料价值，由王国维先生在20世纪初期的成功使用而得以肯定。我们知道，《史记》中《夏本纪》与《殷本纪》的可信性长期受到怀疑，重要原因是所记诸王世系称名在后人看来相当怪异。王国维先生利用卜辞与包括《山海经》《楚辞·天问》等往日为人所忽视的传世文献进行对比研究，得出结论说：

> 《史记》所述商一代世系，以卜辞证之，虽不免小有舛驳而大致不误。可知《史记》所据之《世本》全是实录。而由殷周世系之确实，因之推想夏后氏世系之确实，此又当然之事也。又虽谬悠缘饰之书，如《山海经》《楚辞·天问》，成于后世之书，如《晏子春秋》《墨子》《吕氏春秋》，晚出之书如《竹书纪年》，其所言古事亦有一部分之确实性。(《古史新证》52—53页，清华大学出版社，1994年版。)

我们认为，《隋书》将《山海经》列入史部，反映了西汉以降诸史家的史学观念。"四库"馆臣对《隋书·经籍志》史部的去取，则反映了清人所受到的宋代以来疑古思潮的影响。但即使四库馆臣，对于《山海经》的资料来源及史料价值也并不一味持否定态度。《四库全书总目提要》在前引文后接着叙述《山海经》的传承和性质，并将之与《天问》等先秦文献相比较。《四库全书总目提要》说：

> 观《楚辞·天问》多与相符，使古无是言，屈原何由杜撰？朱子《楚词辨证》谓其反因《天问》而作，似乎不然。至王应麟《王会补传》引朱子之言，谓《山海经》记诸异物飞走之类，多云东向、或曰东首，疑本因图画而述之。古有此学，如《九歌》《天问》皆其类云云，则得其实矣。

"古有此学"，即古代图文并茂的史传方式。《四库全书总目提要》作者的这一论断是正确的。直到汉代，这一传统仍有余绪，王逸的儿子王延寿所作《鲁灵光殿赋》，对此有所记载。(王延寿《鲁灵光殿赋》，费振刚等辑校：《全汉赋》，北京大学出版社，1993。) 总之，新一版的周予同先生主编《中国历史文选》选目的去取所体现的史料学的思想的进步,衬托出华锺彦先生选编本的超卓学术眼光。

以华锺彦先生选编《中国历史文选》先秦部分的选目与静安先生《古史新证》的相关论述对照,可以见华先生的史料学思想传承有自,另一方面也可由此而窥见静安先生史学观念的某些来源。细读《史记·五帝本纪》的赞语,可知静安先生的上古史观,从方法论上来说,远承自太史公无疑。

我们在上面谈到的周予同先生主编的《中国历史文选》是其第1版,1961年出版,在华先生的选编本出版8年以后。这本书的2002年新1版,选目较前有所变化,增加了两篇出土文献,其一是《武丁卜辞》二则,其二是金文《大盂鼎》。传世文献也有所增删,删去《公羊传》和《穀梁传》,增加了《世本》和《楚辞·天问》。增加《楚辞·天问》自然是有见之举,但该书的新版中仍未加入"诸子"与《礼记》和《山海经》等具有代表性的重要的先秦文献。

关于《礼记》等"三礼"之书是否入选"历史文选"的问题,与重要的学术公案相系。对于礼乐文化笼罩下的先秦史来说,礼书之重要本无可疑。问题在于"三礼"之书作为先秦典籍,其产生的时代,被古史辨派学人等疑古派所怀疑。然而20世纪80年代以来,有关讨论显示,"三礼"作为先秦文献的真实性及其价值已得到肯定。尤其是20世纪末,在楚简文献,如《郭店楚简》《上海博物馆藏战国楚竹书》中,发现了《礼记》中的《缁衣》等篇,证明了汉人关于《礼记》传承的叙述是可信的。

华锺彦先生《中国历史文选》与周予同先生主编本另一个重要的不同点在于,华先生选编本选取了相当数量的诗词歌赋,乃至笔记小说、戏剧及其他通俗文学作品。

这类文献,计有:《汉乐府歌谣古诗选录》十首,《魏晋南北朝诗歌选录》六首,《唐诗选录》十六首,《宋元诗词选录》九首,《元曲小令选录》六首,《近代诗词选录》六首,共有诗歌五十三首。另有王褒的《僮约》《世说新语选录》《唐人笔记小说选录》《宋元笔记小说选录》《桃花扇·争位》、李大钊的《青春》等。

怎样来看待这些似乎并非"正规"的史料呢?我们以为,这些史料的选取,正反映了华先生在选本中所显示的史识。

关于文学作品的作家对于历史的认识,以及文学作品对于历史的反映,恩格斯曾在致英国作家哈克纳斯女士的信中有经典的论述。

恩格斯在信中说:"巴尔扎克,我认为比过去、现在和将来的一切左拉都要伟大得多的一个现实主义艺术家。"究其原因,恩格斯认为:"在他的《人间喜剧》里,给予了我们一部法国'社会'的卓越的现实主义的历史,他用编年史的方式,从一八一六年到一八四八年,一年一年地描写日益得势的资产阶级对于贵族社会的日甚一日的压迫,这贵族社会是在一八一五年后又崛兴起来,尽可能地重新竖起古老法国的生活方式的旗帜。他描写这个在他看来是模范的社会的最后残余怎样在庸俗的铜臭的暴发户的威迫之下逐渐灭亡下去,或者被这种暴发户弄得堕落起来。"

有关巴尔扎克《人间喜剧》中的描写与法国历史的关系,恩格斯说:"在这个中心图画的四周,他安置了法国社会的全部历史,从这个历史里,甚至在经济的细节上(例如法国大革命后不动产和私有财产的重新分配),我所学到的东西也比从当时所有的专门历史家、经济学家和统计学家的全部著作合拢起来所学到的还要多。"(《恩格斯给哈克纳斯的信》,《马克斯、恩格斯、列宁、斯大林:论文学和艺术》第20页,人民文学出版社,1958年版。)

恩格斯说,他从巴尔扎克的小说中,"所学到的东西也比从当时所有的专门历史家、经济学家和统计学家的全部著作合拢起来所学到的还要多"。我们认为,这并非故作惊人之语。

就中国的情况而言,文学作品在反映历史的真实性方面,具有殊别于其他文献的特定作用和重要价值。古今作家对此往往有自觉的意识，读者亦有相当的敏感。从以史解诗到以诗证史，中国学者对于"文"与"史"关系的认识是有传统的。

熟悉现代史学的人都知道，陈寅恪先生是文史兼能的大家，陈先生既重视制度史，对文学史这样的专门史也极下功夫。他的专著《元白诗笺证稿》（陈寅恪：《元白诗笺证稿》，上海古籍出版社，1978）及收入《寒柳堂集》的论文《韦庄秦妇吟校笺》（陈寅恪：《秦妇吟校笺》，《寒柳堂集》109—139页，上海古籍出版社，1980）都是著名的例子。陈氏在《秦妇吟校笺》的结语中说："特拈端己（韦庄）所以讳言《秦妇吟》之公案，以待治唐五代文学史者之参究。"然观陈氏在该篇小序中所言"亦有裨于明瞭当日徐淮军事之情势"云云，可知其研究所注目及结论之意义，皆不在一端。

文学作品之为重要史料，有其特殊的价值，尤其当世人所记，往往有不可替代者，大者如记洪宪称帝（刘成禺、张伯驹《洪宪纪事诗三种》，上海古籍出版社，1983），小者如郁达夫之记家变（郁达夫：《毁家诗纪》）。然文学作品中所述事迹，往往不可等同一般史料的历史细节描述，这一点可由华本所选之《桃花扇》为例加以阐说。

关于《桃花扇》，该剧本作者及读者皆注目于其与史实密合与否，事实似不尽然。该剧作者孔尚任在《桃花扇本末》中说："族兄方训公，崇祯末为南部曹；予舅翁秦光仪先生，其姻娅也。避乱依之，羁栖三载，得弘光遗事甚悉；旋里后数数为予言之。证以诸家稗记，无弗同者，盖实录也。"依孔氏所言，似乎在《桃花扇》一剧中，大至当时朝堂、外镇各种矛盾，小到一姬乃至一扇之历史末节，都可得以表现，实则不然。

有学者认为，若拘泥于历史细节来看《桃花扇》的话，它简直不能算是历史剧，至少不能算是严格意义上的历史剧。（章培恒：《〈桃花扇〉与史实的巨大差别》，《复旦学报》2010年第1期。）那么，这类资料的史料价值何在呢？

我们认为，历史学家是人，而不是一架体内装载了计算机的木偶，历史学者对于历史的感念，是重要，甚至可以说是首要的学术素养。文学作品选入历史教科书，其价值除恩格斯所说"细节"外，更在于启发读者对于历史真相的总体把握。读者方面，所得到的对相关历史的总体感悟，作用不可小觑。

现行的通史教育，过分重视社会形态演进规律的探索，故侧重于政治制度史和战争史等，对于其他专门史的研究则重视不够。众所周知，从《史记》《汉书》以降的中国传统史学著作中，专门史就是不可分割的内容。《史记》的"书"、《汉书》的"志"，世世效法，而《史记》《汉书》中所附载文献，多今人所称文学作品者。《史记》的《屈原贾生列传》《司马相如列传》《汉书·扬雄传》等所载诗赋，人所尽知。

华先生《中国历史文选》所选《史记》的《平准书》及《货殖列传》，周予同先生主编《中国历史文选》所选录《史记·平准书》及《汉书·食货志》值得称赞，但总体上来说，各种专门史内容还是较少在历史著作中得到反映。历史学界的这一学术倾向必然反映在作为历史系重要教材的《中国历史文选》中。

有关人们精神和物质生产的全部历史，都应该是历史著作描述的内容，也应该为历史教科书的编写者所瞩目，这本不应当是什么问题。但许多年来，许多历史著作，包括历史教科书，将"人们"的历史叙述为"人民"的历史。在这一史学理论指导下，专门史在历史教科书中被淡化就是必然的现象了。

华锺彦、周予同先生分别选编、主编的两部《中国历史文选》的编撰背景，是否可以说，有以下几点。

1. 华先生的选本是个人著作；而周先生主编的选本是在最高教育部门主导下的集体编著。

2. 华先生的选本是在20世纪50年代初各种思想政治运动热烈红火，

但尚未深入到学术内部时所编，是一本承继旧时代学术传统的著作；而周予同先生的选本是在经历了种种政治风潮之后，在20世纪60年代初期学术潮流影响下所编写。

3. 华先生本人不是一般意义上的历史学家，他是一个旧时代造就的文史兼通的大学教授，对历史学界的"圈子"而言，华先生只是一个"票友"，故所受"圈内"影响较小；周先生系史学界名家，除官方指令的因素外，其所主编的文选不能不受到当时"圈子"内各种因素的影响。

20世纪50—60年代，中国大陆的史学界曾经关注什么问题，大家尚有记忆，这里就不多说了。

需要说明的是，我们只是在分析华锺彦先生选本的选目特色时，顺带以周予同先生主编的这本教材的选目作为对照，并无意全面评论两本文选的优劣。前面已经说过，周先生主编的这本教材，好处很多。且周予同先生《中国历史文选》第一册的《编辑说明》第三款说明："本教材所选篇目，根据1956年教育部印发的《中国历史文选教学大纲（草案）》所订目录加以修正补充。"由此我们可以知道，该文选的选目并不能完全代表周先生本人的学术主张。由于周予同先生主编《中国历史文选》是严格按照教育部印发的教学大纲选编，代表了当时历史学界主流的史学观念，故其倾向值得我们格外注意。

作为华锺彦先生的学生和本书的校订者之一，我有义务在这里向读者介绍本书的作者。

这本《中国历史文选》的选注者华锺彦先生，沈阳市人，1906年生。先生家中本贫苦，父兄力耕，仅得温饱。先生十岁始入私塾读书，知父兄寄予厚望，故学习勤苦，"在高小以前八年，每试必拔前茅"。师范毕业后，教初中一年，旋即考入东北大学，"九一八"事变后，辗转入关，插班考入北京大学国文系，1933年毕业。

华先生学术的养成，除本人刻苦勤学，还得益于师辈的教诲。先生晚年回忆，大学期间，曾师从高亨、曾广源、钱玄同、马裕藻、张旭、罗庸、郑奠、林损、俞平伯、许之衡诸先生。他还由曾广源先生介绍为高步瀛先生的入室弟子，专学唐宋诗词。故先生就学期间对于文字、音韵、训诂及文选学、《诗经》学，及诗、词、曲等皆有钻研，并终有多方面的造诣。先生在20世纪30年代即有多种撰著，1937年由商务印书馆印行的《戏曲丛谭》，实为专门史之著作。

从学科归属来说，中国历史文选可以列入文献学。从文献学方面来说，对华先生影响最大的老师是高亨先生，高先生是王国维先生在清华研究院的高弟，从师承方面，可以看出华先生所以兼擅文史之根柢。

华先生对高亨先生终生持弟子礼甚笃，高亨先生1980年在河南人民出版社出版的《老子注译》一书，即由华先生亲加校订。华先生在这本书的后记中说：因高亨先生年高体弱，目力不支，这部书稿未能最后校定。"故委托我加以校理。我自知才力短浅，不能胜任，但'有事弟子服其劳'，自应黾勉从事。"华先生说：这部书的校理，除常规的语言文字修整删削外，"对于原稿本的注释、译文、分析诸方面，或有繁简的建议，或有去取的商榷，或有另说的增补，都得到了高先生的首肯而后改定"（《〈老子注译〉校后记》，《老子注译》，河南人民出版社，1980年版）。那一年，高先生年届八十，华先生也已经是七十三岁的高龄了。

作为以中国古代文史为专业的学者，华锺彦先生沾溉了中国最优秀的文化传统并尽其可能发扬光大之。就狭义的中国古代文学而言，华先生精专于诗词曲赋的创作，且有多种诗词选本问世。20世纪30年代，即有《花间集注》之作，由商务印书馆印行，晚年又领衔选编了《五四以来诗词选》与《诗歌精选》。前者集"五四"以来中国传统体裁诗歌之大成，后者则以历代爱国诗人之名作为选录标准。1988年夏天，《诗歌精选》即将印行，出版社派人到先生在北京砖塔胡同的寓所商谈定稿细节，我适前往看望先生。先生对我谈及此书的遴选要旨，念念不忘者在发扬祖国的文化传统，及在青年中弘扬爱国精神之必要。不意先生竟因校理此书劳顿太过，遽而弃世，此亦文人之所终者欤。

2010 年 12 月于北京

华锺彦先生的《戏曲丛谭》及其他

康保成

一

今年暑假,华锺彦先生哲嗣华锋兄将三巨册《华锺彦文集》(河南大学出版社,2009年5月版)惠寄舍下。翻开封面,得睹锺彦先生1937年在北京东北大学任教时的遗照。英姿飒爽,儒雅风流,令人倾倒。接下来还有先生在河南大学任教时的照片及与家人的合影、手迹等。一时间,三十年前秉承先生教诲的场景如在目前,真是感慨万千。

先生原名连圃,辽宁省沈阳市人,1906年10月出生。早年就读于奉天省立第一师范学校,后考入东北大学,"九一八"事变后转学考入北京大学国文系,1933年毕业。曾经师从高亨、曾广源、钱玄同、马裕藻、张旭、罗庸、郑奠、林损、俞平伯、许之衡、高步瀛等名家,先后在天津女师学院、北京东北大学、长白师范学院、东北师范大学、河南大学任教。

1975年,我被推荐到河南大学(当时校名开封师范学院)中文系读书。翌年中国发生了几件大事,这就是周恩来、朱德、毛泽东的相继逝世和"四人帮"的倒台。我记得,锺彦先生写了一副饱含激情的悼念周恩来总理的挽联,高高悬挂在学校大礼堂大门两侧,可惜具体内容已不记得。好在《华锺彦文集》中收有先生悼念周总理的诗、词各一首,可窥见先生当时思想光彩之一斑。

"四人帮"倒台,先生被任命为中文系副主任,正可谓老树新花,格外璀璨。正当先生跃跃欲试,企图为教学科研贡献力量的时候,不知从哪里吹来一股"反自由化"的邪风,当初曾经宣称"我就是要搞教授治校"的党总支领导立刻换了一幅嘴脸,把先生列为内部掌控的调查对象,就连先生辅导的七八级古代文学学习小组的壁报也成了罪证。然而"青山遮不住,毕竟东流去","左派们"导演的闹剧草草收场,先生却依然故我,而且更加赢得学生们的爱戴。

我于1978年毕业留校,在中文系古代文学教研室当助教,与先生的接触较多。先生为七七、七八级开先秦文学课,以七旬高龄,尚能流利地背诵《离骚》,令同学们惊叹不已。这固然与他的博闻强记有关,但主要是由于他的勤奋好学,不少同学曾看到他在住宅旁的小河边背诵《离骚》。有一次我去先生家,见他正在备课,摊着一床书,不由想起"年年岁岁一床书"的诗句,同时又诧异:依先生的学问,给本科生上基础课还需要这样费劲备课吗?先生似乎看出了我的心思,告诉我说:作为一名教师,必须把上好课当成第一要务,况且温故而知新,每次备课,都必然会有新的体会。先生的话使我大受教益,我后来也在教学中努力实践这一教诲。

1979年,我考入河南大学中国古代文学专业研究生,师从李春祥老师攻读硕士学位,期间亦常常得到先生的耳提面命。1984年春,我考入中山大学,师从王季思老师攻读博士学位,得锺彦先生极力推荐。先生在给季思师的信中,称我是硕士生中之"翘楚",这谬赞至今令我汗颜。

二

《华锺彦文集》的第一种即为《戏曲丛谭》。此书1936年由商务印书馆出版,是年先生还不足30岁。同年,戏剧史家周贻白的《中国戏剧史略》亦由商务出版。

我最早听说《戏曲丛谭》是在1979年底。当时我读硕不久,河南大学邀请中山大学王季思老师来校做学术报告,大礼堂里座无虚席。会后,季思师和河南大学师生座谈。季思师问:华先生您是哪里人?先生回答：沈阳人。季思师说：我早年读过沈阳华连圃先生写的《戏曲丛谭》。华先生笑着说：华连圃者，华锺彦也。季思师站起来走到华先生面前，紧握着华先生的手说："失敬，失敬！"季思师评价说：《戏曲丛谭》出版时，有关戏曲的专著还很少，学者们不屑于介入通俗文学研究，华先生的观念很新，书的影响也很大。（大意）这一学术掌故在白本松先生写的《华锺彦文集序》中也曾提及，惟细节略有出入。

我在中山大学攻读博士学位时，无意中在中文系资料室发现了一本1936年商务版的《戏曲丛谭》，想起季思师的评价，便如饥似渴地读起来。可惜由于音韵学基础薄弱，对书中的某些部分感到艰深难懂，更难以驾驭南北曲写作。后来，我看到台湾地区将此书列为国学基本书籍，遂写信将这一信息禀告华先生及其公子华锋兄。

今天，当我捧起《华锺彦文集》，再次阅读《戏曲丛谭》时，禁不住想对此书作一番雌黄之论。

《戏曲丛谭》分上下两卷，共十章。上卷为：第一章渊源，第二章体制，第三章声律，第四章宫调论，第五章脚色考；下卷为：第六章南北曲之区分，第七章北曲作法，第八章南曲作法，第九章度曲法，第十章流派。显然，这在当时堪称是相当完整的成体系的戏曲论著。

正如季思师所说，华先生的文学观念很新。他在本书《自序》中说："余舞象时，好读元人散曲小令，以为元曲太羹，真味沁齿，寝假而习杂剧院本，益知其结撰之美妙，不在宋词唐诗下也。"这种不以戏曲"托体稍卑"而大加赞扬的做法，在当时文人中并不多见。《戏曲丛谭》中涉及的不仅有元杂剧、明清传奇，而且还专门对"时剧"加以讨论。华先生说："时剧者谓近代流行之戏曲也。"书中对昆腔、弋阳腔、海盐腔、罗罗腔、京腔、勾腔、秦腔、梆子腔、西皮、二簧、吹腔、楚调、汉调等一一介绍。这种与时俱进的观念，超过了王国维、吴梅等前辈。王国维在戏曲中独推元曲，吴梅一生致力于昆曲，齐如山看不起京剧之外的地方戏，而锺彦先生则把民间戏曲与元曲、昆曲等量齐观。

华先生的《戏曲丛谭》晚于王国维《宋元戏曲史》20余年,晚于吴梅《中国戏曲概论》10年,明显受到两位大师的影响,但又能后出转精,颇为不易。有时候,《戏曲丛谭》像是在为王史作阐发。例如《宋元戏曲史》开篇即云:"歌舞之兴,其始于古之巫乎。"这容易让人摸不着头脑:明明说的是"戏曲",怎么扯到"歌舞"上去了?《戏曲丛谭》第一章第一小节云:"夫戏者示人以形,曲者娱人以声;戏以习舞,曲以赓歌,故戏曲之义,犹言歌舞而已。"这就生动形象地把歌舞与戏曲的关系揭示出来了,让人耳目一新。

在戏曲渊源方面,《戏曲丛谭》首次提出:"有唐一代,为中国戏曲变迁之关键。"这一提法,被任半塘先生《唐戏弄》引用并加以赞扬。

可以看出来,《戏曲丛谭》特别重视形式亦即形态方面的研究。十章正文,几乎每章谈的都是形式。虽然书中难免有"曲本位"的影响,但比起20世纪50年代以来受"批判形式主义"影响而产生的一些论著,要更加接近对戏曲本体的研究。

华先生目光敏锐,往往在人们熟视无睹的材料中有新的发现。例如第一章对弹词和打连厢唱法的关注;第二章对院本之唱法的讨论,以及提出《王西厢》为院本说;第五章发现"古今末色,名同实异";第七章提出"入声字作平声有阴有阳,非俱属阳"等,均对今天的研究有启发。以下分别述之。

众所周知,弹词虽不是戏曲,但对戏曲产生了重要影响。《戏曲丛谭》提出,唐代的变文为弹词之源,其体制特点是有唱而无白;至宋变而为淘真,金代诸宫调《董西厢》既为"搊弹词",亦即弹词也。"弹词之体制甚多",元杨维桢《四游记弹词》、明杨慎《二十一史弹词》均"古本之著者"。

《戏曲丛谭》以毛奇龄《西河词话》为据,指出金代所谓"打连厢"唱法奇特:"司唱之人,在座间不在场上。"并由此推断,元代杂剧末尾之题目正名,由座间代唱,即来自打连厢唱法。《戏曲丛谭》还指出,所谓"连厢",并非毛氏所云"连四厢舞人"之意。"厢"即《曲礼》所云"邻有丧,舂不相"之"相",是一种乐器。先生此论甚确,溯源而上,可知打连厢来源之早。

院本,是一种特殊的戏剧形态,明以后失传。以往胡忌等前辈学者注重文献辑佚,从小说或杂剧中寻觅院本的踪迹,最近有学者追溯"院本"的语源亦有创获。但院本究竟怎样演法?明代有人以为"扮演戏文跳而不唱为院本"。《戏曲丛谭》以大量文献为根据,指出院本非不唱,而是"扮演者跳而不唱,唱者乃在座间",迄今民间流行的戏剧开场前"扮天官以导之"(即"跳加官",笔者注)即其遗意。这一看法很有见地,值得学术界重视。

此外,毛奇龄《西河词话》云:"有连数杂剧而通谱一事,或一剧或二剧或三、四、五剧,名为院本。"《戏曲丛谭》指出:"王实甫《西厢记》即其例。"这个结论不一定正确,但对于《西厢记》"五剧"的理解,从此又多了一个角度。

脚色即通常所说的生、旦、净、末、丑,它们介于演员和角色(剧中人)之间,是我国戏曲独有的现象。研究中国戏曲,不能不重视脚色。《戏曲丛谭》用一章的篇幅研究脚色,是真知戏曲者。

戏曲中脚色之复杂,在于名与实经常转换。不同的时代(宋、金、元、明),不同的剧种(如杂剧和南戏、南戏和传奇),名虽同而实际意义相差甚远。《戏曲丛谭》指出:戏曲脚色名称,"不无重复错综之处,当时习用,妇孺皆知,代易时移,鲜能详辨"。一语道破研究脚色的关键所在。

戏曲脚色中,"副净"与"净"互为重叠,关系难以厘清。《戏曲丛谭》提出:"副净与净,古皆以参军名之,则其原意可相通,盖净之外又副一净,故假名副净,久假而不归。"言简意赅,清晰允当。又,"末"与"副末""末"与"生"两对脚色之间的关系,前者名同而实异,后者名异而实同,《戏曲丛谭》均钩弋群书,并抒所见,条分缕析,足以成说。此外,"邦老"与"孛老",有人认为"邦""孛"乃一声之转。《戏曲丛谭》指出:"邦"者"合帮"之"帮"("四人帮"之"帮"也,笔者注),故多扮演恶人;"孛"者"老悖"之"悖",故多扮演老者。此确为不刊之论。

先生精通音律,长于旧体诗、词、曲写作和吟咏,故在声律、宫调、南北曲作法等方面颇下了一番功夫。《中原音韵》云:"平声有阴有阳,入声作平声俱属阳。"《戏曲丛谭》指出:"此说有不尽然者,例如发、哭、郭、一、昔、夕、歇、喝、屈、说、贴、析等字,俱读阴平。"此论证据确凿,难以辩驳。

在第九章"度曲法",先生指出:"曲在乐府中之地位,不可谓不伟大矣。然而文学家论之为附庸,政治家论之为末技……元、明、清三代乐府,将成绝学,岂不深可惜哉!"我由此想到,先生晚年奔走南北各地,为擅吟诵古诗词曲之著名学者录音,呼吁保存、研究诗词曲吟咏之法,绝非一时之冲动,而是出于他一直以来对民族文化的钟爱和过人的学术眼光。当今口述和非物质文化遗产受到各界重视,先生呼吁研究诗词曲吟咏之意义亦得昭彰。

《戏曲丛谭》进而提出"度曲八要":一为"五音四呼与四等",二为"四声唱法",三为"出字",四为"收音",五为"唱得曲情",六为"合乐",七为"别阴阳",八为"分南北"。这其中固然吸收了明人沈宠绥、近人吴梅等前辈的成果,但字里行间,必有先生自己的心得体会在内。金针度人,不遗余力,先生可当之矣!

先生之学问,绝非吾辈能窥其堂奥。他在《诗经》、花间词、戏曲、诗词吟咏等领域,都有学术史上独树一帜之杰作存世。先生之人品,是吾辈永久楷模。他率直正义,热爱中华文化和教育事业,又爱生如子,诲人不倦。先生的道德文章,有口皆碑。高山仰止,景行向之。今捧读《戏曲丛谭》,情不自禁,草成小文,以慰缅怀之思。

《花间集》现代意义读本的奠基之作
——试论华锺彦《花间集注》编撰特点及学术价值

孙克强

《花间集》是第一部文人词作总集,在《云谣集》被发现之前,一直被认为是词家之祖,故为历代词家所重。自宋以来,《花间集》刊刻不断,而且在明清时期还形成了两个《花间集》出版、评论的高潮。从《花间集》的文本类型来看,明代汤显祖、杨慎均有评点本行世,但《花间集》的注释本在民国之前却一直没有出现。运用现代学术意识,把《花间集》当作经典学术文本来研究,更是要等到20世纪30年代华锺彦《花间集注》和李冰若《花间集评注》的出版。华氏《花间集注》是《花间集》最早的注本,注释精详,考证翔实,特别是对文意的疏通上方便了读者的阅读,在艺术审美鉴赏方面多有发明,不仅在《花间集》的传播和接受上做出了重要贡献,而且《花间集注》本身已成为学术范本,其中许多精辟的见解和科学的方法,值得我们研究和借鉴。

一、《花间集注》的现代学术意义

在词学史上,对《花间集》和花间词的解读大体可以分为三种模式:模拟借鉴的范本、发表词学见解的载体、学术研究的对象。三种模式所体现出的词学观念不同,解读方法不同,产生的效果也不同。分述如下：

第一，将《花间集》作为模拟借鉴的范本。此种模式以学习创作为目的，将《花间集》视为词体本色当行的典范。从时间来看，从五代至清代中期主要是这种模式。在《花间集》编成之时，欧阳炯《花间集序》即概括出了《花间集》婉丽的风格特点："绮筵公子，绣幌佳人，递叶叶之花笺，文抽丽锦；举纤纤之玉指，拍按香檀。"并说明《花间集》的编纂是为了给"公子""佳人"提供欣赏娱乐的歌本："庶使西园英哲，用资羽盖之欢；南国婵娟，休唱莲舟之引。"①此后，《花间集》的婉丽风格成为后世追摹的典范，正如南宋陈振孙《直斋书录解题》对《花间集》的评议："此近世倚声填词之祖也。诗至晚唐五季，气格卑陋，千人一律，而长短句独精巧高丽，后世莫及，此事之不知晓者。"②两宋时期普遍将《花间集》词视为词体本色当行的典范，这种观念一直影响到整个明代乃至清代初中期。明代"永乐以后，南宋诸名家词，皆不显于世，惟《花间》《草堂》诸集盛行"③，足可见当时词坛《花间集》盛行的状况。清初毛先舒《正续花间集序》云："乐府清商、相和诸曲，促节繁音，荡涤心志，缘情绮丽之风，谁其嗣之，不得不奉《花间》为正始，乃笃论也。"视《花间集》"绮丽之风"为词之正体。王士禛《花草蒙拾》云："《花间》字法，最著意设色，异纹细艳，非后人纂组所及。""或问《花间》之妙，曰：'蹙金结绣而无痕迹。'""异纹细艳""蹙金结绣"，正是指花间词浓艳密丽的风格。可见，明清人多将花间词风的婉丽绮艳作为词体当行的正宗和，学习《花间集》的目的在于填词创作。

第二，将《花间集》作为发表词学见解的载体。此种模式赋予《花

---

① 华锺彦：《花间集注》（增订本），商务印书馆，1937年，原叙第1页。
② 陈振孙：《直斋书录解题》，上海古籍出版社，1987年，第614页。
③ 王昶：《明词综序》，万有文库，商务印书馆，1937年。

间集》的重要词人（如温庭筠等）词作以特殊的阐释，表达自己的词学主张。此种模式主要表现在清代中后期常州词派的词学中。张惠言《词选》收录了一些《花间集》的作品，每首附以比兴寄托之说，皆视为有家国、君臣内容的政治作品，如张惠言《词选序》中称"温庭筠最高，其言深美闳约"，又评温飞卿〔菩萨蛮〕（小山重叠金明灭）："'照花'四句，离骚初服之意。"张惠言的这种认识得到了常州词派词学家如周济、陈廷焯等人的普遍认同。但这种牵强附会的解释也招致了后世许多非议。[1] 张惠言等人用比兴寄托解说花间词，其实是为了表达他们对词体的认识，将过去一直视为小道、卑体的词提尊其地位，作为政治教化的工具。

第三，将《花间集》作为学术研究的对象。随着时间的推移，在人们的观念中，《花间集》已经从或是艳体歌本或是政治教化作品逐渐回归文学本位，演变为经典文学文本。从晚清开始，对《花间集》进行校勘、注释、鉴赏，《花间集》成为学术研究的对象和教科书。此种模式又演绎出三种《花间集》的读本，一是注重文字校勘，以为读者提供更为可靠的文本为目的。晚清四大家之首的王鹏运将《花间集》收入《四印斋所刻词》中，并撰写跋文考述其版本源流。其后李一氓的《花间集校》（1958年版），亦属此类；二是着重于评，以表达著者对花间词的认识为目的，以李冰若的《花间集评注》为代表；三是以解释词句、疏通意旨兼及鉴赏者，以教学或普及推广为目的。华锺彦先生的《花间集注》正是此种读本的开山之作、典范之作。

从《花间集》文本的接受来说，前两种模式属于古典形态，以自我的感受和见解为出发点，以别人接受自己的影响为目的，主观性和感发性为其特点；第三种模式属于现代意义模式，其特点是：一方面以客观认识文本为原则，一方面充分注意受众的接受能力，华先生正是对这两

---

[1] 孙克强：《清代词学》，中国社会科学出版社，2004年。

方面的强调使之呈现出学术的现代意义。如果进一步考察，属于现代意义的第三种模式的华氏的《花间集注》，其现代性无疑更为突出。

二、《花间集注》的特点

1935年在《花间集》的传播接受史上是具有划时代意义的一年。此年出版了两部《花间集》的注本：一部是李冰若先生的《花间集评注》（开明书店），一部是华锺彦先生的《花间集注》（商务印书馆），这两部书的出版标志着《花间集》没有注释本的历史结束，同时标志着《花间集》现代研究形态的开始。这两部注本各有特点：李著的特点在简注之外汇辑历代评论，同时将自己评《花间集》之语以《栩庄漫记》之名录入书中。可以说李著着重在"评"，长于批评，尤其是《栩庄漫记》因评论之精彩而颇受研究者好评。而华锺彦先生《花间集注》则有两大特点：一是具有明确的读者对象，为学词者提供能够理解的读本；二是文字理解与美学鉴赏相结合，开《花间集》赏析之先河。这两点突破了以往《花间集》的接受模式，使华氏《花间集注》成为第一部具有现代学术意义的文本。概括起来《花间集注》有以下三个重要特点：

第一，明确的普及、教学目的。《花间集》在民国之前一直没有普及意义的注本，究其原因，一是词为小道，文人不屑为注；二为在古人看来，词本浅显易懂，无须注释。但事实并非如此，随着时代的变迁，语言有很大变化，历代名物的名称也有所转变，顾随先生提到："五代词人之作，本不以隶事为工，似亦无须于笺注。然又有不尽然者。花间一集，简古精润，事长则约之使短，意广则渟之使深，及夫当时之服饰、习语、风俗、地域，在其时固人人口熟而耳习之者，千百年后，时移事改，诵读之下，顿觉格格不相入。"① 华锺彦先生在其《自叙》里阐

---

① 华锺彦：《花间集注》（增订本），商务印书馆，1937年，顾叙第1页。

明了为《花间集》作注的原因:"乡者余读花间集,心爱好之,南北舟车,未尝去箧。客春以斯集教于河北女师学院,诸生皆乐于讽咏,唯其遣事摘词,苦难畅晓,匄余注之。"①说明了为《花间集》作注的直接缘由就是教学的需要,目的是解难释疑。

可以与《花间集注》相比较的是李冰若的《花间集评注》的注释,李著注典虽多,疏通文意却较少,虽富赡广博,但校注简单,严格意义来说,它偏于"资料汇编"性质,有利于做专门的研究运用,但对于初学词者仍有不少疑难困结,难免吃力艰涩之感。李冰若还以《栩庄漫记》名义撰写多条评语,仍然延续的是传统评词方式,为词话性质,批评理论价值高,但对理解文字词章作用有限。而华著"本注于词句艰涩,意难洞晓者,一一疏通。读者或可免冥思苦索之劳。"②用注释把字词加以解释,典故予以揭示,文意进行疏通,切实解决了读者面临的阅读困难,很大程度上帮助读者对《花间集》作品的理解和认识。《花间集》重又成为意脉畅通,优美精妙,余韵悠扬的美文。而这点是李氏《花间集评注》所不能达到的。

第二,现代编纂体例。《花间集注》全新的编撰意图决定了全新的编撰体例,《花间集注》运用现代学术框架创建了比较科学的体例。

首先,华先生自制《发凡》,详细介绍了此次为注的原因及意义,"花间为词中总集之始,唐五代名作之汇归也",华先生认为《花间集》不仅保存了一代词学文献,而且认为"两宋词家,若周、柳、秦、姜、张之伦,莫不导源于是,自来论者推为上选,取而注之,亦示初学先河后海取法乎上之意"。认为读者阅读《花间集》有取法乎上之作用。

其次,著者于十八位词人之下各附小传,钩稽词人生平事迹,将

---

① 华锺彦:《花间集注》(增订本),商务印书馆,1937年,自叙第1页。
② 华锺彦:《花间集注》(增订本),商务印书馆,1937年,发凡第7页。

《花间》词人置于特定的历史环境之中,以期让读者达到以词逆志、知人论世的目的。

再次,《花间集注》对出现的词牌进行了精密考订:词牌之他名、所属宫调、别体、字数、词牌产生之源、词牌之本事等,论点鲜明,论据充分,体现了一代词家的严谨态度和科学方法,这是以前词话性质的评点本所难以攀升的高度。华先生于每首词下,先是根据各本作校。华先生不仅仅是列出异文,并根据词意考证哪个版本用得正确或是最好;接着对字、词、句作注,细究字、词、句之涵义,扫除读者的文字障碍,并疏通章法,以期让读者得到一个全面、客观而深刻的认识。本书虽曰《花间集注》,其实却是集校、注、析、证为一体的良本。第三,主旨的把握与美学鉴赏。《花间集注》注重全书和篇章主旨的把握,尤其在词作艺术的赏析上见解精妙,使《花间集》这部古代经典在新时代焕发出活泼的生命力。

在《花间集》主旨上,华先生认为"其中美人香草,十九寓言。取径欲微,陈义至广。"①这个观点总体来说还是比较客观的,华先生引谢章铤《赌棋山庄词话》自注曰:"诗多男女之咏何也?曰:夫妇人道之始也,故情欲莫过于男女,廉耻莫大于中闺,礼义养于闺门者最深,声音发于男女者易感。故凡托兴于男女者,和动之音,性情之始,非尽男女之事也。"《花间集》中诸家作品,虽以极写艳情,但往往寓含托兴之意,词人的身世之感、世事之忧,乃至于家国之慨隐寓词中。这正是我国自《诗经》《楚辞》以来的形成的风雅传统表现方式的延续与发展。华先生所谓"美人香草,十九寓言"与宋代鲖阳居士、清代张惠言解词的方法是有根本区别的。具体来说就是既注意揭示词中的言外之意、韵外之致,又决不流于微言大义、牵强附会。可以说,《花间集注》的阐

---

① 华锺彦:《花间集注》(增订本),商务印书馆,1937年,发凡第1页。

释审慎而客观，体现了华先生严谨的学术科研态度，也正是如此，《花间集注》对后世的影响才如此深远。

《花间集注》的另一大特点是对词作艺术的鉴赏，如举温庭筠〔更漏子〕第一首"惊塞雁，起城乌，画屏金鹧鸪"之例说明："词意虽明显，意实难通。解家往往含糊其词，打诨过去，不知三句皆承上文漏声而来，言漏声迢递，非但感人也，即征塞之雁，闻之则惊；宿城之乌，闻之则起，其不为感动者，惟画屏上之金鹧鸪耳，以真鸟与假鸟对比，衬出胸中难言之痛也。"[①] 又如释韦庄〔浣溪沙〕（夜夜相思更漏残）中"忆来唯把旧书看，几时携手入长安？"云："相思之极，唯有看旧时书字而已！焉得携手而同回长安耶？"[②] 在字词、名物解释的基础之上，揭示词的意境和情感特点，凡此种赏析全书多有，有课堂教学之痕迹。从阐释方法来看，乃将古人的评点与现代的意象、章法分析相结合。半个世纪之后诗词鉴赏热兴起，《花间集注》实开先河。

三、严谨的学术态度

《花间集注》虽以教学普及为目的，但仍体现了严谨的治学态度，在版本目录、文字音韵校勘、名物考证等方面具有较高的学术水准。

《花间集注》以玄览斋巾箱本为蓝本，以影宋晁本及毛本、清王氏四印斋本为副本，按陈振孙《直斋书录解题》原录、毛氏汲古阁重刊宋本，据《花间集》原来面目，把巾箱本十二卷改回十卷，又根据《尊前集》《词综》《词谱》《词律》《历代诗余》《全唐诗》诸刻本加以校订，体现了著者对文献的熟练掌握和审慎校订态度。

《花间集注》作注时引书颇广，经史子集无所不用，但注中征引最

---

① 华锺彦：《花间集注》（增订本），商务印书馆，1937年，第7页。
② 华锺彦：《花间集注》（增订本），商务印书馆，1937年，第44页。

多的还是唐末五代人的诗、词,特别是大量地"用《花间集》中作家的诗词作品证《花间集》的作品",颇具特色,具有开创性。这里面涉及词籍注释的特殊性的问题,唐宋人受诗词之别观念的影响,填词时具有与诗不同的理念和手法。今人若用古诗去释典、解词,结果可能与词之本意相离更远;而若用与《花间集》时代相近的唐末五代的诗词作注,或可直击词之本意,有事半功倍之效。《花间集注》较多地引用了唐五代的诗、词,这样的结果,有利于疏通词意,使读者认识词的本义,深化对词的本体、风格、内容、艺术手法的认识。

斟酌各说审慎裁定是《花间集注》的重要特点。《花间集》距今已千年有奇,许多名物今人已不知所云,或者解说纷纭。《花间集注》遇此情况采取了审慎的态度,往往并陈诸说,再加研探。如温庭筠《菩萨蛮》第一首:"小山重叠金明灭"句,"小山"释为"屏山",又加注:"金",日光也。"屏山之上,日光动荡,故明灭也",并用温庭筠诗为证。完成此说后又介绍了另外一种说法:"或曰:小山,谓发也。金,钿铒之属。"并举陈陶诗和陆游诗为证。二说并陈,既有自己的看法,又给读者留有余地。

《花间集注》较多征引前人的研究成果,进而去粗取精,去伪存真。如温庭筠《菩萨蛮·水晶帘里玻璃枕》一词,张惠言认为:"江上以下,略叙梦境。人胜参差,玉钗相隔,梦亦不得到也。"华先生指出:"按实非是……江上两句,乃叙时景,谓初春破晓时候也。故下文有藕丝人胜之句。"又如韦庄《菩萨蛮·洛阳城里春光好》,夏承焘先生认为此词作于洛阳。华先生指出:"窃恐非是,二句云:'洛阳才子他乡老',其非在洛阳作甚明。参看俞平伯先生《读词偶得》。"皆是对前人的观点提出商榷,自己的意见或出于对原作的贯通解析,或借鉴近人的研究成果加以推论,言之有据,态度审慎。

华锺彦先生精通音律,因而对词调的考订是《花间集注》的一大亮点,而且考证翔实,议论精辟。华先生特别注意到词的音乐特性,对词牌宫调进行了深入的探讨,并取得了相当大的成就。

《花间集注》出版之后受到各阶层读者的欢迎。至今仍是《花间集》流传最广、影响最大的文本。

李冰若先生的《花间集评注》也于1935年出版,按李冰若先生的自序,李先生于1931年就已经完稿,然杀青之作久未付梓,延拖四年,方有开明书店出版,且此书出版后不久,抗日战争爆发,传播的不够广泛。作者在颠沛流离中客死他乡,在当时影响较小。新中国成立以来评本、注本数量颇多,有20余种,但真正有影响力的不是很多,最好的校本是1958年由人民文学出版社出版的李一氓先生的《花间集校》,作者还在后记中较详细地阐述了《花间集》版本源流、诸刻得失,并附有宋、明、清各主要版本的题记或序跋,以及宋代以来有关书目对《花间集》的著录情况,从版本、校勘的角度看确属最为精良完善。可惜李一氓先生认为《花间集》不可注,亦不用注,这样自然影响到李氏《花间集》校本的传播。

《花间集注》出版之后,因其读者针对性强、语句阐释明了以及高妙的鉴赏艺术这些现代性的构成意义,遂产生较大的影响。《花间集注》民国二十四年(1935)由上海商务印务馆首版,1936年再次印刷,1937年增订再版,1938年第四次印刷,短短四年时间一版再版,在现代所谓畅销书产生之前,且作为深具学术价值的作品,很是引人注目,足可说明《花间集注》在当时被人们广泛接受。20世纪50年代之后,《花间集注》的影响未曾稍减,不仅在大陆地区再版数次,而且在台湾于1992年由天工书局加以翻印。

20世纪后期出版了一些《花间集》新的注本,如萧继宗的《评点校注花间集》,李谊的《花间集注释》,沈祥源、傅生文的《花间集新注》,陈庆煌《花间集》,王新霞的《花间词派选集》,毕宝魁、王素梅的《花间集注》,房开江注、崔黎民译的《花间集全译》,朱恒夫的《新译花间集》,顾农、徐侠的《花间派词传》,等等,这些注本无一例外将华氏

《花间集注》列入重要参考文献,有些注释甚至是直接搬用。应该说上述新注不乏后出转精之处,但从原创意义上论,华氏《花间集注》当仁不让。

华先生的《花间集注》具有较高的学术价值,在《花间集》的传播和接受上做出了突出贡献。以今天的学术眼光来看,不仅《花间集注》中的文本理解和认识应为接受和利用,而且其中重要的治学方法和态度更应为我们借鉴。

华锺彦的《诗经》研究及其学术精神

张应斌

一、《诗经》研究的丰硕成果

在 2009 年出版的《河南大学学人文丛》之《华锺彦文集》上、中、下三巨册中,《诗经》研究是一个十分显眼的学术重点。《华锺彦文集》(以下简称《华集》)上册收了专著性的《戏曲丛谈》《花间集注》等三部著作,其中就有《〈诗经〉会通》一部;在中册《东京梦华之馆论稿》中,有《孔子未曾删诗辩》《〈七月〉诗中的历法问题》《对〈东山〉诗的看法——与郭沫若、余冠英商榷》《关于毛诗若干问题的理解》和《〈诗经会通〉新解》等五篇专论,中册在《东京梦华之馆论稿补遗》中有《〈诗经·小雅·十月之交〉赏析》和《〈诗经·七月〉诗新解》两篇文章;在下册之《中国文学通论》中,其第六章《论诗(上)——诗三百篇》,即从源流、删诗问题、《诗经序》问题、体制、文艺等五个方面全面论述《诗经》,下册之《中国文学通论附录》第一部分《先秦文学》中首列《诗经》,从《诗经》的梗概、《诗经》的分类和分区、《诗经》文学特色等三个方面论述《诗经》,下册中还有颇具分量的《〈诗经〉十论》。华锺彦先生是个激情昂扬的诗人,他有大量的诗歌创作,除了在 1966 年毁灭文化的"文化大革命"中被先生"自焚"的 1949 年以前诗歌千余篇不算,今存于《华集》中的诗歌有《华锺彦诗词选》的 300 余首诗歌和《华锺彦诗词补编》200 余首诗词。诗人型的学者在学术研究中更重视诗歌的研究,几乎具有规律性和必然性。因此,在华先生的学术生涯中,诗歌研究占有主流的地位,其《词学丛谈》《曲学概论》《诗骚词曲论稿》和《花间集注》等，便可见一斑。但是，在《华集》中，在华先生的诗歌研究中，最突出的还是《诗经》研究。没有哪一个问题像《诗经》研究这样明显地贯穿了整个《华锺彦文集》的全过程，没有哪一个问题的成果有《诗经》研究这样丰硕。《诗经》研究不仅是《华锺彦文集》中重点中的重点，而且也是他学术生涯中耕耘最勤、收获最丰的学术园地。

在外现的学术现象的背后，隐含着学者的人生旨趣和精神追求。如果把《华锺彦文集》中贯穿首尾的《诗经》研究红线，还原为华锺彦先生毕生鲜活的生命活动和精神追求的话，我们可以看到，对《诗经》的思考和研究伴随了华锺彦先生的一生。无论他在北京大学国文系读书时，还是在天津、北京、东北沈阳、长白或者河南等大学里教书时，还是在他生命的最后关头，他沉浸在《诗经》的文化乳汁之中，随时都在阅读《诗经》，品味《诗经》，思考《诗经》，研究《诗经》，吸取《诗经》的文化营养，发掘《诗经》的精神价值，《诗经》研究贯穿了华锺彦先生的整个生命历程和整个学术活动。

《诗经》研究是华锺彦先生学术生涯中重要的学术现象。他在《自传》中自己也曾夫子自道："早年我读先秦诸子，时常发现新义，随时笺注书端，以《诗经》为多。"这位"非有自己的真知独见，决不轻易下笔"[1]的严肃学者，为什么会把自己的毕生精力献给《诗经》研究呢？也许，这不是一个可以轻易就能给出答案的问题。

二、《诗经》研究的三个阶段

对华锺彦先生《诗经》研究成果做一个梳理是十分有益的事情。先生的《诗经》研究可以分为三类：

---

[1] 华锺彦：《华锺彦文集（上）》，河南大学出版社，2009年，第3页。

第一类，《诗经》的通论和概述。这首先表现为《华集》下册之《中国文学通论附录》之《先秦文学》中的《诗经》，作者从《诗经》的梗概、《诗经》的分类和分区、《诗经》文学特色等三个方面论述了《诗经》。

《通论》当即先生当教师讲授《诗经》时的讲义，因而它需要比较全面地论述和介绍《诗经》，这是先生在大学教书时教授《诗经》、思考《诗经》的初步成果。它之所以出现在《附录》，大抵是因为它还不够成熟，这从论述的范围和"分类和分区"和"梗概"等概念在逻辑上还不十分严密可以看出来。这里关于《诗经》的三个方面，在下册之《中国文学通论》之第六章《论诗（上）——诗三百篇》中，就变成了源流、删诗问题、《诗经序》问题、体制、文艺等五个方面。在这里，不仅论述的学术范围有很大的拓展，而且有了深入的理论探讨。这虽然同是通论和概述，但是反映出先生对《诗经》的认识更为全面，研究更为深入。

第二类，研究《诗经》的专门论文。这主要有收在中册《东京梦华之馆论稿》中的《孔子未曾删诗辩》《〈七月〉诗的历法问题》《对〈东山〉诗的看法——与郭沫若、余冠英商榷》《关于毛诗若干问题的理解》等论文，以及收入中册《东京梦华之馆论稿补遗》中之《〈诗经·小雅·十月之交〉赏析》和《〈诗经·七月〉诗新解》等文章。这些文章，表现出作者对《诗经》中具体问题的深入思考和专门探讨，其间还有作者与当时学术界《诗经》研究的权威如郭沫若、余冠英等先生的商榷和学术对话。

第三类，《诗经》研究的总结性成果。这主要有收入《华集》上册的《〈诗经〉会通》和下册中的《〈诗经〉十论》。《〈诗经〉会通》是个大题目，明代胡广等曾修包括《诗经大全》在内的《五经大全》，但是所修之书却为人耻笑。清顾炎武说："《春秋大全》则全袭元人汪克宽《胡传纂疏》……《诗经大全》则全袭元人刘谨《诗传通释》。"[①] 但是，

---

① 顾炎武：《日知录》（卷十八），岳麓书社，1994年。

作者却雄心勃勃,"知难而进"。《〈诗经〉会通》每篇由前序、诗经文本的现代白话诗翻译、注释、会通和音韵等五个部分组成,其精华部分在"会通"部分。从《〈诗经〉会通》的布局看,它从固定的体例中表现出作者的学术抱负,它首先是"新序",是依《毛诗序》而自出机杼对《诗经》内容所作的富有新解的提要;其次是《诗经》文本的诗歌翻译,第三是对《诗经》文本的注释,第四是"会通",第五是"音韵"。这种体例表明它是一部全面研究《诗经》的专著,作者力图对《诗经》从文本阅读、词语解释到《诗经》的主题、艺术到吟诵等方面,作全面的系统研究。宋代学者认为:"《诗序》多附会,须当观《诗经》。"①《〈诗经〉会通》正是从文本出发,重新研究和解读《诗经》的大著。而且,作者熔铸经史,义理与辞章并重,微观与宏观互戎,表现出学术成熟的大家气象。收入下册的《〈诗经〉十论》也是作者学术生涯的殿军之作,它从《诗经》的渊源和时代、《诗经》的采集与成书、《诗经》的分类、《诗经》的地域时代与作者、《诗经》的音韵与诵读、《诗经》今古文的家教与作用、《诗经》的小序与大序、《诗经》的思想意义与社会作用、《诗经》的艺术、研究《诗经》的参考书等十个方面,全面地论述《诗经》研究中重大的学术问题,这是作者对自己一生《诗经》研究所作的定论性的归纳和总结。

这些在物化形式上表现为三类的《诗经》研究,在作者的精神历程上则表现为不断演进的《诗经》研究的三个阶段:第一类《诗经》通论和概述性的著述,是作者在进入《诗经》的教学工作和科学研究时由于需要对《诗经》有总体的了解而生成的成果,它是作者在研究《诗经》第一阶段的产物。第二类成果主要是论文,它是作者对《诗经》的全貌和基本问题有了一定的了解和钻研之后,从微观层面对《诗经》中的具体篇目和具体问题作专门的深入探讨。这些文章提出许多新的学术见

---

① 黎锦德:《朱子语类》(卷一百二十),中华书局,1994年。

解，表现出作者对《诗经》认识的深化和研究的深入，当是《诗经》研究第二阶段的产物。当然，这一类成果的时间跨度比较大，有的是对第一阶段思想成果的总结，有的已经延伸到第三阶段。第三类《诗经》研究专著性的成果，是作者晚年在前半生对《诗经》全面研究和深入探讨的基础上，从宏观层面对《诗经》有关问题作融会贯通性的归纳和全面的总结，它自然是先生学术生涯第三阶段，也是最高阶段的产物。值得注意的是，这三个学术阶段相互联系，相互衔接，逐层深入，在先生的学术生涯中具有过程论的意义。它勾画出作者在近五十年的《诗经》研究中，学养不断丰富、思想不断成长、成果不断成熟的精神成长过程。

本来，作者《〈诗经〉会通》是要"会通"《诗经》全部305篇的诗歌的，但是，他仅研究了《诗经》文本31篇，仅及《诗经》全部的十分之一。其31篇中，只有《周南》部分是逐篇而且全部的研究，它涵盖了《周南》所有的11篇诗歌；其余20篇仅涉及了风、雅、颂等三个部分，显示出作者在生命行色匆匆中仍然在仓促地思考《诗经》。可见，《〈诗经〉会通》是作者"壮志未酬身先逝"的遗著。作者生于1906年，到他写作《〈诗经〉会通》时已经年近八十，《〈诗经〉会通》未竟而逝，这既是作者的遗憾，也是中国《诗经》学界的遗憾。

作者大学读书时便开始思考《诗经》，晚年八十高龄时仍然全力地思考《诗经》，许多成果是他"以耄耋余年能探得骊珠，为后学前进照乘"的精神的结果。《诗经》研究伴随了他的一生，他《诗经》研究的学术历程，也是作者不断探讨的精神历程和不断追求和进步的人生历程。

三、《诗经》研究的学术精神

《诗经》研究贯穿了华先生的一生，在他的《诗经》研究中，还贯穿着一条内在的精神。

贯穿华先生《诗经》研究的精神，就是独立的人格和独立的探索精神。在华先生研究《诗经》的第一阶段，在他《诗经》研究的通论和概述性的成果中，已经显露出这种精神。作者开始研究《诗经》时，便关注《诗经》的源流、删诗和《毛诗序》等问题。这些问题是中国《诗经》学中的著名难题。但是，先生在治学之初便敢于问鼎这些聚讼纷纭的重大难题，表现出纵览中国经学的学术视野，纵论古今、权衡学术是非的勇气，更表现出追求真理的独立精神。这种精神还反映在他的课堂教学上，他不仅教给学生以具体的知识，而且也要带领学生问鼎中国学术史上著名的难题，以培养学生追求真理、勇于探索的精神。

在他中年的《诗经》论文和他晚年的《诗经》著作中，这种独立精神更为显著。他中年和晚年的著作十分重视"新义"，他力求自己的文章必须有"真知独见"。学生的著述也常常明确地冠以"新解""新序""会通"，旗帜鲜明地追求学术创新。事实上，他的著作中也的确珠玑累累。在对《七月》的研究中，他提出六个新的见解；在对《东山》的研究中，他提出三个新的见解；在对《关雎》研究中，他提出四个新见；在对《大明》的研究中，他提出两个新见，如此之类的新见还很多。例如在对《七月》的研究中，1949年以后在阶级斗争论的"党八股"的影响下，学术界普遍认为，《七月》反映了农奴充满血泪的生活，是劳动人民与奴隶主的生活对照[①]。这样的观点，甚至在21世纪初的学术界还大有市场，在当时的学术界则具有压倒性的优势，甚至连颇有影响的刘大杰先生也没有例外："作品（《七月》）中所反映出来的剥削阶级与被剥削阶级的生活成了鲜明的对照。其中所表现的农夫生活，表面上似乎是安乐和平，内面却是很苦痛的。看他们一年四季没有休息的时候，男的耕田，女的织布。田中耕种出来的五谷，机上织出来的布帛，山林中打猎打来的兽皮，都要贡献给公家。自己是无衣无褐地受着

---

① 游国恩等：《中国文学史》（一），人民文学出版社，1980年，第3页。

寒冷,吃的是一些苦菜,饿着肚皮。'我朱孔阳,为公子裳','取彼狐狸,为公子裘',这些公子自然便是那些不事生产的贵族剥削者。'春日迟迟,采蘩祁祁。女心伤悲,殆及公子同归。'这明明是写那些贵族公子,在春光明媚之下,看中了年轻貌美的采桑女子,就准备抢夺回去的情形。由'何以卒岁''女心伤悲'这种真实描写的诗句,将当日奴隶生活的悲惨和精神上的苦痛,表现得非常明白。"①但是,华先生却认为:第一,《七月》是周初豳公时期的作品,它反映了豳地劳动人民的生产和生活;第二,他认为,《七月》首章"同我妇子,馌彼南亩,田畯至喜"三句,是描写祭祀田神的仪式,田畯是指田神,而不是指田官,妇不是指农妇;第三,"女心伤悲,殆及公子同归",并不是过去所理解的采蘩女被公子抢回去。顾炎武《日知录》卷十六说:"八股之害,等于焚书;而败坏人才,有甚于咸阳之郊所坑者。"以"党八股"的思想曲解《诗经》和古籍,同样也等于焚书,等于坑儒。先生有感于此,从对《诗经》文本的理解入手,对《七月》提出自己的新见解,从论据上动摇了自1949年以来《七月》研究中千部一腔的"农奴说"。华先生的观点直接针对当时还很强大的极"左"思潮,向占据主导地位的文学史界的大家的结论挑战,意义深远。当然,作者当时也小心翼翼,自己也还没有完全摆脱极"左"思潮的束缚,他关于《七月》的新见解中还有历史的阴影。但是,华先生凭借自己的觉悟和思索,敢于触及"至今尚无人论述"的领域,以大胆的学术创见开启了新时代的《诗经》研究。当时,先生虽然已是耄耋之年,但他仍然像一个青年勇士,站在学术研究和思想解放的前沿,大胆地冲击极"左"思潮的天罗地网,体现了正直知识分子的自由之人格和独立之精神。

先生写作《〈诗经〉会通》时值20世纪80年代初,虽然十一届三中全会之后政治思想领域已经新风劲吹,但是学术界的拨乱反正却没有

---

① 刘大杰:《中国文学发展史》(上),上海古籍出版社,1982年,第46页。

开始,在《诗经》研究界占统治地位的还仍然沿袭以阶级斗争论曲解《诗经》。但是,华先生在写作论文的同时,还开始了全面的正本清源的学术工作。《〈诗经〉会通》之得名,是由于"其书难通",但是先生知难而进,率先起行。在《诗经》研究史上,宋代朱熹摆脱《诗经》之《小序》的束缚,认为《国风》中的郑卫之音不是政治讽喻诗而是民间的恋歌,已经是对《诗经》最具有创造性的贡献。但是,华先生不仅废《诗经》之《小序》,而且自撰《新序》,更是古今无二的伟业。当时,在全国《诗经》研究领域中,对《诗经》作这种全面研究的仅数人,而其中的代表,即北方华先生的《〈诗经〉会通》和南方复旦大学陈子展先生的《诗经直解》[①]。《〈诗经〉会通》和《诗经直解》,针对"文化大革命"对中国古典文献的肤浅歪曲与牵强附会的"批判";它们注重学术的"直"与"通",直指学术界的弊病"曲"与"狭",在中国形成南北呼应的新局面。它们出现在"文化大革命"的文化灾难之后,表现出中国学者力图从文本出发拨乱反正、重新解读《诗经》真义的学术良知,是正直的知识分子对被极"左"思潮搅乱了的《诗经》研究作正本清源的学术工作的尝试。

作者在《诗经》研究中表现出的独立精神之渊源,大体有二:一是源于先生内在的独立人格。作者自幼聪慧,在学生时代已经"学冠窗友",被老师许以"隽才可以大成";先生一生秉性刚直,胸怀坦荡,行为独立。在史无前例的"文化大革命"中,作为学者他自然在劫难逃。他在被批斗时,虽然受尽迫害和屈辱,但是他也昂首挺胸,绝不低头媚俗,表现出学者少有的铮铮铁骨。做一个有独立精神的人,远比做一个随波逐流的人艰难。英国科学哲学家J.D.贝尔纳在《科学的社会功能》中说:"怯懦的百依百顺的态度是一个更为常见的现象。由于外界不把科学家当作科学家加以赏识,为了弥补偏见,科学家们就在日常生活中

---

① 陈子展:《诗经直解》,复旦大学出版社,1983年。

显得很平常,并把自己的整个脑力活动用于科学专业的狭窄范围之内。"这位在著作中第一句话便引述中国哲学家老子《道德经》中的名言的英国学者,谙熟人情世故,更懂得普通学者的心理,即使西方也不缺乏百依百顺的怯懦。英国学者哈耶克在《通往奴役之路》中把随波逐流称为"有用的习惯",但是它却不能算道德品格。华先生一生痛恨那些"有用的习惯",他做人做事绝不苟且。其独立精神的第二个来源,是北京大学的学术传统。先生就读于北京大学时,所师从的是胡适、钱玄同、周作人等学术大师和五四以来走在自由、民主前列的风云人物,老师们的言传身教和北京大学尊重学术自由的学术传统,对他的精神有决定性的塑造作用。而且,1931年先生进入北京大学时,离1927年王国维在北京颐和园昆明湖之鱼藻轩投水自杀仅仅数年,离1929年六月三日王国维逝世二周年忌日落成的《海宁王(国维)先生之碑铭》仅两年。义宁陈寅恪《海宁王(国维)先生之碑铭》:"士之读书治学,盖将以脱心志于俗谛之桎梏,真理因得以发扬。思想而不自由,毋宁死耳。……唯此独立之精神,自由之思想,历千万祀,与天壤而同久,共三光而永光。"[①]这些传遍京华的赞扬王国维学术精神的名言,先生耳熟能详。王国维投水处的"鱼藻轩"出自《诗经·小雅》的《鱼藻》篇,研究《诗经》的学者岂能对王国维的精神没有深刻的共鸣!"独立之精神,自由之思想",成为这位北京大学毕业的学者终身恪守的学术精神,也成为他《诗经》研究的精神动力和思想原则。美国学者拉塞尔·雅各比《最后的知识分子》认为,有知识有教养的专家和公共知识分子是有区别的,公共知识分子是那种不理会任何人的特立独行的人。公共知识分子具有独立、良知和勇气的特征,在外部表现上,他必须敢于说真话,敢于说出真相,敢于说出真理。在内在特征上,他有良知和勇气,有自己

[①] 王国维:《古史新证》,清华大学出版社,1994年,第1页。

的独立见解，有勇气不以占统治地位的理论为理论。华先生便是具有这种知识品格的知识分子，面对北京大学和其他大师们，面对他的另一位老师高亨先生，华先生可以无愧矣。

后世单作诗人看　使我抚几空嗟咨

——简论华锺彦诗词的因时而兴特色

宋立民

从现代过渡到当代，著名的诗词学教授、诗词欣赏大家也往往是诗词创作大家，如钱锺书、夏承焘、华锺彦、沈祖棻、程千帆、启功、霍松林等，这是杏坛的幸事，也是诗坛的幸事。

然而，由于种种原因，对于以上诸家教授兼诗人的诗词创作的研究尚在起步阶段。而这种疏漏也正是近来"旧诗魂已系于丝"的原因之一。试看时下之大学讲坛，讲述唐宋文学的专家有几多能够像上述诸位先生一样吟得一手绝妙好辞呢？30 年前，华锺彦先生正告其弟子："各位如果再不潜心学习诗词格律与吟咏，将来你们的学生恐怕只有到日本留学才能够学得自己的国粹！"如今看来绝不是戏言。因此，无论从弘扬传统文化的角度，还是出于总结大学教学的动机，认真研究 20 世纪的诗词创作都是十分必要而且刻不容缓的——这也是我们探讨华锺彦诗词的初衷。

论及华锺彦诗词，白本松教授说："先生不仅是学养深厚的学者，还是一位爱憎分明、富有正义感的诗人。主张作者当关心社会，创作应反映现实，刺恶扬善，以积极向上精神，鼓舞人民奋勇前进；以真实情感，去打动读者，必使有益于社会风教；坚决反对'嘲风月，弄花草'，无病呻吟。平生创作数量巨大，'文革'浩劫中大部付诸丙午，《文集》中所载《诗词选》及《补编》，乃劫后仅存者，虽不能窥全豹，亦可见作者心灵世界之仿佛，特别是他关心国计民生、匡时救弊的满腔热情，足以载入史册,矜式来者也。晚年,先生疼惜诗词传统之衰坠,吟咏古法之失传,乃挺身而出,独以'绝学'鸣于文坛之上,以期振发国人继承传统、光大国粹之心,使之再度辉煌于盛世。其拳拳爱我中华文化之忧,可嘉可敬。"①窃以为此论言简意深,兼顾人文,正可以作为研读华先生诗词的纲目。

从20年前拜读北岳文艺出版社的《华锺彦诗词选》,到日前重读《华锺彦文集》下卷的诗词选及补编,每觉余香满口,浮想不绝。用先生自己的大著《中国文学通论》的建构评价,乃文气、文情、文理、文势、文德、文词、文律、文趣八大件无不出彩,大可深究。只叹随先生读书时浅尝辄止,至今不过略知皮毛,今简论先生诗词之因时而兴特色,以就教于方家。

一、感时伤身 忧国忧民

华先生在诗心萌动的25岁经历"九一八"事变,东北大学书桌无以安放而转学考入北大国文系。1937年,31岁被聘为东北大学教授,可谓少年才俊,前途无量。偏偏又遭遇"七七事变",窗外炮火连天、国难当头,自己身染重病,爱人又在生产,无法转移,倍感身陷敌区之苦。新中国成立后经历"反右"至"文革"全过程,国难与家愁齐飞,落寞与艰辛备尝。作为正直而敏感的诗人,其诗作的忧国忧民色彩不可能不浓重。值得注意的是,其新中国成立前的忧愤充溢着报国的慷慨,满是"拼将一颈孤臣血,开作千年烈士花"的悲壮。而浩劫中的忧伤,则时时流露出不解与无奈,1967年悼亡诗中的"世乱无医千万恨,更无一语对凄迷"两句,实在是精辟的概括。

华先生诗词选所存最早的诗篇为古风《侠士行》,记载的是1932年

---

① 华锺彦:《华锺彦文集》,河南大学出版社,2009年,序。

4月，日本百川大将在上海阅兵，朝鲜人尹奉吉行刺杀之。见到新闻，诗人记起了日本伊藤博文之谋灭高丽，高丽人安重根刺杀伊藤于哈尔滨的往事。于是慨叹："余经'九一八'事变。流寓京津，去国怀乡，既感庾信之哀江南，作《望辽东赋》；又感尹氏之报祖国，作《侠士行》。"诗曰——

> 男儿生不能备身王门执金吾，又岂能卑身甘为虏作奴。短衣揖客出门去，宝剑千金醉后盱。行行路出江南道，十万胡儿身手好。铁血春红陌上花，鬼燐夜碧江边草。虏帅大纛号嫖姚，百战归来马正骄。山岳欲崩天变色，长虹贯日风萧萧。布衣怒，三五步，事成不成非所顾。霹雳一声江水立，漫漫天地迷烟雾。报韩争说博浪沙，击之不中羞还家。拼将一颈孤臣血，开作千年烈士花。①

先生时年26岁，如此雄浑悲壮，大气磅礴，着实令人叹服。而"行行路出江南道，十万胡儿身手好。铁血春红陌上花，鬼燐夜碧江边草"数句，蓦然使人记起李叔同的满江红："双手裂开鼷鼠胆，寸金铸出民权脑。算此生，不负是男儿，头颅好！"②倘能料到20年后有人后继，弘一大师在佛亦当更为安心。

此后的半个多世纪，诗人更是借人抒情、即景抒情、感时伤身、忧国忧民——一旦动笔，便自觉不自觉地把自己"摆了进去"。如《读〈桃花扇〉五首》里说史可法、黄得功"梅花岭下行人泪，惟见年年杜宇飞""鼓角声高风力紧，江山无主蟪蛄啾"，实际上描摹的恰是"九一八"之后诗人自己的心境。是故笔端英雄的无奈，恰是作者自身的无奈；叹慨张次程女士"才能憎命可如何！小住人间历坎坷"，分明

---

① 华锺彦：《侠士行》，大公报，1935-05-15。
② 李叔同：《李叔同诗全编》，浙江文艺出版社，1995年，第110页。

是自己在风雨如磐的处境里的自况。

 自 1945 至 1965，诗人踏着时代的鼓点走进新中国，忧伤的调子自然为欣喜与歌唱所取代。无奈"文革"风起，黑云压城，是非颠倒，黄钟毁弃，瓦釜雷鸣。敏感的诗人再度忧思顿起、辗转反侧。写于 1966 年的《国庆节感怀》，与十年前放歌鸡公山之际的"明朝拂云出山去，携将灵秀寄毫端"的心情截然不同，成了"难挥病雁离群泪，谁解黄葵向日心"。夫那边是"京阙观兵秋飒爽"，这边是"梁园思过也深沉"，侧身北望，报国无门，其孤独感、失落感跃然纸上。半月后，诗人意犹未尽，继续抒发孤寂之情："窗外加杨叶正黄，西风摇落奏清商。谁知尽是离柯泪，痛断诗人九曲肠！"不过，"文革"伊始，诗人尚未绝望，次年的《咏梅》虽则含蓄，仍然不乏"盼春"的憧憬："任他雪骤与风狂，自有梅花做主张。吟到'洁身非自好'，人间谁不重幽香。"甚至，两年之后，还时有"澎湃心潮不自持"的冲动，"重幽香"的气节一如既往。然而，一番又一番春来秋去，连"何时纵我晨风翼，也沐金光到北林"的希冀也渐行渐远，余下只有"自毁自污复自惜，千秋奇案谁望翻"的愤怒与无奈。

 盖彼时"戒诗"与"书愤"之心情，又与龚自珍于清末乱世渴盼"天公重抖擞"之际相仿。龚氏曰："经济文章磨白昼，幽光狂慧复中宵。来何汹涌须挥剑，去向缠绵可付箫。心药心灵总心病，寓言决欲就灯烧。"[①] 文章空耗青春年华，经邦济世遥遥无期，疮痍满目忧患元元，余情付诸箫管诗词；焚稿之悲愤跃然纸上。殊不知华先生"数十年来，沧桑百变，雪泥鸿爪，愈久愈稀，吟稿散佚，抚膺知痛。"[②]——如果不是丙午浩劫，"愤不欲生，稿先自焚"以及后来惨无人道亦无人道的"勒令上交"，先生诗词当在 2000 篇左右，如今加上"补编"方 500 余篇，

---

① 龚自珍：《龚自珍选集》，人民文学出版社，2004 年，第 25 页。
② 华锺彦：《华锺彦诗词选》，北岳文艺出版社，1989 年，第 1-2 页。

可怜乎哉！"曾经秋肃临天下，敢遣春温上笔端？"重压之下朝不保夕，谁还会敝帚自珍、"敬惜字纸"！

正是由于忧国忧民之情早已透入骨髓，正是由于粉碎"四人帮"之后愈发感到思索的可贵，华先生在1980年写出了《感遇十八首》，在摈弃"两个凡是"、解放思想轻装前进的历史转折关头继续自己的"鼓与呼"：诗人为包公戏叫好，为"渤海二号"翻沉痛惜，为民主选举欢呼，为"文革"间被打的和自杀的同胞鸣冤——"诗情落笔知何似？鲠在喉头箭在弦"！尽管心有余悸，尽管不无"孤吟不起生民病，负于前贤畏后生"的自责，但彼时的"伤身"气息已经为义正词严所取代，时代毕竟不同了。

二、立此存照　与时俱进

华先生论及文学功用之际说过："至若古之雄于文者，或感发于悲伤困顿之余，或激昂于愤懑不平之致，挥毫则云烟满纸，把卷则涕泪沾襟。是以韩非作《储说》，始皇恨不同时；屈平作《离骚》，史迁悲而垂涕……"[①] 如前所述，或许诗人仅仅是有感而发，吟咏性情，"如风行水上，自然成文，巨浪微波，量情而定"。然而身处时代的大变动、大分化之际，真实而严肃的"诗笔"往往就是立此存照的"史鉴"。如果用一句话概括华锺彦诗词的内容，则鲁迅评价自己杂文的"时代的眉目"五字恰如其分。在《华锺彦诗词选》正续编之中，十之六七是当时社会的真实记录，其间大可闻听诗人与时俱进的步伐。

"自写鄂王词在壁，从头整顿旧河山"。华锺彦500余首诗词，记载了20世纪30年代初至80年代末的历史印痕，绘写了几经改朝换代的知识分子的心灵历程。盖"好将血泪谢帝乡"的1932年的杀敌雄心；

---

① 华锺彦：《华锺彦文集》，河南大学出版社，2009年，第905页。

"寒光孤照板桥人"的1937年的穷愁潦倒;"狂喜惊心见泪痕"的1945年的寇贼投降;"除宵那有买鱼钱"的1948年的饥寒交迫;"炎黄子孙谋划远"的1959年的激情高张;"繁英满院异香生"的1963年的"双百"局面;"欢忧百感激侵寻"的1966年的"文革"大迷雾;"近墨悲叫鬼蜮缠"的1970年的度日如年;"重整班行上下台"的1978年的拨乱反正;"将驰午马迎寅虎"的1986年的"倾玉斗、唱金缕"、老骥伏枥踌躇满志……活活一轴"六十年的变迁"的社会长卷,个中血与铁、书与剑、人与鬼、明与暗、泪与笑、命与缘……排列成从旧中国到新中国、从大动荡到新时期的历史雕塑影。

华先生"立此存照"而与时俱进的特点主要见于两个方面。一是真性情:本色记录;二是客观性:尊重历史。

"人能淬励思偏远,鬓可摧颓志未磨"。对于中国近现代史上的重大事件,华先生多有激情四溢的记录。在新中国成立前,诗人侧重于"个人话语",言志多于载道。而新中国成立后则渐渐向"时代共鸣"靠拢,"大我"之情增加。至"文革"前后,几乎不敢"乱说乱动",常常为彼时表现力一般的"口语化"所镣铐。进入新时期,其诗风再度回归"个人话语",恢复传统的国粹本色——这一发展过程本身就是社会文化生活史曲折发展的折光。试看其《"八一五"日本投降感赋》:"一闻捷报动乾坤,狂喜惊心见泪痕。惩暴方知天有眼,藏奸应恐地无门。也因夜雨添诗兴,好对秋花倒酒樽。无怪妻孥拼共醉,十年酸苦敢轻论!"作为东北人氏,十几年提心吊胆、颠沛流离,"亡国奴"的酸苦一言难尽。此际的"个人话语",也正是举国上下黎民百姓的心声。这样的"存照",无疑具有标本的意义。又如七律《悼念张志新烈士》:

> 泰华巍巍莫比高,志新名节上青霄。浮云蔽日天昏暗,大笔诛奸地动摇。对狱七年忠更烈,断喉千古恨难消。何须更问"谁之罪"?

泪雨横飞倒海潮! ①

——与当时流传甚广的自由诗《小草在歌唱》(雷抒雁)、《深暗的晶体》(姚振函)、《刑场》(公刘)、《重量》(韩瀚)对读,方知对于"记录"与"咏史"而言,格律与自由皆可为佳什。华先生巧妙嵌入当时《光明日报》重要文章《谁之罪?》,进一步突出了"时代备忘"的档案意义。而在《感遇十八首》中,直接引自报章新闻事件的就有十首之多,亦可见先生对于"历史备忘"的重视程度。

"此情可待成追忆"。在华先生的诗词里,人名就是历史轨迹。毛泽东、刘少奇、周恩来、邓小平、朱总、陈总、贺帅、叶帅、雷锋、焦裕禄固然至今依旧为后人所称道、所怀念,但安杰、王杰、遇罗克、嵇文甫、修瑞娟……的名字同样是不容忽视的历史。时下的年轻人或者对有些姓名已经陌生,但在新中国的历史上,这些名字曾经是也将继续是力量、正义与学识的象征。

尤其值得重视的是《华锺彦诗词选补编》里关于"大跃进""四清"与"文革"时期生活的记载。其中可以窥见"左"的思想对于知识分子的"改造"进程,窥见时代有必要为"假大空"的泛滥负责,窥见"文革思维"对于语言的浸染,更可以窥见华赉、华维、华锋兄弟编辑《补编》的求真务实的态度——他们在"后记"中说:"先父的诗文,是他真实思想的反映,是他'须叫我手写我口'文艺思想的实践。因受历史条件的局限,某些作品难免带有鲜明的时代烙印。为尊重历史,对这类作品,我们一般未作删节。"例如1958年的《师生运矿比赛——记张仲义与刘惠琴比赛》:"一担比一担,担担沉甸甸。飞去又飞来,恰似穿云燕。"该诗显然是"大炼钢铁"的纪实,惟其真实,才有史料价值,才可以触摸到当时师生思想的单纯与热情的高涨。又如1966年的《四

---

① 华锺彦:《华锺彦文集》,河南大学出版社,2009年,第1163页。

清后集》里的"群娃"四句:"东街西陌闹群娃,执手牵衣叫'老华'。'这次应留过麦罢,白馍分饷到家家'。"虽然不无《红旗歌谣》的意味,但是那口语化、画面感依旧是"老华式的"。其他如 1963 年的《钗头凤·感时》、1964 年的《巩县纪行五首》、1966 年的《四清集》20 首、1970 至 1971 年的学农诗词,均足以看出时代的风貌。

个人的经历对于历史究竟有多大意义?个人生活——那些豪情万丈或者人歌人哭的记述,在什么样的背景下才有意义?面对唐留丝麻宋留瓷的浩瀚历史,时人究竟能够留下点什么?在研读华先生诗词的过程中,我们的认识渐渐清晰:当自己平凡的身影有意无意地变成了时代的缩影,当我们的痛苦或快乐逐渐沉淀为时代的结晶,"个案"便悄然取得了存在的理由和价值。因为在彼时彼地"感遇"生活的是一群人,一类人,个案就是"存照",就是历史。

三、匡时论世　随情率真

华先生曰:"拙作诗词,既率性情,则性情亦因时期而有轻重。大约早年之作,多为自吟自咏;新中国成立以后,多为社会民生,期在以刍荛之言,效献芹之意,故曾有句云:'诗能寿世无今古,文不匡时岂典型';'诗情应许热如汤,文胆何妨大于斗。'"[1]"匡时"原意为挽救艰危的时事,侧重其批判指向和纠偏作用。唐太宗《幸武功庆善宫》诗:"弱龄逢运改,提剑郁匡时。"但在文学功用一端,该词语外延有所拓展。华先生说:"夫朝市递嬗,斯文不丧,其所以不丧者,曰:扬民善也,抒民情也,正政事也,化风俗也,匡不善为善也。"[2]是故激浊扬清、扬善斥恶、移风易俗皆可入"匡时"之列。

---

[1] 华锺彦:《华锺彦诗词选》,北岳文艺出版社,1989 年,第 2 页。
[2] 华锺彦:《华锺彦文集》,河南大学出版社,2009 年,第 906 页。

在华诗中，有明末以死抗清的义士："立节若关恢复计，高风尤重到今朝。"有敢为孺子牛的民族魂魄："几向刀丛横怒目，甘供心血育新生。"有"高风亮节继船山，立教中州五十年"的著名学者嵇文甫，有"生为沙丘憔悴尽，死犹不愿离沙丘"的共产党人焦裕禄，有"治国撮其要，除奸有所宗"的"革命同志"，有"首创文名甘末位，自将重器献人民"的英模蒋筑英。此乃扬民善也。

在华诗中，有借景抒情、吟咏"云海波翻人足下，万马奔驰起白烟"的《鸡公山歌》《三门峡歌》；有欢送毕业同学"树起丹心腾万里，擘开云路横双翼"的衷心祝福；有对于"漂洋过海为人民，奋战军前岂顾身"的白求恩同志的倾情褒扬；更有痛悼人民的好总理的洋洋160句、1120言的《深深怀念周总理》。此乃抒民情也。

而上述讨贼寇、迎解放、斥"文革"、怀英烈、讴歌新时代的篇章无不在"正政事"。即便时代印记鲜明的篇什如《十月革命四十周年颂歌》，也同样表达出"总因社会制度优，遂使人民生活安""苏联今日我明日，金针度我妙薪传"的关心政治、期待发展的拳拳之心。

于化风俗一端，华先生的诗作常常立足当代，鼓吹新的风俗与气象。如写于1980年的《梁园咏》，历数世代文人骚客留在梁园的音容笑貌之后，继而生动绘写当今的开封古迹："龙亭肃穆壮夫气，铁塔端妍静女神。鸠工重缮相国寺，飞天藻井光金轮。中偶遇清明上河图，东京梦华栩栩存。"篇末话题一转，力倡新时代的新文风："诗情应许热如汤，文胆何妨大于斗。能言人所不曾言，须叫'我手写我口'。为诗要为贤者歌，扇动真风振九有。"原来长诗是为了《梁园》杂志的发刊而呐喊。其求新向善之心，催开古梁园新新文风之先。又如在农村参加劳动之际所作《打夯歌》，活画出"知识分子劳动化"的全新感觉。

当然，对于"匡时"即"匡不善为善"原始意义，更是华锺彦诗词的着力点之一。如其《书愤》一首，在一语不慎即有坐牢之虞的淫威下，对"馋口三言城市虎，真情百证变刁顽"的畸形岁月大胆揭露，硬骨铮铮，掷地有声。而在1966年底批斗之风正盛时，华先生偏偏写出一阕《冬至》："冬至阳生春未来，羁人日日望冰开。安能早借东风力，随送阳和到柏台！"柏台者，官署之谓也，此诗暗指共和国政权已经被冰封雪欺，盼望早日云开雾散，拨乱反正，显示了过人的胆识与品质。尤其值得注意的是《"四五"怒潮》一首："人流花海雪飘飘，歌哭声浮上九霄。歌到'扬眉剑出鞘'，漫天风雨怒于潮！"此诗作于1977年4月，就在5个月前的1976年10月底，华国锋在听了中宣部的汇报时说："四人帮"的路线是极右路线；凡是毛主席讲过的，点过头的，都不要批评；天安门事件（四五运动）要避开不说。到了1977年2月7日"两报一刊"发表了题为《学好文件抓住纲》的社论，提出了"两个凡是"。直到1978年11月15日，中共北京市委才正式宣布：1976年清明节广大群众到天安门广场沉痛悼念敬爱的周总理，愤怒声讨"四人帮"，完全是革命行动。对于因悼念周总理、反对"四人帮"而受到迫害的同志要一律平反，恢复名誉。而在浩劫刚过、"左"魂不散的当时，作为71岁高龄的著名教授，公开支持四五运动也是需要非同一般的"匡时"的勇气的。

同时，20世纪70年代末和80年代之后，"匡时论世"在华锺彦先生笔下常常集中在"匡时论诗"上。毛泽东同志1957致臧克家等的信里说："诗当然应以新诗为主，旧诗是可以写一些，但是不宜在青年中提倡，因为这种体裁束缚思想，又不易学。"① "文革"期间，旧体诗词更是作为"封资修"被打入冷宫。而华先生立于弘扬民族文化的高度，在《论诗十首》里直接指出旧诗同样是"二为"的重要领地，试看其中三首——

  文体翻新诗不摧，诗坛应见百花开。"于无声处"惊人笔，犹带三

---

① 毛泽东：《毛泽东诗词选》，人民文学出版社，1986年，第163页。

唐风雨来。

不薄新诗重旧诗，旧诗魂已系于丝。恍如风雨欺花韵，正待东君好护持。

乐府秦吟绝妙文，情高泰岱笔瑰珍。哦诗每服香山叟，不为风花却为民。①

其逆势崛起之胆、惨淡经营之心，溢于言表。而且在公开倡导的同时，华先生主动为本科高年级同学开设"古典诗歌韵律及其作法"课程，重点讲授韵律和吟咏，以承前启后、挽救古典诗歌的危机。1979年初，华先生发表重要论文《从旧体诗词的光辉传统展望其未来》，明确提出以"攻城不怕坚"的精神学习古体诗，不能只当"槛外人"，要通过教师因势利导、指点门径、引入正途。进而呼吁领导同志"因势乘便，转败为功"。文末，先生指出："诗坛上的偏瘫现象不应该继续存在，应该积极整顿，整顿也是革命。如果不能及时整顿，不培养一定数量和质量的新生力量作为接班人，恐怕三十年后，要想在全国范围内求得一个对近体诗词读得准确、讲得深透的人，也将成为凤毛麟角。到那时，将会受到责怨的。"②在《华锺彦诗词选》正续编里，汇集了不少论诗、唱和、题赠和悼念日本诗词学者的篇章，亦可见先生"匡诗"的举动不仅停留在纸上，而是"知行合一"、不遗余力。

四、倾心记时　师法老杜

16年前印行的华锺彦先生诗文集并纪念集《浩气长存天地间》，封面上是华先生的《东望曲——赠东北大学校友》，其中"卧薪尝胆育英

---

① 华锺彦：《华锺彦文集》，河南大学出版社，2009年，第1167-1168页。
② 华锺彦：《从旧体诗词的光辉传统展望其未来》，学术研究辑刊，1979年，第1期。

才"回忆、"江桥血洗豺狼兵"的兴奋、"万里山河半陆沉"的担忧，不能不让人记起杜子美的"穷年忧黎元，叹息肠内热"。而《"八一五"日本投降感赋》中"也因夜雨添诗兴，好对秋花倒酒樽"的激动，直似老杜的"漫卷诗书喜欲狂"——先生在其自传里写道："胜利之夜，我与妻子欣然共酌，全家欢畅，率成一律……较比杜甫《闻官军收河南河北》之欢，或尤过之。"盖有三曹、王粲的先例，有"缘事而发"的汉乐府民歌的传统，自然不可妄下"以时事入诗，自杜少陵始"（胡震亨《唐音癸签》）的定论，但以"（儒家）八条目的入世论""向下看的价值观""典型化的历史感""纯细节的纪实性"诸端考察，杜甫之前之后也确乎鲜有能出其右者。

秦少游曰："杜子美之诗，实积众家之长，适当其时而已。"① 而老杜的应时而生与"以时事入诗"的思想观念、写作方法，也的确对后世诗人——如陆游、文天祥——产生了重大的影响。以至于文氏声称自己的话不必再说，因为"凡吾意所欲言者，子美先为代言之"。后世有成就的诗人，无不在思想、写法上得益于杜甫。

华锺彦先生身为唐代文学学会常务理事，对杜诗素有研究，堪称大家。早在1962年，华先生就为杜甫诞辰1250周年撰长文《从杜甫诗中主要学习什么？》，对杜甫的爱国爱民思想、拼搏乐观精神、深入生活态度诸方面详加论述，后来在论著与讲学中，亦时时生发杜诗精华。其杜甫研究的造诣必将表现在自己诗词创作中，是故无论感时伤世、忧国忧民的责任感，还是纪行叙事的方式、简朴而充满张力的语言，其诗词都明显承继杜甫而斐然有成。如《侠士行（其二）》——

> 幕府镗镗鸣战鼓，十万貔貅横歌浦。争传胡儿大点兵，千人万人观如堵。迅雷一声惊沙起，少将折肱大将死。声定欲问发者谁？有客

---

① 仇兆鳌:《杜诗详注》（卷五），中华书局，1979年，第2318页。

岸然呼不止。自言"家世住三韩,黍离麦秀伤心肝。尔为刀俎我鱼肉,彼苍同戴难相安。一从滨江殉者去,侠士流风胡可语。好将血泪谢帝乡,三户他年必复楚"。我闻复楚心东飞,兰成去国泪沾衣。辽天望断春来雁,易水长歌壮士诗。①

其画面感、特写镜头、篇末的抒情让人记起《兵车行》的逼真描绘,那"道男儿到死心如铁"的悲壮,却是《新婚别》的骨骼:"君今往死地,沈痛迫中肠。誓欲随君去,形势反苍黄。勿为新婚念,努力事戎行。"而对话入诗的写法,流畅自然的口语又分明是《石壕吏》"听妇前致词,三男邺城戍"的韵味。

1964 年,华先生在杜甫家乡巩县写过《杜甫窑》一首,其中颔联、颈联为:"朱门十字关情重,广厦千间遗爱多。稷契平生劳想象,羯羌祸国恨如何。"此四句足以概括杜诗是主旨,也为自己的创作定下了基调。

从语言角度考察,华先生对于杜甫的善用口语与方言(如"三吏""三别")多有师法,尤其在后来"向民歌学习"的阶段,进行了大胆的尝试、有力的革新。但华先生笔下的口语是"化开"之后的随意,是左右逢源、信手拈来、风行水上、自然率性。因为国学功底深厚,先生"我手写我口"也照样古意盎然,言简意深,非一般后学所能够企及。由此亦可见学诗是日积月累的慢工,吾侪浮躁之辈值此浮躁之世,力图先生一般地雅俗共赏,任重道远也。

同时,在《华锺彦诗词选》里,与日本诗词学家同吟《登高》(《和日本吉川教授远赠新诗》);以"低昂醉舞何须猜"引《寄李十二白》"醉舞梁园夜"诗句点出开封(《梁园咏》);化用《后出塞》"渔阳豪侠地,击鼓吹笙竽"句为"天阍不听渔阳鼓"(《望终南山》);"领会青云动高

---

① 华锺彦:《华锺彦文集》,河南大学出版社,2009 年,第 1143 页。

兴"(《赠吉川幸次郎先生》)、"枫青如梦待君来"(《悼念日本吉川幸次郎教授》)等化用杜诗典故;直接引用杜甫《古柏行》"万牛回首丘山重"句入诗(《〈清明上河图〉诸宫调十章》)——杜子美的身影随处可见。1982年,日本黑川教授赠华锺彦先生杜诗研究专著,先生写七律《谢日本黑川教授新赠》记之——

> 黑川彩笔重师承,论杜功随注杜增。学有会心神变化,文能寿世骨锋棱。锦城喜雨窥胸臆,夔府悲秋感废兴。诗史名高翼新著,蓬山何处不飞腾!①

"别传就是自传",评赞友人的杜甫研究溢满了自己的心得——套用句型,说先生"笔力功随讲杜增"或许也还合适吧。

华先生的诗词中还有一批是吟咏祖国山川的,如《南游杂诗十八首》《东游纪行七首》《西行杂咏十三首》《重登鸡公山二首》《云岗三首》《东南纪行二十五首》《鄂川纪行十七首》等,其中同样可以窥见杜甫善于描写大自然、以山水田园抒发对时事的感叹的特色。如《下三峡》:"瞿塘峡水破巫山,石壁嶙峋挤两舷。客正御风高兴发,更无人听'四声猿'。"状物绘景之际,不难感受到进入新时期的欣喜、昂扬、旷达。较之杜甫《秋兴八首》之"江间波浪兼天涌,塞上风云接地阴""听猿实下三声泪,奉使虚随八月槎"的感时伤怀,实乃霄壤之别。然将江涛风色与时代人心合写,亦足见华先生对于老杜的熟稔。记得宋景昌、王澜汉二位先生悼华锺彦的挽联是"诗宗李杜 词步苏辛",实在是一语中的。

德国诗人海涅不说自己是诗人,而称自己是"剑与火焰":"请放一柄剑在我的棺上,因为我曾经是人类解放战争中的一员战士。"此意与

---

① 华锺彦:《华锺彦文集》,河南大学出版社,2009年,第1177页。

陆游《读杜诗》时分的评论"后世单作诗人看,使我抚几空嗟咨"异曲同工。从"因时而兴"的意义上考察,华先生与其说是诗人,不如说是以诗词为工具写"人间喜剧"的战斗者、"史学家"、戏剧家、社会评论家。其诗词的历史学、政治学意义必将伴随其文学意义与世长存。

  先生于 1988 年 7 月 11 日驭鹤而去,迄今已经 21 年。21 年后,像先生一样对旧诗驾驭自如的诗人更是凤毛麟角。然而,我们仅仅能够从残存的 500 余篇的诗词中窥探时代风貌与恩师的喜怒哀乐了。"向前看",我们所能够做的,唯有承继先生因时而兴的传统,弘扬我"诗国"的大宗国粹,以图接近"吐纳风云绝代词"的宏伟目标。回忆先生倡言"欲收拾坠绪,振拔正声,必须依靠青年"之际,讲台下年轻的我等尚懵懵懂懂,不知深意,如今同样"抚膺知痛"也。

雅什清歌韵无穷

——华锺彦先生教学风采摭谈

王利锁

华锺彦先生是我国著名学者,教育家,古代文学研究专家和古典诗词作家。20世纪50年代初,华锺彦先生从东北师范大学调入开封师范学院(河南大学前身)任教,直至1988年去世,华锺彦先生在中原这片学术沃土上辛勤耕耘了30余年,培养了一批又一批莘莘学子,为河南教育事业的发展做出了重要贡献。在当今的高等教育界,许多人都是华锺彦先生的亲炙弟子,其中有的已成为在各自研究领域广有建树的全国闻名的教授和博士生导师,如中山大学的康保成教授、中国传媒大学的姚小鸥教授、南开大学的孙克强教授等。华锺彦先生以其道德文章赢得了河南大学文学院历届师生的爱戴,与任访秋先生、高文先生、于安澜先生并称为河南大学文学院"四老"。

20世纪80年代初,懵懂无知的我带着对知识的渴望和彩色的梦踏入河南大学校门,开始我人生最值得回忆和留恋的精神之旅。与稍后几届和现在的学弟们相比,我们是幸运的。因为当时文学院卓有建树的学术大师如前面提到的"四老",随着年事已高开始逐渐走下讲台,不再承担本科生的课程,而我们有幸刚好赶上这些学术大师们的"最后一课",目睹他们的学术风采。其中就有任访秋先生的近代文学研究、于安澜先生的文字训诂和华锺彦先生的古典诗词欣赏与创作。我至今清楚地记得华锺彦先生第一次上课的情景。当时,我们怀着崇敬的心情渴盼先生的到来,为了表示我们对先生的由衷敬佩,同学们在黑板上恭恭敬敬地写了一行大字:"欢迎华锺彦先生给我们上课。"但当时我们并不知道先生的名讳是"华锺彦"三字,我们写成了"华钟颜"。先生神采奕奕面带微笑进了教室,走上讲台,但先生并没有立刻讲话,而是扫了学生一眼后,背转身往黑板上看。我们不知发生了什么,屏住呼吸目不转睛地盯着先生看。大约二三分钟后,先生什么也没说,拿起黑板擦,把"颜"字边的"页"字使劲擦去,然后转身坐下来,满面春风地说:"同学们,现在我们上课!"

先生给我们讲的专题是"古典诗词欣赏与创作"。他先给我们讲解诗词体格发展的基本过程,然后讲授古典诗词欣赏的方法和创作技巧。从《诗经·关雎》到屈子《离骚》,从陶渊明的玄淡到王维的禅趣,从杜甫《秋兴》《登高》到李商隐的《锦瑟》《无题》;从四言的韵读节奏到五古的结构形式,从声律的肇兴到近体格律诗的形成,从诗歌的欣赏吟唱到近体诗的创作技巧,先生以诗歌为本,分析结构艺术,点评思想意义,归结创作方法,娓娓道来,条理清晰,欣赏中蕴含着深邃和智慧,神态中流露出自信和神会。跟随先生,求知若渴的我们不知不觉进入诗国浩瀚的世界,陶醉于秋水大雅之中。而先生的吟唱,金声玉振,余韵袅袅,更是让我们如醉如痴,流连忘返。我今天积累的关于古典诗歌的创作理论,如所谓的"一三五不论,二四六分明""平长仄短,声情并茂""仄起入韵,仄起不入韵;平起入韵,平起不入韵"以及三十平水韵的什么"天对地,雨对风。大陆对长空。山花对海树,赤日对苍穹"的韵部知识,最初就是从华锺彦先生的课堂上知道的。

20世纪80年代,河南大学文学院的许多先生不仅是学术研究的大师,也都堪称真正的教学名师,他们或以细腻深远著称,或以热情豪放受人敬仰。就河南大学文学院"四老"言,高文先生的课我没有听过,不敢置喙,其他三位如任访秋先生、于安澜先生和华锺彦先生的课,我都有幸聆听。如果说任访秋先生的教学以"实"见长,实中凸显着厚重,于安澜先生的教学以"散"为体,散中表现着渊博,那么,华锺彦先生的教学则以"清"为归,清中含蕴着情思。

华先生之"清",首先表现在讲课语言干净,吐字清晰,板书俊秀整洁,条理清楚,要言不烦,擅于勾画课堂的诗境。华先生上课从来没有冗长的铺垫,也没有与讲课内容无关的闲言,往往是直奔主题,以清晰的逻辑概说基本的内容,然后条分缕析,逐层展开。华先生有一手漂亮的粉笔字,他往往在黑板左侧横行书写讲课纲要,右侧竖行书写引述资料。尤其是讲到绝句,他往往会板书在黑板上,先评述,后吟唱,字体行云流水,俊秀洒脱,吟唱音韵绵长,声情并茂。如讲王维的《送元二使安西》,华先生先板书诗歌,然后从"清新"之景的描写分析友别之情的表现,从平仄用韵的格律讲律诗的创作技巧,三言两语,鞭辟入里,说情观貌,字字珠玉,最后再把诗歌吟唱出来。当时我们只知道接受不知道欣赏,现在想来,华先生的每节课仿佛是刻意安排的,但又没有刻意的痕迹,给人的是驾轻就熟,水到渠成,纯然自然。整个过程,流动着诗情画意,不仅有知识的传授,更熔铸了华先生自我的精神风采。就我的体会和了解,在河南大学文学院"四老"中,华先生应该是最讲究课堂章法,最注重教学活动安排,也最注重在课堂上表现个人风采的学者。

华先生之"清",其次表现在旁征博引,博观通识,清言哲语,层出不穷,人生感悟,益智清心。华先生上课基本以讲解自己的看法为主,并不太多引用烦琐的资料,即使引用往往也是三言两语,点到为止。但有时为了佐证自己的观点,他也会广引他人的评论,其中既有历代名家的点评,也有他熟知亲交的学术大师们的意见。讲到得意处,华先生常说"此意吾尝咨之以某君,某君亦深以为然也"之类的话。如华先生讲李商隐《锦瑟》,他排比了张采田、朱彝尊、何焯许多名家的点评和看法,然后结合李商隐的生平评析其思想意趣,对其化典遣词之妙,造境幽深之功,抒情凄婉之美层层剖析。华先生对李商隐锦瑟年华的分析既会通着他对晚唐社会文人的精神心态的理解,也融注着他自己的人生感受,对把握李商隐诗魂精神甚有启发。另外,在我的印象中,华先生讲课最善于用骈言偶语,文采飞扬。他提到一个学术问题或评析诗歌,往往以骈语概括,虽然今天我已不能具体记起华先生当年的美言美论,但当时同学们对此是由衷的敬佩,啧啧称赞。华先生是一个学养深厚的学者,也是一个古典诗词创作家,华先生的课堂教学讲究文采和语言是有目共睹的,这与他本人的诗人气质有密切的关系。华先生的课,内容包孕着自我的人生感受和深厚的学术素养,语言蕴含着诗才文华和诗人的灵气智慧,清言哲语,比比皆是,真正是雅什清歌韵无穷。

　　华先生之"清",还表现在教学方式灵活多变,讲解与吟咏相结合,欣赏与创作相结合,知行合一,注重学生实践能力的培养,师生互动,如沐春风。大凡一流的学者都有自己的"绝活",学问和古典诗词创作自然是华先生的重要"绝活",但华先生还有另一样"绝活",那就是吟唱。华先生是中国唐诗学会全国唐诗吟唱小组组长,他写了许多关于唐诗吟唱的学术论文,尤其晚年他更致力于诗歌吟唱的普及,在许多场合谈关于诗歌吟唱的技巧。在教学中,华先生自然也会充分运用和展示自己的诗歌吟唱艺术。但值得注意的是,华先生不是为吟唱而吟唱,不是自夸和炫耀,他是把吟唱融汇在课堂教学活动中,构成他课题教学的重要内涵。凡重要的唐诗名作,华先生都会将讲解与吟唱结合起来进行分析,告诉我们吟唱不仅可以把握诗歌的音韵节奏,而且可以领会诗歌的意蕴风神,同时也可以提高古典诗词写作的具体技巧。华先生讲课,注重知行合一,如讲诗歌创作,他就让学生动手自己写作,然后结合学生写作中出现的问题进行细致评点。有时,华先生甚至把自己的创作与学生交流,告诉学生他构思修改的具体过程,启发学生如何铸情裁言造境写景。融评析、吟唱、创作于一体,注重学生实践能力的培养,在艺术审美中提高学生的鉴赏和感知,是华先生教学的重要特色。

华先生讲课是有感情投入的，但华先生的感情倾泻与宋景昌、王宽行先生的感情倾泻又明显不同。宋景昌、王宽行先生是河南大学文学院有名的教学"豪放派"的代表，他们动情时，声如洪钟，眉飞色舞，手舞足蹈，大有黄河一泻九千里之势。而华先生的感情往往蕴含在理性中，理性裹挟着情感。讲到动情处，他也会重音强调，但他给人的感觉更多的是理解的自信和会心的骄傲。可以说，情思的涌动是华先生讲课的基础，而知识的陶醉则是他讲课的神魂。华先生授课有我在，有情在，有学在，有思在。情、学、思是华先生教学风采之"清"的重要内涵。

如今我也忝为人师，身立三尺讲台，但追忆先生的教学风采，先生那挥洒自如、从容不迫、游刃有余的教学风格，实在是我们难以望其项背，更不要说先生学问之渊博，领悟之透彻，见解之深邃了。授课是一种手段，教学是一门艺术。我的老师白本松先生告诉我，他上研究生时的老师彭铎先生曾说过，一个称职合格能受学生爱戴的老师，必须具备"四个一"，即一口官话（普通话），一手好字，一表人才（主要指衣着打扮整齐洁净），一肚学问。追想华锺彦先生的教学风采，先生在这方面都堪称表率。先生的话、字、学自不必说，有口皆碑，就衣着来讲，先生每次上课都是一身干净整齐的灰中山装，甚至连风纪扣也是系上的，由此可见先生教学态度之严谨，对教学过程之重视。先生的教学风采许多地方值得我们今天认真总结借鉴，发扬光大。

华锺彦先生离开我们已经 20 年了，为了纪念华锺彦先生对河南大学的贡献，河南大学出版社委托华锺彦先生哲嗣华锋兄整理出版先生的文集。"有事弟子服其劳"，我不敢辞推，应华锋兄之约请，曾参加部分稿子的校对工作。如今，捧读厚厚三大本《华锺彦文集》，不免浮想联翩，感慨万千。先生已逝，但先生的道德文章永远是我们重要的精神食粮；先生已逝，但先生的风采依然光照大地，春风化雨，滋润我们的心田。这应该是我们对先生最深挚的纪念和怀念。

最后,斗胆化用范仲淹《严先生祠堂记》中的话,来表示我对先生的敬仰和怀念之情:"嵩岳苍苍,河水泱泱。先生之风,山高水长。"

五

2017年河南大学"纪念华锺彦先生诞辰110周年暨古代文学高端论坛"文章选编

2017NIAN HENANDAXUE JINIAN HUAZHONGYAN XIANSHENG DANCHEN 110ZHOUNIAN JI GUDAI WENXUE GAODUAN LUNTAN WENZHANG XUANBIAN

华老师魂，铸我文魂

——在"纪念华锺彦先生诞辰110周年暨古代文学高端论坛"上的发言

曾祥芹

我刚从北京回郑州，来不及写纪念文章，只能即兴发言。因发言人多，每位不能超过五分钟，我只讲四句话，分别稍加说明。

第一句，先进弟子，一生荣幸。

孔老夫子的弟子有"先进"和"后进"之分。我和在座的韩玉生同学，是1954年秋季考入河南师范学院新乡第二院中文系本科的，那正是华锺彦先生刚来河南大学从教的第一年。六十二年前，我从湖南邵阳市二中毕业，因为开刀未能复习，想下年再考，班主任借口我在全校作文比赛获得第一名，动员我改学理为学文，结果报考北大新闻系落榜，心里不服。正好华先生是北大毕业的高才生，我能做华老师在河南大学的首届弟子，是一生的荣幸！故我把河南大学看作我心中的北大。我们中文系1958届的学生很惨，被打的右派最多，除劳改的外，一个不留校，全部提前毕业，下中学教书，目下去世的已经过半。我作为当年的大班长，能代表活着的老学生来纪念华锺彦先生110周年诞辰，向母校汇报，实在难得！

第二句，华老师魂，铸我文魂。

河南大学作为百年老校，名家荟萃，华锺彦先生是我最敬佩的学者之一。刚才看了华老的教学视频，他的音容笑貌、他的口才文才，不时在我脑海里浮现。他是阅读精英，又是文章高手。汉文阅读的六大优势（分析性阅读、意会性阅读、记诵性阅读、审美性阅读、快速性阅读、创造型阅读）集于他一身，特别是记诵性阅读和创造性阅读，给我留下极深的印象。他讲《七月》，讲《东山》，讲《大明》，讲《关雎》，都能提出新问题，发表新见解。看《华锺彦文集》中的《戏曲丛谭》《花间集注》《〈诗经〉会通》《中国文学通论》，其研究的对象是古典文学，其研究的成果全是学术文章。正是华老的"师魂"造就了我的"文魂"。

我从汉语言文学系毕业后，在中学教语文22年，在大学教语文37年，发现在信息社会里，在基础教育中，文章比文学更有用场；同时感悟到"语文能力，'读'占鳌头"。于是我义无反顾地走上了开创"实用文章学"和"汉文阅读学"的长征之路。我因为独著和主编了文章学论著12本、阅读学论著14本，被任命兼任中国文章学研究会和中国阅读学研究会的副会长、会长、名誉会长几十年。这些学术拓荒的艰难足迹，都有华先生的"师魂"在引领，在支撑，像星斗闪光，像英魂显灵。

第三句，父子同窗，学术传承。

孔老夫子的弟子中有两对父子同学：一是颜无繇和颜回，二是曾晳和曾参。华老夫子的弟子也有一对父子同学，这就是我和我的二儿子。我是华锺彦先生的亲授弟子，曾令中是华锺彦先生的私淑弟子。一位学建筑的高级工程师，半路出家，鬼使神差般地回归到家传的诗词创作和吟诵上，跟随华锺彦先生的儿子华锋教授投身于传习诗文吟诵的事业。承蒙王文金、葛景春、王刘纯、陈江风、王利锁等师弟的扶植，令中担任了河南省吟诵学会副会长，对此，我谨表示衷心的感谢！聆听华先生的《敕勒川》《登高》吟诵，确实是审美享受！"亲其师，信其道。"吟诵是汉文阅读学的瑰宝，将"华氏吟诵调"发扬光大，让"中华吟诵学"盛传不衰，是弟子们传承华老阅读学术的义不容辞的使命。

第四句，筑梦河南大学，告慰英灵。

2013年，关爱和书记在周铁项书记主持的"河南师范大学90周年校庆会"上讲过：河南大学与河南师范大学分不开，是一所大学的两个分校。

我从 1996 年退休后，一直被返聘担任河南师范大学文学院的文章学、阅读学和语文教育学的硕士研究生导师。河南大学文学院历届领导也常邀请我回母校主持文章学、语文课程与教学论硕士研究生的毕业论文答辩，持续十几年。两个文学院院长都开放创新，"有容乃大"，没有把文学院狭解为"文学之院"，而是宽解为"语言、文章、文学和谐共荣之学院"。所以，我把难以分开的河南师范大学、河南大学一直视为文章学的"井冈山"、阅读学的摇篮。我早发出天问"文章大国为何没有'文章学'的学术户口？读书大国为何没有'阅读学'的法定课程？"，由此萌生力促文章学、阅读学由"潜学"上升为"显学"的美梦，激情呼唤"一语双文新时代"的到来。华锺彦先生说过："人生都想长寿，我以为长寿不是目的，长寿而有益于社会人生才是目的。"受此箴言的启导，我 78 岁后辞去带研究生的工作，集中精力著书，通过几年拼搏，终于写出了 120 万字的《曾子文章学》。其意图是还原"孔、曾、孟儒学"的历史真相，追寻"宗圣公文化"的先祖基因，树立"先秦文章学家"的卓越典型。作序者说此书是"中国文章学史上的扛鼎之作"。我特意将打印的六卷书稿敬献在华锺彦恩师的灵前，以告慰著名的古典文学专家。由于这次纪念会又是古代文学高端论坛，秉着"吾爱吾师，吾更爱真理"的精神，向母校呈献《曾子文章学》成果，也是想与"古代文学"唱对台戏，为将来构建与《中国古代文学史》抗衡的《中国古代文章史》打基础。

将以上四句话加以浓缩，就是向恩师、向母校，表达我的一段美好回忆、一腔师生情谊、一种学术因缘、一个文章美梦。

2016 年 11 月 18 日于河南大学

怀念华锺彦先生

韩玉生

我是华先生到河南大学任教教的第一届学生，也是一个受教益较多的学生。华先生博学多思，德高望重，平易近人，热心育人。我从1954年入学拜识先生，直至先生辞世，几十年来，一直保持着师生情谊。我和华先生，既是师生，又是忘年交，生活在同一座城市，来往密切。在这几十年中，可以说我是在先生言传身教的直接影响下走过来的。他的教风、治学态度以及立身处世的风范，无不影响着我。我永远不会忘记我是先生受益较多的学生。我永远敬重华先生，怀念华先生。他在我脑海中刻下了深深的印记！

2016 年 11 月 19 日

《词的创作与吟诵》序

赵敏俐

中华吟诵是汉语诗文传统的诵读方式、重要的创作方式和表达方式。中华吟诵也是中国古代文化教育的重要方法和文化传承的重要手段。中华吟诵发端于先秦，通过文化、教育等途径，口传心授，代代相传。在中华民族的历史发展中发挥过巨大作用，是典型的非物质文化遗产。

吟诵的产生源于人类思想情感的表达需求。《毛诗序》曰："诗者，志之所之也，在心为志，发言为诗。情动于中而形于言，言之不足，故嗟叹之，嗟叹之不足，故永歌之，永歌之不足，故不知手之舞之、足之蹈之也。"这说明，在人类早期语言不太发达的时代，更需要通过"吟咏嗟叹"这种强化了的声音手段来表达思想情感，由此而形成了传统。在中国早期文献中，就有关于"吟"和"诵"的记载。《诗经·小雅·节南山》："家父作诵。"《周礼·春官·大司乐》："以乐语教国子，兴、道、讽、诵、言、语。"孔子和墨子都有"诵诗三百"之说，屈原流放江南，曾"行吟泽畔"。此后"吟"和"诵"逐渐成为文人读书的一种习惯。刘勰《文心雕龙》："吟咏之间，吐纳珠玉之声；眉睫之前，卷舒风云之色。"《隋书》卷五十七："江东雅好篇什，陈主尤爱雕虫，道衡每有所作，南人无不吟诵焉。"李白《答王十二寒夜独酌有怀》："吟诗作赋北窗里。"杜甫《解闷》之七："陶冶性灵缘底物，新诗改罢自长吟。"苏轼泛舟游赤壁时"诵明月之诗"，陆游曾追忆自己"琅琅诵诗书"的少年时代。直到现代，鲁迅所作古体诗中还有"吟罢低眉无写处"之句。可见，中国古代诗文的吟诵传统，几千年间未曾中断。

古诗文所以需要吟诵，除了思想情感表达的需要之外，还与汉语言文字的特征与诗文形式本身有关。我们知道，汉语是典型的声调型语言，一字一音，且有平上去入四声之别。不同的声调，有不同的声音特点。明释真空《玉钥匙歌诀》曰："平声平道莫低昂，上声高呼猛烈强，去声分明哀远道，入声短促急收藏。"这不同声调的有规律组合，自然就会产生美听的效果。汉语诗文的创作讲究节奏韵律，这些只有通过声音的表达才能得到完美呈现。吟诵正是表达诗文声音之美的直接形式，在诗文的欣赏、学习和创作中发挥着重要功能。吟诵声音的抑扬顿挫、语速的疾徐变化和腔调的婉转动听，可以激起人的兴趣，引发联想和想象，使作者和吟诵者心灵相通，沉浸于一种"共同"创造的审美意境之中，"自然而然"地获得身心的愉悦。

吟诵是汉语的声音形式与诗文内容的完美结合，要真正掌握吟诵，就要遵循一定的原则和方法。首先要掌握语言发声方面的规则，包括发音准确、吐字清晰、依字行腔、入短韵长等。其次是文义方面的规则，吟诵的调子与节奏等一定要符合文义，要对作品有很好的理解，能够表现诗文内在的神理气韵，从而达到"声音形象"与"文学意趣"相辅相成、融为一体的艺术之美。再次是要有端正的仪容和良好的心态，全身心地投入吟诵当中，如此才能真正表现和体会吟诵之美。明人王阳明说"今人往往以歌诗、习礼为不切时务，此皆末俗庸鄙之见，乌足以知古人立教之意哉！"，"凡歌诗，须要整容定气，清朗其声音，均审其节调。毋躁而急，毋荡而嚣，毋馁而慑。久则精神宣畅，心气和平矣"。王阳明这段话所讲的"歌诗"，指的就是吟诵。

由此可见，我们切莫把吟诵仅仅当成简单的读书方式，它还是中华文化的重要传承方式、民族文化的重要组成部分。它所强调的不仅是知识的学习，还包括心性的修养。一首好的吟诵调，往往是在遵循吟诵的基本规则，经过反复琢磨、不断实践的基础上才产生的，里面沉积着深厚的文化传统。一个吟诵名家、一个吟诵流派的产生，或者一个地区吟诵传统的形成，更是一个人、一个群体或者一个地区长期探索与实践的结果，是深厚的民族文化的历史凝聚。举例来讲，当代最有影响的唐调吟诵，其创始人唐文治先生是清末民初著名的国学家，也是著名的教育家。其吟诵上承桐城派名家吴汝纶，在其"阴阳刚柔"之道和"因声求气"之说的启发之下，潜心研究数年之后，才在原有江南吟诵调的基础上结合桐城派理论创造出了举世闻名的"唐调"，构建了中国最早的吟诵体系，为吟诵的发展做出了重要贡献。同时，他还把吟诵当作实现性情教育、道德教育的手段，借此履行文化救亡的使命，在无锡国学专修学校培养了上千名国学人才，为中华文化的现代传承做出了独特贡献。所以，吟诵的学习首先就是对吟诵传统的学习，因为传统吟诵本身就包含着深厚的文化内容。同时，吟诵的学习也就是优秀传统文化的学习，只是这种学习方式与现在一般的阅读学习方式不同，它还调动了人的听说感官，是一种审美愉悦式的学习，也更符合人的生理规律和学习认知规律。

华调吟诵的创始人华锺彦先生（1906—1988），辽宁沈阳人，1935年毕业于北京大学，先后在东北大学、东北师范大学、河南大学等高校任教。其吟诵传自高步瀛先生，高步瀛先生的吟诵传自晚清桐城派代表人物吴汝纶，可见，它与唐调吟诵一样渊源有自。1982年华先生首倡唐诗吟诵，并于是年成立了唐诗吟咏研究小组。华先生采访了当时在世的许多知名学者，在掌握大量第一手吟诵资料的基础上，首次提出格律诗吟诵的基本原则，得到国内许多专家学者的认可。华调在发展过程中，逐步形成了自己的特点，有一些独具风格的基本调式，易学美听，深受人们喜爱。华锋教授继承其父衣钵，进一步将华调吟诵发扬光大，华调吟诵已经在国内产生了相当大的影响。

1983年我在沈阳读研究生，适逢华锺彦先生回故乡探亲，我们邀请他来我校做学术报告，有幸亲聆其教诲。华先生还将他刚刚再版的《花间集校注》签名赠我留念，其音容笑貌至今犹在。华先生的弟子姚小鸥教授后来成了我的博士师弟，他多次向我介绍过华先生的生平事迹和学术贡献，使我对华先生有了更多的了解。正是这个缘故，我与华锋教授相识很早，而且初次见面就有一种亲切感，在《诗经》、楚辞等先秦文学的学术讨论会上，互相交流启发，常有学术上的共鸣。自2009年起我们共同参与中华吟诵学会的创办，为普及和推广吟诵各自尽自己的一份力量，志同道合，因而更有知音难遇之感。

吟诵是古诗文的一种声音表现形式，必然要受文体形式的制约。所以，各类不同的文体自然就会有不同的吟诵方法，表现为不同的曲调。文有文的吟诵方式，诗有诗的吟诵方法。再细分，古诗有古诗的吟诵方式，近体诗有近体诗的吟诵方法。《诗经》与楚辞，因为诗体形式的不同，虽然都算古诗，但是吟诵方式也有很大的区别。所以，探讨研究不同文体的吟诵，是吟诵传承过程中的重要工作。这其中，词的吟诵是一个难点。一个重要原因，就是词体形式变化太多，难以找到共同的吟诵方式，不易形成普适性的调子。华锋教授近年来宣传推广中华吟诵，言传身教，不遗余力，2014年出版了《吟咏学概论》，对华调吟诵进行了系统的理论总结，深受好评。他有感于词体的吟诵之难，不顾身体多病，坚持词体吟诵研究。他从词体的生成与创作历史出发，研究各种词牌词谱的不同特点，借鉴格律诗吟诵的经验，从词体的句式、词牌和每首词不同的风格入手，认真分析，细心揣摩，总结出了一些基本方法，对词体的吟诵进行了有益的探索。如今他带领几名弟子，一起编写了这本《词的创作与吟诵》，除了对词体的吟诵进行细致的分析介绍之外，还结合自己的实践，提供了生动的吟诵范例。这无疑是对词体吟诵研究的一大推进，也为词的吟诵和推广提供了一本难得的教材。书稿写成之后，嘱我作序，承蒙眷顾，有幸先睹为快，并略书数语以应命，借此表达我对华锋教授的敬意，并对此书的出版表示祝贺！

2016年3月12日

纪念业师华锺彦先生诞辰 110 周年

王宗堂

华锺彦先生是我上河南大学（时名开封师范学院）中文系时的业师，为我们授课时间最长、最受学生欢迎的老教授之一。我毕业留校，分配到中文系中国古代文学教研室任教，李嘉言主任（时兼中国古代文学教研室主任）即指派我做华锺彦教授、高文教授的助教，拜两位先生为导师。从此，我跟随先生几十年，先生对我耳提面命，教诲提携，师恩如山。今逢先师诞辰 110 周年，作为受业弟子，回忆往事，点点滴滴，恭赋小诗数首，以表对先师的敬仰、怀念、感恩之情。

一

豳风七月论三正，孔子删诗见地精。
始感大家深似海，杏坛侍坐沐春风。

注："孔子删诗说"见于《史记·孔子世家》，但汉人郑玄、唐人孔颖达认为此说不可信，此后历代学者对孔子是否删诗问题多有争论。先生为我们讲授《诗经》时，主张"孔子删诗说"，但未详加申论。后来读到先生早年写的《孔子未曾删诗辩》，针对朱彝尊、赵翼、魏源、崔述、方玉润诸家的论点一一辩驳，论证精辟，很有见地，深为敬佩。先生为我们讲《豳风·七月》时，说春秋时并用夏历、殷历、周历三正历法，《七月》诗不是一人的创作，而是收集许多劳动农民的创作和流传很久的农业节令歌谣词句编纂而成。《七月》诗里使用夏历、周历两种

历法，凡诗中以"月"纪事的都是夏历；凡诗中用"一之日""二之日"等以"日"纪事的都是周历。用先生讲的知识读《七月》诗，果然符合自然现象和农业节令特征，诗意豁然贯通。这些知识我们过去从未听说过，深感先生知识渊博。同学们都喜欢听先生讲课，先生讲课引人入胜，让人如坐春风。

二

莘莘企盼诵花间，起例发凡作郑笺。
五代词归香软句，探源考镜播千年。

注：《花间集》是我国最早的一部词总集，为晚唐五代名家词作的汇归，以温、韦为代表的诸多词人的作品赖此书得以保存。花间词香软婉丽的词风，是北宋婉约词派的先导，对后代词作影响深远。如此重要的一部词总集，问世以来时近千年，竟无人笺释。20世纪30年代，先生在天津女师学院任教时，应莘莘学子的要求，发凡起例，探赜索隐，追本溯源，考镜源流，为《花间集》创注。时由顾随先生（叶嘉莹先生的业师）撰序，钱玄同先生题签，《花间集注》由商务印书馆1935年初版发行，1937年旋又再版，供不应求，因用力之勤，笺注之精，迄今已80多年，少有补苴者。先生是《注》与相继问世的《戏曲丛谭》，沾溉后学，嘉惠士林，已经历了时间的检验和历史的审读，得到学界的普遍认可，成传世之作，将名播千秋。

三

八十年前著曲谭，王吴踵接震文坛。
觅踪词老询连圃，笑指吾人君眼前。

注：先生于 1936 年写的《戏曲丛谭》，对中国古代戏曲"溯源流，辟流派，总体制，核声律，较南北之异同，定宫商之正变"，是踵武中国戏曲史研究家、中国戏曲理论家王国维、吴梅大师的戏曲论著之后，又一部中国古代戏曲理论的鸿著，由北大教授郑奠先生题签，作为"国学小丛书"之一，由商务印书馆发行，当时影响很大，深受学人的重视，有件趣事可为佐证。中山大学教授、戏曲史家王季思先生，早年师从吴梅，他与吾师华锺彦先生同岁。粉碎"四人帮"后，王季思先生来河南大学讲学，吾师前往拜访。王先生说："早年曾读沈阳华连圃著《戏曲丛谭》，受益良多，不识其人，新中国成立后不知所往。先生可知其人否？"吾师以手自指，笑曰："华连圃者，华锺彦是也。"（先生原名连圃，以字行，辽宁沈阳人）王先生闻而大悦，二老相视而笑，真乃"踏破铁鞋无觅处，得来全不费工夫"。

四

八方耆宿会唐京，华老建言谋盛荣。
访洛蛰翁心意厚，欠亏耄耋一诚情。

注：1982 年 5 月，中国唐代文学学会成立大会暨首届唐代文学学术研讨会在西安召开。八方耆宿聚首唐京，先生是大会筹备小组成员，作为后学，我有幸作为代表忝列盛会，佟培基老师作为河南大学唐诗研究室代表与会。郑州大学有耿元瑞先生、赵从仁老师两位代表。河南省社会科学院刚成立不久，尚无代表名额。因先生要参加大会的预备会议，所以我陪同先生提前两天到达西安。为了唐代文学的繁荣发展，先生在会上积极倡议，踊跃发言；会下频频会见新知旧雨、俊彦鸿儒，十分活跃。会前，我和培基老师跟先生建议说洛阳是文化名城，唐代东都，唐代文学学会成立后肯定会在洛阳召开年会和学术研讨会，而洛阳没有代

表与会，对今后工作不利，希望把洛阳大学副校长、文化学者廖高群补作代表。先生表示赞同并在预备会议上提出建议，很快就得到筹备组的认可，责成我们以大会筹备组的名义发加急电报，邀廖高群代表速来西安赴会。

会议期间，上海代表施蛰存先生跟先生说，大会结束后，想到洛阳参观龙门石窟，希望河南代表能提供交通上的方便。先生一向重谊好客，"有求则应"，立即答应蛰老，就去找廖高群同志，因高群老师也是河南大学校友、先生的受业弟子。高群老师来找我和培基老师商量，一致认为作为东道主能陪蛰老游洛阳是莫大荣幸，食宿、交通没有任何问题。但有个特殊情况。蛰老已年近八旬（他长吾师一岁，是与会代表中年事最高的几老之一），会间身体不适，正在大会设的医务室输液。更重要的是蛰老工作单位华东师范大学未派助手陪同，也没有研究生跟随（与蛰老同校的历史系教授苏渊雷先生就有助手相陪）。像蛰老这样一代通儒、国宝级人物，游伊阙，登香山，瞻卢舍那佛，谒白居易墓，山路崎岖，万一出现闪失，责任天大，谁能说清？先生也感到事非寻常，又去婉言劝阻蛰翁。事后听说，施蛰存老人还是执意独自去游览了龙门。每忆及此，愧感亏欠蛰翁毕志一诚的访洛意、伊阙情。

五

呼吁鼓吹频著文，存亡继绝倡歌吟。
顾闻海内旗亭唱，喜见薪传有后人。

注：吾师华锺彦先生精于声韵训诂之学，尤擅旧体诗词的写作与吟咏，是学养深厚的著名古典文学专家、教育家、诗人。先生晚年有感于新中国成立后几十年来无人提倡，迷路者多，知音少，"文革"十年浩劫，使旧体诗词的优良传统濒于危殆，古典诗歌写作面临断根绝种的危

险，尤其历代相传的近体诗古法吟咏，命悬一线，岌岌可危，即将成为"绝学"。先生写诗说："不薄新诗重旧诗，旧诗魂已系于丝。恍如风雨欺花韵，正待东君好护持。"他怀着对中华文化遗产的高度责任感，以存亡继绝为己任，不遗余力地在课堂上宣传，在会议上呼吁，并频频写文章，鼓吹"发扬古典诗歌传统，拯救古典诗歌危机"。好在先生生前已经看到党的十一届三中全会后，长期无人倡导的古典诗词又复兴起，全国各地诗社林立，诗词报刊到处风行，诗国风流得到空前发展，形势喜人，令人甚感欣慰。但古典诗歌的吟咏，还未形成气候。先生提倡诗歌吟咏艺术，把历代相传的唐诗吟咏古法，按近体、古体的不同体式，总结归纳为简明易记的口诀，广为宣传，其法是：平长仄短，韵字必吟。诗句中的吟咏顿挫处，仄起近体诗在"四二二四"，平起近体诗在"二四四二"，律诗各按其规律重复一遍。唐代古体诗的古法吟咏则讲究"三平落脚""五七同声"。但无论近体、古体，其基本法则都应是"平长仄短，二四为重。声情一致，古今皆同"。此法已得到国内外学界的认同。有幸的是，先生的哲嗣华锋教授，继承乃翁衣钵，薪火相传，使家学发扬光大，不仅出版了吟咏学专著，活跃于国内吟坛，大力传播吟咏艺术，还在河南成立了吟咏学会并被推选为河南吟咏学会会长。现在我国的古典诗歌吟咏已渐成风气，这门"绝学"逐渐走向"显学"，阳关之声，旗亭之唱，复响于海内，先生的在天之灵，定会笑慰于碧落。

论华锺彦先生倡导中华诗词创作和吟咏的杰出贡献

葛景春

华锺彦先生是精通中国古代文学研究的学术通人，他对《诗经》、楚辞、汉魏六朝文学、唐宋诗词、元曲和明清戏曲都有很深的造诣，曾在大学讲堂上对从先秦至明清的古代文学进行过系统的讲授。而且他还精于诗词创作和吟诵，是个著名的诗人和吟诵家。他在晚年，特别致力于传统诗词的创作和吟咏的提倡和推广工作，在海内外产生了至为深远的影响。现就这两个方面进行探讨和研究。

一、大力呼吁和提倡传统诗词的创作活动

在20世纪70年代末，改革开放初期，华先生有感于自"五四"时期，因对白话文和新诗的提倡，而将文言文和传统诗词（亦称旧体诗词）当作"选学妖孽、桐城谬种"置于扫荡之列，从此以后至70年代末五十多年间，国内基本上中断了传统诗词的创作活动，造成了新诗一统天下的历史状况。他忧心忡忡，深恐传统诗词这一优秀的文化传统，就此中断和失传，于是趁着改革开放的春风，大力呼吁和提倡要在学校中恢复对传统诗词创作的教学，在学校课堂上开设传统诗词创作的课程，要求"大学文科古典文学专业课应在讲授文学作品的同时，认真地把古典诗词的声韵的格律和写作方法，传授给学生"，让本科生了解诗词创作的基本知识，并要求学习唐宋段的研究生，必须将其作为一门主课，让学生基本掌握传统诗词创作的基本技能，"过好写作诗词这一关"。而且华先生首先以身作则，率先在河南大学中文系为学生开设传统诗词

的欣赏和写作课,讲授诗词创作的基本知识与如何进行创作。为此,他还编了一本《古典诗歌的韵律与作法》的教材,教材中将诗(古体诗、近体诗)、词、曲等的诗词格律、用韵,一一做了具体细致的分析,并例举诗、词、曲的经典作品,在严遵诗词格律的情况下,对如何在实际创作中进行变通和灵活运用,做了精心的指导。

对传统诗词的用韵,华先生还提出了改进的意见。他认为,一直作为旧体诗歌指南的平水韵,在今天看来,由于古今字音发生了大的变化,与现代语词的发音,多有扞格,因此提倡要进行诗韵的改革,即严守平仄格律,适当放宽诗韵,实行邻韵和近韵通押的变通办法。他指出,平水韵的平声三十部,在词韵中已合并归拢为十四部,这是个进步,因此提倡以词韵代替诗韵,以便于创作。但词的十四部平声韵,还可以将进一步将"侵(-in)、覃(-an)"二部分别并入"真-en、寒(-an)"二部,"东(-ong)、冬(-ong)"二韵与"庚(-eng)、青(-ing)、蒸(-eng)"三韵合并为一韵。"可用-eng、-ing、-ong三个尾音大致相同的拼音字母贯通起来"作为一韵。这样就将词韵的平声十四部,改造成十一部,更便于当代人的诗词创作的用韵。这在"中华新声韵"未提出之前,实在是个创举。华先生关于诗韵改革的倡义,是鉴于鲁迅等人在旧体诗创作中将平声韵邻韵和近韵通押的实际状况中总结出来的。但他们并未提出用韵改革的意见,他们只是实际上具体地运用了这种作法。华锺彦先生无疑是最早呼吁和提倡中华诗词创作活动和诗词用韵改革的先驱者之一,华先生提出的复兴传统诗词创作的主张和改革诗词用韵的意见,对当今全国中华诗词创作热火朝天大好局面的形成,是有着巨大推动的功劳和贡献的。

为了配合诗词创作,华先生还编有《诗歌精选》和《五四以来诗词选》两部诗选,供大家参考学习。尤其是后一本,是"五四"至今诗家诗词创作的第一部选集,受到了国内外的欢迎和好评。

二、首倡中华诗词的吟咏活动

在"五四"时期西学东渐的潮流下，陈独秀、胡适所倡导的新文化运动，提倡白话文和新诗时，不但将传统诗词作为革命的对象，使传统诗词的创作传统沦于长期失坠的危境，而且还使古文和诗词的传统吟诵置于长期失哑的状态。到20世纪80年代，年轻人已不知诗词吟咏为何物，会吟诵诗词的只有当时为数不多的七十多岁以上的老年学者，诗词吟诵已将成绝学。相对于当时国内的情况，中国的邻国——日本和韩国，却仍然保存着对中华诗词的吟诵传统。据说当时"日本有一千万人喜爱读唐诗，有三万人会吟诵唐诗"。21世纪初前来中国马鞍山诗歌节的日本吟诵团，一次就多达500人登台吟诵，可国人竟然没有一个诗词吟诵者登场。1978年，日本的中国古典诗歌研究家吉川幸次郎，携团前来中国，要参观杜甫故里，由华锺彦先生陪同，一路上华先生与吉川共同吟咏杜甫《登高》诗，音节和声调基本相同。由此，华先生十分感慨，决心大力倡导和弘扬诗词的吟诵工作。1982年，在中国唐代文学学会成立大会上，经华先生提议，成立了诗词吟诵小组，小组由七位擅长吟诵的专家和教授组成，华先生为组长。以后，华先生经过对各地的调查和采风，收集了大量的吟诵录音资料。在1986年第三届唐代文学研讨会的"唐代文学讲习班"上，华先生作了"唐诗吟咏"的专题讲座，讲解了唐诗古、近体的吟诵方法，得到了在场五六百听众空前的热烈欢迎，先生每吟咏一首，场上便引起一片欢呼和掌声，大家感受到了诗词吟诵的魅力和丰采。此后，华先生接连发表了《唐诗吟咏的研究》等几篇文章，对诗词吟诵的理论加以总结，提出了诗词吟诵的规律性的见解。他认为，古文和诗词的吟咏过去一直是师徒之间口耳相传的常识，从未有人对其进行过理论方面的探讨，而他经过对各派传承吟诵情况分析和研究，认为在诗词吟诵方面，是有规律可循的。近体诗的吟诵是一个典型代表，总的规律是平长仄短。但具体到吟诵时，每句只有一个平声字是关键的节奏点，可作适当的延长（当然韵脚也需要延长），即平起近体诗首句的第二个平声字、仄起近体诗首句的第四个平声字需要延长。平起绝句为"二四四二"，仄起绝句为"四二二四"。律诗可以重复一遍。这样循环往复，形成音声交错的吟咏效果。古体诗可参考这个原则，灵活运用。另外，古体诗还有"五七同声""三平落脚"等特点需要重点突出。再一个是要揣摸诗的情感，声调和情感要紧密配合，才能声情并茂。根据以上情况，华锺彦先生总结出一个口诀："平长仄短，二四为重。声情一致，古近皆同。"

这个诗词吟诵的理论很是精辟简明，也很实用。一看就懂，看一遍就能记住。这是华先生对诗词吟咏理论的一个重大发现。相对来说，能吟咏诗词的人大有人在，而能对诗词吟咏理论做出创新的，恐仅有华锺彦先生一人。

华先生还强调了诗词吟诵的重要性，他认为：

第一，吟咏是深入理解诗歌的最好门径，即通过吟咏加强对诗歌的感受，深入体会诗歌的情感和意境。

第二，吟咏是创作的基本功，即诗词创作要以吟咏为基础。古典诗词吟咏得越多，就记得越熟，就越能出口成章，借鉴前代诗词的创作成果。同时，长吟不仅能陶冶性情，而且又是检验新创作的音律准绳。

第三，吟诵是诗歌的艺术表现之一，即诗歌是艺术，吟咏也是艺术。二者关系难解难分。诗歌只能表现纸面上的语言文字之美，必须加上吟咏的声音节奏之美，才可以使诗歌插上音乐的翅膀腾飞起来。这正是艺术的表现。

华先生将诗词的创作和吟咏紧密地结合起来，从理论的高度进行整合，这是一大创新，对现今的诗词创作和吟咏都有很大的指导意义。

近些年来，中华诗词的吟诵活动开展得如火如荼，正是得力于华锺彦等先生的大力的启蒙和倡导，他不但擅长吟咏而且还总结出了吟咏的理论，这是他的高明之处。他可以说是中华诗词吟诵的最早启蒙者和开创人之一。如今他的哲嗣华锋先生，继承了华老先生的吟咏事业，形成了当今吟坛上的气象蔚然的"华调派"，为振兴中国的传统诗词吟诵活动，做出了新的贡献。这正是华锺彦先生的期望，也是河南大学的光荣。

安得促席　说彼平生

——有关华锺彦先生怀人诗词的断想

宋立民

陶潜《停云》诗曰："人亦有言，日月于征。安得促席，说彼平生。"笔者从中国大陆最南的湛江回母校参会，是想在开封与110华诞的华锺彦先生说说话，听师友们说说自己心中的华先生。

华先生没有走远，也不会走远。先生写怀人诗词之际，或许没有想到：他的字字句句，都会让后学想他。

1. 华先生说，自己"因时而兴，感物而动，凡邦家大事，社会珍闻，无不纳于吟咏，见于篇章。"而先生的怀人诗词，尤见真情，尤见世风，尤见功力。可叹数十年间，沧桑百变，"新中国成立后至丙午的诗词，曾抄为一册，约500篇，在丙午风暴初期'勒令'上交，迄无踪影"，以至于"吟稿散佚，抚膺知痛"①——"年华那朋友真好，他明天就教你老。"十年后又是丙午，吾侪是否还能够再次聚首，说说恩师的音容笑貌，说说两个丙午间彼此的"平生"？

2. 粗略统计，《华锺彦诗词选》收怀人诗词72题，138首；《华锺彦诗词选补编》收华先生怀人诗词46题，66首，共计118题，204首。从1932年的《侠客行》到1988年的《赠志荣亲翁》，时间跨度达半个世纪之久，在先生诗作中占有重要比重。

盖此处的"怀人"，不只是"怀念""缅怀"，"怀"似应为"懐"即

---

① 华锺彦：《华锺彦诗词选》，北岳文艺出版社，1989年，第1页。

"襄",《康熙字典》引《字汇补》证明:彼时已有"怀"字,乃另一字——凡情寄心牵而落墨于人者,无论古今中外,皆可视为"怀人",则豪杰英雄至家人师友均可入列。自然,集中有些诗词作品身兼数职,或未题怀人而意在怀人,或当初为感事纪实而如今已经是"萋萋满别情",是故"怀人"的框定难免大而化之。虽则筛选是以己意为之,但大体上能够窥见华先生的怀人主旨。例如,1945年"8·15"胜利之夜,先生"与妻子欣然共酌,全家欢畅,率成一律":"一闻捷报动乾坤,狂喜惊心见泪痕。惩暴方知天有眼,藏奸应恐地无门。也因夜雨添诗兴,好对秋花倒酒樽。无怪妻孥歌且舞,十年酸苦敢轻论!"先生自己评价曰:"较比杜甫《闻官军收河南河北》之欢,或尤过之。"①彼时彼刻,先生说的是漫卷诗书喜欲狂的"时事",而七十年后,吾侪设身处地,回味当时的情景,不仅怀念为国捐躯的将士、坚忍卓绝的百姓,更仿佛窥见了喜泪佐酒的先生全家,目为怀人当不为过。

3."呜呼,我爱浮世绘。苦海十年为亲卖身的游女的绘姿使我泣。凭倚竹窗茫然看着流水的艺妓的姿态使我喜。卖宵夜面的纸灯寂寞地停留的河边的夜景使我醉。雨夜啼月的杜鹃,阵雨中散落的秋天木叶,落花飘风的钟声,途中日暮的山路的雪,凡是无常无告无望的,使人无端嗟叹此事只是一梦的,这样的一切东西,于我都是可亲,于我都是可怀。"②周知堂先生翻译了日本作家永井荷风这段话,同气相求而反复引用。无奈华先生的"怀"与周作人"都是可怀"的"精炼的颓废"恰恰相反。华先生说:"我主张真实地反映现实生活,积极而健康地表达思想感情……尽可能不写那些'嘲风雪,弄花草'的诗作,因为那是没有分量的。"③因此,华先生怀人的主调仍然是以梁漱溟概括中国文

---

① 华锺彦:《华锺彦文集》(上),河南大学出版社,2009年,第2页。
② 钟叔河:《周作人文类编》,湖南文艺出版社,1998年,第720页。
③ 华锺彦:《华锺彦文集》(上),河南大学出版社,2009年,第5页。

化的"向上之心"与"相与之情"的结合、时代风貌与雅俗共赏的结合——"诗文不切生民病,几何不将覆瓶甀",此之谓也。

4."诗情应许热如汤,文胆当求大如斗。"可以说,无论是纵情高歌还是低眉沉吟,华先生的诗作无不与时代风云有关——即便刻印词章一事,亦因为顺应现实而改变了"古人不自刻印"的观念——故此,先生的"怀人"固然与忧国、匡时、感事、悼亡、伤身、慰己均密不可分。

但是,就华先生的国学根底与诗词功力,绘景寄怀,吟风弄月,乃至"于风月中写出风云"亦并非难事。多年前已经讲授《花间集》的先生非不能也,是不为也。即如先生1982年9月写的[仙宫吕]满庭芳《中夜秋雨怀远》:"帘垂暮景,兰灯半壁,漏鼓三更,中秋人自怀孤零,多少幽情。风剪剪云迷月影,夜漫漫雨打秋声。谁堪听,南楼凤鸣,吹奏到天明。"其情其景,其缠绵之意,其含蓄表达,与以绘景为主的秦少游的念奴娇(夜凉湖上)、苏东坡的念奴娇(凭高眺远)、辛弃疾的太常引(一轮秋影转金波)、陈维崧的桂枝香(甲寅中秋)异曲而同工。可惜由于种种原因——尤其是与政治息息相关的时尚,先生未能将精力付诸此路笔墨是也。

5.关于文学鉴赏的原则,华先生曰:"欲赏鉴文学者,必须去其成心,舍其偏好,虚以处己,静以观文。"[①]无奈华先生人格文章,之于吾侪,是"仰之弥高,钻之弥坚,瞻之在前,忽焉在后",咀嚼涵咏只叹不及意,藐予小子何敢赞一言。尤其是先生的古诗词,在现当代格律诗坛上独树一帜,乃当之无愧的大家重镇,毫无私心地说,堪与鲁迅、萧军、聂绀弩比肩,因此欣赏不易,点评尤难。好在有先生"鉴赏之方法"的"文气""文情""文理""文势""文德""文词""文律""文趣"的指导在,故不揣浅陋,说几句先生的怀人诗词,能够悟到先生本意之十一者,吾心足矣。

[①] 华锺彦:《华锺彦文集》(下),河南大学出版社,2009年,第923页。

6. 怀人总有英雄气。

"一身能擘两雕弧,虏骑千重只似无。"华先生的怀人诗自歌咏朝鲜侠士尹奉吉始。"风萧萧兮易水寒,壮士一去兮不复还"。我诗国之诗史上,怀侠士者可谓多矣,曹操"关东有义士",阮籍"壮士何慷慨",崔涯"出门便与妻儿别",王维"纵死犹闻侠骨香",陆放翁"佩刀一刺山为开",陈子龙"义重丘山轻一死"……即便"田园诗人""山水诗人",也多有金刚触目的尚侠制作。

尽管古诗人个个豪气冲天而才气逼人,但未必有华先生的切肤之痛的"临近性":"余经'九一八'事变。流寓京津,去国怀乡,既感庾信之哀江南,作《望辽东赋》;又感尹氏之报祖国,作《侠士行》。"①是故"别传就是自传",笔端之侠客正是脑海里的自己,于是才有能指意义上的咏志——"男儿生不能备身王门执金吾,又岂能卑身甘为虏作奴",才有悲壮之歌行——"报韩争说博浪沙,击之不中羞还家。拼将一颈孤臣血,开作千年烈士花",才有"辽天望断春来雁,易水长歌壮士诗"的无限感慨。先生时年26岁,如此雄浑悲壮,大气磅礴,着实令人叹服。而"行行路出江南道,十万胡儿身手好。铁血春红陌上花,鬼磷夜碧江边草"数句,使人记起李叔同的满江红:"双手裂开鼷鼠胆,寸金铸出民权脑。算此生,不负是男儿,头颅好!"倘能料到20年后有人承继,弘一大师九泉下亦当欣慰一笑。

7. 怀人更著儿女情。

"只怜今夜风如虎,独对寒灯不忍眠!"在"首长治下臣民,服装一律灰蓝"的岁月,"大我"即空泛的"公情"压扁了"小我"即儿女私情,诗人亦无可幸免。华先生为数不多的绘写儿女情的文字多为悼亡。而且,1967年写的哀悼自己女儿的四首绝句《悼友云女二首》和《悼纶女二首》,反倒不如1933年哀悼妻子闺蜜的《挽张次程女士》痛

---

① 华锺彦:《华锺彦文集》(下),河南大学出版社,2009年,第1143页。

彻、情深、一泻千里。盖"横暴何曾知敛手""请调无成压尤甚"的"文革"初期,"传说真理要发誓保密,报纸上的谎言倒成了圣经",谁遣私情上笔端,敢有歌吟动地哀?即便哭也是有泪默默吞咽,不敢纵情失声也。

　　白居易《重伤小女子》曰:"才知恩爱迎三岁,未辨东西过一生。"——儿女情长是可以用数字计算的。试看《挽张次程女士》四首的颈联与颔联:"春草春花春夜月,一贫一病一愁魔","半床清冷温新课,十载零丁倚外家","神游阆苑三千里,人隔蓬山一万重","肠断三三修禊处,魂销九九落花时"①——就文情而言,虽云"感于心不能已于言",但言之既出,于心戚戚,早夭才女跃然纸上,将夫妇之哀痛表现具足。而"霜封碧草虫吟月,磷傍青枫鬼唱诗"一联,不让曹雪芹笔下惜春判词:"白杨村里人呜咽,青枫林下鬼吟哦"。就文势而言,半、一、三、九、千、万诸数字入诗均不涩不隔,恰到好处,极尽肝肠寸断之情状。

　　盖数字入诗已有诸多方家研究,但其在怀人诗词中的特殊地位颇值得思考。

　　或曰"黄鹂鸣翠柳,白鹭上青天。窗含西岭雪,门泊东吴船"固然仍然是"诗",但味道已经浅了大半。而华先生诗里"三三""九九"等数字之妙用,不仅碧眼西人无法理解,即便入室弟子也只能够叹服"读书万卷始通神"也。

　　8. 怀人也曾立存照。

　　与郭老的"酒瓶新酒"、与时俱"改"不同,鲁迅先生于诗歌一端是"不悔少作"的。当然,其少作如《别诸弟》《莲蓬人》已经是相当成熟的近体诗。目前出版的华先生的怀人之作,无论背景描摹、思维方式,还是表达手段、话语特色,都是一仍其旧,不做删改,尽力保持历

---

① 华锺彦:《华锺彦文集》(下),河南大学出版社,2009年,第1144页。

史原貌。例如,写于1975年10月16日的《大寨图·题贺志伊画》:"大寨精神动九州,战天斗地夺丰收。千寻峭壁填沟底,万顷良田出石头。何处云山不飞跃?今朝人物是风流。齐心奋起冲天力,一日凭凌二十秋!"①该首用刘禹锡《西塞山怀古》韵,堪称典型的"时代备忘"。因为彼时彼刻的吾侪,是被禁锢并洗脑之后的"奴在心者",不必有也不敢有自己的思维,写诗无疑是以报章作为蓝本与导向。新闻界"拟态环境理论"的提出者李普曼认为:现代生活越是复杂,人们借助"新闻供给机构"了解世界的可能性、依赖性越大。因此,人的行为与情感并非完全是客观的反映,而常常是新闻机构提供的"拟态环境"的回声。可以设想,一年之后,得知大寨真相的先生,自然会有另外的思考与表达。

然而,可贵之处恰恰在于:先生没有把历史痕迹抹去,而是让他们"立此存照",融照未来。

再回溯到1958年,先生的五言诗《师生运矿比赛》,记述了张仲义老师与学生刘惠琴的比赛:"一担比一担,担担沉甸甸。飞去又飞来,恰似穿云燕。"②吾侪听过张先生讲授俄罗斯文学,其温婉和蔼、轻声细语,几近他口中的"玛尼洛夫",给大家留下了难忘的印象。没有华先生的记录,吾侪哪里知道张老师还有过"恰似穿云燕"的奋不顾身?而在《红旗歌谣》作为"主旋律"的时代,学富五车的先生也只有用不要藻饰的"口语化"加"民歌体"白描,尽管先生早就认为"近体诗格律严整,不可能与无格律的民歌相结合"。

终于,到了1980年,先生放胆仰天长啸:"'杀人者死'法三章,民到于今说汉王。可惜无关永年县,亡灵决眦望苍苍!"③此乃诗体的时

---

① 华锺彦:《华锺彦文集》(下),河南大学出版社,2009年,第1235页。
② 华锺彦:《华锺彦文集》(下),河南大学出版社,2009年,第1214页。
③ 华锺彦:《华锺彦文集》(下),河南大学出版社,2009年,第1245页。

评,接近进攻的手足也。

而1984年的《怀三湘诸友》——"节报梅花快似梭,三湘诗讯近如何?曾邀南北东西客,漫咏悲欢怨慕歌。张胆刺邪犹恨少,称情赞善不妨多。明时不奋风人笔,何用金针绣薜萝!"[1]——诗人心态已经是豁然开朗了。

所以,在"天下争歌红管家"的岁月,整个时代都在酒神精神的鼓舞之中浪漫;到了"教师可打不须疑"的时代,清醒不过是痛苦的代名词。忠实地记录这一切,是老杜的遗风,也是诗人的勇气与真情。

9. 个人生活——包括"人歌人哭水声中"的心灵史,在怎样的背景下方才值得保存?面对"唐留丝麻宋留瓷"的浩瀚历史,我们的"怀人"究竟能够有多大作用?窃以为即便柔弱而卑微的身影,一旦变成了时代的缩影,我们的苦痛与辛酸便成了史册不可或缺的"沧海一粟",于是悄然取得了存在的意义。正是在此意义上,我们要感谢华先生的后人华赉、华维、华锋诸位,他们在编辑、整理《华锺彦文集》之际,本着对长辈、对历史、对文学、对后人负责的原则,郑重强调:"先父的诗文,是他真实思想的反映,是他'须叫我手写我口'文艺思想的实践。因受历史条件局限,某些作品难免带有鲜明的时代烙印。为尊重历史,对这类作品,我们一般未做删节。"[2]也正因为如此,我们才能够更为鲜明地感触到整整半个世纪的时代的脉搏。

10. 怀人未敢忘师生。

"已栽桃李成蹊径,更辨盈虚守谷神"。华先生先后师从曾广源、钱玄同、马裕藻、罗庸、郑奠、林损、俞平伯、高亨、许之衡等先生,并由曾广源先生介绍为高步瀛先生的入室弟子,故终生念念不忘师恩。华先生先后执教于天津女子师范学院、东北大学、京华美术学院、长白师

---

[1] 华锺彦:《华锺彦文集》(下),河南大学出版社,2009年,第1184页。
[2] 华锺彦:《华锺彦文集》(下),河南大学出版社,2009年,第1265页。

范学院、东北师范大学、新乡师范学院、河南大学,桃李遍布天下。其怀人诗词里,"校园气息"始终缭绕,殊为一景。

试看先生送1964年毕业同学的《满江红》:"壮志凌云,驰天马、高飞横逸。当今日、干将出匣,荆山成璧。举世都称神异器,何人不重连城值。但金锋玉璜若为功,须人执。"其襟怀壮阔,浩气逼人,与当年的原子弹试验成功相呼应。而结尾的"树起丹心腾万里,擘开云路横双翼。待明朝、展翅起高飞,知南北?"①更是睥睨天下,踌躇满志。再看《华锺彦诗词选》的压卷之作《东望曲——赠东北大学校友》:"程门夜雪立三更,马帐清弦传六经。北院书声骄夜雨,西楼烛火带春星。宗威一唱三江和,长春百米五洲惊。"该诗写于1987年,彼时先生已过杖朝之年,然而古风写得元气淋漓、万壑雷声。至结束句"何时重过昭陵道,汉卿楼下憩甘棠!"②依旧思念如缕,情感茫茫。"昔我同门友,高举振六翮",患难之中的同学情谊,早已渗透血液骨髓。动人者气,入人者情,先生用文字记载了一段坚忍卓绝的历史。而结尾处连用"隔刘郎""托贤良""争荣光"等"三平脚",愈发烘托了豪迈之情。

"八旬立教二王风,五雅三玄指掌中。愿得年年进朋酒,期颐相对笑颜红。"③这是1980年华先生为恩师高亨先生八十寿辰写的祝寿诗。高亨先生碍于目力减退,慨叹《老子注译》难以出版。"有事弟子服其劳",仅仅小高先生五岁的华先生慨然代劳,玉成大著,成为师生情谊佳话。

11. 怀人亦曾思东国。

"想来俯首横眉处,恰是千秋万世师。"从精神气质到多用邻韵,华先生多次提及对于鲁迅的师承。另有一端值得瞩目者,乃中日文化界的个人交谊。鲁迅六十余首古、近体诗,三分之一与日本友人相关,或题

---

① 华锺彦:《华锺彦文集》(下),河南大学出版社,2009年,第1153页。
② 华锺彦:《华锺彦文集》(下),河南大学出版社,2009年,第1207-1208页。
③ 华锺彦:《华锺彦文集》(下),河南大学出版社,2009年,第1242页。

赠（如邹其山、增田涉），或手抄相赠（如冈本、山县），华先生的怀人诗词，亦承继鲁迅风范，多有表现。例如，1979年7月，日本著名学者、"京都学派"的代表人物吉川幸次郎访华来豫，华先生接待，吉川赠杜甫研究专著二种，两位学者于车上共同吟咏《登高》："自首至尾，抑扬节奏全同，相视而笑。"华先生诗曰："少陵一笔拔三唐，引得云旗指圣庄。曾托死生歌义马，甘供心血奉雏凤。羯胡未靖三巴乱，稷契无成两鬓苍。共诵'登高'洛阳道，论文何日引杯长！"吉川先生欲访杜甫故乡瑶湾未果，华先生"诗以慰之"："瑶湾春涨路难开，杜老遗踪锁碧苔。领会青云动高兴，明年扫径待君来。"杜甫《客至》曰："花径不曾缘客扫，蓬门今始为君开"。化用老杜诗意酬答日本杜甫研究专家，先生随手拈来却用意深远。未料不到一年，吉川病逝，华先生再有诗曰："闻君归去我心哀，热泪催诗吊夜台。中日论交文会友，京都立教世多才。登临并影成千古，吟咏同声尽一杯。未到瑶湾莫惆怅，枫青入梦待君来！"①愈吟读此诗，愈发明了鲁迅"渡尽劫波兄弟在"的初衷与心境。民间有学术界的交流与情谊，绝非日右翼头目所能够左右也。

12. 怀人不妨翻古谱。

克罗齐说：所有的真历史都是当代史。同理，所有的"怀古"都是现代视角的"例今"。华先生的怀人诗词涉及秦始皇、钩弋夫人、李自成、霍去病、唐叔虞、李煜、陈子昂、杜甫、李白、白居易、薛涛、皇太极、史可法、《红楼梦》人物、《桃花扇》人物等，然而其对于历史的拷问与思索全在当下，如借钩弋夫人的故事说1978的"拨乱反正"："不知秋雨秋风夜，多少冤魂泣茂陵！"；借哀悼杜少陵慨叹"文革"间文人的命运："吟到'文章憎命达'，更怜夔府望京时""穷年漫洒黎元泪，谁识开天稷契才"。②而对于历来指为"荒淫不足道"的陈后主，华

---

① 华锺彦：《华锺彦文集》（下），河南大学出版社，2009年，第1163-1165页。
② 华锺彦：《华锺彦文集》（下），河南大学出版社，2009年，第1160-1161页。

先生同样以大量史料条分缕析，引证宝黛情爱为之辩解（参见先生为姜海峰《李煜评传》所作序言），而在《虞美人·咏李煜》里，先生更是直抒胸臆："江南年少词坛主，错被风流误。娥皇长往女英来，廿载真情挚爱不须猜。煦仁赓被囚徒少，无奈春台倒。众生罪恶我何堪，拼得投身孽海一肩担。"以此评价，则李后主的功过是非评价似乎也可以"三七开"或"四六开"，更何况陆放翁的《南唐书》还有后主"多仁政""薄税敛""尝亲录系囚，多俗原释"的记载呢？如斯以史传支撑而以诗词表达的"翻案诗"，为同样为古代怀人诗词的系谱增光添彩也。至于替贾宝玉写的《酸苦词》，无疑似陈寅恪做《柳如是传》，"藉以察出当时政治道德之真实情况，盖有深意存焉"。试比较"食梅不酸蘖不苦，我生酸苦人不睹，酸在肝肠苦在喉，欲吐不吐泪如雨"①四句与同一时期安葬嵇文甫先生的"葬词"——"苦忆音容多少泪，秋空阴雨正绵绵"②，哪一句不让人记起"国际歌声悲永夜"的十年"浩劫"呢？

13. 怀人尤重祭英灵。

"平生德义人间颂，身后何劳更立碑。"正如怀人是当代旧体诗作者的重镇，"洒血祭雄杰"也是华先生怀人的重头戏。查附表所列华先生两百余首诗词，以伟人与英雄为悼亡对象者占有很大比重，从毛主席、刘少奇、周总理、朱彭刘贺陈诸元帅，到雷锋、王杰、焦裕禄、白求恩，堪称半个世纪的英雄画廊。其中，写于1977年的古风《深深怀念周总理》达1500字之多，历数总理一生伟业而一气呵成，实为彼时"归来歌"歌者的代表作品。

而笔者尤其关注的，是华先生对于张志新、遇罗克、郭伟彬、蒋筑英等"小人物"的缅怀。虽则同为仰望，但是在社会地位与心理气质上，先生毕竟与普通人更为接近。例如，1979与1980两度缅怀张志新

---

① 华锺彦：《华锺彦文集》（下），河南大学出版社，2009年，第1171页。
② 华锺彦：《华锺彦文集》（下），河南大学出版社，2009年，第1164页。

烈士，字里行间充满了对于"人妖颠倒是非淆"岁月的思考："泰华巍巍莫比高，志新名节上青霄。浮云蔽日天昏暗，大笔诛奸地动摇。对狱七年忠更烈，断喉千古恨难消。何须更问'谁之罪'？泪雨横飞倒海潮！"现代诗人公刘凭吊张志新遇难处的当天写下的《刑场》和《哎，大森林》喊出了"难道这就是海？这就是我之所爱？！""中国！你果真是无声的吗？／哦，可——怕！"可见新诗、旧诗说的是同一话语。时至今日，"断喉洒尽英雄血，未见偿还债几人"[①]仍然是现实而不是历史，说明坊间呼唤的"忏悔意识"尚未成形。而且，先生发问之际的忧虑至今仍未成为过去时。亦正如温家宝同志退休前提醒的：没有政治体制的成功，经济体制改革不可能进行到底，"文化大革命"这样的悲剧还有可能重新发生。

14. 华锺彦先生两度为我们七八级开课，先是讲《诗经》，后来讲《古典诗歌的韵律与做法》。记得华锺彦先生讲《诗经》，说"一之日觱发"是"冷得稀里哗啦"，而"二之日栗烈"是"冻得嘎巴嘎巴"。当时秋高气爽，可弟子们只觉得寒气袭人。一切都还在目前，却是三十多年前的事情了。好在彼时的笔记还在，后来《华锺彦文集》更是提供了完整的材料，笔者在河南与广东均曾使用。大著置于案头，备课或做论亦不断从中汲取营养。此生能够成为先生的弟子，是命运青睐，仅此一端，吾侪财富便无法清点。

仅以同窗兼词人范剑克先生的绝句作为结束："诗追唐宋著华章，永驻骚坛姓字香。梁园春风吹绛帐，绵绵恩泽汴流长。"[②]

---

① 华锺彦：《华锺彦文集》（下），河南大学出版社，2009年，第1169页。
② 范剑克：《伊滨集·忆吾师华锺彦先生兼酬立民兄》，线装书局，2009年，第130页。

五 | 2017年河南大学"纪念华锺彦先生诞辰110周年暨古代文学高端论坛"文章选编

【附】华锺彦怀人诗词编目（按照《华锺彦文集》顺序）

《华锺彦诗词选》（计72题，138首）

《侠士行二首》（1932年5月）

《赠郑小从教授》（1933年）

《挽张次程女士四首》（1933年4月）

《读〈桃花扇〉五首》（1934年）

《赠白雪诗社刘话民社长》（1947年12月）

《百泉纪游四首》》（选《饿夫墓》《清辉阁》）（1955年秋）

《安杰颂》（1961年）

《过仰止堂，怀瞿、张二公》

《谒蔡松坡墓》

《雷锋曲》（1962年）

《迎春花开怀罗元举、张丹群二首》（1963年2月）

《巩县纪行三首》（1964年3月）

《满江红·送六四年毕业同学》（1964年6月）

《满庭芳·吹台访钱天启教授》（1964年7月）

《代晶士和友人韵》（1965年秋）

《王杰颂》（1965年秋）

《纪念白求恩逝世二十七周年》（1966年11月）

《悼友云女二首》（1967年春）

《悼纶女二首》（1967年8月）

《哀悼周恩来总理》（1976年1月）

《满江红·纪念周总理八十诞辰》（1978年2月）

《登香山吊白居易墓》（1978年6月）

《悼亡妻邹漪文二首》（1978年6月18日）

《西行杂咏十三首》（选《登大雁塔致应桓》《登秦始皇陵》《吊钩弋夫人》《访杜公祠》《游晋祠》）

《怀念朱总、贺帅》（1978年11月）

《忆彭大将军》

《忆陈总》

《悼念张志新烈士》（1979年6月）

《赠吉川幸次郎先生》

《和日本吉川教授远赠新诗》（1979年7月）

《酬日本黑川洋一教授惠赠新著》（1979年）

《史学大师嵇文甫重新安葬悼词》（1979年8月）

《西江月·和王之相师》（1980年）

《悼念日本吉川幸次郎教授》（1980年4月）

《浣溪沙·与维女重游颐和园》（1980年8月）

《念奴娇·同王季思钱仲联两教授赤壁唱和》（1980年）

《怀念刘少奇同志二首》（1980年）

《感遇选十二首》（选《史云峰同志》《张志新烈士》《遇罗克》《活着的张志新——郭维彬》《前题》）（1980年）

《酸苦词》（1981年）

《李闯王》（1981年7月）

《纪念鲁迅百周年》（1981年）

《怀念鲁迅先生四首》（1981年9月）

《浣溪沙·壬戌春日赠友人》（1982年）

《玉楼春·和友人》（1982年2月）

《祝高晋生夫子八十二寿辰》（1982年8月4日）

《壬戌春两度关中之行五首》（选《再谒杜公祠兼和苏邓二公》）（1982

年5月)

《谢日本黑川教授新赠》(1982年6月)

《满庭芳·中秋夜雨怀远》(1982年9月)

《题汤阴岳鄂王庙》(1982年9月)

《悼念蒋筑英同志》(1982年11月)

《梦玉良》(1982年12月)

《酬姜书阁教授》(1983年6月)

《大连楚辞讨论会——悼屈原》

《为叔容传授孙氏拳,赠沈阳诸友生》

《题齐白石纪念馆四首》(1983年12月)

《怀三湘诗友》(1984年1月)

《颂邓学伟医生二首》

《修瑞娟颂二首》

《陈秀英颂》

《东南纪行二十五首》(1984年春)(选《听唐圭璋词长吟唱后主词》《千帆馈以新茗,诗以鸣谢》《同金启华教授游玄武湖话旧》《留别镇江汪瑜如诗家》《酬扬州李廷先教授》《访扬州任二北教授》《姑苏访钱仲联教授》《酬王运熙教授》《和杜兰亭先生》《酬富寿荪教授来访》《访马茂元教授》《赠苏渊雷诗叟二首》《沪上别铁铮甥》《寄王蘧常教授》《杭州酬刘操南、徐行恭、周采泉诸诗家》《沈园》《留别胡国瑞教授》)

《同李国瑜教授访张秀熟先生》

《同陶道恕教授访缪钺教授》

《题潘希逸先生〈孟晋斋诗存〉》(1984年11月)

《读缪彦威先生〈灵谿词说〉——论姜夔词四首》(1984年12月)

《酬徐曙岑词长》(1985年春)

《千秋岁·庆祝唐圭璋先生八十五寿辰》(1985年秋)

《和龚依群诗家〈唐代诗人赞〉四首》(选《陈子昂》《李白》《杜甫》

《白居易》)（1985 年 12 月）

《周总理逝世十周年纪念八首》（1986 年 1 月）

《虞美人·为姜海峰〈李煜评传〉题词》（1986 年 3 月）

《访苏坟吊东坡二首》（1986 年秋）

《悼刘伯承元帅》（1986 年 10 月）

《东望曲——赠东北大学校友》（1987 年）

《华锺彦诗词选补编》（计 46 题，66 首）

《满江红·忆沈阳昭陵》（1932 年春）

《浣溪沙·酬梦九原调迟约》（1933 年）

《和青川三首》（1935 年）

《阿原作》（1954 年）

《酬刘宗向同志留别》（1954 年 7 月）

《师生运矿比赛——纪张仲义与刘惠琴比赛》（1958 年）

《群英会》（1960 年 2 月 3 日）

《歌颂红管家》（1960 年 12 月 3 日）

《过黄克强墓》

《四清集》（选《三关》）（1966 年 1 月）

《焦裕禄赞歌》（1966 年）

《落叶》（1966 年 10 月 15 日）

《祝毛主席七十六岁寿辰》（1969 年 12 月）

《别白云大队贫下中农老师》（1970 年 1 月 27 日）

《题贺志伊同志画洛阳牡丹》（1973 年 5 月）

《减字木兰花·欢迎工农兵新成员》（1973 年 9 月）

《大寨图·题贺志伊画》（1975 年 10 月 16 日）

《读毛主席新词二首》（1976年1月20日）

《沉痛悼念毛主席》（1976年9月12日）

《深深怀念周总理》（1977年）

《题丁韵卿画牡丹》（1977年4月）

《热烈欢呼邓副主席复职》

《瞻仰毛主席遗容》（1977年10月5日）

《周总理逝世二周年感怀》（1978年1月）

《送忠厚同志南归》（1978年1月10日）

《西行杂咏四首》（选《登霍去病陵望卫青陵》《访杨虎城将军陵园》）（1978年9月）

《锡章同志惠我华章依韵奉和二首》（1979年7月）

《奉和邓绍基同志步吉川先生西安绝句韵二首（兼呈吉川、黑川先生吟政）》（1979年）

《奉和绍基同志三峡杂诗》（1979年）

《晋生吾师八十寿辰》（1980年8月4日）

《感遇十八首》（选《不平鸣》《平反》《杨秀玲》《为范熊熊》《周小玲》《王萍被迫自杀而作》《打教师》《无题》《太行奇冤》）

《祝虞北山教授七十三诞辰》（1981年）

《为叶其龙及其二子国麟国虎展出〈红楼梦〉雕像题词》（1983年11月）

《纪念毛主席九十周年诞辰》（1983年12月）

《周超颂二首》

《赠沈阳诸弟子二首》（1984年2月）

《酬叶钟华先生》（1984年6月5日）

《观薛涛塑像》

《一盹失看神女峰》

《谭万娴二首》

《贺采泉吟长》
《挽耿元瑞》(1985年10月8日)
《为〈诗词集刊〉发行第五年赋呈潘佛章先生》(1985年5月)
《虞美人·咏李煜》(1987年)
《赠志荣亲翁》(1988年)

华锺彦先生《诗经》研究的贡献、特色与方法

边家珍

吾师华锺彦先生（1906-1988），原名华连圃，以字行，辽宁沈阳人，当代著名古典文学学者、诗人、河南大学教授[①]，著有《戏曲丛谭》《花间集注》《中国文学通论》《〈诗经〉会通》《诗歌精选》等，又有《华锺彦诗词选》《华锺彦诗词选补编》行世。在华先生现存各类著述中，《诗经》研究占有不小的比重，贡献卓著。夏传才先生《二十世纪诗经学》讲到粉碎"四人帮"后从事《诗经》研究的老专家时说："这些老专家大多七八十岁乃至九十岁高龄，他们的著作以深厚的功力，在训诂、音韵、诗义诠释、基本问题的探讨等方面，对传统作了总结和新探讨，各有创造性发展。"[②] 华锺彦先生无疑是这批老专家中重要的一员。大概由于华先生的《诗经》研究成果时间跨度大、散见于数处、未得及早整理出版等原因，知者不多，流布不广，总结华先生《诗经》研究贡献的文章亦不多见。据笔者查阅，这方面的论文仅有1篇，即张应斌先生写的《华锺彦的〈诗经〉研究及其学术精神》，此文综论华先生的《诗经》研究，力图彰显华先生"知识分子独立思考的精神"[③]，有创始之功，但限于篇幅，不少内容似未能具体展开。兹不揣谫陋，试论述华先生《诗

[①] 华锺彦先生1933年北京大学毕业后，曾在天津女子师范学院、东北大学、东北师范大学等校任教；1955年至1988年，华先生在河南大学（这期间，学校历经开封师范学院、河南师范大学以及恢复河南大学校名的变化）任教。

[②] 夏传才：《二十世纪诗经学》，学苑出版社，2005年，第191页。

[③] 张应斌：《华锺彦的〈诗经〉研究及其学术精神》，《湛江师范学院学报》，2010年第1期。

经》研究的贡献、特色与方法，以资学界同人参考。

一、华先生《诗经》研究的贡献

华先生的《诗经》研究著述，始发表于 20 世纪 30 年代，迄于 80 年代，兹依照时间的顺序，胪列如下。

（1）《孔子未曾删诗辩》，载《女师学院期刊》1933 年第 2 期。

（2）《中国文学通论》，油印本。此书是华先生 20 世纪 30 年代在河北省立师范专科学校任教时的自编教材，后收入河南大学出版社 2009 年出版的《华锺彦文集》。其中的《论诗（上）——诗三百篇》部分，约 4 万字。

（3）《〈七月〉诗中的历法问题》，载《历史研究》1957 年第 2 期。

（4）《对〈东山〉的看法——与郭沫若、余冠英同志商榷》，载《开封师范学院学报》1960 年第 7 期。

（5）《〈诗经·七月〉诗新解》，收入《华锺彦文集》。

（6）《关于毛诗序若干问题的理解》，载《古籍整理》1987 年第 2 期。

（7）《〈诗经〉十论》，这是华先生为河南大学中文系 85 级先秦文学专业研究生授课的讲义，收入《华锺彦文集》。

（8）《〈诗经〉会通》，收入《华锺彦文集》。

（9）《〈诗经会通〉新解》，载《文学遗产》1988 年第 6 期。

（10）《〈诗经·小雅·十月之交〉赏析》，载《先秦汉魏南北朝诗鉴赏辞典》，三秦出版社 1990 年版。

从内容上看，这些研究成果大体可分为三类。一是《诗经》学史方面的研究。此类成果侧重于采诗删诗说、六笙诗、六艺、诗乐关系、毛诗大小序、今古文经传等问题，以《中国文学通论》《〈诗经〉十论》《关于毛诗序若干问题的理解》等为代表。《中国文学通论》虽是自编教材，但学术性颇强,其中的《论诗(上)——诗三百篇》部分,包括"源流""删诗辩""诗序""体制""文艺"五节,每节又分若干小题目,如"诗序"又分大小序之分别问题、大小序之作者问题、大小序之价值问题。"体制"又分六义、四始、南风、和诗、诗乐。"文艺"又分辞句、音韵、情意。各小题目之下,又有若干细目。《论诗(上)——诗三百篇》大体上用文言写成,长达4万字,全面、系统而又不乏深入探讨,是华先生覃思精研的《诗》学成果,很值得重视。二是《诗》义解读类的研究,以《〈诗经〉会通》《〈七月〉诗中的历法问题》等为代表。《华锺彦文集》中刊布的《〈诗经〉会通》,是华先生晚年所撰的未完稿,包括《诗经》篇目31篇,涉及《国风》《大雅》《小雅》及《周颂》部分,着重从文字声韵、义理辞章等角度,参酌诸家之说,讲解章句,阐释篇义。三是《诗经》赏析类,以《〈诗经·小雅·十月之交〉赏析》等为代表。当然,这只是大体而言,三类中也有不少交叉重合之处。

笔者个人以为,华先生这些《诗经》研究著述中,学术价值突出、有重要的认识意义、有助于推动《诗》学发展者,主要有以下几个方面。

(一)《七月》诗中的历法问题

《七月》是《诗经·豳风》中的名篇,诗中主要描写了农夫们的劳动生产与生活情况,也包含着感情的抒发。诗中的时间表述,除了某"月"之外,还出现了"一之日""二之日"等,引起了理解上的分歧。华先生列举了最具代表性的三种观点。(1)认为"一之日"为初吉,"二之日"为既生魄,"三之日"为既望,"四之日"为既死魄,也就是把"一之日"至"四之日"当作一月之内的不同时间段。(2)把"一之日"至"四之日"视为冬天的"四九"。(3)谓"一之日觱发"应读为"一之,日觱发",解作"一来呢,……";"二之日栗烈"读为"二之,日栗烈",

解作"二来呢，……"，其余类推①。这三种说法，貌似各有各的道理，当时甚至造成了同一所院校的授课教师持不同观点、难于统一的情况。这三种说法有一个共同的特点，就是没认识到《七月》诗中存在不同的历法。华先生撰写的《〈七月〉诗中的历法问题》是分三个方面来辨析这一问题的：一是"怎么见得有不同的历法"，二是"怎么见得《七月》诗中包括两种历法"，三是"为什么《七月》诗中要用两种历法"。文章以极其耐心的口吻，借助于翔实可靠的古代文献资料，运用《七月》诗中所载的自然现象和生产生活活动与十二个月的节气互相比对的办法，并结合诗中词句的例证详加分析，最后得出结论："本诗因非一时一人之作，表示出两种历法。原因是古代帝王建国，必'改正朔，易服色'。……商周二历都不如夏历比较实际，故民间虽在商周时代也有使用夏历者，所以周初豳地人民常有习唱使用夏历的传统民歌或用周历创造的民歌者，以致本诗出现两种历法。凡言蚕月、四月、五月……十月皆指夏历；凡言'一之日''二之日''三之日''四之日'皆指周历。"②文末还附有《三正相互参差表》，以方便读者参阅。《七月》诗中存在不同的历法，其实早在《毛传》中就提到过："一之日，周正月也。"③大概因其言之过简，更无论证，使人不知其所以然，故不能尽信，而疑之者又生新说。

华先生的《〈七月〉诗中的历法问题》，论据确凿，说理绵密，解蔽发蒙，廓清众说，先是在《历史研究》杂志1957年第2期上发表，又被收入人民文学出版社1959年出版的《诗经研究论文集》中，在学界引起了很大的反响，有关《七月》诗中历法问题的争议，遂至此而息。

---

① 参见华锺彦：《〈七月〉诗中的历法问题》，《历史研究》，1957年第2期。
② 华锺彦：《〈七月〉诗中的历法问题》，《历史研究》，1957年第2期。
③ 孔颖达：《毛诗正义》，阮元校刻《十三经注疏》，中华书局影印本，1980年，第389页。

（二）对《诗经》音韵的研究

华先生长于声韵之学，有丰富的作诗填词的经验，他特别重视对《诗经》音韵的研究，不少地方都有所涉及。

华先生时常强调《诗经》的乐歌性质，认为"诗是乐章，重在歌咏。诗与乐古本合一，自乐言之为乐曲，自诗言之为乐章。秦火之后，乐亡而诗独存，诗虽不能弦歌，而讽咏则不可废"①。他以《七月》为例，说此诗"按照音乐的要求，分为八章，每章十一句，大量保留三千年前劳动人民的口语和声音，给人以真实感。如'女心伤悲，殆及公子同归'，如'昼尔于茅，宵尔索绹'，如'采荼薪樗，食我农夫'等等，皆本诗艺术可贵之处"②。这里所举《七月》诗句，皆句句押韵，音乐感很强。不过，由于《诗经》产生的年代久远，地域分布广，不少字音都存在差异及转变，后人诵读起来，许多地方已经不再押韵。唐以后，对于音韵不谐处，则以"叶音"名之。叶音亦作"协音"，又称"叶韵"。宋代吴棫作《韵补》，始破叶韵之说，倡言古诗自有古韵。明代，焦竑指摘叶音之误③，称《诗经》《楚辞》自有其本音（古音）④。陈第作《毛诗

---

① 华锺彦：《华锺彦文集》（下），河南大学出版社，2009年，第1135页。

② 华锺彦：《华锺彦文集》（中），河南大学出版社，2009年，第838页。

③ 如《召南·驺虞》一章"彼茁者葭，壹发五豝，于嗟乎驺虞"，虞字叶音读"牙"，二章"彼茁者蓬，壹发五豵，于嗟乎驺虞"，虞字叶音"五红反"。显然，同篇同义的这两个虞字，是不应有两种读音的。

④ 《焦氏笔乘》卷3"古诗无叶音"条："'服'今在'屋'押，而古皆作'迫'音。《关雎》云'寤寐思服'，下韵'辗转反侧'。《有狐》云'之子无服'，上韵为'在彼淇侧'。《骚经》'非时俗之所服'，下韵为'依彭咸之遗则'。《大戴记》孝昭冠词'始加昭明之元服'，下韵'崇积文武之宠德'之类也。'降'今在'绛'押，而古皆作'攻'音，《草虫》云'我心则降'，下韵为'忧心忡忡'。《骚经》'惟庚寅吾以降'，上韵为'朕皇考曰伯庸'之类也。"（焦竑：《焦氏笔乘·正续（四册）》，中华书局，1985年，第63页。）

古音考》,更为系统地研究《诗经》古音,产生了较大的影响。华先生充分肯定陈第在《诗经》古韵研究上的贡献,同时也指出《毛诗古音考》中有些字音值得商榷,"如《行露》之'牙'字,音'翁',《桑中》《大明》之'上'字音'平声'等,皆未摆脱叶音之误"①。华先生颇推重清人江有诰的音韵研究,江氏著有《诗经韵读》《入声表》等,华先生认为他"应是《诗经》分韵之集大成者"②。

在前贤研究的基础上,华先生对《诗经》古音又有新的探索,如《邶风·绿衣》的第四章:"絺兮绤兮,凄其以风。我思古人,实获我心。"华先生分析说:"风与心为韵,似乎很奇怪的。我们过细地考察,一定可以知道风从凡声,凡心同在侵覃九韵里边,在顾炎武以前侵覃九韵固然是合为一类(见顾氏《唐韵正》),以后韵家,并考定凡字古音即在侵韵。这个例子就单在诗里边找也是极多。例如'凯风自南,吹彼棘心'(《诗·邶风·凯风》),南心二字韵;'习习谷风,以阴以雨,黾勉同心,不宜有怒'(《诗·邶风·谷风》),风心二字韵。……所以细心去找,真的随处皆是。"③华先生的这类研究很有价值,他还将相关成果吸纳于《〈诗经〉会通》中。《〈诗经〉会通》各篇主要依据江有诰《诗经韵读》标出韵部,今音古音有显著差异者,则直接加注古音的同音字,以便读者涵咏吟诵。如《豳风·七月》二章:

七月流火,九月授衣。(支韵)
春日载阳,有鸣仓庚(刚)。
女执懿筐,遵彼微行(杭),爰求柔桑。(汤韵)

---

① 华锺彦:《华锺彦文集》(下),河南大学出版社,2009年,第1128页。
② 华锺彦:《华锺彦文集》(下),河南大学出版社,2009年,第1130页。
③ 华锺彦:《谈谈古代韵文与现代新诗》,《河北省立女子师范学院期刊》1933年第2期。本文所引华锺彦先生之文,其间有随文作注者,皆原文如此,非笔者所加。兹一并说明。

春日迟迟,采蘩祁祁。
女心伤悲,殆及公子同归。(支韵)

《诗经》用韵的艺术,华先生细分为八种①。(1)连韵,即句句用韵②。(2)变韵,谓一章之中,换用数韵者也③。(3)隔韵,谓数韵相隔,前后为韵,故又谓之遥韵④。(4)重韵,谓一字重叠押韵者也⑤。(5)腰韵,谓句中之字,与句尾之字,相互为韵者也⑥。(6)四声通韵,谓平上

---

① 华锺彦:《华锺彦文集》(下),河南大学出版社,2009年,第982－984页。下面注释中的相关例句,亦选摘于此。
② 连二句者如《关雎》之"关关雎鸠,在河之洲"。连三句者,如《葛覃》之"言告言归……薄浣我衣"。连四句者,如《葛覃》之"维叶莫莫……服之无斁"。连五句者,如《定之方中》"揆之以日……爰伐琴瑟"。连六句者,如《硕人》之"北流活活……庶士有朅"。连七句者,如《氓》"老使我怨……不思其反"。连八句者,如《氓》之"氓之蚩蚩……子无良媒"。连九句者,如《公刘》之"匪居匪康……爰方启行"。连十句者,如《楚茨》之"济济跄跄……孝孙有庆"。连十一句者,如《烈祖》之"黄耇无疆……汤孙之将"。连十二句者,如《閟宫》之"秋而载尝……鲁邦是常"是也。
③ 例如,《巧言》之"君子屡盟(韵),乱是用长(韵盟)。君子信盗(变韵),乱是用暴(韵盗)。盗言孔甘(再变韵),乱是用餤(韵甘)。匪其止共(三变韵),维王之邛(韵共)。
④ 例如,《兔罝》之"肃肃兔罝(韵),椓之丁丁(变韵)。赳赳武夫(隔丁字韵与罝为韵),公侯干城(隔夫字韵与丁为韵)"。此二韵相隔例也,如《瞻卬》之"人有土田(韵),女反有之(有字变韵)……此宜无罪(罪字三变韵),女反收之(收字隔韵与有为韵)。彼宜有罪(罪与上罪字隔韵为韵),女覆说之(说字隔韵与夺为韵)"。此四韵相隔为韵例也。
⑤ 例如,《草虫》之"亦既见止,亦既觏止",二"止"上下句为韵。
⑥ 例如,《柏舟》之"日居(韵)月诸(韵居)",《北风》之"其虚(韵)其邪(韵虚)"。

- 337 -

去入相通押韵者也①。(7) 数句见韵,谓一章诗中,首数句无韵者也②。(8) 章尾互韵,谓数章结尾之字句,完全相同③。这一归纳总结,可视为对顾炎武所讲《诗经》用韵之法的发展④。

华先生重视对《诗经》音韵的研究,但他本人并非迂执泥古之人,他曾表示研讨古音不是为了以古音代今音,"只为考定诗之艺术以明古音,非为复古也"⑤。他还说"诗以韵成,古今韵读时有差异,读者必须贯通古今之变,而后按今韵读。不通古韵,则失《诗经》之魂;不读今韵,将有'天明'之诮"⑥。"'天明'之诮"是个典故,据传:"(顾)亭林先生西游,主李天生家。一日,亭林卧未起,天生谓之曰:'汀芒矣。'亭林愕然。天生曰:'子好讲古音,尚不知"天"应读"汀","明"应读"芒"耶?'亭林为之大笑。盖嗜古之不可泥古也。"⑦在《诗经》今音古音的问题上,华先生的看法很辩证、很通达。

(三) 对孔子"删诗说"的认识

司马迁《史记·孔子世家》说"古者诗三千余篇,及至孔子,去其

---

① 例如,《谷风》之"不我能慉(入声),反以我为雠(平声),既阻我德,贾用不售(去声)。昔育恐育鞠(入声),及尔颠覆(入声),既生既育(入声),比予于毒(入声)"。平去入通韵是也。

② 有三句见韵者,如《东山》之"我徂东山,慆慆不归。我来自东(韵),零雨其濛(韵东)"。有四句见韵者,如《生民》之"厥初生民,时为姜嫄(旧嫄鱼伦反,与民叶非是)。生民如何,克禋克祀(韵),以弗无子(韵祀)"。是也。

③ 章尾互韵如《麟之趾》一二三章之"于嗟麟兮",《君子阳阳》一二章之"其乐只且",《褰裳》一二章之"狂童之狂也且"。

④ 可参阅顾炎武《日知录》卷21《古诗用韵之法》。

⑤ 华锺彦:《华锺彦文集》(下),河南大学出版社,2009年,第982页。

⑥ 华锺彦:《华锺彦文集》(下),河南大学出版社,2009年,第1135页。

⑦ 天台野叟:《大清见闻录》(下卷),中州古籍出版社,2000年,第4页。

重,取可施于礼义,上采契、后稷,中述殷、周之盛,至幽、厉之缺,始于衽席……三百五篇,孔子皆弦歌之"①,这就是孔子"删诗说"。班固《汉书·艺文志》中也说"孔子纯取周诗,上采殷,下取鲁,凡三百五篇"②,认同孔子"删诗说"。至唐孔颖达撰《毛诗正义》,在《诗谱》疏文中始对"删诗说"提出疑议。由宋至清,更形成肯定与否定"删诗说"的两派,争辩不休。现在一般认为,"'删诗说'的一方论据较为薄弱,但亦非一无是处;'非删诗说'一方的论据,亦不是条条都确实"③。

华先生很重视这一学术公案,他早年撰写《孔子未曾删诗辩》一文,拥护司马迁的说法,并根据《孔子世家》相关记述,断定孔子删诗之举并非在"自卫返鲁"(哀公十二年,公元前483年)以后,而在鲁定公五年(公元前505年):"当鲁定公五年,孔子四十七岁,因阳虎囚季桓子与盟而释之,季氏亦僭于公室。陪臣执国政,故孔子不仕,退而修诗书。"④华先生还认为,孔子删诗"或以词不雅驯,或以乐不协和。其词雅者不必关于乐,乐不协者不必系于词,有一于此,则孔子删之"⑤。

《孔子未曾删诗辩》的具体内容或不无可商之处,但华先生对持"未曾删诗论"者的某些论据、论证的反驳,时有真知灼见在焉。例如,文中提到,"江永曰:'夫子未尝删诗,诗亦自有淫诗。'(见《乡党图考》)……《论语》云:'放郑声,远佞人。郑声淫,佞人殆。'孔子如真删诗,何诗中之淫诗,层出迭见耶?辩之曰:风诗者所以观民风也……孔子删诗,岂不知采诗之旨?知之而背之者,圣人必不为也。夫

---

① 司马迁:《史记》,中华书局,1982年,第1936页。
② 班固:《汉书》,中华书局,1962年,第1708页。
③ 夏传才:《二十世纪诗经学》,学苑出版社,2005年,第300页。
④ 华锺彦:《华锺彦文集》(中),河南大学出版社,2009年,第464页。
⑤ 华锺彦:《华锺彦文集》(中),河南大学出版社,2009年,第461页。

淫诗者，亦各系乎其国情也，欲知其国情，必存其风诗，尽删其风诗，是犹弃其国也。以删诗而弃其国，乃削足就履之类，其诬蔑孔子何如哉？"①。又如，华先生提到，"叶适云：'《论语》称诗三百，本谓古人已具之诗，不应指其自定者言之。然则诗不因孔子而后删矣。'……辩之曰：《论语》所载'诗三百，一言以蔽之，曰思无邪'，又载'诵诗三百，授之以政，不达；使于四方，不能专对，虽多亦奚以为'。据此，断定诗三百为古诗之证，不知三百篇者，乃孔子由古诗中所选定者也。孔子以选定之诗教弟子，犹今人以选纂之讲义教学生也。《论语》之书，乃孔子没后弟子记之者，弟子记孔子之言，未尝记孔子发言之时也，何须引此以为反证哉？"②，均言之成理，驳诘有力。

华先生晚年撰写的《〈诗经〉十论》里，在"删诗说"的问题上有一定的调和折中，他说："采诗既然很多，如何变成了三百零五篇？必然有人做过简化的工作，做此工作的应该不止一人，不止一次。这个工作从消极方面言之，谓之删诗，从积极方面言之，谓之选诗。……《左传》襄公二十九年，吴公子季札聘鲁，请观周乐时，乐工为他歌唱诗篇，已具有今本《诗经》的基本规模。不过当时只说'自郐以下无讥焉'，到底自郐以下除了曹风及鲁、商二颂未提外，还有多少诗篇未曾提到，谁也不得而知。当时孔子只有八岁，后九年便开始授徒，生徒逐渐加多。（见《史记·孔子世家》）教以诗、书、礼、乐，其教《诗》是否采用选本，不可臆断……《论语·子罕》孔子曰：'吾自卫反鲁，然后乐正，雅颂各得其所。'乐是乐曲、诗是乐章，二者相辅而行，乐曲有增删，乐章自然随之。故谓孔子删诗，是完全有可能的。"③他还提到《论语·八佾》所载子夏曰"巧笑倩兮，美目盼兮，素以为绚兮"，认为

---

① 华锺彦：《华锺彦文集》（中），河南大学出版社，2009年，第460页。
② 华锺彦：《华锺彦文集》（中），河南大学出版社，2009年，第463页。
③ 华锺彦：《华锺彦文集》（下），河南大学出版社，2009年，第1122-1123页。

末一句"经孔子删是可能的,孔子以后的人删,也是有可能的"①。这些论析,显示了华先生对"删诗说"的认识有一定的发展变化,持论更为审慎,口气亦颇平和。

另外,与"删诗说"相关,华先生还提到了《诗经》编订中的另一种可能性,就是改诗:"为什么说有人改诗呢?试以《七月》而论,共八章,每章各十一句,显然这是按音乐的要求,必须如此,否则不能把'四之日其蚤献羔祭韭',断为两句。"②此例中,华先生指出《七月》末章"四之日其蚤,献羔祭韭"本为一句,是为了与其他章保持一致才断为两句的,因为各章的乐句数应该相等。这一说法联系了《诗》、乐之关系,发前人所未发,对研究《诗经》的传播史也有一定的启迪意义。

(四)对《诗经》入乐问题的认识

关于《诗经》合乐,《史记·孔子世家》云:"三百五篇,孔子皆弦歌之,以求合《韶》《武》《雅》《颂》之音,礼乐自此可得而述。"③由汉至唐,学者无异议。南宋郑樵、明代朱载堉也都认为《诗经》全是乐歌。④最先提出异议的是南宋程大昌,他说"考其入乐,则自《邶》至《豳》,无一诗在数也。享之用《鹿鸣》,乡饮酒之笙《由庚》《鹊巢》,射之奏《驺虞》《采苹》,诸如此类,未有或出《南》《雅》之外者,然后知《南》《雅》《颂》之为乐诗,而诸国之为徒诗也"⑤。后来,顾炎

---

① 华锺彦:《华锺彦文集》(下),河南大学出版社,2009年,第1123页。
② 华锺彦:《〈诗经〉十论》,《华锺彦文集》(下),河南大学出版社,2009年,第1123页。
③ 司马迁:《史记》,中华书局,1982年,第1936-1937页。
④ 郑樵:《六经奥论·国风辨》(卷3),见《通志堂经解》,大通书局影印康熙十九年刻本,1978年,第40册,第23060页。朱载堉:《乡饮诗乐谱》(卷6),见《乐律全书》,万有文库本第24册,商务印书馆,1931年,第1页。
⑤ 程大昌:《诗论》,《考古编》,中华书局,1985年,第2-3页。

武更进一步提出以《风》《雅》正变为入乐与否的标准。① 华先生不赞同程大昌、顾炎武的说法，他反驳道："第一，《左襄二十九年传》，吴公子季札聘鲁（原文见前《删诗辩》），请观周乐，乐工以次为之歌二南，十三国风，继之以雅颂，如国风为徒诗，安得与二南雅颂相并而歌乎？又安得统名为之周乐乎？第二，《墨子·公孟篇》云：'颂诗三百，歌诗三百，弦诗三百，舞诗三百。'（颂与诵通）郑风《子衿》，《毛传》云：'古者教诗以乐，颂之、歌之、弦之、舞之。'毛说当本《墨子》，是《三百篇》皆可诵歌弦舞也。若非诗皆入乐，何以同一三百，可颂者又可弦歌乎？第三，郑樵云：'曹孟德平刘表得汉雅乐郎杜夔，夔老矣，久不肄习，所得于《三百篇》者，惟《鹿鸣》《驺虞》《伐檀》《文王》四篇而已，余声不传。太和（魏明帝）末，又失其三，左延年所得惟《鹿鸣》一篇。每正旦大会，太尉奉璧，群臣行礼东庙，雅乐常作者，是也。至晋室《鹿鸣》一篇，又无传矣，自《鹿鸣》一篇绝，后世不复闻诗矣。'案《伐檀》魏风，是亦风诗入乐之证。"② 华先生这三条反驳，有理有据，逻辑性强，颇有说服力。

（五）《诗》义会通及新解

《诗》义会通及新解方面的成绩，主要体现在华先生晚年撰写的《〈诗经〉会通》中，也体现在某些单篇论文里。关于《〈诗经〉会通》

---

① 顾炎武说："《鼓钟》之诗曰'以雅以南'，子曰'《雅》《颂》各得其所'。夫《二南》也，《豳》之《七月》也，《小雅》正十六篇，《大雅》正十八篇，《颂》也：《诗》之入乐者也。《邶》以下十二国之附于《二南》之后而谓之《风》，《鸱鸮》以下六篇之附于《豳》而亦谓之《豳》，《六月》以下五十八篇之附于《小雅》，《民劳》以下十三篇之附于《大雅》，而谓之"变雅"：《诗》之不入乐者也。……《邶》《鄘》以下，则太师所陈，以观民风者耳，非宗庙燕享之所用也。"（顾炎武著：黄汝成集释，栾保群、吕宗力校点：《日知录集释》，花山文艺出版社，1990 年，第 102 页。为理解上的方便，标点符号略有改动）

② 华锺彦：《华锺彦文集》（下），河南大学出版社，2009 年，第 970 页。

写作的缘起及设想，华先生曾在其自传及《〈诗经会通〉新解》一文中有所说明："早年我读先秦经传诸子，时常发现新义，随时笺注书端，以《诗经》为多。"[①]"《〈诗经〉会通》之作，是由于其书难通，才引起我知难而进。……务求曲尽情理，畅通篇章，既与古今诗说相印证，又与教学实践相结合。"[②]此作的各篇内容，由新序、原文、译文、注、会通、音韵这几个部分组成。"新序"仿照毛诗"小序"而作，在会通诗义的基础上，用简洁的语言点明诗旨。"注"一般注意到三方面的问题。（1）注释难字难词，阐明新旧解说。（2）说明某些与音韵有关的问题，详考古韵。（3）用三家诗佚文与毛诗经文相校勘，择优而从。"会通"部分主要着眼于全篇文义，也兼及关键性细节，罗列众说以辨别优劣得失，或择善而从，或附议申论，或损益折中，再结合自己的深思敏悟，力求成一家之言。[③]例如，华先生在《唐风·葛生》篇的"会通"按语中，从六个方面论析高亨先生"男子的悼亡诗"的判断优于他说之处，增强了高说的可信度[④]。

---

① 华锺彦：《华锺彦文集》（上），河南大学出版社，2009年，作者自传第5页。
② 华锺彦：《华锺彦文集》（中），河南大学出版社，2009年，第492页。
③ 华先生写作《〈诗经〉会通》的参考文献，以《皇清经解》《皇清经解续编》里的《诗》学著作为主，也兼及其他，主要有陆玑的《毛诗草木鸟兽虫鱼疏》、孔颖达的《毛诗正义》，欧阳修的《诗本义》、王质的《诗总闻》、朱熹的《诗集传》、郑樵的《诗辨妄》、王柏的《诗疑》、程大昌的《诗论》、严粲的《诗辑》、何楷的《诗经世本古义》、陈第的《毛诗古音考》、顾炎武的《诗本音》、王鸿绪的《钦定诗经传说汇纂》、陈启源的《毛诗稽古编》、胡承珙的《毛诗后笺》，马瑞辰的《毛诗传笺通释》，陈奂的《诗毛氏传疏》、惠周惕的《诗说》，戴震的《诗经补注》、姚际恒的《〈诗经〉通论》、崔述的《读风偶识》，方玉润的《〈诗经〉原始》、魏源的《诗古微》、牟庭的《诗切》、林义光的《诗经通解》、马国翰的《玉函山房辑佚书》、王先谦的《诗三家义集疏》、俞平伯的《读诗札记》、高亨的《诗经今注》、陈子展的《诗经直解》、孙作云的《诗经与周代社会研究》。
④ 华锺彦：《华锺彦文集》（上），河南大学出版社，2009年，第374页。

华先生对《诗》义的说解，不揣于同，不独于异①，时常在辨析前贤得失的基础上，提出自己的见解。读这类文字，人们可以明显感受到华先生下笔审慎、言必有征、实事求是、一丝不苟的治学态度。这些新见可分为两类。

一类关乎全篇主旨、思想倾向的理解。例如，《周南·螽斯》篇，陈子展先生认为此篇是刺诗，说"螽斯害虫，以为比兴，虽若美之，实含刺意，不可被民间歌手瞒过"②。华先生不赞同此说，认为《螽斯》是颂美之诗，理由有二。(1)"此诗总的情调是美不是刺，诗中用三个'宜尔子孙'，已显示出称美为定型，无可疑议。"③(2)"螽斯并非蝗虫，前人已经证明，即使它也属害虫，并无碍于诗人取比。诗文取比之法，只求一点相似即可，从不要求全面相似。"④这里说的"取比之法"，类似于钱锺书先生提出的"喻有多边"⑤，诗人用"比"往往只取一边而已。华先生这两点反驳，理由是比较充足的。又如《小雅·四牡》一诗，马持盈《诗经今注今译》断为"怨诗"，华先生则认为是"悲诗"，并有一大段相当精彩的论析：

> 本诗原文先说征夫久不得归养而伤悲，又说"不遑启处"都为王事，并无"怨"的含意，若提高到怨字上，便有反对行役之意了。故马说有蛇足之嫌。试观唐宋诗词，征夫之有伤感者，固有怨诗，也多

---

① "不独于异"，即不故意显示自己与众不同。如《小雅·菁菁者莪》篇，华先生说"各章略于末二句见义，归纳起来，当为毛诗序首句所云'乐育材也'"，并说"前人说诗，有正确处，不应轻易否定"。(华锺彦：《华锺彦文集》(上)，河南大学出版社，2009年，第408页。)
② 陈子展：《诗经直解》(上)，复旦大学出版社，1983年，第13页。
③ 华锺彦：《华锺彦文集》(上)，河南大学出版社，2009年，第351页。
④ 华锺彦：《华锺彦文集》(上)，河南大学出版社，2009年，第351页。
⑤ 钱锺书：《管锥编》(第一册)，中华书局，1986年，第39页。

有非怨诗。如高适《燕歌行》"铁衣远戍辛勤久,玉箸应啼离别后";范仲淹《渔家傲》"人不寐,将军白发征夫泪"等,都有伤悲而非怨诗。征夫久居塞外,怀念家乡父母而伤悲,是真情实感的表现,诗出于真情实感,正是好诗。他们并不因伤悲而弃甲归来,恰恰相反,他们是"相看白刃雪纷纷,死节从来岂顾勋"!他们是"燕然未勒归无计"。故毛传云:"归思,私恩;靡盬,公义也;伤悲,情思也。"郑笺:"无私恩非孝子也,无公义非忠臣也,君子不以私害公,不以家事辞王事。"可见悲诗与怨诗相似而不同。①

此论上下贯通,引唐宋诗词以证《诗》,别开生面,不仅言之成理,而且能让读者对诗篇的思想内涵有更多的领悟,甚至能起到开阔胸怀、提升思想境界的作用。

再一类是字词句训释方面的新说。例如,《关雎》之"关关",华先生说:"鸟鸣绝无关关之音,此关关应是呱呱(古音读姑,今音读瓜)之音转。呱呱古韵在歌部,关,古韵在寒部,歌寒二部阴阳对转,故关关转音读为呱呱。这样,便符合鸟鸣声的实际情况。清时满人姓关者,译音则为瓜尔加,简呼为瓜。此其直证。今天津街头叫卖'馒头',则呼'麻头',此其旁证,皆歌寒对转之证。"②此解融贯古今,合情入理,令人叹服。又如《关雎》"参差荇菜,左右流之"二句,旧注皆以为采荇菜是淑女的真实生活,华先生提出,"此处谓左手右手一齐采取荇菜,以示积极争取之意,以兴起下文'寤寐求之'。……郑笺:'左右助也。'朱熹《诗集传》:'或左或右言无方也。'戴震《毛郑诗考正》:'左右谓身所瞻顾之左右也。'三说皆与下文的兴义不合。"③言之有理。华先生此

---

① 华锺彦:《华锺彦文集》(上),河南大学出版社,2009年,第394页。
② 华锺彦:《华锺彦文集》(中),河南大学出版社,2009年,第493页。
③ 华锺彦:《华锺彦文集》(上),河南大学出版社,2009年,第341页。

论也启示我们，可对朱熹《诗集传》所标"赋而兴""兴而赋"者做出更明确的认定或区分。

华先生曾将其部分新解胜义整理为《〈诗经会通〉新解》一文，后来发表在《文学遗产》上，文中涉及的新解实例较多，论述比较集中，读者可参看，此不赘述。

二、华先生《诗经》研究的特色

华先生《诗经》研究的突出特色有二：一是留意政教，注重《诗经》的思想性；二是常以诗家眼光，从文学创作的视角来论析问题。

华先生出生于20世纪初，幼入私塾，青年时期曾师从钱玄同、曾广源、高步瀛（阆仙）、俞平伯、高亨等名家，深得诸师赏识，受到多方面的学术训练与文化熏陶。他有着传统文人学士修齐治平、救世济民的情怀，作诗填词常寓刍荛之言，效献芹之意①。此种情怀也融于其学术活动之中，《诗经》研究当然也不例外。他非常重视"知人论世"，强调从政教方面来把握《诗经》丰富的思想内涵，说"观于古人佳篇巨制，核诸当时国势民情，蛛丝马迹，可以察知"②。又说"读《麦秀》之歌，讽《黍离》之诗，则知殷周政移，民情哀怨，其哭也有歌，其伤也有怀，故岁之丰歉，政之得失，风俗之厚薄，人民之苦乐，皆可于诗歌

---

① 华先生在《华锺彦诗词选·前言》中说："我十岁始入私塾，读经之外，尤喜学诗。由于衷心爱好，遂得积长增高。……其后由诗至于词曲，以类相从，师友切磋，苦练深思，其业乃进。于是因时而兴，感物而动，凡邦家大事，社会珍闻，无不纳于吟咏，见于篇章。"(《华锺彦文集》(下)，河南大学出版社，2009年，第1141页)华先生曾作论诗绝句云："闻道明时无讳言，苦言良药重遗篇。诗情落笔知何似？鲠在喉头箭在弦。""目系情真句自神，秦吟千载语犹新。哦诗每服香山叟，不为风花却为民。"(《华锺彦文集》(下)，河南大学出版社，2009年，第1243、1246页。)

② 华锺彦：《华锺彦文集》(下)，河南大学出版社，2009年，第909页。

见之。……故王道盛则大雅兴,王道缺则小雅起,王道衰则变风变雅作,王泽竭则诗亡矣"①。这些话语着眼于诗歌与政治兴衰的内在联系,字里行间,似乎也体现出华先生深切的经世致用之心。

在论析《小雅·节南山》篇时,华先生将此诗的创作、传播与当时的政治环境联系起来加以考察:"周幽王时,太师尹氏当政,民怨沸腾,大夫家父作此诗以刺其恶,并责其改善。可见此诗关系国政甚明。向使尹氏改恶从善,幽王抑或转危为安,则刺诗转而为美,犹苦药转利于病。此诗虽不见用,风义犹存。好在当时文禁不严,犹得保存至今。后世文网细密,动则株连,求如本诗之署名直刺,肝胆相照,百不一得,诗道于是乎微矣。"②所言甚是。作诗刺恶,借诗歌以改善政治,本是《诗经》"题中应有之意",《国语·周语上》曾提到"天子听政,使公卿至于列士献诗,瞽献曲,史献书,师箴,瞍赋,矇诵"③,说明这是周代曾实行过的、为朝廷上下所认可的做法,也难怪去古未远的汉代人能以《三百篇》为谏书了④。

华先生重视《诗经》的思想性,他对那些言不及义的说解是有所批评的。例如,他在分析《鹿鸣》诗旨时指出:"小序只言'忠臣嘉宾得尽其心矣',这样轻轻带过,不见重点突出,尚未十分允当。……自朱集传谓《鹿鸣》'此宴飨宾客之诗也',下文意义不够突出,于是说诗

---

① 华锺彦:《华锺彦文集》(下),河南大学出版社,2009年,第910页。
② 华锺彦:《华锺彦文集》(上),河南大学出版社,2009年,第419页。
③ 上海师范大学古籍整理研究所校点:《国语》(上),上海古籍出版社,1988年,第9-10页。
④ 据《汉书·儒林传》载,王式为昌邑王师,后昌邑王以行淫乱被废黜,其君臣皆下狱,"式系狱当死,治事使者责问曰:'师何以亡谏书?'式对曰:'臣以《诗》三百五篇朝夕授王,至于忠臣孝子之篇,未尝不为王反复诵之也;至于危亡失道之君,未尝不流涕为王深陈之也。臣以三百五篇谏,是以亡谏书。'使者以闻,亦得减死论。"(班固:《汉书》,中华书局,1962年,第3601页。)

者多从之，只谓此篇为宴会宾客之诗，而不涉及宴飨目的，反而断言没有思想性，未免唐突前人。"① 他特别看重那些"发扬正气、引人前进""歌颂清廉、反对邪恶""争取革新、反对保守倒退"的作品。② 他称道《豳风·七月》"大量保留人民口语和民歌特色，使人清楚地听到当时被压迫人民的语言和声音"③；说《周南·芣苢》篇"劳者歌其事，又出以愉快心情，便有积极鼓舞之意"④；又说《周颂·载芟》"反映在生产中一片欢腾愉快的景象，令人奋发鼓舞"⑤；谓《小雅·皇皇者华》"是外出采访的使臣的自我抒情，表现了他们为其本职工作积极热情，专心致志，不计其余"⑥；赞扬《大雅·常武》中描写的战争"是为正义而战，诛其君而吊其民，师出有名，故兵不血刃，徐淮归义，人民喜悦，故歌颂之"⑦等，都颇具代表性，读来让人受到某种陶冶、激励与鼓舞，精神为之振奋，思想为之开朗，内心产生一种积极奋发的力量。

对《诗经》中某些带有政治意味的问题，华先生也会予以探讨。如《七月》诗末章的"献礼祝寿"，华先生议论道："奴隶能为奴隶主祝寿，有三种可能。其一，在奴隶制社会发展时期，奴隶群中分化出上层分子，献礼祝寿都由此种上层分子承担。其二，阶级矛盾有两重性，即斗争性与同一性。斗争是经常的，同一是暂时的，是即对立统一规律。统一也不等于没有矛盾。献礼祝寿只是矛盾暂时统一的表现，如永不统一，永远成为针锋相对的对抗性矛盾，那么，生产也就不能进行了。其三，前面已经说过，本篇零碎的歌谣出自劳动人民之手，而编写加工的

---

① 华锺彦：《华锺彦文集》（上），河南大学出版社，2009年，第391页。
② 华锺彦：《诗歌精选·前言》，高等教育出版社，1990年，前言第1页。
③ 华锺彦：《诗歌精选》，高等教育出版社，1990年，第11页。
④ 华锺彦：《华锺彦文集》（上），河南大学出版社，2009年，第357页。
⑤ 华锺彦：《诗歌精选》，高等教育出版社，1990年，第22页。
⑥ 华锺彦：《华锺彦文集》（上），河南大学出版社，2009年，第397页。
⑦ 华锺彦：《诗歌精选》，高等教育出版社，1990年，第20页。

人,则属于奴隶主阶级,他在编写时可以按本阶级的需要加工。"①华先生这番话,完全合乎唯物辩证法,然而须知,这样的认识在"左倾"思潮盛行之时,是很可能被贴上"阶级调和论"的标签的。

华先生的诗词写作经验,使他有着一般学者不大具备的眼光及视角。《诗经》产生年代久远,一些篇章个中奥蕴,非有文学创作及鉴赏的体会、运思揣摩的功夫,真的不大容易了解。比如说,华先生推断《七月》诗"乃是收集许多流行的农业古今歌语调句编纂而成的",他提出的理由,多从诗歌创作的角度着眼。(1)《七月》诗中的词句,多不衔接,如二章"九月授衣"下,接"春日载阳";三章"八月萑苇"下,接"蚕月条桑";六章"十月获稻"作酒祝寿下,接"七月食瓜"。这些显然是编纂的,不是创作的。我们一般人作诗,谁也不能这样地颠倒次序。(2)本诗的词句,往往和别的诗互见。例如,一章"馌彼南亩,田畯至喜",别见于《小雅·甫田》和《大田》二诗。又二章有"春日迟迟,采蘩祁祁"等,这可以看出本诗是编纂而成的。(3)农业节令歌谣,大约都由积累多少年的经验编成的。由经验找出规律,由规律编成歌谣,不知需要多少年才能编成一个,而本篇一连串地提出来许多的农业节令歌谣,可知原歌谣的作者,不应该是同一时代的人。(4)诗中有"同我妇子""跻彼公堂"等句,当然都是男人的口气;又有"采蘩祁祁,女心伤悲,殆及公子同归",这样的思想感情,必定是当时女人的生活实践所反映出来的,直接从事这种实践活动的必定是女人,首先唱出这个歌谣的也必定是女人。男子只能是间接认识,转手编写罢了。华先生最后总结道:"由此可见,这篇诗是许多劳动农民通过自己的生活实践,

---

① 华锺彦:《华锺彦文集》(中),河南大学出版社,2009年,第846页。周代的祝寿活动在《诗经》其他诗篇中也有体现,《小雅·天保》中的"如月之恒,如日之升;如南山之寿,不骞不崩;如松柏之茂,无不尔或承"等句,即被视为祝寿辞。

做成了歌谣词句,被诗人集中编纂起来的,并不是诗人一人自作的。"①华先生从诗歌编创的角度入手分析《七月》诗,从而很好地说明了此诗中存在两种历法的原因,解决了前人未能完全解决的学术问题。

又如,关于《周南·卷耳》的抒情主人公到底是谁的问题,或以为思妇,或指为征人,或视为两面抒情。华先生提出:"我尝读温庭筠《菩萨蛮》:'水精帘里颇黎枕,暖香惹梦鸳鸯锦。江上柳如烟,雁飞残月天(上片)。藕丝秋色浅,人胜参差剪。双鬓隔香红,玉钗头上风(下片)。'……张惠言《词选》解曰:'江上以下,略叙梦境。人胜参差,玉钗香隔,梦亦不及到也。'这样解为难得而又得到的梦境,不仅畅通上下文意,却又揭示出深锁金闺中人的襟怀。《卷耳》的二、三、四章对第一章的衔接,也应从前文女主人公的梦境开始,三章无不畅通。这样,在抒情上可由女主人公贯彻始终。在表现手法上,或显或隐,执著一致。"②这完全是从创作角度抉发文心,不仅确定了诗篇的女主人公为抒情主体,而且能让读者借此获得更为丰富的审美感受。

类似的还有《关雎》篇。华先生认为,"《关雎》是一位有品德的文士对一位有品貌的女子求婚,又得成婚而作的抒情诗,不是诗人的客观叙述"③。他举出三点理由以明之。(1)文士当然能自为诗,文士而有德当可自称君子,这在《左传》《荀子》中其例甚多。(2)"求之""友之""乐之"三词之"求""友""乐"皆及物动词,皆发自君子及于淑女,显示第一人称的口气,即作者君子自己的抒情。(3)仔细玩味"悠哉"二句,抒情深刻,应是源于生活,是作者自身感受之语,非客观描写之语。古人说《诗》,常偏重训诂而忽视辞气,华先生这类论析有纠偏之功,有助于我们从文学艺术角度来理解、欣赏《诗经》。

---

① 华锺彦:《〈七月〉诗中的历法问题》,《历史研究》,1957年第2期。
② 华锺彦:《华锺彦文集》(上),河南大学出版社,2009年,第347页。
③ 华锺彦:《华锺彦文集》(上),河南大学出版社,2009年,第6-7页。

华先生于"美刺"之作之外，又特别拈出《小序》中曾提及的"闵"类诗作①，将《诗经》中的美（颂）诗、刺诗、闵诗三者并列。何谓"闵诗"？华先生解释说："如《王风·黍离》之'彼黍离离，彼稷之苗，行迈靡靡，中心摇摇。知我者，谓我心忧。不知我者，谓我何求？悠悠苍天，此何人哉！'……《鄘风·载驰》之'我行其野，芃芃其麦。控于大邦，谁因谁极。大夫君子，无我有尤，百尔所思，不如我所之'。是意有所闵，而闵之，以为世之声援也。"②应当说，这是华先生的理论创见，是对汉儒"美刺"说的发展。

华先生论《诗》，特别注重真情实意，他说"细考诗三百篇，无一不由情意激动，所谓'箭在弦上，不得不发'，故诗人不为立名而作诗，不为必传而作诗，乃为情意激动而作诗。故信手拈来，自然精警，只有情意而无题目也"③。他的许多《诗经》研究文字都富于文采，鉴赏之作更是笔锋常带感情。《小雅·十月之交》七章云："黾勉从事，不敢告劳。无罪无辜，谗口嚣嚣。下民之孽，匪降自天。噂沓背憎，职竞由人。"华先生赏析此章，写道：

> 这是诗人倾诉自己在皇父政权高压下的态度与心情。有些说诗者以为这位诗人最后屈服软化了，听天由命了。我的认识恰恰相反，这位诗人正在作韧性的斗争。你听，诗人说了："我且黾勉以从事，不敢宣布我忧劳，我虽靡罪又靡错，还有谗人说我孬。……"在反动势力高压下，若不能随屈就伸，怎么能存在？不能存在，又怎么能继续战斗？其实诗人的"不敢告劳"暗藏着万苦千辛，和当时所有老百姓的

---

① 如《王风·黍离》篇，《小序》云："《黍离》，闵宗周也。周大夫行役至于宗周，过故宗庙宫室，尽为禾黍，闵周室之颠覆，彷徨不忍去而作是诗也。"（孔颖达：《毛诗正义》，阮元校刻《十三经注疏》，中华书局影印本，1980年，第330页b.）

② 华锺彦：《华锺彦文集》（下），河南大学出版社，2009年，第985页。

③ 华锺彦：《华锺彦文集》（下），河南大学出版社，2009年，第984页。

灾害，同出一源，所以能同呼吸共命运，这灾害之源，尽人皆知不是自上而下的天灾，而硬是出于人祸，人民不敢当面斥责，却能指背痛骂——皇父该死。①

字里行间，蕴藏着华先生诗人式的激情，鼓荡着一腔难以抑制的郁勃不平之气，令人过目不忘，甚或心潮涌动，感慨万端。

华先生强调译《诗》应力求做到"信、达、雅"，他的译文不仅贴切原意，接近原诗的风味情调，而且音韵和谐，读来朗朗上口。例如，《东山》诗之末章："我徂东山，慆慆不归。我来自东，零雨其濛。仓庚于飞，熠耀其羽。之子于归，皇驳其马。亲结其缡，九十其仪。其新孔嘉，其旧如之何！"华先生译为：

> 我往东山去作战，长年累月不得还。
> 我幸从东向回转，偏遇濛濛细雨天！
> "据说黄莺飞时候，黄莺亮翅人成偶。
> 她呀她已被娶走，喜车花马一大溜；
> 她娘为她结佩巾，应有仪式般般有。"
> 她的新人多快乐，她的旧人可怎么活！②

要之，华先生在《诗经》研究中意欲发扬优秀的《诗》学文化传统，踵武前贤的学术理想，自身又具有诗家的才情、颖悟力，故能表现出上述两点鲜明特色，给人留下深刻的印象。

---

① 华锺彦：《华锺彦文集》（中），河南大学出版社，2009年，第836-837页。
② 华锺彦：《华锺彦文集》（中），河南大学出版社，2009年，第485-486页。

三、华先生《诗经》研究的方法

从事古典学术研究,得出结论固然重要,但得出结论的过程也很重要,这个过程必然涉及方法。华先生《诗经》研究的具体方法,有不少值得我们认真学习、总结之处,试归纳如下。

其一,对于前贤旧说择善而从,紧要处加以申说。例如,《小雅·大东》第一章:"周道如砥,其直如矢。君子所履,小人所视。睠言顾之,潸焉出涕。""周道",华先生注:"高亨先生《诗经今注》:'周道,往西周京畿的大道。'又于《卷耳》'寘彼周行',注云:'周行,往周国去的大道。'此说良是。朱集传于《四牡》'周道倭迟',注谓'周道,大路也','周'无大意,盖指通往周京所筑平宽而直的大道,以便于官家车马通行迅速,聚敛方便。另一方面,东方人民因有这条大道,受到的剥削和压迫也更重了,故视之伤心。"①华先生比较诸说,肯定"高说",并联系上下文意,指出了释"周"为西周京畿的合理性。②又如,《论语·八佾》篇记孔子之言,谓"《关雎》乐而不淫,哀而不伤",古籍中唯有刘熙《释名·释言语》释"哀"为"爱",华先生申说曰:"哀当借为爱,爱与哀是一音之转。……爱得其正,当然无伤。故'哀而不伤'正是'乐而不淫'的重复加重语,诗大序所谓'哀窈窕'的'哀'字,也正

---

① 华锺彦:《华锺彦文集》(上),河南大学出版社,2009年,第423页。
② 孙作云先生基于对西周相关史料及《诗经》中有带有"周道"二字的诗句的综合考察,解释《大东》篇"周道如砥"等句说:"周人为了加强对东方的统治,又从镐京起,建筑了一条向东方伸展的军用公路。这种军用公路,在当时叫作'周道'……它是西方周人统治者统治东方人民的工具,是周人统治者的专道,而不是一般东方人民所通行的普通道路。""这情形使我不禁想起日本帝国主义在东北奴役东北人民的情况。日本人在东北有一条'南满铁道',他们不许中国人跨过这条铁路,也不许中国人走上它的路基高地,否则格杀勿论。大概这种周道也很有点像那种情形。"(孙作云:《诗经研究论文集》,人民文学出版社,1959年,第206页)可与高、华二先生的注释相参证。

是爱字的同音假借。"① 这就把刘熙语焉未详的解释说清楚了。

其二，留意前贤旧说的乖谬之处，以常理判断之。例如，《周南·樛木》篇，华先生认为，"方氏（玉润）以此诗为妇祝其夫，只取其形相似，未审其词意多不相合。如二章'葛藟荒之'，《毛传》训'荒'为'掩'。掩有覆压之意，而古代妇人绝无覆压其夫之理。又如三章'乐只君子'，此君子既被比作弯曲的树，腰已累弯，作为妻子绝不能称其快乐。故善解此诗者，只能抛开夫妇之比，而取助人者与受助者之比，才能得其体要。戴震〈诗经补注〉谓'〈樛木〉下美上之诗也'。他不取夫妇之比是对的，但把助人者与受助者看作上下地位的关系是没有根据的，而且也缩小了本诗的广阔意义"②，言之有理。

其三，贯通古今，以今例古，以更好地认识问题。今古虽有变迁，但自然风物、人事之理则大同小异，故可互证。例如，论及《七月》诗中夏历、周历并存的问题时，华先生说："流传很久的歌谣词句，原来用什么历法写成的，就保存什么历法了。只好保存原样，不能随意改变。如'七月流火，九月授衣'，原是用夏历编成的歌谣词句，流行久了，不可能变为周历，而改写成'五月流火，七月授衣'。……我们现在农村中（指沈阳一带）还有流行的歌谣说：'六月六，青谷秀。'这当然是用夏历编成的歌谣，虽然行政上已改用公历，但不会有人把这'六月六'改成'七月六'。"③ 华先生以古今对照来启迪读者，特别通俗易懂，而且说服力强，令人击节称叹。使用这种方法的例子还有不少，如注《卷耳》"玄黄"，说"今农村犹有谓马病为起黄者"④，释《关雎》"左右采之"，说"今农村采棉花的快手，皆用双手。可以证实。又尝亲闻

---

① 华锺彦：《华锺彦文集》（中），河南大学出版社，2009年，第493页。
② 华锺彦：《华锺彦文集》（上），河南大学出版社，2009年，第349页。
③ 华锺彦：《〈七月〉诗中的历法问题》，《历史研究》，1957年第2期。
④ 华锺彦：《华锺彦文集》（上），河南大学出版社，2009年，第346页。

北京南郊黄土岗大面积种植茉莉花（熏制茶叶用），采时比快，也用双手"①。《七月》诗"七月食瓜"等句，在华先生看来，"皆言奴隶生活之苦"，因为"七月既非瓜初熟时节，而言食瓜，实乃以瓜菜代粮食也。……壶、葫芦，须九月成熟。今言八月断壶，当亦作瓜菜代用"②。"瓜菜代"一词产生于20世纪"三年经济困难时期"，因粮食不足而用瓜菜充饥。凡此，皆因古今贯通、以今例古而使读者增加直观感受，给人留下鲜明、深刻的印象。

其四，从《诗经》中求内证，从先秦两汉经传诸子中求外证，从《诗经》中求内证，以《诗》解《诗》。例如，《豳风·七月》"同我妇子，馌彼南亩，田畯至喜"句中的"田畯"，前人多谓田官，华先生则认为是农神："细玩'同我'二句的主语是'我'，'我'即田夫，便知此说实误。田畯一词，别见小雅《甫田》《大田》，均有'曾孙来止，以其妇子，馌彼南亩，田畯至喜'。曾孙指奴隶主之主祭者，他带他的妇子与本诗农夫主祭，'以其妇子'同，无论谁祭田神，田神都将'至喜'。这实际是祭神的喜歌。若对田官，则将喜怒无常了。"③释田畯为农神，也符合上古宗教盛行的时代特征。从先秦两汉经传诸子中求外证的例子也有不少，如讲《周南·螽斯》篇，说"由'宜尔子孙，振振兮'等三个'宜尔'，可以设想其所贺者，应是善人。《庄子·天地》：'尧观于华，华封人曰：嘻，圣人！请祝圣人。''使圣人寿！''使圣人富！''使圣人多男子。'圣人犹言善人，惟善人应受多子之祝。能推知受祝者之为善人，则此诗歌颂善人的社会意义方显。"④又如释《七月》之"蚕月"

---

① 华锺彦：《华锺彦文集》（上），河南大学出版社，2009年，第341页。
② 华锺彦：《华锺彦文集》（上），河南大学出版社，2009年，第381页。
③ 华锺彦：《华锺彦文集》（上），河南大学出版社，2009年，第380页。
④ 华锺彦：《华锺彦文集》（上），河南大学出版社，2009年，第351页。

为三月,广引《夏小正》《礼记·月令》《礼记·祭义》等文献以证之①,很有说服力。

其五,细部考察与整体把握相结合,有大局观。所谓"有大局观",也就是古人所讲的立其大者,"先立乎其大者,则其小者不能夺也"②。华先生对《东山》诗末章的见解,即是显例。他认为《东山》诗末章"不是回忆新婚,而是其妻已经改嫁……'仓庚于飞'以下六句是别人的插话,这种插话在诗中常见,如《召南·野有死麕》《齐风·鸡鸣》《小雅·雨无正》《大雅·既醉》,下至汉乐府《董娇娆》《十五从军征》等,诗中都有插语,不足为奇"③。华先生之所以推断"不是回忆新婚,而是其妻已经改嫁",是基于对全诗情感基调的把握,因为"诗中不但丝毫没有美意,恰恰相反,而是一片悲音。……曹操《苦寒行》说得恰当:'悲彼〈东山〉诗,悠悠令我哀。'他深深体会到此诗的悲伤情调"④。笔者完全赞同华先生的分析判断,《小序》所谓"四章(即末章),乐男女之得及时也"⑤,只是一隅之见,未能顾及全篇。诗中的插话,虽然未写明"某某曰",但根据上下文的意思予以合理推测,是完全可以的。华先生对"不可畏也,伊可怀也""其新孔嘉,其旧如之何"等句的理解,也都是基于这种整体观照,从大处着眼,而与旧说截然不同。

其六,将诗篇置于更大的历史文化背景之下,考察其在文学史上的地位与意义。例如,论析《小雅·十月之交》时,华先生说:"我国前代的伟大诗人,没有不以爱国主义思想突现于诗篇的。溯本追源,向来都以屈原为鼻祖。称道屈原主要由于其《离骚》。从这个意义来说,《十

---

① 华锺彦:《〈七月〉诗中的历法问题》,《历史研究》,1957年第2期。
② 杨伯峻:《孟子译注》,中华书局,1960年,第270页。
③ 华锺彦:《华锺彦文集》(上),河南大学出版社,2009年,第6页。
④ 华锺彦:《华锺彦文集》(上),河南大学出版社,2009年,第388页。
⑤ 孔颖达:《毛诗正义》,阮元校刻《十三经注疏》,中华书局影印本,1980年,第395页。

月之交》这一不著作者姓名的诗篇,出于西周末世,远比屈原《离骚》领先。"①又如论《小雅·大东》诗:"本诗所见东方人民在贫穷困陋之下,连连呼天,如对天汉、织女、牵牛、启明、长庚、毕、箕、斗等总共八次之多,有的向天祈求光明,有的愿天主持公道,有的怨天有名无实,有的恨天助纣为虐。王逸在《天问》序中说,屈原放逐,向'天地山川神灵''何(一作呵)而问之,以泄愤懑,舒泻愁思'。解者多以《天问》为'前无古人'的'奇文',不知反映劳动人民穷极呼天的《大东》诗,已遥遥领先了六百多年,确实是一篇珍贵的史诗。"②再如说《周南·芣苢》一诗"耐人寻味处约皆在于其情韵欢欣、意境幽雅之中,……且《诗经》本以音乐为主,故掌于太师,本篇尤为以音乐歌唱为主的典型,实开两广山歌对唱的先河"③。这些论述,颇可供文学史研究者采撷取资。

结语

华先生曾在"作者自传"谈其治学体会,说"每有新义发挥,势必借重于文字声韵训诂的变化应用,相互证明。因此感悟以前所谓三个方面(即文字声韵、经传诸子、诗歌词曲),并非多余,学问之道,植基

---

① 华锺彦:《华锺彦文集》(中),河南大学出版社,2009年,第837页。
② 华锺彦:《华锺彦文集》(上),河南大学出版社,2009年,第426页。《小雅·大东》篇后三章有云:"维天有汉,监亦有光。跂彼织女,终日七襄。""虽则七襄,不成报章。睆彼牵牛,不以服箱。东有启明,西有长庚。有捄天毕,载施之行。""维南有箕,不可以簸扬。维北有斗,不可以挹酒浆。维南有箕,载翕其舌。维北有斗,西柄之揭。"其中提到天汉、织女、牵牛、启明、长庚、天毕、南箕、北斗。天汉即今之所谓天河、银河。启明、长庚实为一星,即金星。天毕是排列似古代长柄猎兔网的毕宿。"维北有斗"的斗,或以为即大家常说的北斗七星,或以为实指南箕星以北的南斗星(由6颗星连成斗状的一组星)。
③ 华锺彦:《华锺彦文集》(上),河南大学出版社,2009年,第357页。

不厚，是难于开展的"①。的确如此。统观华先生的《诗经》研究，可以看出他谙熟文字学、音韵学、经传诸子之学，又善于结合个人的社会生活阅历及诗词创作经验，或寻绎前贤未曾认识到的问题，或为前人观点中的合理之处辩护，或申说学界尚未深入探讨的问题等，开掘既深，而又思路开阔、左右逢源，且多灵感敏悟，启人心智。文如其人，华先生的《诗经》研究，充分体现出他的深厚学养、诗人气质以及高尚峻洁的品格，蕴含着历代先贤救世济民、扬善抑恶的理想追求，且其早年之作大体上以文言写成，多用韵语，音节铿锵，文采斐然，读之令人生信服、崇敬之心。华先生还十分重视《诗经》研究的教学指导，曾为研究生讲授相关课程，带动了一批后学，其哲嗣华锋，其弟子翟相君、姚小鸥、孙克强等，均有相关著作出版。②总之，诚望学界能对华先生的《诗经》研究予以足够的重视与研讨，一则可以光大《诗》学，二则可以弘扬老一代学者的治学精神与方法，赓续学脉，以更好地服务于学术文化建设。

---

① 华锺彦：《华锺彦文集》（上），河南大学出版社，2009年，第2-3页。
② 华锋、边家珍、乘舟合著有《诗经诠译》，大象出版社1997年出版，2017年修订。翟相君著有《诗经新解》，中州古籍出版社1993年出版。姚小鸥著有《诗经三颂与先秦礼乐文化》，北京广播学院出版社2000年出版；《诗经译注》，当代世界出版社2009年出版。孙克强、张小平合著有《教化百科——〈诗经〉与中国文化》，河南大学出版社1995年出版。

华锺彦先生文论思想简要述评

鲁庆中

华锺彦先生是文学研究一代大家,在戏曲、诗词、吟咏、曲律、经学与诸子学等许多领域都有博深的涉猎,成就卓著,不再表述。这里仅就先生的文论思想,略作述评,以就正于前辈、同学。

一、《中国文学通论》的产生

任何领域的研究,最后都要经过经验的总结,进而抽绎提升,最终上升为理论。先生既是诗家词人,又专精于曲律,甚至不乏舞台经历,其实践经验自非专门书斋学者可比,且毕生从事文学研究,博通文、史、哲诸科,纵横议论,学问博厚深广,为之引发、启示、融通,必最后凝聚,结成系统的体系的独悟之理论。文学理论的专门著作,即《中国文学通论》及《中国文学通论附录》,正是先生毕生所学的精华结聚,全面深刻体现着先生对中国文学独得的领悟,亦应该是先生学问境界的高处。

先生20世纪30年代的著作如《曲学概论》《词学丛谭》都曾专书出版过,影响深远。唯有此文学通论,没有单独刊行,至先生离世后二十一年才得以整理出版。据业师华锋先生所述,老先生在北大读书时,曾师从罗庸、郑奠二先生专门研究中国文学史,通史的研究奠定了老先生形成自己理论的基础,1935年老先生又受聘于北京东北大学执教中国文学史,积累了丰富的经验。至老先生于河北省立师专时,才结撰成讲稿,今见稿十万字左右。而根据华锋老师对老先生行文语境情状的猜度估计,这个本子还应该有三分之二以上的内容,但不知道本书本就未完,还是散佚不存,已不可考。不管如何,先生毕竟给我们留下了对他一生衷爱的中国文学的可贵的部分卓见,让我们看到了一个本色的传统的中国文学的学者没有掺杂多少西方文学理论观念的较为纯粹的对自己文学的理解。

二、《中国文学通论》的内容阐述

《中国文学通论》(以下简称"通论")全书有七章。

首章为"文学引论",下分四个部分。第一部分为总叙,通述自伏羲画卦至清末中国文学的深远历程,归结为"学如沧海,必沿波以讨源",目的"撮其指归,条其纲目,庶使百家别集,可披文以见情;七阁奇书,休望洋而兴叹",帮助人们更有条理、更深入地理解中国文学。第二部分是文学定义。先生溯源"文",古之"文学"概念种种,结合时人罗家伦之观念,定义文学为"文学者乃自我之感情、思想或想象,表现于文字上,合于艺术组织,而能感动普遍人心者也。"即使今日看来,此定义亦甚圆满周遍。无怪先生自己亦甚满意:"如此定义,庶可以踌躇满志乎!"第三部分:文学领域。中国旧时学问,文、史、哲诸科,博杂一体,总称国学,不合学科专门化的时代要求,时论纷纭,莫衷一是。先生辨析诸说,结合《文选》序论,认为不必要非把经、史、子诸科纳入文学,"余以为悬文学定义以为度,合者虽经史子皆得以文学目之,否则虽《江》《海》(郭景纯作《江赋》,木玄虚作《海赋》,见《昭明文选》)奥博,亦所不取。"所以,先生认为"文学领域,固未可以经史子集分矣。惟能以文学定义为矩矱,度长絜大,合则取之,否则去之"。从这里看出,先生的文学理论,理论意识自觉,非常的严谨,已非纯粹的、传统的、零碎的、感悟式的中国文论了。第四部分讨论的是文学的起源。现代一说文学的起源,无不以西方文学理论为圭臬,言必称"模仿说""魔法说""宗教说""表现说""游戏说""劳动说",如此等等,先生论之,从中国文学的本源说起,认为文学的起源有"三端"。其一有"文机",即文学发生的起始机缘,即传统的说法"人禀七情,应物斯感,感物则情动,情动而言形,出于胸臆,既有喜怒哀怨之异,著于竹帛,乃有警心耸目之观矣。"其二是文体始于歌谣。歌谣是最早的文学,"不关文字,文字未创,已有歌谣矣"。不仅如此,先生还探讨了文学为什么发生于歌谣,他认为是由于"当文字未兴之时,皆以口耳传事,递相转告,错误滋多。必缀以歌谣之体,寡其词,协其音,脱口而出,饶有风趣,庶几乎行远而不讹,经久而不忘也"。论述非常中肯。其三是文学起源于需要。发乎情,是内在的需要,而"人事繁博,须文学以赞助之,此文学之发于外者","古代神教社会,人民行事,皆以神灵为主,福利则求神赐,祸患则求神佑,故伊耆有蜡祀之辞……"即说明文学的发生亦有社会的需要。

二章为"文学内论",有两个问题,即文学的性质与功用。这里先生所说文学的性质,即指文学的特性,先生认为文学有这样几种特性,即唯我性、即兴性、务奇性、求真性、同感性与垂久性,先生说:"宇宙万品,各有其性,操觚染翰,秉气怀灵,安得无性存于其间乎?是故刚柔殊性,忧乐异情,唯我性也,升高能赋,作器能铭(见《诗毛传》,《定之方中》,高坛坫也。),即兴性也;崧高极天,荼甘如荠(《诗·大雅·崧高》篇:"崧高维岳,骏极于天。"按崧高貌,又《诗·邶风·谷风》篇:"谁谓荼苦,其甘如荠。"),务奇性也;传人如其人,叙事如其事,求真性也;铿锵伐金石,幽渺泣鬼神,同感性也;我口所欲言,已言古人口,我手所欲书,已书古人手,垂久性也。"先生完全从中国文学本土的价值观念出发且根植于自己的创作经验而获得的对文学的独得的理解,与西方文学理论对文学的诠释迥异。关于文学的功用,时论或唯美,或唯用,各执一端,相峙争鸣。先生认为"文学之生成,必有其美,文学之光大,必有其用,无用则美无所系,无美则用无以成",即文学是美用互兼的。文美前有所论，此及于用，先生归结为四端，即慰己、观人、感世、匡时。先生首标"慰己"，为什么呢？先生解释，富贵于上者，物质生活丰富，但"弊精神于享用，惟日不足。其能寄情翰墨、留思篇章者，曾有几人？"富贵而上者，少有文意，且有意为文者少，多文者唯寒穷之士，所以，韩愈说："和平之音淡薄，而愁思之声要妙；欢愉之辞难工，而穷苦之言易好也。是故文章之作，恒发于羁旅草野，至若王公贵人，气满志得，非性能而好之，则不暇以为。"所以，文则为窘困之人的自我安慰。这也是从中国文学的经验出发的。观人之论颇通于通行的文学论述即"文学即人学"，文学既然是人内在思想、情感、想象的表现，那么通过文学即可以见作者的性情、品格等。感世论述是作品对社会、他人的影响，他说："人以情而生文，文以情而感世。生文者，作者之情也，感世者，作品之情也，感而为之歌，为之哭者，读者之情也。"这是文学自然的功效。四者为匡时。匡时即今日所谓文学的教化作用，即文学有教化社会、改良世俗的功能。这里值得说明的是，先生不是要先创作文学，用文学教化社会，而是文学本身就是应社会问题的出现而出现的，文学是古代士子对社会问题的自然的发声，而不是拿既有的现成的某种观念强制人们接受，以进行洗脑的教育。先生说："古今经世之文，莫不因时而作。时为文之形，文为时之声。动静相依，表里必符。故《论衡》云：'周道不弊，则民不文薄，民不文薄，《春秋》不作。杨、墨之学，不乱传义，则孟子之传不造。'"文学的创作都是由社会问题逼迫所生，那么文学对社会的匡正也是自然的功效。

三章为文学的外论，主要论述了文学与外在因素的关系。先生从天地一剧场，人生一演剧出发，将文学定位于人表演的剧本。剧本既可以"描写戏剧"，犹今日之反映现实；亦可以指挥戏剧者，犹今日之理论指导实践。所以与现代文学观念大不相同。基于此，他认为，文学与时代的关系是互动的，前者可谓"时代支配文学"，后者可谓"文学改造时代"。文之功用大矣哉!"是故声诗之作也,因治乱而感哀乐,因哀乐而为咏歌,因咏歌而成比兴。""夫岂但变其情,且犹变其词;岂但变其意,且犹变其体也。"就文章改造时代而言,"盖闻移风易俗,政教为先,政者正也,教者效也。"文学功能在于改良社会。继之先生又以博深的历史事实铺陈了中华几千年的文学风化历史,将文学与时代的变化落实于具体的事件上,体现了先生厚重的历史感。总体上,首先阐明文学与社会政教的关系。其次先生论述了文学与地域之关系。"夫地域之气不同,则性有刚柔;地域之俗不同,则情偏好恶。""是故文学之体,因地而异,北鄙多杀伐之声,江南有柔靡之音。巴蜀重闲冶之情,秦中尚抗爽之气。"这里论述了文学与地理环境以及与不同地理环境中的人的性情之间的关系,即今日文学理论所援引的丹纳《艺术哲学》的文学与地域、种族间的关系,加上前面的文学与时代,正是完整的丹纳的观点。但先生还超出了丹纳,最后提出了"文学与物象"之间的关系问题。"文学之作,内意外词。意以情理为主,词以事物为归。古今奇文,隶事者三四,写物者六七。良以耳目之接物易,物象之动人深也。是故春秋推夺,阴阳惨舒,物象更迁,文心摇荡。春深草长,常起豫悦之情,秋老天高,足洗郁陶之气。"诗文的表情达意,离不开物象,物象与文学关系胶着,"则宇宙物象,乃因文章而生姿;天下文章,亦因物象而增色"。但以中国文学为例,与中国诗文关系最密切的物象,先生只罗列了月、鸟、花、酒,这是入诗文最多的物象。先生认为"夫月光蕴藉,易动情灵,阴晴盈虚,各具色相"。花能纠结文学,"盖草木之有花,犹诗之有色理光泽也。故春兰秋菊,并具奇香,丹桂黄葵,各随本性。莲称君子,梅号佳人"。酒入诗文,因酒甘令人沉迷,但人们亦离不开酒,生活中处处用酒,酒之功用甚高,小者"或歌咏以解忧,或沉酣以行乐",奇者"三杯通大道,一斗合自然。但得醉中趣,勿为醒者传。"所以,酒与诗文因缘交厚。至于鸟与诗文,先生仅胪列数例,而无理论抽绎。本节阐明了文学与自然事物之间的关系,持论深入,具体生动。

四章为文学鉴赏论。先生是诗文大家，既研究又创作，学养深广，经验博厚，其鉴赏之论丰厚精详，亦深为感叹，不像他章那么平实，娓娓道来。先生深为感叹的是，诗文才士，达情必真，属词求美，追求尽善尽美，以"期增价于一时，以蜚声于后世"，"然而遇合有数，知音难逢，俗鉴多迷，深废浅售。又或师其成心，蔽于偏好，是非真伪，不得而平，坐使金相玉质之文，与粪土同捐，烟烬俱灭，后之识者，无得而观，所以积瘁之士，抚卷涟洏，泪尽而继之以血也。""彦和论文，疾心伤之。"甚至韩愈亦为其文不能见赏当时而深为不平。可见古时诗文家对鉴赏错位的苦恼。因此，先生认为鉴赏太重要了。进而，他分析了存在鉴赏困难的两个原因。一是鉴赏心地。世俗存在着好古恶今、贵远贱近、信耳疑目、文人相轻、师其成心的顽固恶习，这是影响鉴赏、导致鉴赏错乱的最为普遍的因素，因此，先生认为"故欲赏鉴文学者，必须去其成心，舍其偏好，虚以处己，静以观文。无流于俗眼，无振于浮名，无分于古今，无私于远近，夫如是其于赏鉴之心地，庶几近之"。现代的文学理论主张阐释的开放性，似乎怎样的读解，都是合法的，因而取消了这个问题。能不能取消这个问题，值得思考。二是鉴赏能力。先生大力肯定了鉴赏能力的重要性，称"乐无师旷，无以知其精，文无知音，难得显于众，此鉴赏之能力之所以重于古今也"。鉴赏能力实亦有高下大小之别，只有如刘勰所说"圆照之象，务先博观"，"无私于轻重，不偏于憎爱，然后能平理若衡，照辞如镜"（《文心雕龙·知音篇》）。这实际上，还是将真正高明的鉴赏力落实在了心地的无立场的观照上。接着先生以刘勰之"六观"即"位体、置辞、通变、奇正、事义、宫商"为基，广其意蕴，推演为八种方法。诗文本体淆乱如丝，鉴赏如分理乱丝，须"超以象外，得其环中"。

一论"文气"，主张"文气贵直，气直者，气盛之谓也"。文气有二源，"受之于天者，为性之气，其得之于人者，为学之气。二者交融，而文气成焉"。而"夫涵养胸趣者，即性之气，力学古人者，即学之气也"。

性之气,"有阴阳刚柔之分,非父兄师友所移者也"。此气的形成并非天生,而是涵养而成,"夫阴阳清浊,固有定于天,涵养鼓荡,却有待于人,'太史公行天下,周览四海名山大川,与燕赵间豪俊交游,故其文疏宕,颇有奇气'(见苏辙《上韩太尉书》)"。

学之气,则"存乎气势风度之间,可学而能,可事而成者也",即向别人学习、模仿而得的文气。以入"化境"为鹄的,即人我不分,用度自然。而行文贵抟气,"唯是行文用气,如用力然。力有十分,只用八九,留其有余以补不足,庶有旋转之机,常保充盈之度。"正如刘勰所说"吐纳文艺,务在节宣"(《文心雕龙·养气篇》),而不能"矜才使气","文气既竭,其余不足观也已"。"天之气"与"人之气"亦可以取长补短,互相调和,使文气充盈饱满。

二论"文情"。文学鉴赏,除文气充满外,尚贵"情真"。"情真则文章之用生焉。"诗文气不足不足以动人,情不真不足以入人。撼动人心靠"真情"。"故欲为至文,必具真情,情盛于中,然后词畅于外,若情不诚己,何以诚物乎?"这是中国文学非常传统的理论观念。这里我们应该思考,先生为什么对诗文的鉴赏先气后情,文中我们没有发现直接的说明,但从气与情的内容上亦可以清楚地看到,先生之所以如此,大概是因为气多为诗文先天的自然的因素,而情多为诗文后天内在的因素。所论愈后,抽象的主观的形式的成分愈重。

所以,三论文理。先生继承了刘勰对"文理"的认识,即"事义"。即世事的道义,进而为之深度诠释,认为"文理贵深,理深则文章之价乃著。盖文章之作,内意外词,属于词者,为章为句;属于意者,为情为理。……理之浅深,不可不论也。"他主张著文是非常严肃庄重的事情,"操觚之士,必思出以至理,而后文有所主",不能轻率苟且,随便草草,非感有所得,思而至深,不可著文。文章要发挥对社会、他人的影响,靠的是思考所得的深刻之理,才能对人有所启发,有所感动,才能真正地影响人,不痛不痒、文理浅薄,则发挥不了这样的作用,所以文理要"深"。

那么，怎样才能做到"深"呢？先生认为，文中有理犹军中有将，"偏将虽多，主将则一耳；众理虽多，至理则一耳"，"一文之中，泛滥众说，而归乎一理"，"一理既立，然后文有所主，文有所主，然后词不失其统，事不离其宗也"，"佳篇巨制，历历可指，惟其文理专一，故能精深，惟能精深，故能旷百世而不刊也"。先生强调理要"深"，表面上论述了要以一理统众理，可是，什么才能成为那个"一理"呢？这才是文章写作最深的地方，也是最具人力的地方。它需要的不只是文学的才气，而是"识力"，即个人的思考力，所以文学最后需要的已经不是文情之真、文气之充、文采之美，而是识见之深，这已经不是文学能力了，应该归之于哲学了。最后先生又从著文时"审理不清"而导致的多种恶劣文风，清晰说明深入文理的重要性。

四论"文势"。先生将刘勰的"位体""奇正"合称为"文势"。这种归类从现代文学理论的角度上看是合理的。对于文势，先生归结一"奇"字。他说："文势贵奇，势奇而后词宜，古今之大手笔，未有不争于此者。大抵行文之法，词未成而势先立，文势既立，于是乎始，于是乎终，于是乎前，于是乎后，如长河之下水，一泻千里；如成竹之在胸，一挥千纸，不慌张，不松懈，水既到而渠自成也。"立势非常重要，但怎么立势呢？他引用刘勰的观点认为"情致异区，文变殊术，莫不因情立体，即体成势也"（《文心雕龙·定势篇》），情，是立势的立足点，有怎样的情，即可定怎样的势。这就说明了中国古代所谓著文，并非纯用人力的主观作文，文章即使达不到自然的生成，也需要作家应自然的情感之势成文，而不可任心编排，随意所适。最后，先生论述了文势之奇的表现，即在于"文似看山不喜平"，行文要有奇势，即"如名将之用兵，有伏有应；如名伶之度曲，有缓有急"，要虚虚实实，断断续续，而一意贯穿。

五论"文德"。这里讲文德,实不是文章之德,而是著文者之德。实际上是对著文者心性品性的要求。当时传统观念与新思想有冲突,传统观念坚持"士先器识而后文艺",士应先有德,即高尚的道德,而时代的新主张是文章只是情感的流露,与德无关。先生立足于传统观念,超然于矛盾之外,调和了两种观念,他引述《说文》"德从直心"之说,引申其意义,认为"直心而行者,可以为善,可以为不善",进而引韩愈《原道》"德为虚位"的话为据更为伸张,"虚位以待可以待善,可以待不善。然则德之本旨,固非经典所称纯然之善也。亦惟取乎'中'而已矣。"他批评前代之人错解了古人原义:"前代文士,鲜规斯意,以德字之用,既为纯善之词,文德之名,乃无不善之意焉。"他指出这种以德为善的观念开始于章实斋。先生返古开新,发明儒家中庸思想,对儒者与文人"文心"做了十足的创造性的解读:"中者,无过不及之谓也。有情有理,亦庄亦谐,既不引道德以相刻,亦不废道德于不顾。何者?文人儒者,自古不同,言中规,行中矩者,儒者之长度,非文人之性行也。文人之心,若日月光华,可照鉴于今古;文人之情,若清波流荡,可导引而东西,唯其如此乃有佳制。若必苛核之礼法责之,吾恐举世无文人,古今无文章矣。故曰:文德取乎中,无得引道德以相刻也。虽然社会有礼,国家有法,文人既生于国家社会之中,自不当背礼犯法,而为其所欲为,言其所欲言也,若以文人自命,即视风纪为弁髦,等道德于刍狗,放情为文,诲淫诲盗,岂非社会之罪人,国家之乱民乎?故曰:文德取乎中,无得废道德于不顾也。"

这既给了文人之文学以相当的超越道德的自由。文,在德与不德之间,有居间的自由,如《西厢》《红楼》,"家传户诵,叩其大旨,无德于人,何为而不毁弃耶?岂非其词意尽在情理之中,不入刑法之内乎?故欲鉴赏文德,求其中而已,无苛责其上下也"。入儒出儒,承儒破儒,解放了思想,开创了新的文学存在状态。

如果以上为文心论，属于内容的部分，那么下面即属于形式方面的论述。

六论"文词"。文词论亦是刘勰的"置辞""通变"合论。此论直承孔子涉文二论：一是"辞达而已矣"，二是"辞欲巧"。什么是"辞达"，一般解释为语言准确表达自己的意图，如朱熹《论语集注》解释道："辞，取达意而止，不以富丽为工。"而先生则从传统文论的对话性出发，认为"故凡制作文笔，必使规矩从心，读者所得恰如己意，而后谓之达也。"达，即将自己的意图通过准确的言辞传达给对方而让对方准确领会自己的意图。这确是全新的解释。它涉及的"达"的标准不只是表达意图选择对了准确的言辞，而关键在于对方是否正确地领会。这与现代文论作者无须关心读者怎样阅读的观念十分不同。

至于"辞欲巧"，先生将之分述为次序、藻绘、繁简三个方面，即讲言有序、文辞要重视声色、用语讲求繁简适中。

七讲"文律"。文律按刘勰的说法就是"宫商"，就是语言的声韵部分。先生主张文律贵"细"，"律细则文乃精也"，细分论之，即有格律与声韵。所谓格律，与格律诗之格律内涵不同。他说："格律者，文章之规模也，文章规模，随体而异，《典论·论文》云：'奏议宜雅，书论宜理，铭诔尚实，诗赋欲丽。'"即是说，文章格律即各种文体应该具有格式风度，就像人必须有自己的名分，实际上也成了各种文体之所以是自己的身份，所以，也成了规定各种文体的规矩尺度，也成了著文的忌讳、戒律。文章的鉴赏要注重什么样的情境需要什么样的情调，什么样的情调用什么样的文体，什么样的文体需要什么样的言辞与表达，反此，即为出律犯戒。它规定了文章的身份性。

而对"声韵"，先生说"文章之喉舌也"，就是指文学语言的声音使用法则。文章中声韵的使用先生认为十分重要，但像沈约提倡导的"四声八病"之说虽不可苛守，但应该注意使用。刘勰在其《文心雕龙·声律篇》的论述还是应该遵守的。

八论"文趣"。文趣虽置于论后，但其重要性自不待言。因为先生认为，"文章可以不作，文趣不可以无"，当然除了一些严肃的场合使用的文章除外，一般来说，著文要是无趣，就不要著文了。"文趣者，文章之生机也。失其生机，则意味索然。文而无味，其谁赏之乎？"那么什么才算是文趣呢？文趣的体现是什么呢？先生概括一"新"字。文趣必体现为"新"。"新者众人之所喜，君子之所不废也。"趣，既有形式上的，如"昌黎论文，务去陈言"，也有内容上的，如"青莲咏诗，必有新意"。"故才隽之士，命意不入常谈，属词善用成语。触绪而来，拈手而得。随机变化，挹注不穷。长篇使人忘倦，短章令人解颐。是乃天机之所偶存，生意之所独至者乎？"所谓新趣，都非刻意作为，因情应境，自然产生，一片盎然生机。"故欲鉴赏文艺，无分美用，惟于文趣，不可少忽也。"文趣只存在于应机的表达中，而不分唯美之文，或是实用之文。这是现代文论所不怎么讲的。

第五章是文学门类论。现代的文学分类，基本以西方的方式分为小说、戏剧、散文、诗歌等基本的文体，而先生的文学分类纯基于中国传统文学。先生首论诗文分类源流，从史分左右，到刘歆《七略》，到班固《汉志》、晋荀勖《中经》、南朝王俭《七志》、梁处士阮孝绪《七录》，至唐长孙无忌等所撰之《隋书·经籍志》，一路而下，"自是以后，历代之志经籍艺文者，多因袭之"，清之四库亦以准则。由此，先生概略描述了中国古代文学分类学的历程，体现了中国古代文学分类逐事增繁的特征，而不是西方文学以其理念不同而相分类的做法。

所以，根据这一历史发展特征，文学分类有四个分类基础：一是时代，二是功能，三是体性，四是体裁。

按时代分，"于文则有汉魏唐宋古文时文之别，于诗则有汉魏六朝初唐中唐晚唐宋元明清之分，于赋则有汉赋六朝赋唐赋之不同也"。

而按功能划分,据宋真德秀《文章正宗》分为四类:辞令、议论、叙事、诗歌。明杨升庵《丹铅录》分为六类:政事、纪事、说理、术数、游说、讽谏。清钱大昕《潜研堂集》分为四类:明道、德世、阐幽、正俗。

以体性分类,多人多方,刘勰分为八类:"典雅、远奥、精约、显附、繁缛、壮丽、新奇、轻靡。"司空图分二十四目,严羽分为九品。此外不一一列举。

以体裁分类,"离合繁简,差别殊甚",所以,先生仅胪列诸书:《昭明文选》分37体;《文章缘起》(梁任昉作,《四库提要》以为后人伪托)分为84体;《文心雕龙》标为18题,分成30体;《文体明辨》分为119类;《文章辨体式》分为77体;《古文辞类纂》分为13类;《经史百家杂钞》分3门11类;《文体刍言》分13类211目。古人分类可谓精详。

按先生的分类,中国文学可分为8类:"一曰诗(内分三种,甲:诗三百篇。乙:乐府及古诗。丙:近体诗),二曰骚,三曰赋,四曰词,五曰曲,六曰骈文,七曰散文,八曰小说。"这是一个结合新时代文学精神而对古代文学去粗取精的分类方式,目的在于"奋志潜修之士,若能溯其渊源,条其子目,明其体制,阐其规模,由此而取径乎?则斯论为不空矣"。

如果前文以论文为主,余下第六章、第七章,皆专为诗论,可惜只有上、中两章,而缺失下章。

而六章论诗,从题目"论诗(上)——诗三百篇"上看,属《诗经》专论,并非如前面的文论一样是探讨文学普遍法则的体系性的诗歌总论,所以其实证专论学术价值甚高,而关于诗的理论价值稍弱。

该章首溯三百篇源流,认为论诗当自三百篇始,因为它为中国文学之鼻祖,古虽称经,实乃文学。三百篇来源于周之采诗之制,经周太史删繁选进于王。而东周以后,"纪纲不振,陈诗之风,濒于废堕。敬王之世，古诗约有三千余篇，孔子取其美善者，三百十一篇，以教于鲁，其余二千七百余篇，删而去之"。孔子删诗是诗史一大公案，历来聚讼纷纭，先生继而专节对孔子删诗进行证实，分为十证。此节于诗之理论价值干系甚薄，不再述评。

该章继论"诗序"问题，涉及的问题有：第一，大小序之分别问题；第二，大小序之作者问题；第三，大小序之价值问题。而与诗歌理论相关的即是大小序的价值问题。对于此问题历史上有三种态度，即废序、尊序与疑序。有人认为序与诗多不合，不能说明诗，应废；有人认为序诗者去古未远，诗序应该尊重，如果废序，诗即不可解读；疑序者实为与废序者观点相近。对于诗序的尊废，先生主张"诗序不可一日而废"，因为诗序的价值在说诗，要理解诗，离开序文，就失去了门径。

继之论述三百篇体制，即其构成问题，论及了经典之六义、四始、南风、和诗、诗乐、篇次诸问题，对历史上关涉几种问题的各种观点进行了详细的辨析，亦基本都是专题论，没有涉及普遍性的法则问题。

最后论及了三百篇的艺术特征，是关于诗的普遍的美学原则的论述。先生认为："诗三百篇为中国文艺渊薮，钻研文艺，不可不从事于斯也。"三百篇是中国诗文之祖。他从《诗经》提炼出文艺美之"三要"，即一辞句耸目，二音韵感耳，三情意动心。

为使辞句耸目，既要遣词，如用重言、连语、添字形容词、起语词、已语词；又要造句，如重叠、对偶、跌宕、递生、倒装五法。

在音韵上，诗乐一体，声韵自然重要，但历史久远，变乱甚繁，后世难究其里。先生统而论之，抽绎提炼，诗之用韵艺术有八例：一是连韵例，句句韵；二是变韵例，一章中换数韵；三为隔韵例，即数韵相隔，前后为韵，又叫遥韵；四为重韵，即一字重叠押韵；五为腰韵，即句中字与句尾字相互为韵；六为四声通韵，平上去入相通押韵；七为数句见韵，即一章诗中首数句无韵；八是章尾互韵，即数章结尾之字句完全相同者。

最后是诗之情意。这里先生不是从某种观念出发,而是据诗三百之实情,引申出了一个深刻的诗歌分类理论,即诗有无题、有题之分,他引袁枚之说:"无题之诗,天籁也;有题之诗,人籁也。"诗三百乃至汉魏以前,诗皆无题,无题之诗,诗人为境兴情,情意所驱,自然生发,不可遏制,不须命题,直抒情意,率性而成,真性情之诗,亦真"兴"之诗。汉魏以后,诗皆有题,"性情渐离,至唐人有五言八韵之试帖,限以格律,而性情愈远。且有'赋得'等名,以诗为诗"。这都属于为作诗而作诗了,如以水洗水,更无味了。这就将自然的、真情的诗,与人为的、刻意的诗分别开来。

诗之情意,亦有两类:为己而发者和为世而发者。先生更看重为己而发者。为己而发者,可分为喜乐、忧惧、哀伤、思慕四端。为世而发者,分为美、刺、闵三端。这是诗对社会所发挥的三种作用,即赞美、批评与同情。这种对诗论的研究,基本立足于诗三百的现实的基础,是经验性的诗论。

最后一章是"论诗(中)——乐府诗及古体诗",也是乐府诗及古体诗的专题论述。

首论乐府。一论乐府与古体区别,以为古之诗乐合体,汉魏以后,诗乐分离。合乐之诗为乐府,分离之诗为古体。乐府情深,古体意长。二探乐府起源,"乐府之诗,始制于汉高,乐府令之官,始设于惠帝,乐府之署,始置于孝武"。三论乐府流变,如明胡应麟《诗薮》所说:"乐府之体,古今凡三变,汉魏古词一变也,唐人绝句一变也,宋元词曲一变也。"四论乐府体制。乐府既是制度,即有其管理体系,有文乐、武乐及合奏、独奏之分。东汉明帝时乐府分四品:大予乐(郊庙乐)、雅颂乐(辟雍飨射)、黄门鼓吹(天子宴群臣)、短箫铙歌(军乐),承当古之燕、享、祀之礼。乐府命题有"诗、歌、谣、行、歌行、引、曲、吟、辞、篇、章、唱、调、咏、弄、度、怨、叹、乐、思、愁、畅、操等名目"。五论乐府之类别，此处不再复述。

继论古诗，有五古、七古。首道古诗起源。五古创自苏武、李陵，先生肯定此说，并辩难往论，力证其实。七古起自东汉张衡《四愁诗》。次论古诗流变。再论古诗体制，"始于两汉，盛于魏晋，词繁于六代，体备于三唐"。其体裁种类繁多，可因时而名，因人而名，因事物而名，因情意而名，不一而足。

而关于篇章的论述，理论色彩更重。先生说："古人名篇佳制，不问长短，扣其篇法，未有出乎'起承转结'之外者。此四者虽似老生常谈，实亦赅括之论。"先生盛赞古代诗法，简洁完备，通贯无余。但同时先生并不把此诗法作为套子，随便使用。因为先生认为，法并非为作诗所立，而是法产生于诗作，"唯'起承转结'之法，篇篇不同，古人咏诗，篇成而法自立。"法，是自由的。真正的作诗，是无法之法，是大体需有、细究则无的。即于古诗，先生引述元范梈所论诗之篇章之法作结："其于五言有'分段、过段、回照、赞叹'四端，于七言有'分段、过段、突兀、字贯、赞叹、再起、归题、送尾'八义。"这些可贵的诗论，对于古人来讲，都是学诗的初阶，一般是大家因不屑而少谈论的，但如果从诗歌理论上讲，这却是最重要的，因为它是最具普遍意义的中国古代的诗论，是中国诗论最一般的形态，是中国诗歌总体特征的显在体现。诗人大家，往往把诗法往高处玄处谈论，往往云山雾罩，令人不知所云，如王士禛论范梈之说："此等语皆教初学之法，要令知章法耳，神龙行空，云雾灭裂，鳞鬣隐现，岂令人测其首尾哉？"当然诗歌创作的高峰处，是无法可究，呈现出无法的境界，就见自由，已经无理论可讲了。

古诗的句格也具有探讨中国诗法的理论意义。先生总结为六种，即对偶、对照、排比、跌宕、叠字与重意。实际上，中国古诗的美学原则,就在这些诗法中。

最后论道古诗之声韵。前有简述,本不详论。而具有理论意义的还有韵律的格式部分。先生归纳了18种。此不一一详述。

三、"通论"简评

第一,通论基本全面反映了先生的诗文思想。先生的"通论"虽然篇幅不大,但涉及了现代文学理论所有的基本问题,如文学本体论、起源论、内部规律论、外部规律论、分类论与鉴赏批评论,甚为全面。即使今日的文学理论,亦少外于此。

虽然后面少了许多内容,但从内容结构上看,后面的内容都是专题论,以史论性的考据与具体的材料梳理为特色,而具有普遍性的文学理论意义不很突出。而所谈到的诗格确实抓住了中国文学的基本美学法则。这一点非常重要。

第二,"通论"以本土价值观为主体,贯通部分西方文学思想,且以西方文学理论为体式,体现了那个时代中西文学理念互融而中体偏重的特征。"通论"中许多观念都是从传统诗文经验出发的,不见有引述西方文学材料的现象,且以《文心雕龙》文风,以雅致的古文写就,深具本土特色,与今日之传自西方之文论迥异其旨,亦迥异其趣。同时整个框架结构则基本是有西方文学理论的体式。

第三,"通论"不像现代之文学理论,其观念出自哲学、宗教等其他思想,而是依托于其渊博的传统文学文献与深厚的独特的文学经验,从容不迫,深入浅出,娓娓道来,极具美感。其理论是经验的自然升华,不像现在的文学理论缺乏创作体会,显得抽象晦涩有余,而审美与趣味不足,并不能真正地指导艺术的欣赏。"通论"始终保持着与创作的审美体验的血肉相连关系,时刻没有离开审美经验,显得非常的接地气。

第四,"通论"中多是先生个人独立的思考所得,亦提出了许多的独得之见,都与现代文学理论思想相差极大,都值得进一步深入研究,以更正或补充现代文学理论的不足。比如文学鉴赏论,所讲的内容就比现代的文学理论讲得更具审美性,更能突出文学的审美性。先生为了突出文学的审美性,而将文学摆脱道德的束缚,新解"德"字,将"德"析之"直心",而非单单求善,从而将德理解成了率真的性情,就解放了文学的思路;亦用中庸,将文学定位于情理、庄谐之间,不刻意德,不废德,保证了文学的创作自由。这也是先生对那个追求民主、科学、自由的时代的一种回应。

在对"通论"做述评的时候,笔者越做越觉得泛泛简述,甚为不够,直感到通论虽短,但内容深博,许多的问题都应该进行专题研究,感到只选其中一个问题就够了,可是时间紧迫,来不及换题,只得如此了。如果哪里理解有误,就正于师长、兄弟。

骋怀吟啸集　著绩丹铅管
——华锺彦先生诗词论略

张亚军

华锺彦（1906-1988），原名连圊，辽宁省沈阳市人，河南大学教授，治学严谨，著述颇丰，撰有《戏曲丛谭》《花间集注》《〈诗经〉会通》《东京梦华之馆论稿》以及《中国文学通论》《〈诗经〉十论》等著作，尤其是《花间集注》，影响深远。华锺彦先生结合多年的教育经验，提出：每一位研究中国古典诗词的人，首先应是一位积极的诗词创作者，因为只有创作才能令人真正感悟文学的魅力，才能使教育者拥有更深厚的文学基础去完成传道、授业、解惑的教育任务。2009 年，河南大学出版社整理出版了《华锺彦文集》（上中下三册），其中包括《华锺彦诗词选》和《华锺彦诗词选补编》，收录了华先生从民国时期到 20 世纪 80 年代的诗词作品共五百余首[1]，既有荏苒岁月的情绪感发，亦有"因时而兴"的深思咏叹。华先生认为"诗情应许热如汤"，"须教我手写我口"（《梁园咏》），因此，先生身体力行。他的创作情感充沛，骨力清健，"斟酌乎质文之间，而櫽括乎雅俗之际"[2]，真可谓"善为文者"。本文结合华锺彦先生作品，着重探讨先生结言端直、渊乎清峻的风格神韵。

---

[1] 本文所引华锺彦先生诗词作品俱出自《华锺彦诗词选》和《华锺彦诗词选补编》，见《华锺彦文集》（下），河南大学出版社，2009 年，第 1141-1261 页，各诗句的具体页码不再一一标注。

[2] 刘勰著、周振甫译：《文心雕龙今译》，中华书局，1986 年，第 273 页。

一、匡时救弊

刘勰《文心雕龙·情采》言:"立文之道,其理有三:一曰形文,五色是也。二曰声文,五音是也。三曰情文,五性是也。"①优秀的文学作品具有形文、声文、情文三者合一的特点,发为辞章,乃为神理之数。其中,情者,文之经,经正而后纬成,真实的情感是文学创作的源泉和基础。华锺彦先生诗词的创作基础始终围绕着情理二字,善敷思赡,感绪万端,据情而设,因时而兴。

华锺彦先生曾多次阐明自己的文论观点,他认为文学创作应当联系现实,重视即兴。他在《中国文学通论》《〈诗经〉十论》《东京梦华之馆论稿》等书中详细分析了文学的功用。孔子曾言《诗经》的作用在于"兴观群怨",华先生也用四个词语来概括:"尝论文用,盖有四端:曰,慰己也,观人也,感世也,匡时也。"②文学的功能体现在安慰自我,观察人事,更重要的是要感受世事,匡救时弊。华先生根据自己的创作实践认真总结了诗词创作的基本特点,如曰:

(一)拙作诗词,皆出于真性情,真意境,我自为我,不计妍媸,力求本色,不务藻饰,譬如风行水上,自然成文,巨浪微波,量情而定。宁愿"自尔为佳节",不愿"雕虫丧天真"。

(二)拙作诗词,既率性情,则性情亦因时期而有轻重。大约早年之作,多为自吟自咏;新中国成立以后,多为社会民生,期在以刍荛之言,效献芹之意,故曾有句云:"诗能寿世无今古,文不匡时岂典型";"诗情应许热如汤,文胆何妨大于斗"。

(三)拙作诗词,期在雅俗共赏,以便与自愿学习诗词的青年相接

---

① 刘勰著、周振甫译:《文心雕龙今译》,中华书局,1986年,第287页。
② 华锺彦:《华锺彦文集》(下),河南大学出版社,2009年,第901页。

应。因为诗词是我国古典文学的精华,三十年来,无人提倡,势将废坠。今欲收拾坠绪,振拔正声,必须依靠青年,必须文字通俗,做到雅俗共赏,这是我坚信不疑的。万一有助于青年的自学成材,实我平生一大快事。①

华先生提出,自己的创作根基在于真情,即真性情、真感情的流露和表达,我自为我,以我手写我心。一名诗词创作者不仅要自吟自咏,更重要的是他的创作一定要关系到社会民生,从现实情况出发,在创作中求发展,在发展中有创新,做到文字平易,不务藻饰,量情而定,雅俗共赏。

从时间上来看,华锺彦先生的诗词作品主要分为新中国成立前、新中国成立后至"文革"、"文革"后至新时期三个阶段,其中诗歌所占比重较多。华先生诗词内容非常丰富,既有纪行类,描写景物,抒发深情;亦有述志类,表达自己的时世感受以及为国为民的奉献理念;又有赠答类,传达了华先生与师友之间的酬答唱和。先生生于旧中国,身为东北人,故而对"九一八事变"所引发的故园兴亡感喟良多,如其《侠士行》一诗即是以杂言体的形式抒发自己内心的悲伤,既有不愿"卑身甘为虏作奴"的愤懑,又有"拼将一颈孤臣血,开作千年烈士花"的悲壮。而当1945年日本帝国主义投降的讯息传来时,华先生诗曰:"一闻捷报动乾坤,狂喜惊心见泪痕"(《"八一五"日本投降感赋》),与杜甫《闻官军收河南河北》诗中"剑外忽传收蓟北,初闻涕泪满衣裳"欢喜之情有过之而无不及也。

《华锺彦诗词选》始终涌动着一种浓重的爱国情潮。华先生在诗词中多次表达了他对中国爱国主义人物的由衷赞美,其中最主要的四位人物是屈原、杜甫、白居易和周恩来。屈原忠君爱国,一生为美政理想而

---

① 华锺彦:《华锺彦诗词选·前言》,见《华锺彦文集》(下),河南大学出版社,2009年,第1142页。

奔波,其自沉汨罗的遭际引发了后人多少感伤。华先生在诗歌当中数次倾诉自己对屈原的真切同情,如:

楚天一赋诉衷情,汉泪千行恸失声。屈贾若逢唐二帝,涉江那得不平鸣。(《南游杂诗十八首·渡湘江》)

汨罗西去水滔滔,词客千秋恨未消。领会《怀沙》不平意,一江烟浪怒于潮。(《南游杂诗十八首·渡汨罗江》)

郁起奇文导正途,天阍不启楚臣孤。流民失散东迁路,千古伤春屈大夫!(《东归纪行七首·大连楚辞讨论会——悼屈原》)

诉衷情,恨未消,不平鸣,恸失声,华先生借江水滔滔之势来抒写屈原不平的心潮。屈原《离骚》堪比日月光华,他为国而忧、为民而叹,他的爱国主义精神激励着后人前行。在唐代诗人当中,华锺彦先生非常赞赏杜甫和白居易,因为他们的创作有一个共同点:继承了屈原开创的爱国主义传统,内容充实,贴近社会,关心民生。华先生曾言:"我以为要搞创作,最好要学习杜甫深入生活。"[1]华先生有数首诗写到杜甫,高度赞扬其忧心黎元、为民请命的现实主义创作,如曰"穷年漫洒黎元泪,谁识开天稷契才!"(《和龚依群诗家〈唐代诗人赞〉四首·杜甫》)、"朱门十字关情重,广厦千间遗爱多"(《巩县纪行三首·杜甫窑》),又言"黎元忧重肠空热,故国情深梦几曾!"(《草堂诗会相召,因事不果往,诗以鸣谢》),复赞"工部缘何有画堂?高情大笔古无双"(《鄂川纪行十七首·杜甫草堂》)等,华先生对杜甫的景仰之情由此可见一斑。唐代诗人白居易居安思危,他的创作负有社会责任感,不仅继承了《诗经》所开创的现实主义风格,而且其主题切近时弊,与社会民生有非常紧密的联系,对此,华锺彦先生均给予了高度评价。先生在诗中多次赞

---

[1] 华锺彦:《华锺彦文集》(中),河南大学出版社,2009年,第803页。

赏白居易的诗风诗意，称誉其新乐府诗"珍重风人首创心"(《白居易》)，并表达了要向白氏学习的愿望。1978年6月，华锺彦先生游于洛阳龙门，有感于白居易兼济天下的爱国情怀，推崇其忠心为国、直谏济世的行为以及讽喻诗等文学创作，便以诗赞誉白氏的人格与品格。其曰：

龙门不锁水长流，直舌焉能卷入喉？欲作大车歌枣树，甘鸣谏鼓谪江州。曾因兼济回肠断，未肯随缘绕指柔。何事香山盈吊客？千篇讽喻壮高丘。(《登香山吊白居易墓》)

乐府秦吟绝妙文，情高泰岱笔瑰珍。哦诗每服香山叟，不为风花却为民。(《论诗十首》其四)

华先生从新乐府运动所取得的成就立论，表达了自己对白居易刺世讥时、以求励世创作主题的肯定。其中，"不为风花却为民"一句点明了华先生对白氏首肯的原因就在于：一位优秀的创作者，他的关注重点不是对风花雪月的描摹和吟咏，而是在他广阔的胸襟中高飞横逸的一腔爱国豪情。优秀的诗歌应当如《诗经》和乐府诗那样切近民生，优秀的诗歌创作者应当如杜甫、白居易那样抒发真情，以我手而写我口。华先生诗云："为诗要为贤者歌，扇动真风振九有……诗文要具首创心，激励群英并骧走。诗文不切生民病，几何不将覆酱瓿。"(《梁园咏》)这些观点是华先生在悠久的中国古典文学传统中总结出来的创作经验，同时也是他本人诗词创作的出发点和立足点。

新中国成立后，华锺彦先生作为一位教育工作者，对新社会的发展充满了期待，即使"文革"当中受到迫害，曾经郁闷、愤懑，但从不气馁。先生洞察世事，不仅以激扬的文笔赞扬伟大的革命家们，如朱德、陈毅、贺龙，而且对意志坚强、不向恶势力低头的革命者进行了颂扬，如张志新、遇罗克等。华锺彦先生最钦佩与最仰慕的是周恩来总理，他鞠躬尽瘁，死而后已，为国为民，无私奉献，华先生用蕴含真情的诗词多次表达了他对周总理的崇敬心情。如：

济世雄才，想当日，龙飞破壁。树功业，首兴军旅，广披荆棘。秉政春长人意暖，立言雷震东风激。遍天涯，谁不仰鲲鹏，图南翼！

仇帮派，歼凶逆，承遗志，倾全力。要提前"四化"，誓争朝夕。八秩初开冥寿会，九州重见阳和律。料英灵，笑看万山红，千村碧！

（《满江红·纪念周总理八十诞辰》）

周总理济世雄才，建功立业，"宵夜旰食俭生涯，伊吕功高不自华。二十七年贤总理，春风吹暖万人家"（《贤明总理》）。"文革"当中，周总理劳劳病体，耿耿忠心，"平生行迹披肝胆，对敌词锋射斗牛……馀骸化作灰飞去，从此江河呜咽流！"（《哀悼周恩来总理》）在1977年，"文革"刚结束，诸多冤案逐一获得平反，正是"蓝天红日人欢喜"之际，华先生即写一首数百句的长诗《深深怀念周总理》，表达自己"痛定思痛怀总理"的心情。在这首诗中，先生一方面咏叹总理披肝沥胆，辛苦工作，他"排难解纷常废寝，鞠躬尽瘁总甘心"，"勤奋谨严且明朗，沉着朴素又谦冲"；另一方面还写出了全国人民对总理的怀念，"忆从总理离人间，天上星昏月不圆。高山吞声大河泣，伤心有泪谁轻弹！……总理积劳而成瘁，一夕凄风大星坠。五洲四海革命人，无人不洒纵横泪。"1978年，华先生再次怀念周总理，写下了感人肺腑的诗句："前年此日怆犹新，怆到清明更断魂！风力消残千夜雾，阳和照彻万山春。生逢惊险当机断，话到弥留不忍闻！莫怪潺湲泪如雨，千秋难会此完人！"（《周总理逝世二周年感怀》）哀痛之情，无以言表。此后，在周总理逝世十周年之际，华先生又一连写了《周总理逝世十周年纪念八首》诗：《忆旧情深》《南昌建军》《西安折冲》《重庆苦斗》《万隆服众》《访欧非亚》《贤明总理》《仪像入梦》，以倒叙回忆的方式表达对总理深切的怀念，分别从南昌起义建立军队到西安事变协调国共合作，重庆谈判到建立新中国出席万隆国际会议、出访欧非亚诸国,回顾总理为新中国的光辉事业所做的伟大奉献,华先生对周总理的深厚感情跃然纸上,令人动颜。

诚然,作为一名古典文学教育者,华锺彦先生在诗词中蕴含了对国家、对社会的殷切之情,他的作品映现了先生对古今人物的关注、品评,透示出先生心系民生、匡时救弊的创作倾向。华先生从不同角度表述他对新时期诗歌创作与理论批评方面的思考,如"情思深处词华健,韵律宽时风趣存。但为生民歌利病,无疑品第列清尊"(《贺"江南诗词学会"二首》),"多寄吟哦关世运,放宽韵律写民情。采风使者如相问,会与芬兰共品评"(《赠岳麓诗社》)。先生强调曰:"古今经世之文,莫不因时而作。时为文之形,文为时之声。动静相依,表时必符。"[①]文学创作要"关世运""写民情",情思要深,韵律要宽,须如《诗经》采风者那样为生民而言。这一创作追求就是"主张作家当关心社会,创作应反映现实,刺恶扬善,以积极向上精神,鼓舞人民奋勇前进;以真情实感,去打动读者,必使有益于社会风教;坚决反对'嘲风月,弄花草',无病而呻吟"[②]。作为一位从民国跨越到新中国的知识分子,华锺彦先生目睹了重大的社会变革,把关注的目光投向社会现实,他不仅感受着、反映着那一时代,而且他也积极地参与到了那个时代。

二、文情贵真

华锺彦先生的诗词洋溢着激情,同时也充满了豪情和深情,岁月经历、生活磨难以及种种真性情均有流露。华先生曾言,"文情贵真,

---

① 华锺彦:《华锺彦文集》(下),河南大学出版社,2009年,第906页。
② 华锺彦:《华锺彦文集》(上),河南大学出版社,2009年,第4页。

情真则文章之用生焉"①,"人禀七情,应物斯感,感物则情动,情动而言形,出于胸臆,既有喜怒哀怨之异,著于竹帛,乃有警心耸目之观矣"②。文学创作的可贵之处在于抒写真情,物象动人,有感于心。文机的产生,最主要的因素就是情之所动,形于语言。

华锺彦先生阅历丰富,凡道义激扬、朋友切磨、日月迁逝、风云景色,所对所遇,皆赋而为作。他强调,诗歌创作当中须有我在,以我手而写我口,此皆良实之论,如其言:

> 宇宙万品,各有其性,操觚染翰,秉气怀灵,安得无性存于其间乎?是故刚柔殊性,忧乐异情,唯我性也;升高能赋,作器能铭……即兴性也;崧高极天,荼甘如荠……务奇性也;传人如其人,叙事如其事,求真性也;铿锵伐金石,幽渺泣鬼神,同感性也;我口所欲言,已言古人口,我手所欲书,已书古人手,垂久性也。③

华先生认为,文学作品无论叙事还是抒情都应该遵守一个基本原则,即以我口言,以我手写,抒发真情,才能做到贵于求真。文学创作灵感本身就是作者感受外物、启发内心、外现于言的表现过程。华先生谈到文学创作的即兴性,言:"忧喜之情,方动于中;苦乐之词,立形于外。如高山之出云,如溃堤之下水,虽壅之不得,欲障之不能也。故风动春朝,月明秋夜,早莺初燕,开花落叶,有来斯应,无往不复,此即文学之即兴性也。"④可见,华先生论文重在写情,他曾集中论述文学

---

① 华锺彦:《华锺彦文集》(下),河南大学出版社,2009年,第926页。
② 华锺彦:《华锺彦文集》(下),河南大学出版社,2009年,第893页。
③ 华锺彦:《中国文学通论》,见《华锺彦文集》(下),河南大学出版社,2009年,第895页。
④ 华锺彦:《中国文学通论》,见《华锺彦文集》(下),河南大学出版社,2009年,第896页。

创作者真情实感的重要性,如:

> 人以情而生文,文以情而感世。生文者,作者之情也,感世者,作品之情也,感而为之歌,为之哭者,读者之情也。是则作者、作品、读者三端,可以情尽之矣。故情者文之经,词者文之纬,情词交而经纬成,经纬成则灵感见。①
>
> 文学之作,内意外词,意以情理为主,词以事物为归。古今奇文,隶事者三四,写物者六七。良以耳目之接物易,物象之动人深也。是故春秋推夺,阴阳惨舒,物象更迁,文心摇荡。春深草长,常起豫悦之情,秋老天高,足洗郁陶之气。听蕉窗之夜雨,思妇神伤;对巫峡之啼猿,愁人肠断。凡此物象,皆入斯文,惟能敷彩附声,写气图状,流连耳目之际,沉吟视听之区。则宇宙物象,乃因文章而生姿;天下文章亦因物象而增色矣。②

华先生指出,在文学创作过程当中,作者、作品、读者三端主要由创作者的情词相交、以情动人才能做到经立而后纬成。古今奇文之所以能够成为经典,从而深深地影响读者,最重要的原因就在于物色之动人深也。物象更迁,触动人心,情理外示,皆现于文。因此,客观世界、宇宙万象既是创作主体的文思渊源,同时也是其敷彩附声、写气图状的主要内容。正是由于客观物象与创作主体的有机结合,文学作品才得以增其色,放异彩,令人常起愉悦之情而洗郁陶之气。华先生强调文学创作应当抒发自我之真情,唯有守真才能丰富和充实创作内容,才能骋怀吟啸,著绩丹管。"文贵情真"的深义在于:"真苦常教泪雨倾,真怜常

---

① 华锺彦:《中国文学通论》,见《华锺彦文集》(下),河南大学出版社,2009年,第904页。

② 华锺彦:《中国文学通论》,见《华锺彦文集》(下),河南大学出版社,2009年,第917页。

使怒潮平。吟诗不见真情性，安得花从笔下生！"(《论诗十首》其五)这些观点不仅是华先生学习中国古典文学传统的心得体会，同时也是一位优秀的文学创作者的经验之谈，华先生是这样认为的，他也是这样实践的。

"文革"当中，纷乱之际，华锺彦先生受到强力的冲击，以致数次情动于中而欲形于言，但受当时的政治形势所迫，先生又不得不提醒自己要戒诗，这是一位心潮澎湃的诗人无奈的选择。当时，先生不禁这样写道：

> 曾戒为诗又有诗，诗成岂以意为之。殷雷震撼人间世，澎湃心潮不自持。(《戒诗》)

情形所迫，先生一再提醒自己千万不要再写诗，因为诗多言志，不平则鸣。可是，作为一名耿介端直的诗人，又怎么可能做到戒诗呢？世事纷杂，令人郁结，面对坎壈不平之事，诗人又怎能不以诗来宣泄心中的愤激和压抑呢？先生情不自禁，题为戒诗而又写诗。次年（1970年4月），先生又写《书愤》倾泻心绪，曰：

> 远邪悔拒妻儿谏，近墨悲教鬼蜮缠。自毁自污复自惜，千秋奇案望谁翻！

悲愤之中，先生写下此诗，以鬼蜮比喻那些制造冤案的恶人。自毁、自污实是无奈，自惜、自怜亦是无奈。先生的期望就是等奇案平反、公正之日的到来。愤、恨、悲、怜几种情绪交织在一起，真实地传达出华先生"不平则鸣"、由愤激而迸发的心声。1976年"文革"结束后，华先生写了《念奴娇·粉碎"四人帮"》一词指斥他们"机关算尽""颠倒权位"、横吞血肉、扰乱国政的行为。当地覆天秋、朝阳广充、大快人心的新时期到来时,先生又写了《补行平反仪式抒怀,用前〈书愤〉韵》一诗,感慨十年前所写的《书愤》诗,表达了自己悲喜交加的心情,诗云:

> 十年前事欲书难,颠倒人生地作天。旷日无为余愤惋,当时不死近痴顽。花环绕颈春相问,竹简为薪老乐传。铭感党恩深似海,千秋奇案一朝翻。

十年来所受的打击、压抑、痛苦涌上心头,往事不堪回首,然当春阳再现、奇案平反时,那种欣喜又岂是文字所能尽意尽言!如果将《戒诗》《书愤》《补行平反仪式抒怀,用前〈书愤〉韵》这三首诗联系起来,可以发现,它们真切地体现了华先生在十年"浩劫"中的心路历程:"文革"初期,政乱始起,不平之事屡现,令人心潮泛起,不可自持;"文革"中期,鬼魅当道,冤案频频,令人心生愤激,几近痴顽;"文革"之后,冤案平反,春阳当照,晤然眉开。过去的岁月虽令人愤惋,但"终是浮云难蔽日"(《十一届三中全会》),今日今时,竹简为薪,乐而相传。瞻望未来,华先生曾言"老骥何曾伏枥,铅刀也正生辉"(《西江月·和王之相师》),可见先生壮志激扬、执教授业的不渝之志。他的创作"于是因时而兴,感物而动,凡邦家大事,社会珍闻,无不纳于吟咏,见于篇章"[①]。先生以实际行动印证了他此前所言。

华锺彦先生注重文学创作当中作者感情的抒发,在他的笔下,既有为国为民而忧的真情,又有为时世变迁担心的感情;既有美景如画细致描摹的雅情,又有壮士凌云直冲霄汉的豪情。他热爱祖国的大好河山,对河南有着深厚的感情。先生曾写百言长诗《梁园咏》,赞扬故都开封:

[①] 华锺彦:《中国文学通论》,见《华锺彦文集》(下),河南大学出版社,2009年,第1141页。

"梁园有史两千载，英才世出灿星海。"他端望开封景物："龙亭肃穆壮夫气，铁塔端妍静女神。鸠工重缮相国寺，飞天藻井光金轮。中有清明上河图，东京梦华栩栩存。"这首诗不仅追溯了开封作为七朝古都的辉煌历史，而且对她的发展前景寄予厚望。先生足迹遍及全国，在河南、山西、四川、浙江等地开会访学之际，他都记录下了自己丰富的经历和真切感受。例如，记述河南之行的《百泉纪游四首》《鸡公山歌》《三门峡歌》《巩县纪行三首》《游嵩山三首》等，又有《由桂林赴阳朔三首》《南游杂诗十八首》《东游纪行七首》《东归纪行七首》《云冈三首》等，先生或以绝句，或以七律，或以歌行，或以词的形式来叙写游历，雅吟赏会，述谈情趣，意蕴深长。"文革"后百废待兴，学术活动增多，华先生与国内外诸名家学者如唐圭璋、程千帆、王运熙、马茂元、金启华、李廷先、任二北、姜书阁、胡国瑞、缪钺等均有交流唱和，如《念奴娇·同王季思钱仲联两教授赤壁唱和》：

词坛索寞，正思量辜负江山风物。天纵文星联逸韵，重赋苏髯赤壁。貂锦泥沙，轴舻灰烬，媵有涛头雪。临江横槊，岂真匡世英杰？

太息铁板铜琶，大声沦落，何处春花发。前事浑忘胡可问，后事从师俱灭。笔底云烟，耳边雷电，镜里星星发。举杯呼影，再邀天上明月。

华先生希望王、钱两位先生文星联韵，振兴词学，不负江山风物，再现英杰才华。先生的诗既有"诗仙"李白的潇洒："三百只须倾玉斗，十千那惜解金貂"（《酬白雪诗社刘话民社长》），又有陈子昂的俊逸："五百年来振风骨，射洪人去土犹香。"（《和龚依群诗家〈唐代诗人赞〉四首·陈子昂》）所谓练于骨，辞必精，深乎风者，述情必显。先生认为"诗者，情之所发也。情者，时之所授也，地之所授也，人之所授也"①，而"古诗篇法……着着命笔，节节见情。学者始而习诵，久而贯通。故能首尾匀停，前后照应，如断如续，乍抑乍扬……或进或退，有虚有实。奇正相生，轻重迭用。此所谓炉火纯青之候也。"②先生诗词之所以动人，在于气韵流动，情感充沛，"气积而文昌，情深而文挚；气昌而情挚，天下之至文也"③。

  华锺彦先生是一位学者，同时也是一位诗人。他不仅编选了《五四以来诗词选》，而且一生创作了三千余首诗词曲赋（大部分毁于"文革"浩劫），在国内的旧体诗人中颇有影响。先生晚年痛惜诗词传统之衰坠，吟咏古法行将断绝，故挺身而出，独以"绝学"鸣于文坛。他力倡年青学者要继承古法，挽救坠绪，振兴国学，光大国粹。他说"少曾趋步和人诗，垂老扬云悔更疑。我手只应书我口，时贤何用逐时宜"（《步韵诗议二首》其一），写诗要做到："放笔无须追韵字，横心莫再作诗囚。差池飞似出宠鸟，自在行如不系舟。"（《步韵诗议二首》其二）诗人莫作诗囚，要适当放宽格律规则，更好地抒发思想感情。先生的这些观点发人深省，对于我们今天的古典文学教育者非常有启发。华先生赓续传统，守正容变，广闻博识，知人论世。先生的高风亮节，直至今天令人追念。

---

① 华锺彦：《中国文学通论》，见《华锺彦文集》（下），河南大学出版社，2009年，第1003页。

② 华锺彦：《中国文学通论》，见《华锺彦文集》（下），河南大学出版社，2009年，第1010页。

③ 章学诚著、叶瑛校：《文史通义校注》，中华书局，1985年，第220页。

华锺彦先生学术研究与教学活动的关系

——以先生的《诗经》学为中心

耿纪平

河南大学文学院"四老"之一,著名古典文学研究家华锺彦先生(1906—1988)仙逝二十年后,河南大学出版社不仅再版了先生成名作《花间集注》,列入"百年河南大学国学旧著新刊",而且在先生哲嗣华锋老师的亲自主持下,编纂出版了《华锺彦文集》厚厚三巨册。华先生的主要著述多已收录其中,这为世人更为全面深入了解先生生平、学习先生的学术思想提供了非常便利的条件。多年来后学循诵前辈的著述,从中获得了无数教益,就中感受最深的是华先生学问的广博渊深、在许多研究领域做出的开创性贡献:他是现代以来第一个为晚唐五代词籍《花间集》做整理、校释工作的学者,也是那个时代追步王国维戏曲研究事业而与吴梅等先生先后研究戏曲的少数学人之一。在这些很容易被人提起的丰碑之外,还有更加巍峨崇峻的一方面:华先生一生都在高校任教,虽在高龄时担任过系里管理教学的领导岗位,却从未脱离过教学第一线。以后生小子的眼光观察,先生在作育人材上花费的精力和取得的成就,不但不少于,甚至是远多于他在学术上的付出与贡献。每当后学晚辈接触到先生当年学生们的各种成果,了解到他们在各方面的巨大成就和多年以后他们对华先生的系念、缅怀之情,他们就愈发有更为深切的领悟:先生固然是一位有突出成就的著名学者,而他一生教书育人的成绩也是绝不应低估的。

先生平生经历过长时期的社会动荡和剧烈的时代变迁,从早年就读于东北大学和北京大学起,所从问学的就都是名师宿儒。先生晚年撰写《自传》时尚——清晰记得:"有高亨先生的文字学与诸子研究;有曾广源先生的音韵学、文选学、诗经与唐诗研究;有钱玄同、马裕藻先生等对文字音韵的综合运用;有张旭先生对楚辞的精辟考证;有罗庸、郑奠先生等对中国文学的研究独见;有林损、俞平伯、许之衡先生等对诗、词、曲的精湛分析;后由曾广源先生介绍为高步瀛(阆仙)先生的入室弟子,专学唐宋诗"等。这一行行光辉的名字和他们各自独擅的领域,对于今天也身处高校讲坛的晚辈而言,真有如睹天人如闻天乐之感。以如此精良的师资阵容,更加上卓荦的天资、过人的勤奋,先生甫从大学毕业,执教天津女子师范学院的第二年,就奉献出了奠定其学界地位的《花间集注》,很快又出版了更有学术创新意义的《戏曲丛谭》,两部著作都是在当时国内最具影响力的著名出版机构商务印书馆出版的。面对以上事实,后学不免常常怀想华先生学问根基之厚重与科研开局之非同凡响,就算是在传统人文领域名家辈出的二三十年代也该是如何令晚辈学人讶异不已而心生企羡!

20世纪三四十年代,正值国家多事之秋,外患频仍,内战不断,直至新中国建立。先生多年拖家带口辗转于不同学校的教学岗位,虽读书与研究精进不已,而其实少有著述余暇。即便如此,先生撰成的稿本著作仍有数种,比如收入文集的《中国文学通论》《词学丛谭》《曲学概论》就是其中主要的一部分。这些稿本有些未能杀青写定,有些仅具梗概而未及成书,在大时代的动荡与转换之际,都未能及时问世。此外先生还编撰有一部非常值得珍视的《中国历史文选》,专门选取从先秦(包括上古以来传世文献和出土青铜器铭文如《盂鼎》《虢季子白盘》等)到清末民初(如孙中山、秋瑾、梁启超、李大钊等的诗文),凡能够反映历史发展进程和社会生活变动的各类作品,都加以精细阐释。此书与后来各种"历史文选"最大的不同,是在各种体类史籍之外,选入了相当多数量的诗歌作品。我们只须注意指出一点,这种"诗史互证"的观念,是当代史学大师陈寅恪先生中年以后研究中唐历史政治变迁、晚年释证钱柳姻缘与明清易代史实等课题时才正式揭橥于史学界的研究思路,就不能不惊讶于这本"文选"所独具的超前学术意识了。(这本书的封面标明"长春东北师范大学历史系中国史教研室1953年10月"字样,当时印数已达3000册之多,完全可以视为正式出版的学术专著了。此书后来经姚小鸥先生和华锋老师校订,2011年在辽宁大学出版社再版,也是完全符合"国学旧著新刊"名目的。)

1954年秋,先生因为健康原因经申请教育部调往地处中原的河南师范学院(先在新乡,后迁开封),环境变动和工作岗位的调整,使先生放下了旧有的工作与成果,进入了学术人生的新阶段。这一时期的教学与科研工作,先生《自传》中曾有述及:"从新中国成立后,我一直在教学第一线上,领导号召教书教人,教学之外主要是编写教材,我就坚决照办,心思绝对不旁骛。年年月月,专向教材进攻,翻来覆去,实际成效不大,反而耽误了科学研究和专门著述。"在这直率的话语之下,先生的沉痛心情一定不是我们这些后学晚辈所能体味的。不过我们也许并不知道,先生认为意义不大的"编写教材"因为是出于先生这样成熟的学者名家之手,而意义自然不同凡响。以我不敏,尚有幸见过一套20世纪50年代由位于开封(相国寺)寺后街的"公私合营开封印刷厂"印刷的署名"开封师范学院中国语文系讲义"的《中国古典文学讲义》数册(其第一分册包含的内容为先秦文学的神话、《诗经》等章节一望而知出于华先生手笔)。这套书的体例,是既有文学史知识的论述探讨,又有文学作品的讲解分析。两者完全融合无间,并不像后来各种"高等学校文科教材"那样,截然区分为"中国文学史"和"中国古代文学作品选"。书中无论其分期、分册,还是叙述讲解,的确很方便于教学工作。该书书名下署"开封师范学院中国语文系中国古典文学教研室编",遵循的是那时"集体著作"的通例,而在书的前言、后记中也略已写明了各章节各部分的分工情况,这第一分册相应内容的撰著者正是华先生。这种"集体撰著"类型的著述活动对先生来说并非仅此一回。比如"文革"后期先生曾参与过不止一种古诗、古文选本的编纂,成稿盈尺却都未能出版。白本松老师在序华先生文集时就提到过有一部《苏舜钦诗文选》(约25万字)未能入集,而觉"深可憾也"。

由以上简略的回顾,后学深感华先生的一生学术研究和著述活动,有一个鲜明的特点,就是始终以教学为中心。他的学术著述几乎都是教学成果的扩大、延伸和深化、升华,这些成果又总是能为教学工作服务——不但运用于他自己的教学活动,并且沾溉后学、泽远流长。以下再试以先生的"诗经学"研究成果为例谈一点粗浅的体会。

《华锺彦文集》中有关《诗经》的论文有5篇,分别是《孔子未曾删诗辩》《〈七月〉诗的历法问题》《对〈东山〉诗的看法——与郭沫若、余冠英同志商榷》《关于毛诗序若干问题的理解》《〈诗经会通〉新解》);赏析文章2篇(《〈诗经·小雅·十月之交〉赏析》《〈诗经·七月〉诗新解》;又有专著1部,即《〈诗经〉会通》(遗稿,未完成);讲义2种,分别是《〈诗经〉十论》(是为先秦方向的古代文学研究生讲授"诗经学"的提纲)、《先秦文学》(是为某文学刊物文学史讲座专栏写的讲稿,后来与王瑶先生、王运熙先生等所撰其他各段一起汇编为《中国古代文学史讲话》,1985年由河南人民出版社出版)。此外,还有未收入《华锺彦文集》而与"诗经学"直接相关的三方面内容。第一,前文提及的东北师大讲义《中国历史文选》中选注的7篇《诗经》作品,分别是《东山》《七月》《硕鼠》《伐檀》《谷风》《甫田》《噫嘻》等(先生选录这些作品重在其所反映的古代社会政治和生活状况,注中尤其具有相应的讲解);第二,前面提到的开封师院的《中国古典文学》讲义的第一分册;第三,先生晚年编选注释、身后出版的《诗歌精选》(高等教育出版社1990年版),其中选录《诗经》作品8篇,分别是《载驰》《伐檀》《无衣》《七月》《菁菁者莪》《绵》《常武》《载芟》,不但每篇都有新义纷披的解题,而且注释细密、分析精当,是难得的说《诗》佳作。

从华先生这些"诗经学"论著的写作时间上可以看出他研究《诗经》不仅开始甚早,而且可以说是持续终身,有半个世纪以上。比如,《孔子未曾删诗辩》一文,最初登载于1934年出版的《河北省立女师学院期刊》第2卷第2期上,当是作者20世纪30年代初从北京大学毕业至天津女师任教时所作。《〈诗经会通〉新解》发表于《文学遗产》1988年第6期,其时华先生已于当年仲夏病逝,两文之间相距55年之久。其余论著,既有新中国成立前《中国文学通论》讲义中的《诗三百篇》通论,也有发表于20世纪五六十年代的论文《〈七月〉诗的历法问题》(载于《历史研究》1957年第2期)、《对〈东山〉诗的看法——与郭沫若、余冠英同志商榷》(载于《开封师院学报》1960年第7期);写于20世纪80年代初期的有论文《关于毛诗序若干问题的理解》(《古籍整理》1987年第2期)、讲稿《诗经》(见于《中国古代文学史讲话·先秦文学》,河南人民出版社1982年版)以及《〈诗经·小雅·十月之交〉赏析》《〈诗经·七月〉诗新解》等文章。先生晚年集中精力从事《〈诗经〉会通》的编著工作,终因积劳成疾,病逝前只完成了全书的十分之一。

华先生关于《诗经》的著述价值并不表现在数量上,而主要是篇篇都能自出机杼、独抒心得,凡有所作,皆臻上乘。比如《孔子未曾删诗辩》与《关于毛诗序若干问题的理解》都是针对《诗经》学史上最基本而又争议最大的问题而发,前文列举十证,辨明孔子的确曾经删诗。文章所批驳的有历史上首先质疑"孔子删诗"的唐代《诗经》学权威孔颖达,也有宋代的叶适,更多的是清代赫赫有名的饱学之士如朱彝尊、江永、赵翼、方玉润、崔述、魏源等经学大家,甚至还有当时的学界闻人胡适之。此文引用资料丰富、翔实,论证观点完满、清晰,虽是华先生的少作,却已显示出大家气象。后一文就《诗经》学史上最为聚讼纷纭的诗序问题,分为五点加以探讨:第一,诗序的传说有无存异的问题;第二,诗大小序的分别问题;第三,诗序的作者问题;第四,诗序的价值问题;第五,评郑玄对六篇亡诗的解说问题。这篇文章完全可以当之无愧地称为"诗序问题概论"。此外,这两篇文章条分缕析、要言不烦的文风也足供后学取法。这两篇文章是华先生自己钻研"诗经学"的成果,恰恰也是历来有关《诗经》教学中不能回避的重点、难点。后学晚辈在自己的教学中遇到类似疑难时,相比之下,往往更愿意参取先生这两篇宏文作为坐标,与其他观点相对照,也因此而愈发认同、敬佩先生的卓识。

更能代表华先生"诗经学"卓越成就的是写于20世纪50年代末的《〈七月〉诗中的历法问题》和《对〈东山〉诗的看法》两文。前篇文章是那个短暂学术春天中的名作,一经发表就被选入当时由人民文学出版社编辑出版的专门收录新中国成立后优秀学术成果的《诗经研究论文集》,后一文(文章的副标题是"与郭沫若、余冠英同志商榷")则为参加当时学界学术讨论而作。《七月》和《东山》都是《诗经·豳风》中的作品,也是各种大学或中学教材常选的名篇,但是历来在对这两篇作品的理解上都还有些颇不易处理的疑难,甚至形成了很大的分歧。比如《七月》一诗,写两千多年前的自然环境和社会生活,特别是物候现象,逼真如画,但是其中牵涉到的历法疑难却是一个带有关键性的问题。华先生首先举出当时在大学课堂上常见的三种处理疑难的办法,却都认定诗中只使用了一种历法,因而都是不通的;然后指出在西周社会上本来是夏历和周历两种历法同时使用着;接下来分析诗中使用两种历法的具体表现,至此可以说已经圆满解决了读者的疑难,但华先生又深入一层,提出《七月》这首诗为什么要使用两种历法的问题;最后列出五证说明"这篇诗是许多劳动农民通过自己的生活实践,做成了歌谣词句,被诗人集中编纂起来的,并不是诗人一人自作的"。华先生这种由作品的细节入手解决具体的疑难问题,直至上升到全局解决根本性问题的研究思路在论述《东山》诗时也同样体现出来。《东山》历来总是与周公东征联系起来,《毛序》更是说:"周公东征,三年而归,劳归士,大夫美之,故作是诗也。"现代以来,这种旧说虽已被郭沫若、余冠英等先生推翻,但华先生却非常细致地发现学者们在诗旨的认定上分歧依旧很大:

> 有人说这是"反战"的诗(华先生原注:见郭沫若《中国古代社会研究》,下同),有人说这是"征人还乡途中思家"的诗(见余冠英《诗经选》和《诗经选译》);有人以为这诗的气氛是悲苦的和"凄惨"的(见翦伯赞《中国史纲》),"宛然一幅荒凉农村画"(见范文澜《中国通史简编》),有人却从本诗中得到"快乐"的和"真够美"的感受;有人以为这诗是具体描写复员兵士实际生活,说他已回到家乡,有人以为只是描写他内心的想象或假想,并没有到家;有人以为这是叙事诗,有人以为这是"完整的深刻的抒情诗"。针锋相对,令人惊异!①

对于这聚讼纷纭的原因,华先生指出:"主要是由于本诗原文有四处不够明确:即第一章'我东曰归'四句,第二章'不可畏也'二句,第三章'鹳鸣于垤'四句,第四章'仓庚于飞'八句。因这四处词意有些晦暗,才使人观察不清,虽是四处,也几乎牵连全篇。"②以下全文主体就着力对这四处加以疏通讲明,末尾根据以上讲解重新语译了这首比较难懂的诗。这篇文章写得细致深入,虽属商榷之文,而主要是在展开自己的正面论述。特别需要指出的是,华先生本人是创作旧体诗词非常

---

① 华锺彦:《华锺彦文集》(中),河南大学出版社,2009年,第477页。
② 华锺彦:《华锺彦文集》(中),河南大学出版社,2009年,第477页。

有成就的诗人，精通古典诗词特有的各种表现手法，因此在讲解诗歌时总能对作品体会得丝丝入扣，合情合理，贴切而恰当。晚辈多年来也在课堂上多次讲解此诗（即使有时所用教材《诗经》部分并未选取此篇，亦必提出加以介绍），一直都把先生在这篇文章中提出的士兵返乡而恰逢其妻改嫁之说作为最有代表性的观点加以介绍，并指出先生的分析是在他自己诗词创作中深刻继承了中国古典诗歌表现手法"以乐景写哀景，倍增其哀"（语本清人王夫之的《姜斋诗话》）而获得的新颖见解。

除了上述论文，华先生晚年还曾经着手编纂《〈诗经〉会通》，他在《自传》中说："早年我读先秦经传诸子，时常发现新义，随时笺注书端，以《诗经》为多。从十一届三中全会以后，政治、教育都走上康庄大道，我这才着手著作《〈诗经〉会通》，并以此指导研究生。"[①]现在《文集》中所收的整理稿包括《国风》17篇、《小雅》9篇、《大雅》4篇、《周颂》1篇，总共31篇，只相当于《诗经》总篇数的十分之一。这部书稿虽未完成，而其中十篇的"新解"精义曾经摘录发表于1988年底的《文学遗产》上，文首的两段文字似可视为华先生此部文稿的凡例或序言：

  《〈诗经〉会通》之作，是由于其书难通，才引起我知难而进。过去长年教学，早已有志于此，积累材料，未得整理。今年逾八旬，身心尚健，笔之于书，以俟知者。

  《〈诗经〉会通》之作，既重文学形象分析，又重文字声韵考据，务求曲尽情理，畅通篇章，既与古今诗说相印证，又与教学实践相结合，自然取长补短，有所创获。日积月累，渐多前人不曾言者。一则一喜，一则一惧。喜我以耄耋余年能探得骊珠，为后学前进照乘；惧我无青睛之鉴，敝帚自珍，误以碱砆为拱璧，以燕砾为宝珠也。兹

[①] 高增德、丁东：《世纪学人自述》（第3卷），北京十月文艺出版社，2000年，第141页。

> 不自藏拙，摘录所见，知音君子，幸其启予。①

这虽是一部未完成稿，却非常突出地显示了先生在"诗经学"上的宏通眼光和深厚学术积淀，而其自订的目标"既与古今诗说相印证，又与教学实践相结合"实已清楚明白地说明了先生此稿乃至于他整个的"诗经学"研究的取径和特点——以教学为中心。其实也不仅是"诗经学"，先生全部的学术研究工作又何尝不是这样呢？

这部书稿的体例结构是这样的。第一，每诗题目之下先列"新序"一条，也就是新撰写的简明解题，用以继承自《小序》以下过去讲《诗》必首先标明诗旨的传统而取代之。第二，诗篇正文，各加注释符，诗后的"校注"，则一一对应，详列对诗中文句的校正和注释，其难能可贵之处在于，对诗篇的每一个疑难之处都不放过，务使一字一词都落到实处。第三，特设"会通"一项，广泛撷取诗经学史上有代表性的不同观点而分析、评述之，立意于求同存异，会归诗旨，既以说明自撰"新序"言之有据，亦兼有存古今《诗》学之通变的作用。第四，专列"音韵"一项，详细列出诗中各章押韵之字、各字所在的古韵部，以见《诗三百》的确都是符合上古音韵规律的韵文作品。

先生晚年率领研究生弟子编纂这样一部体大思精而又具有"诗经学"集成意义的著作，其工作量和难度是可想而知的。正如先生所自言，以"耄耋余年"而如此精进不已，如今读之仍不能不令后学感慨动容。犹记二十年前初次在河南大学南门外书店捧读先生《东京梦华之馆论稿》时候的激动心情：一则感佩至极，以为以华先生之功力、识见，侪之于20世纪30年代以来老一辈大家学者之列毫不逊色；一则又有些许困惑：何以华先生的《诗经》研究成果如此不能多得呢？及至后来

---

① 高增德、丁东：《世纪学人自述》（第3卷），北京十月文艺出版社，2000年，第141页。

读到先生的如下言说"我平生写作论文,非有自己的真知独见,决不轻易下笔,唯恐浪费读者目力",这才心中释然,不再纠结。事实也确是如此,先生的每一篇文稿、讲义,皆是有为而发,都是教学中自己的心得体悟,经过长期酝酿,才写出来的,一旦发表就为学界广泛认可、接受,从而对更多高校的教研人员发生影响,为高校古代文学教学做出贡献。

即使仅就华先生在"诗经学"教学与研究上所建立的丰碑,后学也不免产生一些遐思:清末民国以来的学者研究《诗经》,取径大概不出以下三种:一是延续乾嘉以来的学术路数,着重利用文字学、音韵学、训诂学等手段解决《诗经》文本疑难,无论其为"汉学""宋学",总还是以"治经"的态度从事《诗经》研究;二是借鉴西洋文学的理念与方法,完全视《三百篇》为民歌、民谣或者宗教乐舞词句,特别是引入文化人类学、民俗学等西方现代学理观念来阐释《诗经》意蕴;三是尊重历代以来学者对上古史实的记述与考辨,既不盲从也不逆反,以严肃认真的态度重新考察、分析《诗经》作品的思想与艺术。三者之中,采取第一种路数的学者功力扎实而守成较多;第二种路数的学者思想新颖,敢立新论;第三种思路的学者注重原原本本,"述""作"并行,取各家之长而避其短,既能传扬旧学,又能增益新知。仅就民国时期的学界粗略言之,清末民初的所谓有"遗老""遗少"学统背景的多取第一种思路;20世纪一二十年代留学归国的"新青年"们大多呈现的是第二种思路;而进入20世纪30年代以后,许多接受了本土现代高等教育的好学深思之士,当他们在新的历史条件下从事《诗经》研究时,显然不会再走已经山穷水尽的"经学"老路,也很容易意识到第二种路径的些许流弊;他们与下一个特定时代成长的学者相比,是既受过良好旧学训练,又与以"西学"为主的新思潮并不存在隔阂,所以大多是顺理成章地选择了第三种路径。以后学的浅见,华先生的"诗经学"研究似应视为这一学术路径的一个出色的代表。

重温华先生的一系列著述,特别是缅怀他一生丰富多彩、卓有成效的教育教学活动,无论是对于后学这样处于过渡阶段的三尺讲坛"从业者",还是对于当下如雨后春笋般迅速成长的学界新生代而言,毫无疑问都将具有多方面的启示。我们念念不忘先生的教诲,研读先生的文章著作,接触先生的后学、弟子,其意义也正在于此。

华锺彦教授的古诗词吟咏

孔漫春

华锺彦先生（1906-1988），辽宁沈阳人，当代著名文史研究家、诗人；早年求学于东北大学和北京大学，1937年受聘为东北大学教授，此后曾在东北师范大学、新乡师范学院、河南大学任教；一生著述颇丰，2009年，河南大学出版社出版了《华锺彦文集》，将其主要学术成果收入其中。华先生晚年曾致力于古诗词的理论研究与推广普及，对弘扬传统文化、提高国民整体素质做出巨大贡献。

吟咏，是我国传统诵读古典诗文特有的方式，是作者创作、推敲诗文的重要手段，也是读者学习、欣赏诗文的最佳途径。在20世纪之前，吟咏之学虽然也是薪火相传、代有传人，但与传统正宗的经史之学相比，吟咏被视为辅佐学习文学的手段之一，在父子师徒之间口耳相传，以至于几乎没有真正的研究者。20世纪以来，由于人所共知的政治、文化、文学诸方面的原因，原本就不太受重视的吟咏之学几遭废弃，至20世纪70年代末，除个别家庭或师生之间偶有口耳相传之外，吟咏几成绝学。

华锺彦先生非常关注国家命运和传统文化的传承，他对所谓"文化大革命"造成的文化沙漠化的现实痛心疾首，他认为，古诗词的吟咏不仅仅是一种辅佐学习文学的方式，也是引领青年学子和全社会学习古代文化的途径。因而，从粉碎"四人帮"，恢复高考制度后，华先生有意识地开始在学术活动和教学实践中关注、推广古诗词的吟咏。

1979年，华锺彦先生在河南大学接待以吉川幸次郎教授为团长的日本访华团。吉川教授是日本汉学泰斗，精研杜诗50年，誉满海外。两人乘车从洛阳市区到龙门石窟参观,途中华先生问吉川教授最喜欢杜甫哪一首诗,吉川教授说最喜欢《登高》一诗。于是两人不约而同地吟咏起《登高》,"自首之尾,抑扬节奏完全相同,相视而笑"①。事后,华先生在课堂上和与人闲谈时多次提及此事,说想不到日本学人吟咏唐诗在节奏和韵律上与他完全一致。这大概是他对吟咏最早的关注。1982年春,华先生在西安参加唐诗讨论会,在大会发言结束时,先生激情地吟咏了几首唐诗,并大声疾呼,要关注吟咏,研究吟咏。华先生的吟咏当时可谓是一鸣惊人,使在场的老专家听到了久违的宏声雅韵而倍感亲切,纷纷登台献艺;青年学者则是感到新奇不已,唐诗原来还可以这样"唱"!

与此同时,为推广、普及吟咏的常识,提高新一代大学生创作古典诗词的能力,在20世纪80年代初,先生就在河南大学中文系开设了"古典诗词欣赏与创作"专题选修课。华先生以古稀之年,亲自编写教材,亲自授课。从77级到82级,几百名青年学子聆听了先生的教诲,丰富了古典文学的知识,有不少人从此走上研究古典文学的道路。对华先生来说,"古典诗词欣赏与创作"专题选修课的开设,也使他对吟咏之学更为关注。先生知道,吟咏之学的传授,历来都是父子师徒之间耳提面命地传授,这种小手工作坊式的教学方法,已远远不能够适应形势发展的需要,对于20世纪80年代的大学生和青年学者,不仅要使他们知其然,更要使他们知其所以然。而吟咏之学自古以来就只有技术层面的传承而无理论层面的研究,为了普及吟咏常识,扩大吟咏之学的影响,在给本科生开课讲授吟咏常识的同时,先生开始了吟咏之学的理论研究。

1983年5月,在《唐代文学论丛》第三辑上,华先生发表了《继承唐诗传统的三点呼吁》一文,开宗明义地提出唐诗传统的继承,在于创

---

① 华锺彦:《华锺彦文集》(下),河南大学出版社,2009年,第1163页。

作。"但是三十年来，由于无人提倡，青年一代不但不能写作，连吟诵的方法也毫无所知了。遂使唐诗的优良传统，在今天已有断根绝种的危险。我们不能不触目惊心。"① 这应该是国内最早见诸文字论及吟咏危机的文章。同年10月在《唐代文学论丛》第四辑上，华先生发表了《关于近体诗的读法》一文，据中央民族大学徐健顺先生的统计，此文应该是当代最早以吟咏之学为研究对象的学术论文。华先生在文章一开始，就对目前社会上近体诗读法混乱的现象提出了批评。他说：

> 近体诗有格律的限制，读近体诗也必须按照自古相传的规律来读。过去对此规律是口耳相传的，近数十年由于旧体诗无人提倡，所以近体诗的读法也就几乎没人晓得了。于是有人说，每两字一顿；有人说，每四字一顿；又有人说，五言诗每句都要上二字一顿，下三字一顿，即所谓上二下三；七言诗则上四下三。杂说纷纭，都不可信，因为都不符合诗的音乐性的规律，违反"平长仄短"的基本原则，特别是七言诗上四下三的错误读法更为普遍。那好像戏剧舞台的上场诗，千篇一律。上场诗的念法都是上四下三，不讲什么学问，而近体诗的读法，是要讲学问的，必须符合规律。②

在这篇文章中，先生第一次提出吟咏的规律及原则是"平长仄短"。此后，先生又在《河南师范大学学报》《中州学刊》等杂志发表文章，深入研究吟咏之学，成为当代吟咏研究的奠基人。先生对吟咏研究的贡献主要有三点。

第一，开展田野调查，广泛搜集基本文献。

古典诗文吟咏研究是一项前无古人的工作，无任何经验可资借鉴。

---

① 《唐代文学论丛》（总第三辑），陕西人民出版社，1983年，第12页。
② 《唐代文学论丛》（总第四辑），陕西人民出版社，1983年，第32页。

华先生在反复思考之后认为，搞任何研究都必须首先占有基本文献，不占有基本文献，等于是无米之炊。对于吟咏研究来说，文献就是与吟咏有关的音响资料。1982年，华先生受唐代文学学会的委托，成立了有史以来第一个研究吟咏的学术组织——唐诗吟咏研究小组，并亲自担任组长。华先生对这个"组长"的职务十分重视，任职之后便很快地投入工作中。先生充分利用参加学术会议和学术访问的机会，尽可能多地采集专家学者的原始音响资料，尤其是1984年春和1984年秋，先生下江南，入蜀川，遍访名家，采录了包括唐圭璋先生、金启华先生、程千帆先生、苏仲翔先生、缪钺先生等在内的一批珍贵的音响资料，为先生的吟咏研究奠定了坚实的基础。中山大学康保成先生曾评价说："华先生当年大量采集有关吟咏的录音资料，实际上就是在做田野调查，这个方法今天看来也是最科学的。"

在亲自采录有关吟咏的音响资料的同时，先生利用他广泛的人脉关系，给学术界、诗学界的友人发函去信，全面搜集吟咏资料。这里有一封保存完整的先生征集吟咏资料的信函，为说明先生的工作态度，特敬录于下：

> 我们"唐诗吟咏研究小组"是从82年受"唐代文学学会"的委托而成立的。目的在于继承唐诗古法吟咏的传统，以应当前学习唐诗的迫切需要。
>
> "五四"以前的吟咏古法，师弟相传，自然会通。数十年来，不再提倡，既无师承，只有呕哑，正声古调，势将废坠。为了抢救这一文化遗产，我们呼吁国内外之知音学者，积极协助，各以古法吟咏，录入磁带。
>
> 素闻先生拔萃诗坛，自当长于古法吟咏，且与先生往还善吟之耆老以及知名善吟之士，当不乏人。甚望先生组织群伦，都能参加高咏。宫羽铿锵，古法复振，先生之功实非浅鲜。兹列录音事项如下：

一、事前准备在吟咏正文前，请先自报或代报吟者姓名及题目。例如："下面由某某先生吟咏杜甫《蜀相》。"每吟一首都要如此，以便分篇学习。

二、吟咏内容主要选吟唐人的近体诗和古体诗，要选寻常多见的，以便大众学习。其次，希望朗读一首，以便教学示范。还希吟唱一首唐宋词，以资百花齐放。

三、吟咏篇数及音调每人请吟五六首，充分利用磁带，争取多录几人。一般都用普通话吟咏，但有长于用方音吟咏者，亦可少为保留。

四、吟后处理。用木盒装磁带，挂号寄到河南大学中文系华锺彦处。同时将吟者简历（包括姓名、生年、现在单位、现职。若能写出吟咏的师承，那就更好，以便深入探索），磁带发票、包装费、邮费等单据一并寄来（上款均写"唐诗吟咏小组"），以便报销，将款寄还。（唐代文学学会曾给华先生拨专款300元，先生全部用来吟咏研究事业了。——笔者注）

一封普通的征集函，华先生竟写得如此声情并茂，细致入微，足见先生对吟咏工作的热情、细心、专注与治学之严谨。先生所言"正声古调，势将废坠"，表明了对传统吟咏之学现状的忧虑。先生提出"要选寻常多见的，以便大众学习"，说明先生此时不仅考虑到吟咏文献资料的搜集、整理，还考虑到吟咏的普及与推广。在处理普通话与方言的关系上，先生倡导以普通话为主，但并不排斥方言，体现了先生既拥护国家关于推广普通话的文化政策，又希望吟咏事业能出现百花齐放、兼收并蓄局面的心情。先生"若能写出吟咏的师承，那就更好，以便深入探索"，说明先生已在考虑吟咏的理论研究了。经过先生不懈的努力，唐诗吟咏研究小组发展了几十名成员，磁带也搜集到几十盘，这在当时是个不小的数字了。如今，先生虽已驾鹤而去，他亲手采录的这批音响资料已由先生的哲嗣河南大学文学院教授华锋先生全部无偿地提交给中国语文现代化学会吟咏分会，希望这批音响资料能在新时期的吟咏研究及普及中发挥更大的作用。

事实也正如先生所期望的那样，他在反复对比诸家的吟咏后，敏锐地发现，尽管他与吉川先生、苏仲翔先生等人在口音上多有不同，但在抑扬顿挫处，在吟咏的节奏把握处，却完全一致。这就说明了吟咏看起来五花八门，南腔北调，随意性很强，每个人都有自己的风格和特点，但其中肯定有规律可循。在这种思想的指导下，华先生开始了吟咏理论的系统研究，并取得了丰硕的成果。

第二，加强理论研究，探讨吟咏规律。

首先，依据吟咏的实际需要，重新划分诗歌类别，尤其是近体诗的类别。

华先生将我国传统诗歌的读法分为三大类：一是先秦诗歌，如《诗经》《楚辞》等；二是乐府、歌行，包括排律、五古、七古等；第三就是近体诗。先生认为，唐诗是我国诗歌发展的高峰，近体诗是唐诗发展的高峰，因此，应将近体诗的吟咏研究放在首位。一般人都把近体诗分为两类：五言和七言，至多分为四类：五绝、七绝、五律、七律。华先生从吟咏的客观实际出发，提出近体诗应该分为八类：五言平起绝句、五言仄起绝句、五言平起律诗、五言仄起律诗、七言平起绝句、七言仄起绝句、七言平起律诗、七言仄起律诗。平起或仄起的判定全看第一句的第二个字，第二个字是平声，就是平起；第二个字是仄声，就是仄起。有人提出第一句的第一个字就可以确定平起或仄起，但精于诗词创作的华先生否决了这种说法，他说近体诗写作时讲究一、三、五不论，二、四、六分明，仅看第一个字是不行的。搞清楚近体诗依据吟咏的需要应该分为此八类，对了解、研究近体诗的吟咏大有裨益，因为它直接关系到近体诗吟咏的节奏。这在下面要专门论及。

其次，首创近体诗吟咏顿挫的"平长仄短"说。

华先生认为，吟咏流传两千多年，绝非偶然，自有其内在的规律。

他根据语言、音韵及诗歌自身的特点，再加上人的生理需要，提出除了韵字必须停顿长吟外，在诵读一句诗时一定要有一个停顿处，在吟咏一句诗时也必须有一处吟咏。我们知道，五言诗每句有五个字，七言诗每句有七个字，吟咏停顿放在什么地方呢？华先生提出，这个停顿处就落在每一句的平声字上。乐府诗、歌行体形式较为自由，其吟咏停顿处也就相对自由些；近体诗形式工整谨严，有规律可循，因此近体诗的吟咏停顿处也是工整谨严，章法俨然，不容有丝毫的"违规"。经过研究和归纳总结，华先生提出近体诗吟咏的"平长仄短"说。具体地讲，平起的近体诗，不论是五言或七言，除了韵字必吟外，第一句的吟咏停顿处一定在第二个字，第二句的吟咏停顿处一定在第四个字，第三句的吟咏停顿处一定在第四个字，第四句的吟咏停顿处一定在第四个字。也就是说，平起近体诗各句吟咏停顿处在各句的第二、第四、第四、第二字上，简单地说就是"二四四二"及押韵处。律诗重复一遍即可。仄起的近体诗，不论五言或七言，除了韵字必吟外，第一句的吟咏停顿处一定在第四个字，第二句的吟咏停顿处一定在第二个字，第三句的吟咏停顿处一定在第二个字，第四句的吟咏停顿处一定在第四个字。也就是说，仄起近体诗各句吟咏停顿处在各句的第四、第二、第二、第四字上，简单地说就是"四二二四"及押韵处。律诗重复一遍即可。

为了说明问题，我们不妨举几个例子。为方便初学吟咏者，可在应吟咏处做一"△"标记，以引起注意。熟悉之后，自然不必添足。

第一首五言平起绝句例，卢照邻《曲池荷》：

浮香绕曲岸，圆影覆华池。常恐秋风早，飘零君不知。
　△　　　　　△△　　　　　△　　　　　△

第二首五言仄起律诗例，杜甫《春望》：

国破山河在，城春草木深。感时花溅泪，恨别鸟惊心。烽火连三
　△　　　　　△　　△　　　△　　　　　△△　　　　　△

月，家书抵万金。白头搔更短，浑欲不胜簪。

第三首七言仄起绝句例，李白《望庐山瀑布》：

日照香炉生紫烟，遥看瀑布挂前川。飞流直下三千尺，疑是银河落九天。

第四首七言平起律诗例，杜甫《宿府》：

清秋幕府井梧寒，独宿江城蜡炬残。永夜角声悲自语，中天月色好谁看。风尘荏苒音书断，关塞萧条行路难。已忍伶俜十年事，强移栖息一枝安。

多少年来许多人说不清道不明的问题，被华先生简单的几句话就解决了。那就是近体诗的吟咏除了押韵处必吟之外，每句一定要有一处吟咏。依其平仄不同，吟咏停顿处分别在"二四四二"处和"四二二四"处。道理虽然简单，许多会吟咏的人，却往往是知其然不知其所以然。华先生一语点明问题的要害：只有这样吟咏才能满足诗句内在的平仄搭配的需要，才符合诗词吟咏的音乐需要。"文字间的平仄相配，就是在吟咏间的长短相配。配合恰当，则珠玉铿锵；配合不当，则哑然落调。"这也正是沈约所说的："高言妙句，音韵天成，皆暗与理合，匪由思至。"[1]

再次，提出"声情并茂"说。

华先生认为，吟咏好一首诗除了要搞清楚平起或仄起之外，还必须

---

[1] 华锺彦：《华锺彦文集》（中），河南大学出版社，2009年，第689页。

弄明白诗作的思想内容，弄明白诗作所要表达的思想感情是喜还是悲，是兴奋还是抑郁，是寂寞还是苦闷，思想感情不同的诗作吟咏起来应该有不同的效果，绝不能是千篇一律。因此，吟咏绝非易事。华先生提出要"钻研揣摩全诗情意，务求声情一体，表里一致"[1]。先生认为，古典诗词的吟咏，必须把握住诗词的思想感情，才能吟出诗词的"味"来，即元曲所谓"唱得曲情"，才算是真正掌握吟咏的要领。例如，吟咏李白《早发白帝城》一诗时，应该知道这是李白因永王璘事被罪流放夜郎，西行至白帝城，遇赦而还，东出三峡，直达江陵，心情十分愉快。因此要特别注意：

> 吟咏此诗，除按平起七绝规律抑扬顿挫外，首句要高昂，特别是"彩云间"三字。次句要激荡，以显示江流高下的悬殊，促成一日千里的妙笔。第三句要轻轻带过，如蜻蜓点水，由于衷情的喜悦，猿声再多也不足道。末句要通脱舒畅，有豁然开朗之势。特别在"万"字上要读得实大声宏，以示明快。[2]

再如吟咏杜甫《登高》一诗，应该知道此诗是杜甫流寓夔州所作。时值深秋，诗人登高怀远，想到国家多难，久客不归，老病穷愁，忧从中来，愁病戒酒，更加忧愁。吟咏此诗除了按照一般仄起七言律诗抑扬顿挫的规律外，在充分考虑诗作感情基调的同时，还要注意到全诗是一气呵成，自然瘦劲，因此吟咏起来要特别注意轻重缓急的变化。

> 开头两句，写深秋景物吟时比较平稳。以"猿啸哀"定下悲愁的调子，"猿"字应该重读。下句写的景物转美，正是于悲愁中看美景，

---

[1] 华锺彦：《华锺彦文集》（中），河南大学出版社，2009年，第689页。
[2] 华锺彦：《华锺彦文集》（中），河南大学出版社，2009年，第692页。

越加重其悲愁。王夫之《姜斋诗话》说:"以乐景写哀,以哀景写乐,倍增其哀乐。"不可误解为清爽。"无边"二句表面写景,实则概括天地之变,悲凉愁苦,变化急剧,绝不停留在落木长江之上。吟咏之声自应随之提高加急。第五六句,有去国怀乡之情。"常"字"独"字应重读;"百年"应轻缓。第七八句的"繁霜鬓","新停"与"酒"皆诗人寄情最深刻处,应重读。末韵更应长吟。①

可想而知,我们若能遵循诗词内在的平仄规律,把握住诗词蕴含的思想感情,就一定能达到声情并茂的佳境;同时,只有真正掌握了吟咏的要领,才能欣赏、领会前辈学者的天籁之音。我们可以在华先生吟咏的《敕勒川》中看到辽阔无垠的大草原的旖旎风光,可以从李珍华教授吟咏的《诗经·黍离》中体会出浓郁的愁思,唐圭璋先生吟咏的李煜词《浪淘沙令·帘外雨潺潺》更是凄婉悲凉,闻之使人潸然泪下。这不仅仅是他们精习吟咏技巧的结果,更重要的是他们对诗词有着深刻的理解,能准确地把握住作者创作时的心态。

第三,倡导写作,提出古典诗词的写作是复兴吟咏之根本。

华先生是20世纪我国著名的旧体诗词大家,早在20世纪30年代,就已创作了大量的诗词作品。"九一八"事变后,先生流寓北京,曾仿照庾信《哀江南赋》以"东夷未灭,何以家为"为韵,作《望辽东赋》,名震一时②。先生一生创作3000多首诗词,可惜绝大部分毁于丙午(1966年)浩劫,每念于此,先生的心中总是充满了遗憾和无奈。1979年,先生在洛阳接待吉川先生。吉川先生希望能去巩县拜谒杜甫窑,以了却一生的夙愿。有关人员先行到杜甫窑视察后,认为杜甫窑的现状不宜对外宾开放,便请华先生出面委婉劝阻。先生心领神会,当即赋七绝

---

① 华锺彦:《华锺彦文集》(中),河南大学出版社,2009年,第691页。
② 华锺彦:《华锺彦文集》(下),河南大学出版社,2009年,第1143页。

一首赠吉川教授:"窑湾春涨路难开,杜老遗踪锁碧苔。领会青云动高兴,明年扫径待君来。"吉川是个中国通,一听便知此行无望,回赠五律一首,表示感谢。① 为了弘扬民族文化,先生在许多场合都大声疾呼,要学习、继承古典诗词的写作,甚至正告弟子:"各位如果再不潜心学习诗词格律与吟咏,将来你们的学生恐怕只有到日本留学才能够学得自己的国粹。"② 为引起各方面的重视,先生先后发表了《从旧体诗的光辉传统展望其未来》《发扬古典诗歌传统拯救古典诗歌危机》等多篇学术论文。自 20 世纪 80 年代着手研究诗词吟咏以来,先生更是将吟咏与诗词创作结合起来。

先生认为,吟咏是深入诗词的最好门径,是诗词创作的基本功。古人学习吟咏不是为了吟咏而吟咏,吟咏对于古人来说,是学习、欣赏诗词的方法,是创作诗词的手法之一。诗人一般都是一边进行艺术构思,一边吟咏推敲、铸字炼句,故贾岛有《题诗后》诗云:"二句三年得,一吟双泪流。"可见吟咏与创作是密不可分的。不仅创作时需要吟咏推敲,很多情况下修改诗文时也需要吟咏推敲,杜甫有《解闷十二首》诗曰:"陶冶性灵存底物,新诗改罢自长吟。"姚合有《武功县中作三十首》诗曰:"山宜冲雪上,诗好带风吟。"诗人边吟咏边创作,与今天的音乐家、作曲家边弹琴、边歌唱、边创作的道理一样,文学艺术总是相互沟通的。因此,要想真正复兴吟咏之学,必须大力提倡古典诗词的创作,使吟咏与诗词创作互为依托,相辅相成,在良性循环的态势下得到共同发展。先生在《论唐诗传统的继承与发展》一文中说:要想学习古典诗词创作,必须熟读多背优秀的篇章。背诵优秀的篇章,必须按照标

---

① 华锺彦:《华锺彦文集》(下),河南大学出版社,2009 年,第 1163 页。吉川教授回赠的诗是:"子美钓游处,土楼存旧庄。心孩勤枣栗,思壮咏凤凰。命驾青泥阻,凝眸绿野苍。明年邀我去,地主意偏长。"

② 宋立民:《后世单作诗人看 使我抚几空嗟咨》,《湛江师范学院学报》,2010 年第 1 期。

准的朗诵与吟咏的方法进行，以求符合音乐上的抑扬顿挫，也便于深入理解诗词的思想内涵。先生说：

> 总的精神，要求平长仄短。具体说来，凡吟咏顿挫处，必须是押韵字和句中某一平声字。凡正常的平起绝句，其各句之间的吟咏顿挫处，必在二四四二，即第一句第二字，第二句第四字，第三句第四字，第四句第二字；凡仄起的绝句诗，其各句中间的吟咏停顿处，必在四二二四。律诗各自重复一遍。至于非正常的绝句诗（如王维的《渭城曲》），属于变格，不在此例。①

在与美国密执安大学教授李珍华合著的《唐诗吟咏的研究》一文中，先生明确提出了如何用古法吟咏唐代近体诗和古体诗，总结出"平长仄短，二四为重，声情一致，古近皆同"的原则，并提出加强诗词创作的呼吁。先生说：

> 唐诗是我国最珍贵的文学遗产，我们一定要高标准地继承它。不能停留在赏析的阶段上，必须深入到创作的领域中。要创作就必须以吟咏为基础，若能吟得唐诗又多又熟，自然可以出口成章，"熟读胸中有本，细作笔下生花"，青年诗人都可能取得这种经验。杜甫诗"陶冶性灵存底物，新诗改罢自长吟"（《解闷》），说明长声吟咏不仅是陶冶性情的方法之一，又是检验新创作音律的准绳。②

华先生为了振兴古典诗词创作及吟咏之学的发展，做出了巨大的贡献。

---

① 华锺彦：《华锺彦文集》（中），河南大学出版社，2009年，第681页。
② 华锺彦：《华锺彦文集》（中），河南大学出版社，2009年，第686-687页。

当社会上绝大多数人不知吟咏为何物时，华先生第一个把吟咏作为一门学问推荐时人，第一个把吟咏作为一种知识带进了大学课堂，成立了全国第一个研究吟咏的组织，奠定了吟咏研究的基本理论。正是有了先生的深入研究及努力推广，许多人才知道什么是吟咏，许多人才走上研究吟咏的道路，许多音乐家、作曲家依据先生当年的吟咏，结合民族音乐，甚至结合西洋音乐，创作出许多优美的作品。他们以自己的努力，为弘扬民族文化，为普及传统国学，做出了可喜的贡献，这也是对华先生最好的纪念。

《戏曲丛谭》与参军戏研究

孟祥笑

《戏曲丛谭》是中国早期戏剧史论著之一,作者为华锺彦教授。华锺彦(1906-1988),原名连圃,以字行,辽宁沈阳人,著名学者、教育家和诗人。华先生在学术上出身名门,先后师从高亨、曾广源、钱玄同、俞平伯等前辈大师,从事古典文学研究和教育工作50余载,对《诗经》、唐诗、宋词、传奇、小说、戏曲皆有研究。《戏曲丛谭》是其早年具有代表性的学术成果。

《戏曲丛谭》于1936年由商务印书馆作为"国学小丛书"出版。台湾商务印书馆70周年精品书目收录有此书。2015年中国戏剧出版社将其作为晚清至民国戏曲研究经典之作再版。该书是继王国维《宋元戏曲史》、吴梅《中国戏曲概论》后有关戏剧史研究的一部力作。这本书在继承前辈学者的基础上,形成了自己完整、独特的论剧体系。时至今日,《戏曲丛谭》的许多论述在中国戏剧史的研究中仍然具有指导意义,有关参军戏的研究即为其例。

参军戏是唐代著名的戏剧样式,自王国维以来,戏剧史研究者对它多有讨论。《戏曲丛谭》对参军戏同样予以关注,并提出了许多具有前瞻性的学术观点。

《戏曲丛谭》的第一章和第五章都涉及参军戏。第一章是对戏曲渊源问题的讨论,主要包括古代巫优、汉代乐府、南北朝百戏、唐代戏曲、宋杂剧词、金弹词及连厢词等。从《戏曲丛谭》对这些内容的讨论来看,华先生继承了王国维所创立的戏曲理论的基本框架,但又不局限于此,往往提出不同的见解。

在戏曲渊源的讨论中,有关参军戏的起源问题是重要的内容。关于参军戏的起源,主要有两种说法,即汉代"石耽说"与后赵"周延说"。"石耽说"见于《乐府杂录》:

> 开元中,黄幡绰、张野狐弄参军——始自后汉馆陶令石耽。耽有赃犯,和帝惜其才,免罪。每宴乐,即令衣白夹衫,命优伶戏弄辱之,经年乃放。后为参军,误也。

关于"周延说",《太平御览》引《赵书》载:

> 石勒参军周延,为馆陶令,断官绢数百匹,下狱,以八议宥之。后每大会,使俳优着介帻,黄绢单衣。优问:"汝为何官?在我辈中。"曰:"我本为馆陶令。"斗数单衣曰:"政坐取是,入汝辈中。"以为笑。

王国维在《古剧脚色考》和《宋元戏曲史》对以上两种说法都进行了讨论。王氏探寻参军戏起源的目的在于探讨中国古典戏曲形成的途径及时间问题,这在中国戏曲史研究的早期阶段是颇具有学术眼光的。王国维主要根据参军这一职官出现的年代来确定参军戏的起源,然而在以上两部著作中,结论有所不同,在《古剧脚色考》中倾向于"石耽说",在《宋元戏曲史》中则明确为"周延说"。王国维之后,有众多学者对参军戏的起源问题继续进行讨论,至今仍未有定论。

《戏曲丛谭》摒弃了学界以往根据参军官出现的年代来判断参军戏起源的这一做法,而是从戏剧形态形成的角度进行探讨,其论述如下:

> 此戏之本事,来源甚久,惟只有戏弄杂形,并无戏曲程式,故谓此戏,始自开元。

引文中所言参军戏的"本事",指的就是前述"石耽说"和"周延说"。在华先生看来,"石耽说"和"周延说"只是提供了参军戏表演的基本故事情节,具备一些戏弄要素,还称不上戏剧。参军戏真正形成,应该从戏曲本体出发,即戏曲程式入手。《戏曲丛谭》第五章"脚色考"中,华先生提到了参军戏的戏曲程式:

《因话录》云:"肃宗宴于宫中,女优有弄假官戏,其绿衣秉简者,谓之参军桩。"盖参军桩犹参军装,谓装扮参军也。并无深意,观下孤装与装孤之解,即可隅反。

上引《因话录》后还有这样一段话:"天宝末,藩将阿布思伏法,其妻配掖庭,善为优,因使隶乐工。是日,遂为假官之长,所为桩者。"学者对上述引文中的"参军桩"一语有不同的认识。王国维说,"则似已为脚色之称"。此说指出了唐代参军戏的戏剧发展水平。但后世学者对此有不同的认识,任半塘先生说:"要以'参军桩'为尤似脚色名目,惟尚不能决。上文疑'桩'或含主角之意,亦乏的证。"黄天骥先生认为:"把参军桩理解为'主角'或'为首者'的意思,是不必犹豫的。因为《因话录》说的'所为桩者'明明即'假官之长'。"我们认为,若以"绿衣秉简者"为假官之长,言外之意即谓参军戏中一般之假官非绿衣秉简,这在文献中得不到支持。且如华先生所言,"参军装"一语的构成并非孤例。《武林旧事》所载"杂剧三甲"有"装旦",《笔花集》称之为"粧旦"。《辍耕录》有"孤装",《水浒全传》称"装孤",《笔花集》为"粧孤"。《水浒全传》还有"装外"。由"孤装"可称为"装孤"可知,"装旦""装外"亦可称为"旦装""外装"。凡此,皆为戏剧中装扮成某种脚色之义。《永嘉县志·风土卷六》载:"植参军之桩,绿衣秉简;逞狡童之技,黄帽乘跻跂。各征歌舞于帝江,用助喧阗于人海。"以上记载将参军装扮的服饰与狡童的技艺对仗,显见其蕴含所在。由此可知,《因话录》的记载显示,唐代参军戏中的参军已经形成了固定的装扮。

戏剧服饰是戏剧程式的组成部分。王国维在《古剧脚色考》中说到参军的服色,他说:"其服色,在唐以前,则或白或黄或绿,宋亦谓之绿衣参军。"研究表明,参军服色伴随着参军戏形态的演变而变化,在每一个阶段都有代表性的服色。绿衣是参军戏定型的标志性装扮。从这个意义上说,华先生将参军戏的形成定于开元,是比较谨慎的结论。

今天看来,将参军戏形成定于开元,似嫌稍晚。我们认为,参军戏起源于"周延说"产生的后赵时期。在"周延说"中,参军着黄绢单衣,为扮演官员,符合参军戏戏弄假官的表演内容。参军着黄还见于出土文物。新疆张雄夫妇墓出土的两件戏偶,皆身穿黄色绢衣,面部有明显的嘲弄表情。有学者认为,他们表演的可能就是参军戏。由此推测,参军着黄在一定时期内为参军戏的一种程式化的装扮。然而,在《戏曲丛谭》的撰写年代,上述材料尚未得以发掘。总之,从戏剧发生学来看,华先生对参军戏起源问题的研究立足戏曲本体,这是戏曲研究尤其是讨论戏曲渊源时需要注意的重要研究方法。

参军戏形成于唐代,是华先生基于唐代在中国戏剧史上地位的判断而得出的。他在《戏曲丛谭》中指出:"有唐一代,为中国戏曲变迁之关键,后世戏曲,莫不导源于此。"这一观点被任半塘在《唐戏弄》中引用,并大为赞赏。

唐代为什么是中国戏曲变迁的关键?《戏曲丛谭》主要是从三个方面来进行阐释的。首先是在舞踏方面,唐时歌曲兼舞,舞伎巧妙,从事乐舞人员很多,因此形成了歌舞戏、滑稽戏、故事戏、幻术等百戏伎艺,这是后世戏曲场面之渊源。其次是歌曲方面,有部分唐曲介于词曲之间,或者完全如今曲者,甚至有代言体之曲而又加衬字的。最后是牌调方面,唐曲中有诸多牌调为后世戏曲所沿用。众所周知,中国戏剧的基本特征是"以歌舞演故事"。王国维又说:"真戏剧必与戏曲相表里。"

音乐是中国传统戏剧重要的构成要素，华先生从音乐方面来讨论唐代戏剧，有力地证明了唐代戏剧在中国戏曲发展史上的地位。

华先生的上述研究路径，秉承了王国维而有自己的贡献。在《宋元戏曲史》之前，王国维先后撰写了《戏曲考源》《唐宋大曲考》等著作，来探索戏曲形成过程中的音乐问题，关注音乐与故事的结合或者音乐中出现代言体，以此来确定中国传统戏曲的形成时间。在《戏曲考源》中，王国维认为杨诚斋《归去来兮引》"以数曲代一人之言，实自此始"。《唐宋大曲考》中说："大曲咏故事，见诸纪载者，以《王子高六么》为始。"在王国维看来，宋代乐曲中开始出现代言体。《戏曲丛谭》认为唐曲中已经出现代言，显然突破了王国维所建构的戏剧史观，这对重新认识和估价中国早期戏曲的发展水平具有重要意义。

新近发现的文献说明，唐曲中确实已经出现了以歌舞演故事的成熟戏剧形式。近年来，北京大学葛晓音教授等发现了研究参军戏的重要资料《盘涉参军》。葛教授在《从日本雅乐看唐参军和唐大曲的表演形式》一文中说："由日本《新撰乐谱》所录的'盘涉参军'可知，唐代传到日本的'参军'本来是大曲。……大曲'盘涉参军'与俳优的'弄参军'在文献记载中看似两种不同的形式。但是日本唐乐中少数舞乐的滑稽情节与舞蹈动作融为一体，由此推测大曲也可以有滑稽取乐的表演。俳优的'弄参军'包括有参军、苍鹘两个脚色的表演形式很可能摘自大曲'参军'。"引文中"弄参军"的表演形式来自大曲《盘涉参军》的说法，对理解《盘涉参军》的性质颇有助益。

文献对参军戏与音乐的关系早有记载。范摅《云溪友议》载，元稹廉访浙东："有俳优周季南、季崇及妻刘采春自淮甸而来，善弄'陆参军'，歌声彻云。"唐薛能《吴姬》诗曰："楼台重叠漫天云，殷殷鸣鼍世上闻。此日杨花初似雪，女儿弦管弄参军。"这些材料显示，音乐是参军戏表演的重要内容。然而，历代研究者大多重视"陆参军"的歌唱，对该剧中其他表演形式有所忽略。元稹《赠刘采春》诗曰："新妆巧样画双蛾,谩裹常州透额罗。正面偷匀光滑笏,缓行轻踏破纹波。言辞雅措风流足,举止低回秀媚多。更有恼人肠断处,选词能唱《望夫歌》。"从元稹诗句中可以看出,刘采春表演中还有化装、舞蹈等戏剧要素。"谩裹常州透额罗"句指出刘采春的头饰为浑裹一类,这与"周延说"中的介帻,是性质、作用相似的首服。更重要的是它还保留了参军脚色的程式化装扮——秉笏,这显然是刘采春的表演被称为"陆参军"的原因之一。

由以上分析可知,"陆参军"的表演是建立在之前参军戏表演形式之上的。前文已经提出,华先生在《戏曲丛谭》中说参军戏之本事来源久远,戏曲程式始自开元。据日本文献记载,《盘涉参军》是平安时期传入日本。这说明,《盘涉参军》传入日本之时,中国本土参军戏的表演已经相当成熟。从其名目并结合艺术发展一般规律可以推测,《盘涉参军》很可能是吸收了参军戏故事内容,并将参军和苍鹘的滑稽表演形式纳入大曲。虽然对这一推测需要作进一步研究,但从逻辑上说,它符合参军戏的发展过程。

《盘涉参军》的发现说明,唐代大曲已经和故事相结合了,且《盘涉参军》的序破均有十帖以上,是少见的长大的大曲,由此可知《盘涉参军》在中国戏曲发展史上的重要地位。

由《盘涉参军》的表演形态可知,华先生从唐代乐曲出发,来说明唐代在中国戏曲上的地位,确实具有敏锐的学术眼光。近年来,利用域外文献,尤其是日本所存文献来研究唐代乐舞,包括唐代戏剧逐渐为学者关注。相信,这一领域的学术进展将进一步证明华先生在《戏曲丛谭》中所提出的这一学术见解的正确性。

综上所述,《戏曲丛谭》立足戏曲本体,从戏曲程式的角度讨论参军戏的形成,相关结论值得重视。基于以参军戏为代表的唐代戏剧形态的认识,华先生从唐代乐曲出发,提出唐代为中国戏曲转折之关键。"盘涉参军"大曲的发现证明了这一结论的前瞻性。总而言之,《戏曲丛谭》

对参军戏的讨论虽然着墨不多,但在研究方法和探索方向的拓展上对参军戏甚至整个戏曲史的研究都具有重要的指导意义,由是可见该书学术价值之一斑。

华氏吟诵调：吟必有法，吟无定法

杨娜

吟诵是一种介于读、唱之间的传统读书方法，形成于我国古代知识分子长期的文化生活实践中，是中华传统文化之活化石。通过吟诵方式学习古诗文，品味文学作品的内在精神，可以提高吟诵者的文化素养，陶冶情操，培养温文尔雅的君子之风。一言以蔽之，科学运用吟诵法读书，不仅可以提升习练者的知识厚度，长此以往地坚持下去，更能提升人生的厚度。吟诵是我们自己的读书法。

一、华氏吟诵调的传承脉络

华氏吟诵调（按：以下简称"华调"）是由华锺彦先生开创，以其姓氏命名的传统吟诵的一个流派分支。华锺彦（1906－1988），原名连圃，以字行，辽宁沈阳人，毕业于北京大学国文系，"由曾广源先生介绍为高步瀛（阆仙）先生的入室弟子，专学唐宋诗词，相从年余，时相唱和"[1]。华老先生的吟诵当继承于高步瀛先生。高步瀛（1873-1940），字阆仙，又署阆轩，私谥贞文，河北霸县辛店乡北头村人，著名文选学家、历史学家、教育家，师从桐城派古文大师吴汝纶先生[2]。吴汝纶（1840—1903），字挚甫，一字挚父，安徽桐城高甸刘庄（今属枞阳县）人，同治四年（1865年）进士，晚清知名学者，文人，杰出教育家，生

---

[1] 华锺彦：《华锺彦文集》（上），河南大学出版社，2009年，第1页。
[2] 赵成杰：《高步瀛交游新证》，牡丹江师范学院学报，2013年第2期。

前有"海内大师""古文宗匠"的盛名；曾入曾国藩幕府，被举荐为直隶深州、冀州知州，后入李鸿章幕府；长期主讲保定莲池书院，后回乡创办桐城中学。吴汝纶治学，主张新学旧学并存。他认为旧学有许多毛病，但不可全废，"六经传记所遗留之伦理学，实立国不刊之典"，"周孔遗泽历久长新……此亦我国独立千载之原因"①。高步瀛虽非吴汝纶的正式学生，但一直对吴执弟子礼，学业上"步瀛受知于吴汝纶，尽通其学，长于文诗。北游京师，更肆力于清儒考据之学，佐以辞章、义理，故著作皆精博可读，因是遂为北方大师。"②高步瀛向吴汝纶学习的是全部学问，尤以诗文学得最好，其诗文创作传自吴汝纶，而吟诵是诗文创作、修改的重要方法，本为一体，故其吟诵的曲调也有可能来自吴氏。③

吴汝纶－高步瀛－华锺彦－华锋（华锺彦之子），传承体系明晰，皆为学养深厚的学者，华氏吟诵调历经几代文人的切磋琢磨，定型于华锺彦先生手中。华锺彦先生通古博今，精通音律，不仅在其文集中有多篇论文阐发自己的吟诵观点，更是开课授业，致力于吟诵这项传统文化的保存与传承，厥功至伟。华锺彦先生哲嗣河南大学华锋教授幼承庭训，沾溉既多，使华调吟诵理论更为系统、完备，并在教学实践中以吟诵方式亲授弟子习读古诗词。华氏吟诵调属于学院派的传统吟诵。

二、华氏吟诵调的特点

华调吟诵古雅朴拙，倚音较少，节奏简明，旋律优美。以目前存留下来的资料看，华调吟诵主要包含古体诗和近体格律诗两部分，其中尤以格律诗的吟诵最为详备，为后学指明了一条由浅入深的读书门径。华

---

① 吴汝纶：施培毅、徐寿凯校点：《吴汝纶全集》，黄山书社，2002年。
② 姚渔湘：《大陆杂志史学丛书》（第一辑：第8册），大陆杂志社，1967年。
③ 鲁庆中：《华锺彦先生古诗词吟诵及曲调的传承》，河南教育学院学报（哲学社会科学版），2014年第6期。

锺彦先生曾在其论文中总结出吟诵格律诗的规律，并专设课程实践其方法，在此引用《华锺彦文集·作者自传》中的原话，以叙其事，亦明先生为吟诵传承所致之力：

> 1982年唐代文学学会在西安召开，邀我参加此会，我又在会上大声呼吁唐诗写作与吟咏的重要性，得到与会名家的共鸣。会后秘书处鉴于吟咏古法，行将断绝，委托我组织唐诗吟咏研究小组，以继承发展古法吟咏的坠绪，为写作创造条件。这个小组有成员十五人，调查了全国各地吟咏情况，其能遵循古法吟咏者，皆与我所发现的规律相合，其规律即：平起诗的吟咏顿挫处皆在二四四二（即第一句的第二字，第二句的第四字，第三句的第四字，第四句的第二字）。仄起诗的吟咏顿挫处皆在四二二四。更进一步即可作到"平长仄短"，"声情一致"。我们小组的外籍组员教授李珍华博士来信说："美国多伦多大学东亚系教授屈罗布能吟汉诗，去夏屈氏在德国宣读了一篇文章，内中如四二二四和二四四二律与前辈（指我）所谈者不谋而合。所不同者前辈出自古法，屈氏出自理论。"在我看来，一切理论都是从许多客观实际总结出来的，凡是真理必然殊途同归。
>
> 为了贯彻我的意愿，我主动为本科高年级学生讲授"古典诗歌韵律及其作法"这一专题课，期在指导青年如何掌握旧体诗词曲的声韵格律，如何吟咏，如何写作，以挽救古典诗歌的危机，达到承先启后的目的。我认为当前各大学中文系应该普遍设置此课，以发展这一优秀文化遗产，解除其行将断绝的危机。

"唐诗吟咏研究小组"是我国历史上第一个有关吟咏研究的学术组织。华锺彦先生也没有辜负学会领导的期望，他以极为有限的经费，广泛搜集学者名家的吟咏文献，为我们今天的吟咏研究保存了一批珍贵的吟咏资料；他不顾年老体弱，亲自登台授课，给学生讲述古典诗词的作法及吟咏，培养了一批年轻的吟咏爱好者；他在掌握了众多名家吟咏实例的基础上，进行了艰苦的理论研究，首次提出格律诗的吟咏应该遵循"平长仄短、二四分明、声情并茂"的原则，这些观点至今仍为吟咏界学者所接受[①]。

"平长仄短，二四分明"属于操作技巧层面。"平长仄短"即平声字吟得较长，仄声字吟得相对较短。"二四分明"如上述引文中所言，格律诗以首句第二字之平仄判定平起或仄起，若第二字是平声字视为平起，其节奏点分别是二四四二；若第二字是仄声字视为仄起，其节奏点分别是四二二四；律诗反复一遍。"声情并茂"则属于文学意蕴层面，不仅贯穿于整首诗的通篇气势中，而且渗透于字斟句酌间。

基于华锺彦先生的理论，并依据先生目前存留下来的音像资料，作者在学习过程中，亦总结出三点体会。

1. 篇有定腔

"篇有定腔"，旨在便于学者入门，有法可循。华调吟诵格律诗的规则明确，科学的理论体系确保了实践过程的稳定性。

（1）完备的"八大调"。根据诗歌的平仄规律，华调吟诵将格律诗分为八种基本调：平起五绝、仄起五绝、平起五律、仄起五律、平起七绝、仄起七绝、平起七律、仄起七律。确立"八大调"的基本调式，使学者学会一首例诗，能快速掌握一类与例诗相同格律的诗歌。举例为证，小学阶段新课程标准规定的六年必背古诗词共75首，其中仄起七绝28首，只要学会了一首《赠汪伦》的吟咏，学生自己就可以自主套用基本调学习其他27首，这不仅大大提高了学习效率，更增强了学生独立学习的信心与兴趣。

（2）基本遵循"平高仄低"。不同的吟诵流派、不同的地域方言，会形成或"平高仄低"或"平低仄高"的规律。以"八大调"的基本调

---

① 华锋：《吟咏学概论》，大象出版社，2013年，第2页。

分析，在"平长仄短"的基础上，华调也基本符合"平高仄低"的规律。但这种平声字较仄声字音值稍高的现象并非是逐个字音高低的绝对比较，关于平仄高低趋势的处理，杨荫浏、阴法鲁《宋姜白石创作歌曲研究》中有详细阐述："姜白石的字调系统，是地地道道的'平'、'仄'系统，而不是四声系统；歌唱的高低，也与后来江南的平、仄系统相同，是仄声（上、去、入）高而平声低。在实际应用时，所谓'高''低'并不是指绝对的高低而言，而是指向高上行或向低下行的两种不同的进行方向而言。例如，'仄仄'二字所成之逗，并不是配上两个同度的高音，而是配上几个从低向高的音列；同样'平平'二字所成之逗，也不是配上两个同度的低音，而是配上几个从高向低的音列。"这里解释的是姜夔词的"平低仄高"规律，"平高仄低"亦可由此推理。

（3）讲究均匀换气。每首诗歌的内部都是有节奏的，这样便于找到换气口，亦便于情感起伏、缓促的转换。但一首格律诗的篇幅本身不长，因此节奏点不可过于繁碎，若节奏点过密，则会破坏诗歌中正古雅的特色，也不利于后学者学习掌握。换气亦然。华锺彦先生在吟诵时换气的一大规律性特点是联内句与句之间通常衔接紧密，一般以节奏点上的偷气为主。如此处理，既有利于发声的稳定、韵字拖腔的饱满，也保持了一联之中情感表达的完整性。

2.字无定音

"字无定音"，旨在避免机械套用基本调导致的千篇一律，保持诗歌意境的多样与丰满。当下一些吟诵爱好者，尤其是具有一定乐理常识的初学者总喜欢问一个问题："这个基本调有没有谱子啊？如果有曲谱，我会学得更快更准！"殊不知，当作为读书方法的吟诵被谱成曲子的那一刻便已经失去了鲜活的生命力。况且我们一再强调吟诵介于读与唱之间，试问，这种半读半唱的读书方法岂能一谱定之？"字无定音"，主要是由以下三方面原因造成的。

首先，平仄声律的自身特点造成四声发声方式的不同。"吟诵带来的形象是音乐形象，实则仍是文学形象。吟诵重词不重乐，旋律、节奏都是对文学形象的强化和再度美化。"①格律诗是依照平仄声律系统创作的，不同的声调有各自独有的发声特点。唐·释处忠《元和韵谱》："平声哀而安，上声厉而举，去声清而远，入声直而促。"明·释真空《玉钥匙歌诀》："平声平道莫低昂，上声高呼猛烈强，去声分明哀远道，入声短促急收藏。"平声是一种长且较平稳的调式，起伏勿过大；上声是一种较快的升调，用力较强；去声是一种仄声中相对较长的高降调；入声发音短促，不拖泥带水。反映在吟诵中，处理效果更是变化多姿。华锺彦先生吟诗时，去声字通常以念为主，入声字或短促或以去声处理（按：北方语系中入声字的读音已不明显，可将入声作去声处理。就此问题，作者曾当面请教过陈少松先生）。而阳平字、上声字更是介于半读半唱（字头念，字尾拖）之间。

其次，诗中格律的变化造成音值的变化。近体诗的格律虽有规则，但并非一成不变的，它会有一些特殊的形式，甚至拗句。以白居易《池上》与孟浩然《宿建德江》为例，两首均为平起五言绝句，运用相同的基本调式。但我们看两首诗的首句格律，"小娃撑小艇"是仄平平仄仄，"移舟泊烟渚"是平平仄平仄（按："泊"不仅属于仄声，且是入声字），这是一种特殊的平仄格式，与常规平起格式不同，即第三、四本应用平仄，此处却用仄平，造成句内平仄不相间，联内平仄未完全相对，吟诵时要格外注意，切忌在特殊位置作定势的常规处理。因此，吟"撑"字平音直道，音值稍长；吟"泊"字则字尾声调稍下行，音值短促。

最后，起调不同造成音高的变化。每位诗人都是一个个活泼泼的人，他们也曾和我们一样，在历史的长河中游走，他们的悲欢离合、喜怒哀乐都定格在了一首首作品当中，是心声，是呐喊，是倾诉，是先贤

---

① 王宁：《吟与唱》，《文史知识》，1998 年第 10 期。

留予后世知音的真情告白。吟诵的重要职责之一是还原诗歌本意，不能凭臆想，更不能只为追求旋律的美感而全然不顾格律的顿挫，"以声害意"要不得！如李白《早发白帝城》与杜牧《清明》同为平起七言绝句，但前者喜而后者悲，前者扬而后者抑，从而导致了起调的一高一低、节奏的一疾一缓。两首诗的音域不同，具体到字，也就自然不可能固定在同一个音阶之上。

3.声随情转

"声随情转"，旨在以声传情，从而达到华锺彦先生提出的"声情并茂"。声外显，情内敛，声音传递是情感外现的桥梁，基本调掌控得当，情感表达才能准确传神。

例一：一字定乾坤。王昌龄《出塞》："秦时明月汉时关，万里长征人未还。但使龙城飞将在，不教胡马度阴山。"若机械套用基本调，即所谓的"曲谱"，末句的"度"字就应搁在适当的音阶上。如此处理，并不违背整体的基本调。但我们知道，这是一首盛唐边塞诗，若作音乐性处理，盛唐诗人那种重边功、为国效忠、主动出击的饱满情绪就显得干瘪无力，发出的声音给人一种羸弱之态，盛唐气象被抹杀殆尽。而华锺彦先生在此处将"度"字着力念出，配合着上声"马"字的有力跃起，飞腾势起，境界全开。

例二：一调双面。由于作品情感的不同，基本调的处理不能一味的高亢或低沉。为了适应不同情感的需要，华调吟诵中还存在"调中有调"的独特处理方式，即"大框架，小变化"。下面试以华锺彦先生吟诵的李白《赠汪伦》"李白乘舟将欲行，忽闻岸上踏歌声。桃花潭水深千尺，不及汪伦送我情。"与王昌龄《芙蓉楼送辛渐》"寒雨连江夜入吴，平明送客楚山孤。洛阳亲友如相问，一片冰心在玉壶。"作对比。两首诗歌同样是仄起七绝，同样表达友情的深挚，但前者叙说愉悦，情感温馨，色调较暖；后者场景清寒，情感悲沉，色调偏冷。因此，虽然采用仄起七绝的基本调套吟，但由于表现的感情色彩不同，《赠汪伦》的吟诵实际是走高的，上扬的声调给人一种轻松欢快之感；而《芙蓉楼送辛渐》的吟诵实际是走低的，下压的声调给人一种情绪压抑感的同时，又传递出诗人"自述心地莹洁，无尘可滓"①的意沉语坚，悲而不戚。具体到句中的处理，《赠汪伦》首句节奏点"舟"字即开始逐渐上提，"将欲行"中的"将"字接"舟"继续上扬，入声字"欲"此处蜻蜓点水般地带过，"行"在"欲"字声音稍稍下按之后随即提起。此句虽是叙说离别，但起调的上扬使这场离别尽显李白式的俊逸洒脱；《芙蓉楼送辛渐》起调便已压低，首句节奏点"江"不像《赠汪伦》"舟"吟得那样宛转悠扬，而是以直音处理，并且刻意按下不提起，后接"夜""入"二字，一个去声、一个入声，正好顺势而下，韵字"吴"虽是平声字，但前面声音有意下坠，导致此处已提不起太多，伴随着委婉的拖音，风雨如泣，令人掩面。次句《赠汪伦》承接前句之起势，节奏点"闻"字更加飞扬，由轻而重，由虚而实，由远及近的"踏歌声"令诗人如此惊喜；《芙蓉楼送辛渐》次句节奏点"明"与"平"基本在同一音高，"送客"皆为仄声，入声字"客"作去声读，"楚山孤"三字有所回升，但"孤"字并未着力扬起，而是停留在"山"的同声区，山孤客寂寞的惆怅失落以声传递。第三句为"转"，为尾句的情感抒发作铺垫，不可过高，但《赠汪伦》此句五个平声字，不可能有压迫感，"水"是上声，本身并不沉，"尺"是入声，一带即过，对整句的声高起不了决定性作用；而《芙蓉楼送辛渐》因前两句的压制，此句无法抬起，且节奏点"阳"在入声字"洛"后，并以直音道出，"亲"字刚要提却被"友"拽住，"问"字读出的同时尾音向下拖长，如泣如诉，悲从声来。尾句《赠汪伦》"送我情"三字中"送"是去声，读出，"我"是上声，半读半吟，去声与上声连用，本身就有一种回折扬起之感，加之尾韵"情"字的动

---

① 陈伯海：《唐诗汇评》（上），浙江教育出版社，1995年，第446页。

情长吟,温暖的情谊倾泻而出;《芙蓉楼送辛渐》"在玉壶"中"在"是去声,"玉"是入声,可按去声读,两字连吟,一路下行,尾韵"壶"本身不是开口音,上扬之势不明显,此句重读。值得注意的是,先生在节奏点"心"字后还加了衬字"哪~嗯~"拖音,意蕴深长。"吟诵的乐音延长时多用鼻音——这是因为,哼出来的声音与内心更为贴近。所以,吟声像是乐声,实则仍是语声——与心同步的语声。"①总体看,《赠汪伦》全诗平声字走高的幅度较明显,仄声字按压得不重;《芙蓉楼送辛渐》全诗平声字的走高幅度并不大,仄声字按压得相对较重。虽然基本调相似,但由于诗作情感不同,两首诗的吟咏整体听来差异还是相当明显的。

总结:华调吟诵讲究"活法"

吟诵作为读书方法而非歌唱,其重要特点即在于有法可循。但它又并非死法,而是有章法而无定法,正所谓"吟必有法,吟无定法"。

我们常用"举一反三"来概括学习的有效性,"篇有定腔"便是举一。初学传统吟诵必从模仿入手,而模仿最忌心存"畏难情绪"。华氏吟咏格律诗的"八大调"除节奏点和韵字的拖音外,基本遵循一字一音的极简原则,且学会一首例诗即可套吟一类诗歌,为学者初涉吟诵降低了门槛。

"字无定音"便是反三。入门既成,关键在于深入。吟诵不是目的,而是方法,其最终落脚点是在读诗过程中做到声随情转,声情并茂,从而加深对诗歌的理解。不同的情感在外化时需要声音的转换,尤其在套用相同的基本调时,不能机械,应灵活掌控。

华调吟诵为后学之人运用我们自己的传统读书法指出了向上一路,

---

① 王宁:《吟与唱》,《文史知识》,1998年第10期。

于学习古诗文的进程中拾级聚足,连步以上。"诗工而无味,犹人之有形而无韵"①,运用华调吟诵法品读诗歌,诗歌不再是平面的、冰冷的文字拼接,而是立体的、动感的、多彩的。正如华先生自己所言:"诗歌只表现语言文字之美,还是在纸面上,必须加上吟咏的声音节奏之美,才可以飞跃起来。"②

"诗,是有音乐性的文学,是伴随韵律而产生的。诗人既按音乐要求写出诗来,读者也必须按音乐规律来接受。所以吟咏或歌唱是求得原诗韵味的最好方法,仅仅诵读是不够的。"③古人将作文比作"炊米为饭",将吟诵比作"酿米为酒",就让我们在静心涵咏中去寻求"一调吟千诗,千诗有千面"的自在与安适吧!

---

① 王大鹏等:《中国历代诗话选》,岳麓书社,1985年,第1016页。
② 华锺彦:《华锺彦文集》(中),河南大学出版社,2009年,第687页。
③ 华锺彦:《华锺彦文集》(中),河南大学出版社,2009年,第818页。

论词的吟诵传统

张宁 华锋

一、词的吟诵传统

词从一出现就与音乐紧密地联系在一起，对于词可以歌唱这一点，从来没有人提出过疑问，但是词是不是可以吟诵呢？这似乎是一个需要探讨的话题。

1. 词可以吟诵

现存文献中关于词的吟咏、吟诵多存在于词人在词作中的自叙及后人词话中的评论中，其数量相当可观。虽然在词人的词作及词话中没有论及词是如何吟咏的，但现有的文献足以说明当时的确有吟咏词这回事。例如陈廷焯《白雨斋词话》：

> 读碧山词，须息心静气沉吟数过，其味乃出。心粗气浮者，必不许读碧山词。[①]

陈廷焯认为读王沂孙的词需要"沉吟数过"，此处的"沉吟"即我们所说的低声吟诵，在反反复复的涵咏中来体味王沂孙词句的妙处，可见时至陈廷焯的时代，词不仅可以吟诵，而且用吟诵的方式来体味词中

[①] 陈廷焯：《白雨斋词话》（卷二），人民文学出版社，1959年，第45页。

妙境,方能韵味无穷。

胡仔《苕溪渔隐词话》就曾经记载了柳永的词"天下咏之"的盛况:

《后山词话》云:"柳三变游东都南北二巷,作新乐府,骫骳从俗,天下咏之,遂传禁中。"①

王世贞《艺苑卮言》也写到了宋高宗赵构在游园的时候看到一首词,"嗟赏之":

高宗在德寿宫游乐景园,偶步入一酒肆,见素屏有俞国宝书[风入松]一词,嗟赏之。诵至"明日重携残酒,来寻陌上花钿",曰:"未免酸气。"改"明日重扶残醉"。乃即日予释褐。此词之遇者也。②

这里亦用的"诵"而不是歌或者唱,清初李渔在《窥词管见》中直接指出"词则全为吟诵而设",认为词与曲最大的不同在于"词宜耐读",这里强调的是读而不是唱:

曲宜耐唱,词宜耐读,耐唱与耐读有相同处,有绝不相同处。盖同一字也,读是此音,而唱入曲中,全与此音不合者,故不得不为歌儿体贴,宁使读时碍口,以图歌时利吻。词则全为吟诵而设,止求便读而已。③

晚清况周颐《蕙风词话》卷一:

---

① 唐圭璋:《词话丛编》,中华书局,1986年,第162页。
② 唐圭璋:《词话丛编》,中华书局,1986年,第392页。
③ 唐圭璋:《词话丛编》,中华书局,1986年,第559页。

> 读词之法，取前人名句意境绝佳者，将此意境缔构于吾想望中。然后澄思渺虑，以吾身入乎其中而涵泳玩索之。吾性灵与相浃而俱化，乃真实为吾有，而外物不能夺。①

这些词话在论及词的吟诵的时候，虽然所用字眼不同，有"吟""咏""讽""诵"等，但在表达效果上是一致的，都是与当时所流行的"唱"相对应。

2.词的吟诵是一种高雅的行为

为了说明在词的发生和发展的阶段，词的吟诵活动是一直存在的，我们不妨多举一些例子并加以分析来确立这一观念。秦士奇《草堂诗余叙》：

> 有六十家词，至二百余调。其间可歌可诵如李、晏、柳五、秦七、"云破月来花弄影"郎中、"红杏枝头春意闹"尚书，闺秀若易安居士，词之正也。至温、韦艳而促，黄九精而刻，长公骚而壮，幼安辨而奇。②

这里认为同时符合"歌"和"诵"两项标准的词人有李白、晏殊、柳永、秦观、张先、宋祁、李清照、温庭筠、韦庄、黄庭坚、苏轼、辛弃疾等人，这些词人除了李白、温庭筠、韦庄之外，贯穿整个宋代，可以说在秦士奇的观念里，一首好词的标准便是同时符合歌唱和吟诵两个原则，持这种观点的古代学者不在少数，如张炎《词源》卷下：

---

① 况周颐：《蕙风词话》（卷一），中华书局，1986年，第4411页。
② 孙克强：《唐宋人词话》，河南文艺出版社，1999年，第21页。

> 盖词中一个生硬字用不得。须是深加锻炼，字字敲打得响，歌诵妥溜，方为本色语。①

如《历代词话》卷七引《读书续录》：

> 晦庵先生回文词，几于家弦户诵矣。其隐括杜牧之《九日齐山登高诗》〔水调歌头〕一阕，气骨豪迈，则俯视辛、苏；音韵谐和，则仆命秦、柳，洗尽千古头巾俗态。②

无论是"歌诵妥溜"还是"家弦户诵"都包含歌唱和吟诵两个方面的因素。这种从音律和声律两个方面来评判词作高下的风气在宋代是一以贯之的，如果一首词只能够唱不能够"诵"，便会被认为是鄙俗不堪之作。彭孙遹《词藻》卷二说：

> 耆卿"却傍金笼教鹦鹉，念粉郎言语"，《花间》之丽句也；稼轩"蓦然回首，那人却在，灯火阑珊处"，周、秦之佳境也；少游"怎得香香深处，作个蜂儿抱"，亦近柳七语矣；山谷"女边著子，门里安心"，鄙俚不堪入诵。如齐梁乐府"雾露拥芙蓉，明灯照空局"，何等蕴藉，乃沿为如此语乎？③

彭孙遹认为黄庭坚的词与柳永、辛弃疾、周邦彦、秦观等人的比起来"鄙俚不堪入诵"，根据文献记载，柳永等人的词作皆是可歌可诵的，而黄庭坚的词不能吟诵，因而被认为是鄙俚之词，可见并不是所有的词

---

① 张炎著，夏承焘校注：《词源注》，人民文学出版社，1963年，第15页。
② 唐圭璋：《词话丛编》，中华书局，1986年，第1229页。
③ 彭孙遹：《词藻》，《丛书集成初编》，商务印书馆，1937年，第21页。

都可以吟诵，有一些"鄙俚"之词，只适合歌唱，而不适合吟诵，所以说在古人眼里歌唱和吟诵是有雅俗之别的。一般来说能够吟诵的词作会被人们认为是相对比较雅的，王世贞就认为"懒倦欲睡"的时候吟诵苏轼的词可以"亦觉神王"。项元淇在《抄本阳春集题识》中说：

> 南唐君臣竞尚浮靡，逐于声律技艺而不得知政治之事，其败亡晚矣！然其词调，逸丽流畅，无不可诵……知音之士，当不弃焉。①

对于南唐君臣的词学成就的评价里就以"可诵"为标准，可见能够吟诵确是评判词优秀与否的重要标准之一。夏敬观《宋人词集跋尾》：

> 少游词清丽婉约，辞情相称，诵之回肠荡气，自是词中上品②。

"诵之回肠荡气"的词可以被称为词中上品也可以证明在古人那里词的品格高下与其能否吟诵有重要关系。关于词可以吟诵最具有说服力的例子莫过于《四库全书总目·稼轩词提要》：

> 其词慷慨纵横，有不可一世之概，于依声家为变调。而异军特起，能于剪红刻翠之外，屹然别立一宗，迄今不废。观其才气俊迈，虽似乎奋笔而成，然岳珂《桯史》记弃疾自诵〔贺新凉〕、〔永遇乐〕二词，使座客指摘其失。③

岳珂与辛弃疾是可以称得上忘年交的，南宋开禧元年（1205年），

---

① 曾昭岷校订：《温韦冯词新校》，上海古籍出版社，1988年，第403页。
② 夏敬观：《宋人词集跋尾》，《同声月刊》第二卷第十号（1942年11月出版），第115页。
③ 《四库全书总目·稼轩词提要》，中华书局，1965年，第1816页。

已经 67 岁高龄的辛弃疾出任镇江知府。一次，他在公事之余请朋友品酒赏词。自己先在宴会上吟诵了早年填写的《贺新郎》中的警句："我见青山多妩媚，料青山见我应如是。""不恨古人吾不见，恨古人不见吾狂耳。"这一事件被岳珂详细地记载了下来：

> 辛稼轩守南徐，已多病谢客，予来筮仕委吏，……稼轩偶读余《通名启》而喜，又颇阶父兄旧，特与其洁……稼轩以词名，每燕必命侍妓歌其所作。特好歌《贺新郎》一词，自诵其警句曰："我见青山多妩媚，料青山见我应如是。"又曰："不恨古人吾不见，恨古人不见吾狂耳。"每至此，辄拊髀自笑，顾问坐客何如，皆叹誉如出一口……既而又作一《永遇乐》，序北府事，……遍问客，必使摘其疵……余时年少，勇于言，偶坐于席侧，稼轩因诵启语，顾问再四，余率然对曰……稼轩喜，促膝亟使毕其说。……于是大喜，酌酒而谓坐中曰："夫君寔中予痼。"……余以一语之合，益加厚。①

从这一段材料中，我们至少可以看出辛弃疾无论是在宴会上"自诵其警句"，还是在修改时"因诵启语"，都曾吟诵自己的词作，而这些词作同时又是可以歌唱的"每燕必命侍妓歌其所作"，这就很能说明一个问题：在词人眼里，一首真正的好词必须符合吟诵和歌唱两个条件。这一则材料也因为作者本人与辛弃疾密切的关系而更具有说服力，辛弃疾不仅认识岳珂的父兄，读过岳珂的《通名启》，认可岳珂对自己词作的评价，同时还因为岳珂评价的准确而"益加厚"。这些都明白无误地告诉我们，词的吟诵在很长一段时间里是和歌唱并存的，他不仅是文人展现自己才华和情趣的方式，同时也是词人修改词作的重要方式。

词人在自己的词作中谈及吟咏、吟诵的有许多，如胡仔《苕溪渔隐

---

① 岳珂：《桯史》（卷三），中华书局，1981 年，第 38 页。

词话》引李婴词"归去来,一曲为君吟,为君寿"①。杨慎《词品》录有王君贶词:"有儒将醉吟,才子狂游。"②一些论词的绝句对词的吟诵也时有提及,谭莹《论词绝句一百首·孙惟信》:

弃官长短句工吟,故事花翁集里寻。
人物语应无市井,当留此论作词箴。③

张峙亭《论词绝句》:

辞情兼胜合推秦,我念高邮寂寞滨。
三十六家谁可诵,中间指屈为斯人。④

类似的文献在《词话丛编》中还有许多,而《词话丛编》在现存词话中仅占二分之一不到,说明即使是在唱词的鼎盛期,词的吟咏都是存在的。吴熊和先生就认为"唐宋词人的创作,并非概以入乐备唱为目的。就唐宋词的多数作品而言,它们是仅有词调而没有音乐的乐章;音乐消失了,然而留下各种文字韵律的词调作为音乐的印记。在唐宋时代原有的乐谱、歌法一概失传之后,情况就更为如此。"⑤当唱词的方法随着曲调的消亡在文人中渐渐失传时,以四声平仄为基本依据的吟咏却依然存在。

---

① 唐圭璋:《词话丛编》,中华书局,1986年,第164页。
② 唐圭璋:《词话丛编》,中华书局,1986年,第521页。
③ 谭莹:《乐志堂诗集》(卷六),《续修四库全书》第1528册,上海古籍出版社,2002年,第480页。
④ 孙克强:《唐宋人词话》,河南文艺出版社,1999年,第324页。
⑤ 吴熊和:《吴熊和词学论集》,杭州大学出版社,1999年,第339页。

二、词与格律诗的关系

词和近体诗有着密不可分的关联性。首先是词在创作上借鉴近体诗的创作手法。词体原本的特质，一方面在于它的音乐性，另一方面还在于它的不整齐美，相对于唐诗来说，这是小词初期的特征。但是诗人在写词之时，会不自觉地使用诗体的一些手法，近体诗的对仗方式自然也在其中，如白居易的《忆江南》："日出江花红胜火，春来江水绿如蓝"，就是其中的典型词例，飞卿体奠定"别是一家"的词体属性之后，晏、欧则在词中较早地使用一些精美的对仗句，晏殊的"无可奈何花落去，似曾相识燕归来"，取诗句入词，连同诗的对仗句法一同进入词体之中；欧阳修如《南歌子》："凤髻金泥带，龙纹玉掌梳。"非唯对仗，亦且华美。《玉楼春》："来如春梦几多时，去似朝云无觅处。"（东坡以后化用此句为："人似秋鸿来有信，事如春梦了无痕。"）又《渔家傲》："胭脂泪洒梨花雨。宝马绣轩南陌路。"《摸鱼儿》，用领字领起对仗句："看燕拂风檐，蝶翻露草。"

其次是借鉴宋诗作为特征的议论句法。欧词中的议论，是非常普遍的，有些议论，更是使人误以为是宋诗，如《渔家傲》："四纪才名天下重，三朝构厦为梁栋。定册功成身退勇。……顾我薄才无可用，君恩近许归田垅。……"词体下注明为："与赵康靖公"，可知是欧阳修致仕前夕与达官贵人酒筵抒情之作，词体"别是一家"的特质，在此首词中已经消失殆尽。但也有一些议论，具有人生哲理的概括力，如《玉楼春》"百年心事一宵同，愁听鸡声窗外度"，《浪淘沙》"可惜明年花更好，知与谁同"还有上面引述过的两首《玉楼春》，其点睛之笔，都在议论的精警："人生自是有情痴，此恨不关风与月""直须看尽洛城花，始共春风容易别""渐行渐远渐无书，水阔鱼沉何处问""万叶千声皆是恨"。此四处警句，都由人生经验中凝练而成，是无数具体场景之抽象概括，因此,也同样达到含蓄蕴藉、意味无穷的审美效果。

1. 词源于格律诗

从词与格律诗的关系来看,有相当一部分词中的句子直接化用格律诗而来。我们都知道,所有的格律诗都是可以吟诵的,那么化用格律诗而来的诗句自然也是可以吟诵的了。关于词与格律诗的关系,古人提到的不少:

> 唐人乐府元用律绝等诗杂和声歌之,其并和声作实字,长短其句以就曲拍者为填词。①

这里的"乐府"指的就是词,"律绝"就是律诗和绝句,胡震亨认为最初唐人的词作很多都是取律诗或绝句再夹杂上应和之声唱出来的,后来慢慢地这些应和的虚声变成了实字,与原有的律句在一起,长长短短,形成定格,后人根据这些词句背后的音乐再重新填入词语,就是我们所说的填词,这里可以看出,最早的词作里面的核心构成部分就是律句,这就为我们按照格律吟诵词作提供了非常有力的依据。

宋翔凤《乐府余论》解释词之所以谓之诗余正是因为其起于唐人绝句,并举出一系列的例子加以说明:

> 谓之诗余者,以词起于唐人绝句。如太白之《清平调》,即以被之乐府;太白《忆秦娥》《菩萨蛮》,皆绝句之变格,为小令之权舆。旗亭画壁赌唱,皆七言断句。后至十国时,遂竞为长短句,自一字两字至七字,以抑扬高下其声,而乐府之体一变。则词实诗之余,遂名曰

---

① 胡震亨《唐音统签》(卷九百四十二),上海古籍出版社,2003年,第9册,第192页。

诗余。①

这种说法自然是有一定的道理的，一直以来，《清平调》的吟诵和歌唱都是存在的，时至今日，我们可以追溯的有传承的《清平调》的吟诵都包含着非常明显的音乐性元素，而从格律的角度来看，《清平调》又完全是符合平仄的，甚至是可以直接按照七言绝句的方式吟诵的。长短句被认为是诗余，不仅是因为其出现之时与格律诗的密切关系，还在于后世有较高成就的词人相当大一部分是诗文俱佳者：

长短句为诗之余，然则诗源而词委也，源不远委何能长。温、韦、二晏、秦、贺皆能诗，欧、苏、黄尤卓卓，姜、辛诗亦工，安身立命不在词，故溢而为词夐绝也。屯田、清真、梅溪、梦窗、碧山、玉田诸子，藉词藩身，他文翰一无可见，有委无源，故绣绘字句，排比长调以自饰。②

杨希闵认为无论是温庭筠、韦庄、晏殊、晏几道、秦观、贺铸还是欧阳修、苏轼、黄庭坚、姜夔、辛弃疾，他们虽然在词的创作上有着极高的成就，但是安身立命之所并不在词，而在诗，词只是他们的诗句流溢出来的多余的部分而已。至于柳永、周邦彦、史达祖、吴文英、王沂孙、张炎等人，虽然词作很好，但是文章和诗歌无一可观，这样的创作只能是炫耀文采、排比词句而已。由此可以看出，在杨希闵的眼中，诗歌创作的功底是最为根本的，虽然他并没有直接指出词与诗歌创作的关系，也并未提出词在格律上对诗歌有借鉴，但是这种评判标准却明确告诉我们，最优秀的词作是以诗歌创作为基础的。

---

① 唐圭璋：《词话丛编》，中华书局，1986年，第2500页。
② 孙克强：《唐宋人词话》，河南文艺出版社，1999年，第25页。

即使是以声律著称的周邦彦的词作，也常常因为隐括唐人诗句而得到当代以及后世的词学评论家的赞赏，可见词与格律诗关系之密切：

（周美成）多用唐人诗语隐括入律，浑然天成。长调尤善铺叙，富艳精工，词人之甲乙也。①

周美成长短句，纯用唐人诗句，如"低鬟蝉影动，私语口脂香"，此乃元、白全句。贺方回尝言：吾笔端驱使李商隐、温庭筠常奔走不暇。则亦可谓能事矣。②

凡作词，当以清真为主。……下字运意，皆有法度，往往自唐宋诸贤诗句中来……此所以为冠绝也。③

周清真善运化唐人诗句，最为词中神妙之境。④

其词多用唐人诗句隐括入调，浑然天成。长篇尤富艳精工，善于铺叙。陈郁《藏一话腴》谓其以乐府独步，贵人、学士、市侩、妓女、皆知其词为可爱，非溢美也。又邦彦本通音律，下字用韵皆有法度。⑤

我们都知道周邦彦在宋徽宗时期曾经主持过大晟乐府，在审订词调方面做了不少精密的整理工作，扩展了音乐领域，在填词技巧上有不少新创举。他更能自己度曲，创造了《六丑》等新词牌。这样一个极其重视音律和词的外在形式的词人，在历代评论家眼里确是"多用唐人诗句隐括入律""纯用唐人诗句""往往自唐宋诸贤诗句中来"，甚至有人认为周邦彦词作中最为神妙的意境都是从唐人诗句中化用而来的，不可否认，这些化用有意境上的，有风格上的，但是用诗句隐括入律却是从诗

---

① 陈振孙：《直斋书录解题》（卷二十一），上海古籍出版社，1987年，第618页。
② 周密：《浩然斋词话》，唐圭璋《词话丛编》，中华书局，1986年，第234页。
③ 沈义父著，蔡嵩云笺释：《乐府指迷笺释》，人民文学出版社，1963年，第44页。
④ 孙克强：《唐宋人词话》，河南文艺出版社，1999年，第381页。
⑤ 《四库全书总目·片玉词提要》，中华书局，1965年，第1811页。

律角度来考虑的,也就是说周邦彦在创作词作的时候,所隐括的诗句是要符合词律的,后人之所以对周邦彦的词作评价较高就是因为他的创作同时符合词乐和词律两个标准,可见词律的重要性,而以上分析也正表明词律与诗律的相通之处。

2.采纳格律诗句法的词作意境高远

以李清照为首的词学评论家主张"词别是一家"的,要将词与诗的关系割裂开来,以此作为评价标准,以推尊词体,但是事实上却是范仲淹、欧阳修、王安石、苏轼、辛弃疾等人皆受到诗歌创作的影响,有意或无意地在词的创作时运用诗的格律、笔法甚至平仄音韵等:

> 李易安云:"王介甫、曾子固文章似西汉,若作一小歌词,则人必绝倒,不可读。而欧阳永叔、苏子瞻词,乃句读不葺之诗耳"。又尝记宋人有云:"昌黎以文为诗,东坡以诗为词。"①
>
> 晏元献、欧阳永叔、苏子瞻学际天人,作为小歌词,直如酌蠡水于大海,然皆句读不葺之诗尔,又往往不协音律者。②
>
> 黄鲁直间作小词,固高妙,然不是当行家语,是著腔子唱好诗。③
>
> 辛稼轩、刘改之作豪气词,非雅词也,于文章余暇,戏弄笔墨,为长短句之诗耳。④

这三则材料分别出自贺贻孙《诗筏》、李清照《词论》、张炎《词

---

① 贺贻孙:《诗筏》,郭绍虞等编《清诗话续编》,上海古籍出版社,1983年,第177页。
② 李清照:《词论》,《苕溪渔隐丛话》后集卷三十三,人民文学出版社,1962年,第254页。
③ 吴曾:《能改斋词话》(卷一),《词话丛编》,中华书局,1986年,第125页。
④ 张炎著,夏承焘校注:《词源注》,人民文学出版社,1963年,第32页。

源》，在李清照的眼里无论是王安石、曾巩、欧阳修、苏轼、晏殊，还是辛弃疾、刘过，他们所有人的词作都只是"句读不葺之诗""长短句之诗"，甚至直接指出苏轼"以诗为词"，在李清照看来，这些词人的词只能算是诗歌的延伸，并不具备词的独特性，这也正说明了词句与诗句之间、词律与诗律之间的密切的联系。李清照以否定的态度来看待诗词之间的关系，而汤衡、楼敬思等人就认为能够采纳格律诗的句法的词才能够真正冲破词体的束缚，写出具有高远意境的词作：

> 镂玉雕琼，裁花剪叶，唐末词人非不美也，然粉泽之工，反累正气。东坡虑其不幸而溺乎彼，故援而止之，唯恐不及。其后之元祐诸公，嬉弄乐府，寓以诗人句法，无一毫浮靡之气，实自东坡发之也。[1]
>
> 东坡老人，故自灵气仙才，所作小词，冲口而出，无穷清新，不独寓以诗人句法，能一洗绮罗香泽之态也。[2]

当然，关于词与格律诗的关系问题，最具有说服力的例子莫过于晏殊将自己最为得意的诗句分别在律诗和词里与其他的句子组合而成：

> 上巳清明假未开，小园幽径独徘徊。春寒不定斑斑雨，宿醉难禁滟滟杯。无可奈何花落去，似曾相识燕归来。梁园赋客多风味，莫惜青钱万选才。（《示张寺丞王校勘七律》）
>
> 一曲新词酒一杯，去年天气旧亭台，夕阳西下几时回？　无可奈何花落去，似曾相识燕归来，小园香径独徘徊。（《浣溪沙》）

---

[1] 汤衡：《张紫微雅词序》，吴昌绶、陶湘辑《景刊宋金元明本词》，上海古籍出版社，1989年，第727页。

[2] 张宗橚：《词林纪事》（卷五），古典文学出版社，1957年，第122页。

这一诗一词里共有三个句子完全相同，分别是"小园幽径独徘徊""无可奈何花落去""似曾相识燕归来"，这几个句子完全符合格律诗的平仄规律，同时也符合词律的要求，虽然张宗橚认为：

> 元献尚有示张寺丞、王校勘七律一首："元巳清明假未开，小园幽径独徘徊。春寒不定斑斑雨，宿醉难禁滟滟杯。无可奈何花落去，似曾相识燕归来。梁园赋客多风味，莫惜青钱万选才。"中三句与此词同，只易一字。细玩"无可奈何"一联，情致缠绵，音调谐婉，的是倚声家语。若作七律，未免软弱矣。①

但是仅从声律的角度来说，这三句是完全相同的，张宗橚也只是从诗庄词媚的角度来分析认为这三句气格较弱，并未对其格律提出任何疑义，所以说我们能因为这三句诗在词里面出现过，作者同时把它放置到七言律诗里，就可以否认它，认为它不是诗了吗？当然不会，所以我们在吟诵这样的词作的时候，是可以依据诗歌的吟诵特点来加以规范的，只是在吟诵词的时候着意表现作者最为着力的情致韵味就可以了。同样的例子还有王维的《渭城曲》，当我们提到《渭城曲》的时候，指的是王维所创作的七绝，而当我们说《阳关三叠》的时候却指的是当时艺人所演唱的歌词，但是从内容上来看，《阳关三叠》只是把《渭城曲》进行了反复的叠唱而已，所以说词的早期阶段是与近体诗紧密相连的。

3. 学词者必先知诗

夏敬观先生在其著作中屡次表明这一观点：

---

① 张宗橚：《词林纪事》（卷三），古典文学出版社，1957年，第74页。

> 唐词初由诗变，所以浑厚，故学词者必先知诗，乃造诣上乘。①
> 端己能诗……由诗入词，渐开后来诸派，此时代使然也。②

"学词者必先知诗"和"由诗入词"都指出了词在创作中与诗歌的关系，尤其是在词出现的初始阶段，更是如此，"唐词初由诗变"便很好地说明了这一点。龙榆生先生就认为：

> 要学填词，首先要学作所谓近体诗。因为这两者的形式之美，都是利用平仄两类长短不同的字调，两两相间地联缀起来，构成平调与升降调或促调递相使用的高低抑扬的和谐音节，都得把"奇偶相生，轻重相权"八个字作为调整音韵的法则，不过长短句词曲比较更为错综复杂，变化特多而已。③

这些都从创作的角度说明了词和近体诗具有相当大程度上的一致性，当然我们也不否认，北宋相当一部分词作以及南宋之后的大部分词作都已经远远地突破了格律诗的束缚，真正地体现了"词别是一家"的特点，但是所有的词作在创作的时候都需要顾及声律和音律两个方面，尤其是如柳永、李清照、周邦彦等精通音律词人的词作，但依然有相当一部分词人，在创作的时候更多地关注声律而不是音律，除了如苏轼、辛弃疾般"曲子中缚不住"的词人之外，还有一些不通音律，但明声律的词人也在不断地进行词的创作，所以我们可以毫不夸张地说，随着乐谱的消亡，可演唱的词越来越少，但是吟诵因其与词作声韵高度的一致性而得以更为长久和广泛地流传。

---

① 夏敬观：《映庵词评》，《词学》第五辑，华东师范大学出版社，1986年，第196页。
② 夏敬观：《映庵词评》，《词学》第五辑，华东师范大学出版社，1986年，第197页。
③ 龙榆生：《词学十讲》，福建人民出版社，1988年，第6页。

既然词的产生与格律诗有着千丝万缕的联系，因此词的吟咏肯定与格律诗的吟咏有着一定的关系。仔细审视各种词体，我们发现诸多的词体，可以分为两大类。一类是与格律诗关系非常密切的词体，一类是与格律诗关系相对比较疏远的词体。因而词的吟咏，我们也可以把它分为两大类：一类是与格律诗比较接近的词体，如［清平调］［木兰花令］［鹧鸪天］等；另一类就是除此之外的词体。就前者而言，他们的吟咏带有明显的格律诗吟咏的痕迹，有一定规律可循。叶嘉莹先生就认为："词中有一些句子，它的平仄格律是跟诗句比较接近的，所以我们也可以大体上用吟诗的调子简单地吟一下。"[①] 就后者而言，其体式复杂，平仄音韵更是复杂，吟咏起来其难度要比吟咏前者大得多。我们就先从律句词的吟诵开始学起，慢慢地掌握规律之后再学习非律句词就比较容易了。

---

① 叶嘉莹：《古典诗歌吟诵九讲》，广西师范大学出版社，2014年，155页。

忆恩师华锺彦先生

马向阳

余就读中文系时,华锺彦先生为中国古典文学硕士研究生导师,闲暇时间也为中文系本科生开些课程,但仅限于专题讲座之类。

先生身材壮硕,虽然不算高大,而每每给人以顶天立地之势,盖气质使然也。先生面容白皙,白皙之中又透出红润之色,双目炯炯,神清气爽,望之可亲。先生长于治中国古典文学,于先秦文学研究尤为建树良多;此外,唐宋诗词、近现代之旧体诗词,也深有钻研,颇有心得,文章著述,学界广为传诵,成就卓然。

先生讲授古典诗词时,喜朗声吟诵之,"剑外～忽传～收～蓟北～,初闻～涕泪～满～衣裳～……"其声如同金石,铿然铮然,或疾徐有致,或高低错落,或如黄钟大吕,或如空谷足音。随着先生的吟诵,我们也摇头晃脑,拿腔捏调地低声吟哦起来,但是,由于不得要领,往往失之毫厘,谬以千里,最终成为同学间逗乐笑闹的噱头。先生于吟诵之后,便开始讲解,条分缕析,皆中肯綮,语言警策,掷地有声,没有大学问,缺少真才学者,断然不能做到。某次授课,先生吟诵毕杜甫《闻官军收河南河北》,朗声说道:

> 此诗风格明朗,节奏明快,字字跃动着喜悦之情,被誉为杜甫"生平第一快诗"。首联写初闻捷报时惊喜之情状。"蓟北"为安史叛军老巢,其地收复,意味着叛乱之彻底平定;"忽传"表明消息之突然,他既喜于国家统一,中兴有望,又悲于多年以来国家与人民遭受大难剧创,喜极亦悲极,故而老泪纵横,洒满衣衫。一个"满"字,即写

出了诗人眼泪之多,激动之甚,触动之深。颔联写无比欢畅之心情。诗人惊喜之余,回望妻子儿女,全然安然,愁云扫尽,笑逐颜开,自己再也无心伏案,草草收卷书籍,与亲人共享欢乐。颈联承上启下,写足狂欢之态——开怀畅饮,引吭高歌以庆祝胜利;而春日鸟语花香,景色宜人,正好做伴,还归故乡。尾联想象归乡路程——过巴峡,穿巫峡,顺江东下;下襄阳,上洛阳,登陆北行。诗人鼓起想象之双翼,预计归乡之路线,历数沿途地名,将欣喜与迫不及待之情愫推向高潮。语言明快流畅,一气贯注,如万斛泉源从胸臆间泻出;用词精妙,对仗工稳,尾联连用四个地名,不仅不嫌重复,反而愈见其兴奋急切之情,可谓神来之笔。

先生治学严谨,不苟且,不盲从,为求真知,敢于自我否定。先生为我们教授白居易的《长恨歌》时,曾追忆说,他自己对该诗主旨的理解,从年少求学、英姿勃发之时至历经沧桑、尝尽酸苦之后,有三次大的转变。年少之时,不谙世事,追求个性,倡言自由,眼目关注者唯在李、杨爱情之真诚专一;后经历丧乱,触接民瘼,忧民忧国,思虑深沉,以为一国君主当以民族民生为重,切不可荒淫逸荡,祸国殃民,则该诗主旨,专在谴责;于今阅尽人间甘苦,心性平和,淡泊沉静,潜心探究,觉得该诗讽喻与同情交织,既为李、杨爱情悲剧一掬同情之泪,又为其迷色误国一叹遗恨之声,则该诗主旨当为昭示读者,以鉴往知来,好乐而无荒。先生立于讲堂之上,娓娓道来,我辈则伏身课桌,手录笔随,唯恐漏脱只言片语。当时,不仅觉得先生所述均为金玉之言,更为先生勇于剖析自我的精神而震撼不已,而感佩于心。

先生授课,既多理性分析,然亦有忘情之处。某日,先生讲授苏轼词《念奴娇·赤壁怀古》,开口即言此词旨意先辈方家所说均有失误,唯独自己理解正确,领悟深刻,言毕,即朗声吟诵道:"大江~东去~,浪~淘尽~,千古~风流~人物~。"待笔者等人屏息聆听其"正确""深刻"之意蕴时，半晌竟不闻先生一语，视之，见先生端坐于讲桌前，闭目，运气，陡然从唇吻之间迸发出一声巨响："哗——"，若江涛奔腾，若万水倾注，若千军万马驰骋于旷野之上，闻之，如醍醐灌顶，多日不解之惑，似亦贯通无碍矣，先生虽不言一字，而胜却千百言语。

先生能解诗，亦能吟诗，且深于情者，家国之恋，亲友之思，旅次见闻，感时伤世，多有吟咏；古风，律诗，词曲，各有佳作传世。据先生自述，一生创作诗词两千余篇，刊行而传诵于世人口耳者，亦有五百篇之多。笔者书架上有先生自选诗词一册，北岳文艺出版社于20世纪80年代出版，廿年以来，虽辗转流徙，数次搬迁，器物弃之者七八，然先生之诗词始终伴笔者左右，不忍舍弃，并有常读常新之感。如《挽张次程女士·并序》一诗，廿年之前读之，不胜唏嘘，而今再次吟诵，不觉泪眼迷离。谨录之于下：

> 女士名淑颐，字次程，河北滦县人，生长辽左。幼而颖慧，英华卓荦。家贫，父母贸易无定所，留女士于外家。同学或怜之，斋以资斧，坚不受。发愤诵读，凌轹侪辈。既毕业于奉天女师，又于一九二九年春考入东北大学，潜心为文，其业益进，才调俊秀，莫与之京。翌年春以劳瘵致疾，百医不效。九月十日逝世，葬于沈郊御花园，时年二十一岁。闻者莫不叹惋。女士平生寡言笑，独与余妻张丹群友善。饮食寤寐，形影不离。丹群道其事历历，余感于心不能已于言，用赋七律四章。

> 才能憎命可如何！小住人间历坎坷。春花春草春夜月，一贫一病一愁魔。亲云已散恩情少，异姓相怜姊妹多。太息御花园畔草，年年青过女儿河。

> 白璧何从摘点瑕，当年心事渺昙花。半床清冷温新课，十载零丁

依外家。未必诗书皆鬼蜮，无多风月误年华。茶炉药灶谁相伴，千古伤心鲍叔牙。

三更灯火五更钟，坐透青毡恨转浓。春雨何曾开豆蔻，秋风偏欲损芙蓉。神游阆苑三千里，人隔蓬山一万重。藉问云旗何处在？黄泉碧落觅无踪！

同游艺苑识仙姿，一别何心费挽词。肠断三三修禊处，魂销九九落花时。霜封碧草虫吟月，磷傍青枫鬼唱诗。粉黛于今销蚀尽！泉台孤负素心期。

先生年少时师从国学名家高亨先生，既入师门，终生执弟子礼甚恭；及至古稀之龄，还不顾年迈体弱，冒酷暑，熬严寒，伏案工作，辨析并整理高亨先生学术手稿，完成《老子注释》一书。先生年少时不仅随高亨先生治古典文学，亦随其学习诗词创作，比至晚年，仍念念于当年求学之情景，云"面讲面改，析理毫芒，口耳之教，吟咏之音，至今难忘"。

先生逝于一九八八年七月，享年八十二岁，有《花间集注》《戏曲丛谭》《〈诗经〉会通》《"五四"以来诗词选》等著作传世；更有弟子万千散布于四海，布道传薪，点燃文明。据云先生仙逝后，其首届研究生某君，从外地远道奔丧，趋至灵堂，哀乐声中，敬奉挽联一副，云"春风化雨尤厚我，耳提面命更何人！"并长跪不起，涕泣涟涟，至诚至哀，见者无不动容。

先生仙逝后，中文系王刘纯教授奉命撰述并亲笔书写讣告数幅，分别张贴于学校东、南、西门并校内显要之处。王刘纯教授为七七级中文系学生，毕业留校后专心研治古典文学，学业精进，并长于书法，多次获得全国书法大赛金奖。讣告贴出后，次日一早，有好事者竟将西门处的一张完整揭掉,携裹而去,并留下一纸字条,云:该讣告状述华锺彦先生行略,言简意赅,文辞精确,且书写工稳,笔力遒劲,当留做纪念,并做书帖耳,自知罪过,谨望宽恕。此一逸闻,师兄李恒义博士于廿年之前亲口述之于余。

跟随华锺彦先生读书的日子（上）

曾广开

去年（2016年）初冬，为纪念先师华锺彦先生诞辰110年，河南大学出版社印行《华锺彦文集》，河南大学文学院特举办《华锺彦文集》发行仪式和中国古代文学研究高端论坛，华先生公子华锋师兄借此机会，招诸同门前来河南大学雅集畅叙，重温先师遗训，因有古都开封之行。重回母校，感慨良多，11月19日会上，见到多年不见的王文金、王宗堂老师，河南社科院的葛景春老师，以及李景洲、宋立民等许多情谊深厚的同学，大家回顾华先生在河南大学生前活动的场景，叙述华先生在中国古代文学研究中的贡献，发表欣赏、阅读《华锺彦文集》的体会，特别令人感动。因时间关系，每人发言时间有限，许多话来不及说，近日闲暇，将这些散乱的记忆整理一下，以寄托对先师华锺彦先生的仰慕及思念之情。

11月18日报到，入住河南大学西校区宾馆。夜晚，与师弟边家珍夜话叙旧，讲起当年跟随华先生读书时的情形，许多往事浮现在眼前。

我第一次去拜望华先生，是1979年5月的一个下午。那年读大二第一学期，由于受家庭影响，自幼读过一些文史书籍，喜欢写诗，开头写过一段新诗，后来觉得政治环境险恶，许多话不能说，就写些旧体诗。头一次去先生家，总要找个借口，就抄了两首习作，请华先生批改。记得华先生当时住在河南大学校外，在校园西边的家属区，从南头数，大约是第三排平房，在路的东侧。那是两室半的房子，客厅非常小。我那时比较腼腆，怕见老师，就请一个亲戚，河南大学教育系的魏明霞教授（她那时刚从中文系毕业不久）带我去见华先生。我们下午两节课后出发，从中文系上课的十号楼到华先生家，也就 10 分钟左右的时间。华先生衣着朴素，见到我们来，非常高兴，简单问了下我们入校后学了哪些课程，然后看了我的习作，告诉我有几处不合格律，告诉我先把王力《古代汉语》有关诗词格律的章节学一学，不要完全用普通话的声调来套，然后华先生还顺手改了两三个不合格律的字，问我："你看这样是不是好些？"我连忙点头。明霞大姐见快开始做晚饭了，就和华先生聊了几句家常，起身告辞。以后，我虽然很少再到华先生家里，但时常到华先生的研究生贾传棠、翟相君老师那里去玩，听他们谈学问、聊天，并渐渐地和张家顺、陈柏松、曲光等研究生熟悉，加深了对古代文学的喜爱。

大学毕业那年，我们学校古代文学专业不招研究生，张家顺老师推荐我去考北师大韩兆琦先生的研究生，由于外语不合格，落榜了。我后来分配到开封市工作，平日一直在桥牌集训队中训练、比赛，可以说是职业运动员的水平，按现在的说法，玩得嗨翻了天，根本就没有想到重回学校读书。有一天，在开封大街上偶遇李博老师，问我为什么不回母校读研究生，我当时已考取了律师资格，正准备调动到司法局。李老师夸我是读书的苗子，应该来读书。我说如果要读书，我喜欢古诗词，要考唐宋专业。李老师说，华先生一直很喜欢我，建议我还是报考先秦文学，跟华先生读书。就这样，经过一番考虑，我就"迷途知返"，重回母校跟随华先生读先秦文学的研究生。

1985 年秋天我重回河南大学读书，当时白本松老师、李博老师是华先生的助手，负责指导先秦文学的研究生。入校第一天，当然是先去见老师。这时，华先生已经搬家到河南大学正门对面的家属院。来到华先生家，第一次见到孙叔容师母。孙师母和蔼可亲，我们以前听说孙师母是孙氏太极创始人孙禄堂的孙女，想着习武之人应该是什么样，谁知见面后大不一样，孙师母完全是知性学者的样子。华先生向我们介绍，说孙师母现在是他的助手，所有稿件、书信的整理、资料的查找都由孙师母代劳。我们一群人坐下来，先秦文学方向有三人，我和师弟孙克强、边家珍；汉魏六朝方向有一人，靳枫琦；唐宋文学方向有三人，张孟强、杨国安、薛亚康。华先生介绍说，给我们这届研究生开两门课：一是"《论语》研究"，包括《孟子》；一是"《诗经》研究"。接着华先生又介绍说，华锋是他的小儿子，也在河南大学中文系古代文学教研室工作，过去运动多，事情多，没有单独教过他，现在让华锋跟我们这届同学一起学习，互相讨论，一起做作业。你们不要因为他年长就对他客气，就把他当作你们的同学。然后，华先生特别强调说，这也是遵循孔老夫子的话，"君子之远其子也"。华先生接着开列了上课用的教材和参考书。今天，重温华先生的教导，再看看《论语》所述，我们这些做父亲母亲、做爷爷奶奶的人，在教育下一代时如何摆正自己的位置，仍然有意义的。

课后，我查查《论语》，找到了这一段。《论语·季氏》记载：

> 陈亢问於伯鱼曰："子亦有异闻乎？"对曰："未也。尝独立，鲤趋而过庭。曰：'学诗乎？'对曰：'未也。''不学诗，无以言。'鲤退而学诗。他日又独立，鲤趋而过庭。曰：'学礼乎？'对曰：'未也。''不学礼，无以立。'鲤退而学礼。闻斯二者。"陈亢退而喜曰："问一得三，闻诗，闻礼，又闻君子之远其子也。"

正事刚说完，华先生忽然话头一转，说："你们这届学生人数多，想来听课的人也多，你们听说过吧，我和何法周关系不好，他的学生，我是不教的。"话没说完，先生就笑起来，我们大家都哈哈大笑。唐宋文学方向的三个同学开始觉得尴尬，在大家笑声中才缓过神来，笑成一片，没想到老先生如此风趣。我在学校的时间长，知道在以往的运动中，青年教师是运动的主力，老先生多半是运动的对象。因此，或多或少，一些老先生与个别中青年老师总会有些矛盾纠葛。那时，还没有对"文革"之类的政治运动进行反思，学校院系领导也多是当年政治运动的骨干，他们中个别人还有根正苗红的自豪感，甚至因此对那些"反动学术权威"不够尊重。河南大学中文系也是一个派系严重、关系复杂的地方。华先生对这些现象不满，自然与担任系领导的何法周先生发生过冲突。华先生见有何法周先生的研究生来听课，担心他们拘束，故意说笑，让他们不要心存芥蒂。研究生的第一节课就在这样的氛围中结束了。后来，我和同学去看望何法周先生，大家讲起此事，何先生更是笑个不停，说："我就是华先生教出来的，改天我和你们一起去听老先生讲课。"

华先生当时年事已高，我们上课的人又多，就没有按照传统的课堂教学的模式上课。"《论语》研究"采取课堂讨论的方法。我们当时也是用杨伯峻先生的《论语译注》做教材，每周上一个上午的课，由学生主讲，每个同学依次主讲五节，边讲边讨论，华先生不时提示并讲评。这种教学方法，后来我在研究生教学和本科生选修课教学中也一直采用，对于先秦典籍，如果只是长篇大论地讲"理论"分析，教学效果差，学生也印象不深，最好就是让学生仔细认真地阅读一遍，重点部分通过讨论加深印象，尤其是主讲的同学，课前需要做充分的准备，才能应对同学的辩难和老师的批评，其中精彩的地方，可能一辈子都难以忘记。

通过几次上课，我体会出华先生教学的高明之处。华先生反复强调：《论语》中记述孔子的言行，历代儒生反复辩难，探求孔子思想的精义，今天依然有许多问题。弄懂每一章节的内容，不仅要参阅先秦其他文献中相关的论述，更重要的是要注意《论语》书中的内证，要根据相关问题的各种论述提炼总结，甚至要从表面上差异很大的论述中还原孔子讲话时的具体语境，给予合理的解释。也就是说，每一章节的解释，不能违背全书表述的孔子的基本思想。

我这个人比较懒，听课从不记笔记，上课从不写教案，一般是在书上加些提示和批注，翻检一下经常使用的《论语译注》，有确切时间的批注中果真找到数条当年跟随华先生读书时留下的。

如《论语·学而篇》：

> 子曰："学而时习之，不亦说乎？有朋自远方来，不亦乐乎？人不知而不愠，不亦君子乎？"

此章表面上看分歧不多，如"时"字，不是"时常"，而是"合适的时候"；"习"字不可看作"温习"，应据《说文》"习，鸟数飞也"，训为"实习，实践"。所谓"学而时习之"，强调的是知行合一。华先生论及"有朋自远方来，不亦乐乎"时说："不要纠缠旧儒所说'朋'是什么，'友'是什么，这是一个众人仰慕的君子。"后来，我在教学中突然想到"有凤来仪"，才真正弄明白华先生为什么这样讲。"朋"，即"鹏"也，古"凤"字。"有朋自远方来"就是"有凤来仪"，而不是什么"同志"的"朋"或"同学"的"友"。谈到"人不知而不愠，不亦君子乎"时，华先生说，孔门亦多"愠"，唯颜回"不愠"。现今研究《论语》注释、翻译的书不断刊行，但很少看到有如此深刻见解的解说。

又如《论语·阳货篇》：

> 佛肸召，子欲往。子路曰："昔者由也闻诸夫子曰：'亲於其身为不善者，君子不入也。'佛肸以中牟畔，子之往也，如之何！"子曰："然。有是言也。不曰坚乎，磨而不磷；不曰白乎，涅而不缁。吾岂匏瓜也哉？焉能系而不食？"

此章注疏从来没有歧义，但华先生评曰："孔子是故做其态，并不真的'欲往'。"佛肸占据中牟谋反，孔子怎么肯去呢？此处的中牟故址在今河北省邢台与邯郸之间，时孔子在卫国，卫灵公年老，怠于政，不用孔子。孔子是借此提醒卫灵公，并不是真的想去准备谋反的佛肸那里去。华先生的点评,可谓是一语中的。

再举一例,是我记忆中最深刻的一段。

> 子曰:"作者七人矣。"(《论语·宪问篇》)

此章前面是"贤者辟世,其次辟地,其次辟色,其次辟言"一章,因此后儒多把"作者"与"贤者"等同起来,然后到《论语·微子篇》中去找,有的找到"逸民"七人,有的认为是周王室衰落后离开周室的乐师七人,有的则从首章的微子、箕子、比干,数至柳下惠、楚狂接舆、长沮、桀溺,凑够七人。甚至认为"七人"是《论语·微子篇》的周之"八士"或《论语·泰伯篇》中"予有乱臣十人"之讹误,于是,众说纷纭,不一而足。华先生讲到此,说"后儒穿凿,俱不可信",又说"很可能是孔子当时年纪大了,本来该接着介绍下去,忽然卡住了,想不起来了"。说着,华先生用手拍了下自己的脑门,说:"就像我这样,正说着,忽然忘了,想不起来。弟子听课时,唯恐有失,有闻必录,因而留下这难探究竟的一句。"

我们知道:汉代以来,学术研究的路数不外乎今文经学与古文经学两家。古文经学家运用文字、音韵、训诂,力求在知人论世的基础上,推演出篇章大义,以探求儒家传世经典中孔子及原始儒家的思想,这是学问家的路数,并将之广泛运用于研治诸子学及史学。反观今文经学,根据师承家法,就某一章节生发开来,杂以阴阳五行及谶纬之说,积极干涉现实政治,虽然在章句、辞章方面有粗疏或穿凿之处,但继承了先秦儒家经世致用的精神,亦不容忽视。华锺彦先生通过《论语》的逐章讨论,教导弟子学习古文经学家重视经典文本的细读,渐次积累文字、音韵、训诂基础知识,以避免今文经学家的粗疏和穿凿;同时,华先生更为看重经典的重新诠释,要能够提炼出对现实有意义的"篇章大义",注意避免陷入古文经学家的烦琐考证,要能够对现实社会有所裨益。华先生治学，最讲究"会通"二字，孙过庭《书谱》云："通汇之际，人书并老。"华先生根据自己长期的读书、研究经验，努力吸收今文经学与古文经学两家之长，力求把握住作者思想的根本，这就如同确定下来坐标基准线，以此为准绳，来观察研究对象，就可以扫除文献记载中的种种疑误，准确把握历史的真实。

跟随华锺彦先生读书的日子（下）

曾广开

"《论语》研究"是研究生第一学年的课程，跟华锺彦先生学习的第二门课程是"《诗经》研究"，是研究生第二学年的课程。华先生曾说，"早年我读先秦经传诸子，时常发现新义，随时笺注书端，以《诗经》为多。"，"我知道近年来出版《诗经》著作已有数种，但我所发现的问题至今尚无论述"（《华锺彦文集·作者自传》，河南大学出版社2009年版），所以，华先生从1978年开始招收研究生以后，就开始有目的地讲授《诗经》，准备对《诗经》重新进行诠释。我们这届研究生入校后，华先生亲笔抄写《〈诗经〉十论》作为教材，希望能够通过教学，指导研究生进行《诗经》的研究，能够尽快完成其《〈诗经〉会通》的著述。同门之中，师兄翟相君（郑州大学教授，已逝）、姚小鸥（中国传媒大学教授）、华锋（河南大学教授）、师弟边家珍（山东大学教授）等都是《诗经》研究的专家，他们都是在华先生指导下开始学习《诗经》，并以《诗经》研究为从事学术研究活动的开始。关于华先生《诗经》研究的成就，他们都有过比较精辟的论述，我就不在这里重复。我只是把当年跟随华先生研读《诗经》时感受较为深刻的地方叙述出来，希望能够进一步体会华先生治学的特点。

《华锺彦文集》中的《〈诗经〉会通》和《〈诗经〉十论》是互为表里的两部分。《〈诗经〉十论》论述了华先生对《诗经》的基本看法，《〈诗经〉会通》则是在《〈诗经〉十论》基本观点指导下，对《诗经》作品展开的探索与研究。今天来看《〈诗经〉十论》，似乎有些简略，《〈诗经〉会通》也仅仅有31篇，仅有《诗经》305篇的十分之一，但如果能够细心揣摩，还是可以寻绎出华先生《诗经》研究的路数和高明之处。

对照华先生手稿（复印件），我发现《华锺彦文集·诗经十讲》中的几处疏漏。

（1）第1128页第四讲"《诗经》写作的地域、时代与作者"结束后，缺少附录的丘良任试绘的《诗经地理示意图》。

（2）第1136页第九讲结束后，缺少这一讲的"（五）语言词汇"一段。

（3）第1136页第十讲"《诗经》参考书目"问题最多，先是缺少开头一段综述，然后书目排列原是分为六类，共40余种，其中重点书目有着重标号，最后附有江有诰的《古韵标准》和孔广森《诗声分例》用韵法十例。《华锺彦文集》不仅打乱了编排次序，书目也有遗漏，最可惜的是删去了附录，如用之于教学，非常不便。

再看《〈诗经〉会通》，仅存31篇，依我的记忆，当时华先生所著大概已有67首诗的解说，也就是说，应该有67篇。我记得1997年我曾撰文称华先生已完成《〈诗经〉会通》的五分之一。今华锋师兄收集的仅有31首，相差一半，可能是有遗失。我1988年5月所完成的硕士论文《从〈左传〉看先秦时期的价值观和文学观》，曾引用过华先生《〈诗经〉会通》（未刊印稿）中《采蘩》与《采蘋》两首诗的解说，该文曾经华先生审阅，不会有误，今《华锺彦文集》中未收录这两首诗，似可印证我的看法，《华锺彦文集·〈诗经〉会通》应该不止31篇。

"《诗经》研究"开课时，由于专业课时间上有冲突，能够来听课的只有我和华锋、孙克强、边家珍、靳枫琦、张孟强等六个同学。第一节课华先生就把复印的稿本《〈诗经〉十论》发给我们，让我们每节课前预习。华先生本来要分十次讲授《〈诗经〉十论》，第一节后课间休息，师生一起喝茶漫谈，我对华先生说："先生您已经80多岁了，这么讲下去身体受不了，不如我们根据您的讲义先讨论，然后有不明白的地方，或者您认为特别重要的地方多给我们讲讲，特别是《诗经》的用韵，一般人根本看不懂,您就详细地教教我们。"华锋师兄立即附和我的提议,其他同学也表示赞同。于是华先生就根据我们的要求,重点讲了"孔子删诗""《诗经》的音韵与诵读""《诗经》的小序与大序""研究《诗经》的参考书"等问题。根据记忆中的华先生的讲解,结合《〈诗经〉十论》文本,我觉得华先生对《诗经》的看法非常重要,有必要在这里复述一下,以引起学界的重视。

首先,华先生强调《诗经》中的诗篇是由太师所采集的民歌,采集后不仅会要删选篇章,还要修整歌词。至孔子时,选用《诗经》做教材教授弟子,孔子很可能选用当时通行的某一选本,也可能自己根据通行本有所增删。所以,所谓"删诗"说,华先生说:最准确的说法应该是"选诗"。现在,既没有足够的证据来证明孔子的确删改过《诗经》,但也没有足够的证据来推翻孔子曾经"删诗"的旧说。这一基本观点,看似普通,却是《诗经》研究的准绳。目前学术界普遍采取以"礼"证诗的方法,这实际上是古文经学家研究的路数,借助《周礼》《仪礼》《礼记》及其他先秦典籍,以诗与礼乐典章制度互相印证,来考述《诗经》篇章大义,有的学者甚至将来历不明的战国时期的楚简视为解读《诗经》篇章的秘钥,岂不知《诗经》篇章基本来自歌谣,《风》《雅》与部分《颂》诗起初的文本与太师整理加工过的文本必然存在差异,后儒整理写定的《周礼》等书的时间距离《诗经》篇章出现的时间已经过了很久,他们参照春秋时期诸侯士大夫"断章取义"式的"赋诗言志",把诗之本义与儒家政治教化捆绑在一起,显然远离《诗经》作品的本义,如果不能从歌谣的角度去理解、诠释《诗经》作品,仅仅是把太师改定的文本与先秦儒家经典与杂说相印证,也难免有许多误解。所以,今天的《诗经》研究,所有的诠释,应该牢记这些篇章出自民间歌谣,从歌谣的角度来扫除种种附会,才能得出正确的理解。

其次,华先生考察了《诗经》的流传,认定《诗经》的小序和大序均为东汉卫宏所作,多为附会政治教化之辞。也就是说,华先生研究

《诗经》，基本上认定《诗经》的小序和大序为无稽之说，因而华先生在研究书目中特别重视具有独立思考或怀疑、排斥诗序的著作。比如，华先生认为朱熹《诗集传》推求诗之本义多与诗序相左，尽管其本着理学观念对作品的政治说教不足取，但其对诗篇具体内容的把握还是有很高的参考价值。王质《诗总闻》、郑樵的《诗辩妄》全面否定诗小序的解说，特别是王质，师心自用，务造幽深，虽有廓除小序臆说之功，但其凭空臆说之处也不少见。为了纠正王质等人的偏颇，吕祖谦等信守毛传郑笺之传统，折衷众说，其于小序之说择善而从，也有可观之处，其《吕氏家塾读诗记》于名物训诂尤为精审，值得信赖。至于王柏，其《诗疑》断然推翻汉儒旧说，并以已意删削《诗经》原文，虽被后代儒生称作妄人，其间亦有可资参考之处，其反抗传统之意识尤可珍贵。华先生特别看重清人崔述《读风偶识》、姚际恒《〈诗经〉通论》、惠周惕《诗说》和方玉润《〈诗经〉原始》，认为这些著作虽然整体上未能摆脱《毛诗序》以来的儒家诗教的影响，但在《诗经》具体作品的解释上，颇有创见，可见诗人之本旨。

最后，关于《诗经》的诵读，《〈诗经〉十讲》说："诗以韵成，古今韵读时有差异，读者必须贯通古今之变，而后按今韵读。不通古韵，则失《诗经》之魂；不读今韵，将有'天明'之诮。"（《华锺彦文集》第1135页）何谓"'天明'之诮"？师弟边家珍曾仔细查阅前人笔记，找到了出处。清人陈康祺《郎潜纪闻三笔》卷12有《李天生讥顾亭林好讲古音》条："亭林先生西游，主李天生家。一日，亭林卧未起，天生谓之曰：'汀芒矣。'亭林愕然。天生曰：'子好讲古音，尚不知天应读汀，明应读芒耶？'亭林为之大笑。盖嗜古之不可泥古也。"诗为乐章，重在歌咏。华先生强调学者须明古韵，但诵读应该与时俱进，以今天的韵律来诵读。先秦古韵，华先生最推崇江有诰之说。我在本科读书时，曾选修过赵天吏先生的"古音韵"课程，以唐宋诗韵为主。后来随华先生读书，华先生耐心细致地传授《诗经》的用韵，当时似乎已经明白，但因有30多年未曾留意此事，如今重读清人相关韵书，竟茫然一无所知，不觉汗颜。他日闲暇，理当重新补补课。研究《诗经》，诗的韵律是其灵魂，如果不明古韵，就难以体会其语言格调优美之处。但如果泥古不化，尽读古音，就会违背语言是约定俗成的基本法则，无法与他人交流。所以，华先生的看法是非常通达的，值得后学遵循。

"《诗经》研究"这门课讲授只有半个学期，另半个学期就跟随华先生进行"《诗经》会通"的研究，即在华先生的指导下，每人选择4首或5首《诗经》作品进行诠释。

从总的目标来说，华先生希望《〈诗经〉会通》的研究，既要采用传统的治学方法，又要借鉴当代文学批评的方法，要求通读所有旧注，在此基础上判断《毛诗序》、朱熹《诗集传》和清儒的解说是否正确，解释其观点形成之原因，然后对作品本义做出实事求是的解释，并以作品本义为指导，进行文字、音韵、章法结构诸方面的训释，最后还要有优美流畅的现代译诗，力求传达出《诗经》作品的韵味和艺术感染力。

这是一个相当高的标准，对于我们这些研究生来说，从事学术活动刚刚起步，几乎不知道如何下手。华先生开始先讲了两篇范例，记得是《豳风·七月》和《豳风·东山》。

《豳风·七月》是华先生早年就十分关注的诗篇。早在20世纪30年代，华先生就提出《豳风·七月》中混用周历和夏历的问题。华先生发表在《文学遗产》上的文章《〈诗经会通〉新解》（1988年第6期）中所讲《豳风·七月》应注意的六个问题，就是给我们讲课时提出来的。30多年后，其中观点仍值得研究者重视。《七月》乃豳地有关农业生产之歌谣，其产生时代应该是周族迁居此地以后至立国之初。周人乃夏族之后，故其一直用夏历，但周人立国之后，改正朔，因而开始用周历，特别是太师制乐时，也可能用周历改动文字，所以《七月》诗中两种历法混用。《豳风·东山》最能体现华先生《〈诗经〉会通》的又一个特色，那就是作者运用其丰富的诗词创作经验，从诗歌创作的规律入手，体悟出诗之本义。例如,《东山》第四章,毛传郑笺皆以为是归士(征夫)回忆新婚盛况,感叹不知其久别的妻子眼下如何。华先生指出,第四章所述,乃是征夫归来,其妻子因其久无音讯,就在"仓庚于飞"的季节,改嫁他人了。这种离散的结局,与全诗悲戚的格调一致,造成十分震撼的效果。

我当时选了四首诗来学习做"会通"的练习:《周南·汉广》《郑风·出其东门》《豳风·七月》和《大雅·生民》。根据华先生的教导,先在《皇清经解》中查询自己所需的资料,对诗篇的文字进行疏通,然后再查阅历代研究者对这首诗的诠释,分析综合,择其善者,归纳提炼出自己的观点。由于才学所限,更多的时候是无法得出新的解说,至多是择善而从,但通过这样的练习,特别是通过在诗本义指导下的"解题"、注释和译诗,研究能力可以得到提高。这是一种循序渐进的科研训练方法,我后来也常用于研究生的培养教育。

这里,我再讲讲对"女心伤悲,殆及公子同归"两句的理解。

《豳风·七月》第二章:

> 七月流火。九月授衣。春日载阳。有鸣仓庚。女执懿筐。遵彼微行。爰求柔桑。春日迟迟。采蘩祁祁。女心伤悲。殆及公子同归。

此章大义,传统的解释是采蘩女被豳公子抢回家去。华先生在《〈诗经〉会通》中根据当时礼制考出"公子"即公之女,豳公之女出嫁,将有许多女子为媵,一同陪嫁,所以称"同归"。

我当时读此章时,与华先生讨论,我认为此章的关键是"伤悲"二字,当代学者受阶级斗争学说影响,认定采蘩女是受压迫的女奴,出自阶级仇恨,害怕被奴隶主豳公之子抢走。华先生据当时礼制考证出采蘩女是陪嫁女,是非常正确的。但在当时的历史背景下,要消除掉阶级斗争学说的影响,还是不容易的。我对华先生讲,春光明媚,仓庚啼鸣,少女桑间，突然伤悲，应该是"伤春之悲"，是盼嫁，不是害怕"陪嫁"，采蘩女不一定是女奴，公子也可能是泛称，此章歌谣之义，应该是田园牧歌之类，即女子伤春，期待早日嫁给"公子"。即使是"陪嫁"女公子，也远胜于嫁给奴隶。又如《周易·屯卦》"六二"："屯如邅如。乘马班如。匪寇，婚媾。女子贞不字。十年乃字。"本是叙述上古抢婚风俗，却被说成奴隶主骑着花斑马来抢女子。因此，《豳风·七月》第二章所述，乃采蘩女思春伤感之悲，却被强加上阶级斗争色彩。另外，我当时选一首郑风，是想说明孔子虽然要"放郑声"，并不是认为郑风都是"淫奔"之诗，《左传》多次记载君子"赋"郑风，《诗经》中郑风依然是应该肯定的。华先生肯定我当时能够思考，但华先生告诫我说，如此讲《豳风·七月》这首诗，眼下的政治环境不许可，特别交代暂时不要形诸文字，以免被别人"揪小辫子"。所以，如今重读《华锺彦文集》，我也时常在想，许多老辈学者，因其文章著述多在思想解放之前，难免会有时代的局限，我们在阅读时还要体谅、理解前辈学者的艰难与苦衷。

对于《诗经》研究，还有一点也是华先生一直强调的，那就是古代诗歌的研究者，一定要有旧体诗词创作的能力，华先生特别注重对古代诗歌作品的直觉体悟。我们当时也面临概念系统论、控制论和信息论等研究方法在古代文学领域的运用，但多数情况下，这些新方法的运用，不是来解决我们在科研中遇到的难题，而变成以古代文学研究为例证，来证明某一种研究方法有用。因此，在这方面，华先生这样的前辈学者，也表达过自己的看法。华先生曾举宋代宗杲的话说："如载一车兵器，逐件取出来弄，弄了一件又弄一件，便不是杀人手段。我只有寸铁，便可杀人！"华先生所说的"寸铁"，就是对诗歌的艺术感受力，如果你没有对诗歌的艺术感受力，不能从心灵上与作者心意相通，你就无法对古诗进行正确的诠释。

华先生由于当时已年过八旬，"《诗经》研究"的课程结束后，就再没有给我们这届研究生开课。以后,我们在华先生指导下,先是有一段难忘的"访学",漫游、访问硕学鸿儒,然后就进入硕士论文写作阶段。由于我的研究课题是《左传》,主要由华先生的助手李博老师给予指导,当面聆听华先生教诲的时间就逐渐减少,虽然日常也去华先生家拜望,也有许多值得回忆的往事,但已经不像以前那样耳提面命,日日讲习学问。因此,本文所谈跟华先生读书的回忆就此结束。有关华先生和孙师母的逸闻趣事,他日再撰文叙述。

现在的大学为什么越来越没有故事了?

——华锺彦先生110年诞辰

许石林

2016年11月17日,是已故著名古典文学教育家华锺彦先生110周年诞辰,河南大学将在18、19日举办纪念华锺彦先生诞辰及学术研讨会和"华调吟诵"非物质文化遗产相关活动。敢承不弃,不才也接到邀请,无奈分身无术,只能遥想活动的盛况,并在心里默默地用华调吟诵先生的诗词数首,聊表心意。

余生也晚,没有见过先生,却万幸地与先生的哲嗣、河南大学的华锋教授在台湾做中华古诗文吟诵交流期间结识,并成为好友。华锋先生连续三年被邀请做《说文解字·中华经典古诗文公益课堂》"深圳读书月"系列讲座,向深圳读者传授华调吟诵,成为"说文解字"项目最受欢迎的讲座之一,每次都是听众爆满,连地上都坐满了听众,许多家长带着孩子来听讲,主持人不得不中途提醒听众,要换着坐座位,免得一些坐在地上的家长太过辛苦。

有关华锺彦先生的学问,我是无资格说一个字的,与华锋教授交谈,听华锺彦先生的学生、我的老师康保成教授和其他人讲华锺彦先生的故事,对华锺彦先生的形象慢慢地在脑海中勾勒出一个大致的轮廓,极其生动。

华锺彦先生生于辽东,天资英迈,而能够师从钱玄同、马裕藻、高步瀛、高亨等名师,这是现代大学生永远都不会有的机缘和福报。

读其书,想见其为人,后辈末学,只能一边吟诵着华调,一边从点滴的故事中,遥想这位备受尊敬"河南大学四老"之一前辈的风采。

故事一:先生生于辽东,东北沦陷后,辗转于北京读书、教书,意气风发,有感于山河破碎,仿效庾信《哀江南赋》,写《望辽东赋》,抒发对国破家亡的愤郁和激情,为当时传诵,感染了多少人心。而先生一生辗转,尤其是"文革"中被迫上交所有个人创作诗词作品,遂将此赋遗失了。到了晚年,依稀记得其中的部分句子,与儿女分享,自我感叹:真是少年意气,若今日重写,恐怕是写不出了。阖家不胜唏嘘。前些年,《华锺彦文集》出版,真没有找到这篇赋,很遗憾。2011年冬天,我跟华锋教授在台湾做中华传统诗文吟诵交流,中间还探访台北、台中的旧书店,看能否访问到华锺彦先生的著作,果然找到一本《花间集注》。我们希望,说不定哪天《望辽东赋》会出现。

故事二:1979年春天,日本汉学家吉川幸次郎访华到河南,吉川幸次郎是日本研究杜甫的专家,他到河南要专程拜谒巩县的杜甫故居。当时的杜甫故居,被几户农家占据,猪圈、鸡舍包围,十分肮脏凌乱,连通往故居的路都是非常泥泞的北方乡间土路,根本不能让人看。有关方面急急忙忙请出华锺彦先生,请他作为河南方面的学者接待吉川幸次郎。了解了情况之后,如何婉言谢绝专程到河南参谒杜甫故居的吉川幸次郎?华锺彦先生作了一首诗致吉川幸次郎:"窑湾春涨路难开,杜老遗踪锁碧台。领会青云动高兴,明年扫径待君来。"吉川先生读罢,不无惆怅,表示理解,并和诗一首,有云:"命驾青泥阻,凝目绿野苍。明年邀我去,地主意偏长。"河南方面很快迁走了当地住户,维修了杜甫故居。

故事三:我看到一篇动人的文字,孙兴先生撰文回忆上大学时听华先生讲课:"大三时,我们的古典文学课讲到了宋词部分。主讲是我国著名词学专家华锺彦教授。据说华教授刚从豫南农场'解放'回来,这是他第一次登台为我们授课。华先生走进讲堂,未曾开讲先自吟诵起来:'春花秋月何时了,往事知多少。小楼昨夜又东风,故国不堪回首月明中。雕栏玉砌应犹在，只是朱颜改。问君能有几多愁，恰似一江春水向东流……'我们遂报以雷鸣般的掌声。但见华先生泪光莹莹，感慨唏嘘，不能自已。是重返讲坛激动难掩？或是诗词触到了他的痛处，从而与词作者产生了共鸣？好久，华先生才回过神来，哽咽着说：'同学们，现在上课。'班长急忙喊起立。华先生向我们深深地鞠了一躬，这一躬鞠了足足有一分钟。"

……华先生的故事，远远不止这么多，这不是一个故事少的人。大学，就应该是这种人的大学。这种人在大学里，俯仰一生，才学德义，影响了太多的人。而薪火相传，被他影响的人，又影响了更多的后来者。

从前的大学就是这样有故事的人的大学，这些故事分明不是故事的具体当事人个人的故事，而是跟所有人都有关系的故事；这些有故事的人组成的大学，是那种让人一想起它，不管这个大学跟你有没有直接关系，都给你一种坦荡磊落的精神依靠，像一个温暖的精神驿站，供任何人免费落脚歇息。而今日之大学，眼见其越来越唯利是图、趋炎附势、弃大义而抱微利，蝇营狗苟，算计利用他人，也被他人算计利用，真可谓"数十年来空蹉跎，不拘一才降人格"这样的大学，有故事的人越来越少；有故事的人越来越少，大学就必然越来越荒芜。

2016 年 11 月 16 日

附录：华锺彦先生追悼挽联、诗词、文章

华锺彦教授追悼会悼词

我们怀着沉痛的心情悼念华锺彦教授！

河南大学原中文系副主任、校学术委员会委员、中国古代文学教研室主任、中文系工会主席、中华诗词学会顾问、中国韵文学会理事，唐代文学学会常务理事、河南文学学会理事、河南诗词学会名誉会长、中国古代文学教育家、研究家、著名诗人、学者华锺彦教授，因患心肌梗塞，经抢救医治无效，于1988年7月11日21点10分在北京不幸逝世。享年82岁。

华锺彦教授生于1906年10月，辽宁省沈阳市人。1927年于奉天省立第一师范学校毕业。1928年在沈阳市文华中学任教，1929年考入沈阳东北大学国文系，1931年转入北京大学国文系，1933年毕业。至去世为止，在大学任教近60年。在大学求学期间，曾先后从高亨、钱玄同、俞平伯、许之衡、高步瀛等一代学者学习，深得诸家精髓，奠定了

深厚的学术基础。从 1933 年到 1948 年，先后在天津女子师范学院、北京东北大学、京华美术学院等校任教。在那多灾多难的岁月，华锺彦教授积极追求真理，安贫守拙，在极端艰难困苦的条件下，为祖国培养了一大批学有专长的人才，其中不少人已成为当代专家、学者。新中国成立前夕，国民党腐败日益严重，华锺彦教授与广大进步知识分子一道，用各种方式反对国民党的腐败统治。新中国成立以后，华锺彦教授先后在东北师范大学、河南新乡师范学院，开封师范学院、河南师范大学（二校皆今河南大学前身）、河南大学任教。在党的领导下，华锺彦教授靠近组织，要求进步，团结同志，关心群众，勤奋工作，为社会主义教育事业做出了重要贡献。

华锺彦教授长期从事古代文学的教学、研究和古体诗歌创作，并取得了多方面的丰硕成果，其教学、从先秦讲至近代，上下贯通几千年；其研究、则广及文学、艺术和哲学等领域，诗、文、词、曲等文体；发表有《〈七月〉诗的历法问题》《从古典清官戏谈起》《〈长恨歌〉的主题思想》《从旧体诗的光辉传统，展望其未来》《评有关帛书老子的论述》等廿余篇论文，对不同研究课题都提出了个人看法，受到学术界好评；从 1934 年以来，出版专著有《花间集注》《戏曲丛谭》《中国历史文选》《诗歌精选》《华锺彦诗词选》，并主编《五四以来诗词选》、校订高亨先生《老子注译》等，在学术界产生了很大的影响。顾随教授说：《花间集注》"使千载上古人心事昭然若揭"；台湾学者唐文标的《中国古代戏剧史》称《戏曲丛谭》为"重要的著作"。此两部专著还在台湾被翻印出版，其中《花间集注》又在国内重版，《五四以来诗词选》亦受到学者们称赞。霍松林教授题诗有句云"华翁妙选存诗史，《河岳英灵》迈盛唐"，将之与唐人殷璠选唐诗《河岳英灵集》相提并论；钱仲联教授也题诗说"秋菊春兰共此编，多君扬榷一灯前"，极力赞扬他主编此书的功绩。

尤其值得提出来的是，华锺彦教授对古典诗歌创作和吟咏的倡导。

《旧体诗的光辉传统展望其未来》等论文一发表，各方学者均纷纷来函积极响应，其独到新颖的见解，对我国古代诗歌的继承与发扬，对研究领域的开拓和研究的深化，都起到了重要的推动作用。

华锺彦教授勤奋研读，学识渊博，为了教学工作的需要，他曾主讲多门专业必修课和选修课。在教学中，他对学生十分热情而又能严格要求，他结合科研指导青年教师和研究生，奖掖后进，不遗余力。那种学而不厌、诲人不倦、忘我操劳、沤心沥血的献身精神，深受广大师生爱戴。在郑、汴等地工作的一大批学生得知华老师骨殖由京运汴消息，都冒着炎热酷暑，手持悼念横幅至车站接灵，相见之下，泣不成声，在场之人，莫不为之感动。

华锺彦教授性格直爽，襟怀坦白，光明磊落，严于律己，宽以待人。新中国成立以来，在党的领导下，一贯超负荷地积极工作，在教书育人、科学研究、严谨治学等方面都堪为后代楷模。近几年来，他以八十高龄，仍是夜以继日地挥笔论述，精心地培养研究生，不辞劳苦地参加全国性学术会议和讲学，终因劳累过度，猝然长逝。他那种为社会主义教育事业"鞠躬尽瘁，死而后已"的忘我精神值得我们永远学习！

安息吧，华锺彦教授！我们将化悲痛为力量，努力继续完成您未完成的事业！

挽联选

数十年化雨春风此日公门尽桃李
千百首诗词丽句亢龙豪气薄云天

　　　　　　　　　　　中华诗词学会

笔耕诗苑硕果誉千秋
汗洒教坛桃李满中华

　　　　　　　　　　　地理系全体教工

一生播惠
百世流芳

　　　　　　　古代文学教研室　宋代文学教研室

潜心学术博洽精深遗书传篇光璀璨
献身教育宵旰劳瘁平生业绩足楷模

　　　　　　　　　　　成人教育学院

德行冠同俦，绛帐空息，生前教泽应长在。
才华称独步，青藜曾照，身后文章合永垂。

　　　　　　　　　　　高文

词兼两宋，诗继三唐，雅什清歌传四海
学贯六经，义通百子，宏文巨制耀千秋

宋景昌

一代宗师，百川奔竟归东海
卅年恩遇，双袖龙钟哭我师

张之

焦桐有幸存知己
白马何堪送故人

汪玢

师表言行垂后世
才名文章冠群伦

邢治平　刘朴

风范犹在
教泽长存

于安澜　张启焕

广注花间集
深研道德经

任访秋　刘溶　牛庸懋　赵明

文章好写文人难当先生常吟正气歌
学问好成人师难做先生永世为楷模

卢永茂　李桂珍

教书济世盛矣夫子之门竞出天下之士
删述为志巍乎先生斯道光大中华斯文

王立群　张进德　齐文榜　张一木　郭振勤
王利琐　张　弛　徐　江　李贤臣

诗宗李杜
词步苏辛

宋景昌　王澜汉

硕德遐龄，留有华章重后世
言传身教，不忘遗爱哭恩师

贾占清

耿介胸襟眼中无粒砂是非曲直毋论先生风范重永世
渊深学殖笔底有华章纵横俯仰皆宜弟子修诣瞻北辰

张俊山

而今乃后，凭谁问业，长忆六载提携，十年教诲
碧落黄泉，何处招魂，空余两行清泪，一瓣心香

王珏

一德修契唐贤忽惊嵩岳埋云白马素车滚滚江潮闻太息
十载叨随杖履何意星芒堕地青衿血泪纷纷俎豆失瞻依

曾广开

满园苗珠伤化雨
一门桃李哭春风

赵宁　党春枝　杨守权　王宪法　李亚白
程建军　魏　敏　李　捷　郝文勉

星陨燕京连天飞雨魂系花间集里
神归嵩岳动地哀歌情长三百篇中

佟培基

君姓吾名，忆黄河同咏，洛水同吟，物是人非，痛失文星归宝座
吾师君友，剩赤壁合刊，杜陵合影，天高云冉，剧邻桃李哭春风

叶钟华

直道长存学子尚能沾德化
良师永去诸生何处别嫌疑

刘宝和

声诗传世，著述等身，寿逾耄龄今有几
古韵同论，新春互贺，痛亡知己我何堪

刘家传

吟诗唱曲真神化
撰书经世是儒风

祖雅宜

良操美德千秋在
诗文佳句万古存

赵洪德

不才渥荷滋培高谊一天云化雨春风偏厚我
此病竟成绵缀旧游三尺雪耳提面命更何人

张振江　田艳　刘剑涛　张国臣　韩家清

挽诗、挽词选

哭锺夫子

师友相兼四十年,情真气正入诗篇。
结缡十载陶然乐,岁月无愁自比仙。
伴我风晨同锻炼,陪君雨夕读三玄。
人间何事君生厌,弃子抛妻归道山。
肝肠断尽无肠断,泪水泉枯泪已干。
生康死速君修到,病床幸未受熬煎。
堪叹诗文皆待续,愧无健笔补遗编。
更怜双鹤留一鹤,雨夕风晨泪涟涟。

梦锺君

引梦孤灯正忆君,声声杖履至家门。
启帘张望空无影,冷月悲风夜正深。

三周年

为祭锺君到陵园,繁花野草静无喧。
耳边似听悄悄话,愿话相思回鹤轩。

孙叔容

悼先父华锺彦教授

文园艺海六十年，桃李文章俱百千；
呕心沥血昭教诲，高风铮骨见行传；
放歌吟咏扬诗界，博考精研范教坛；
大业方兴人竟去，哀思狂涌断肠肝。

将凭屈子赋招魂，泪眼依稀万绪纷；
教诗精微轻势利，家风濡染重经伦；
一腔热血排人难，两袖清风任己贫；
去去何疾还似梦，教儿空自哭秋坟。

华贲　华维　华锋

挽华锺彦先生

噩报传来骨暗惊，诗坛遽丧老成人。
音容苦忆情犹昨，书札重开墨尚新。
勤采珠玑存雅道，频申歌咏见醇真。
夷门他日如过往，应对遗居泪满巾。

湖北胡国瑞

悼华锺彦兄

论交每忆卅年前，肝胆相期师友间。
尽有诗名播海宇，长留风谊动乡关。
哀音徒卜邮传误，老眼难持热泪干。
昨惠手书今尚在，谁问生死问苍天。

甘肃匡扶

江城子　忽闻华锺彦师逝世作

先生盛夏绛帷闲，客幽燕，待秋还。芙蓉未老怎说已长眠！汴水月前聆教诲，筋骨铁，面容丹。

高谈来日气如山，再立言，廿余年。料因饱学，昔又注《花间》，应是温韦中给事，邀暂去，唱新篇。

悼华锺彦师

（一）

亢直终难与世争，壮怀无赖以诗鸣。
白头何让香山叟，万首琼瑶写令名。

（二）

塞北当年始识荆，中州曾共树吟旌。
怆怀怕抚延陵剑，青眼终惭阮步兵。

（三）

龙吟凤哕不闻声，北国诗坛一柱倾。
弟子三千依旧在，新松他日定峥嵘。

龚依群

哭华师

昨日离亭别，何期成古今？

赐书犹在案，聆教已无音。
一自呈雕篆，长蒙誉士林。
泉台今永隔，东望泪涔涔。
万里来辽水，一朝归道山。
无由寻绛帐，何处接慈颜？
落笔多遗直，传诗不待闲。
九原如可作，寻上碧天间。

文章道德两吾师，三十三年倍受知。
雨露深恩犹未报，遽乘丹鹤返天墀。

一九八八年

留别华先生

立雪程门已四年，先生情谊过嵩颠。
文章北斗思韩愈，大道东归愧郑玄。
俊鸟终须迁谷树，男儿应是涉山川。
临岐不必多惆怅，好为黎民共著鞭。

一九五九年

再呈华先生用前韵

一别开封又四年，数丛白发上华颠。
赋成文木仍持笔，脱却缁衣更著玄。
空有心胸追禹稷，全无功德到山川。
当时壮志徒虚语，南望良园痛自鞭。

一九六二年

呈龚华二先生

南衡北斗有真源，来集中州翰墨轩。
一代诗名韩史部，百篇文赋陆平原。

投身忝预贤良荐，报国空怀雨露恩。
惟有闻鸡频起舞，不教馀岁愧刘琨。

一九七八年

与华先生夜坐，先生亲送归逆旅

灯下聆言至夜深，清溪相送过前林。
西斋寄宿寻常事，也费先生一片心。

刘宝和
一九八八年

悼华锺彦先生

梁园风雨黯词林，抚读遗篇泪满襟。
舌底生波惊四座，庭前立雪忆高吟。
穷通不改贞松性，忧乐长怀国士心
后起诸君堪告慰，百花深处有新音。

河南林从龙

附记

  华锺彦先生是现代知名学者兼诗人。先生早年任教东北大学，"九一八"事变后流亡关内。1932年，日本白川大将在上海阅兵，为朝鲜志士尹奉吉所刺杀。先生为作《侠士行》，有"铁血春红陌上花，鬼磷夜碧江边草""拼将一颈孤臣血，开作千年帝子花"等名句，传诵一时。新中国成立后，先生积极从事诗词创作与诗歌理论探讨活动。他主张"继承诗词传统必须创作，不能纸上谈兵；发展诗词传统必须改造，不能食古不化"，为同辈所赞许。为了展示现代诗词创作的成就，先生主编了《五四以来诗词选》，收录作家400多人，作品1100多首。先生以前月病逝北京。平时亲友及门弟子，颇多哀悼之词，特为选录发表，以记永怀。

王起

华锺彦先生千古

一生治学一生诗，翰苑杏坛吐尽丝。
岁月峥嵘遗泽远，芳菲桃李忆扶持。

河南教育社胡茄
郑大中文系杨嘉仁

悼念华锺彦教授

传来噩耗猛惊心，暌违旬日怆人琴。
既悼逝者行自念，卅年风雨伤感深。

羡君弱冠擅才思,翰藻夙受老辈知。
北大肆业未及满,天津师院授诗词。
舍妹当时承教泽,迄今对师仍钦迟。
博览为作《花间》注,详释取便学子窥。
高校督请六十年,两河文士仰华巅。
耄耋不辞搜罗苦,"现代诗词"著新篇。
百家风格别裁在,遗山中州堪并传。
迎来新建诗词社,西照益友绛霞鲜。
讵料一病竟不起,文教损失无可比。
桃李万泪泣良师,盈箧遗稿待董理。
引领北望暮云平,招魂何能去燕京。
歌惨薤露斜阳晚,风动素帏自飘零。

于安澜

悼华锺彦教授

自惭才短拙于诗,谬被人前说项斯。
几首漫吟蒙录选,多篇浅论赖扶持。
十年岁月推公长,一代文章是我师。
此日先生归化去,难将哀痛诉言词。

宋景昌

挽华锺彦教授

白首虽云志,同怀赤子心。
飘然骑鹤去,谁与共清吟?

牛庸懋

悼念华锺彦教授

犹闻极目登临语，一片童真赤子声。
望眼东风桃李树，排云鹤唱大千情。

自注：

1. 犹闻句：郑州黄河游览区每年都要邀请全国的学者、诗人云集黄河之滨，举行一年一度的黄河题咏会。华先生每次都应邀与会，即席吟唱，登高赋诗；当其时也，我总有幸侍而聆教，并两次陪其登上五龙峰的极目阁。

2. 排云句：华先生的书房名谓双鹤轩。1985年我和河南大学的王文科友，曾采访华先生于双鹤轩。先生激情昂扬，谈笑风声，时而击节吟唱，时而慨然陈情。先生留给我的是童稚的真谆。

开封李允久

送锺翁夫子鹤驾西适

青山依旧响清吟，云路茫茫不可寻。
北斗孤魂空对月，南轩双鹤倍伤心。
儒林不朽成终古，直道长存岂独今。
最忆慈恩龛影下，论诗逸兴荡风襟。

佟培基

江城子

滋兰树蕙苦芸耕。诉平生，最衷情。漫说经史，品藻有佳名。大吕黄钟高引亢，吟李杜，唱骚风。　　登堂学步赖扶撑。绿荫浓，水长东。追思魂系，唯有泪和声。笑貌音容何处觅，更漏半，睡梦中。

河南孙克强

悼华锺彦教授

噩耗惊心泪顿倾，黄河浪咽悼文星。
洛阳教诲提诗品，伊阙挥毫借墨馨。
化雨广施桃李茂，春风频送杏坛温。
杜公故里同留影，栖凤楼藏点石情。

附记：

在未得先生之前，曾呈拙句，速得回音，倍受青睐，丙寅春，去洛阳参加唐代文学讲习班，有幸识先生，倍受鼓励。听先生讲学，更受益匪浅，同被邀去白园挥毫，竟敢在先生面前献丑，谒杜甫故里时，先生乐与我等合影留念。同参加黄河游览区题咏会时，先生对我倍加亲切，频频指点。拙集《栖凤楼吟稿》付梓时，先生题句以赠，诗曰："栖凤楼高振楚声，归奇顾怪不平鸣，何愁绀弩难为继，天纵诗豪黄白丁。"刊在诗集扉页，倍增光彩。戊辰春，再呈《栖凤楼近稿》（打印稿）更得先生誉评，信云："绀弩去后，荒芜诗近似，而你诗更为接近，其所能致此者，以有傲骨，无求于人……诗到穷时韵近工。你诗得之矣……诗作绝妙，可以自成一家。"我诗能成名，首仗先生矣！

谁知戊辰暮春应邀去襄阳作画，经两月半归时见河南大学寄来讣告，惊闻先生不幸于二十天前跨鹤仙游，使我恸不成声，从今何处觅良师？！迟迟寄诗以悼，愧对英灵，祝先生安息九泉，精神与著作同垂千古。

湖北罗田黄白丁

痛悼华锺彦教授

痛失良师惊噩耗，今生常恨未相逢。
知音远隔瑶台路，一曲魂销寄断鸿。

何瑞澄

悼锺彦师

铎声起处古风存,护法吟坛雨露深。
《东望曲》今成绝响,中州遥望赋招魂。

回首当年化雨深,孰期今日赋招魂。
追随杖几音容在,惆怅西风哭寝门。

敢忘程门哺育恩,《梁园》一曲见诗魂。
推敲此后凭谁定,海雨纱窗尽泪痕。

弦歌声断哲人萎,常忆春城沐德辉。
一事九原堪告慰,手栽桃李尽芳菲。

辽宁 孟宪纲

悼江南诗词学会顾问河南大学华锺彦教授

长期不获梁园信,流水山高相忆深。
岂意讣告传噩耗,何堪词苑失知音。
论诗海内称同调,探韵江南许印心。
为赋招魂歌楚些,南天难禁泪盈襟。

江南诗词学会　南天竹影 刘隽甫

悼华锺彦教授前辈

一

名重文坛出九州，邹枚敛衽料知羞。
兔园绝笔"扬州慢"，决破炎凉浩气留。

二

墨迹方干噩耗来，遗书重读泪沾怀。
苍天亟问无言对，径作滂沱泻九陔。

后学彭友深敬挽

悼华锺彦教授

年前肇庆方欢聚，何意今朝赋悼诗。
新著雄文犹积案，意园花木亦含悲。

福建师大黄寿祺

华老锺彦永别

乍闻哀告出中州，去矣华翁不我留。
曾记殷殷谈韵语，谁期黯黯哭名流。
高才一代人皆仰，硕范千秋孰与俦。
最是难忘京口路，依依一别送龙头。

镇江李宗海

挽老友华锺彦教授

忽闻天上坠文星,不觉襟前泪已零。
十载论交头并白,几番把晤眼同青。
榴园座对谈骚雅,薤露歌残忆德馨。
千里招魂何处是?古刍一束吊英灵。

上海李梦寒

锺彦吟长千古

开函拭泪不胜哀,千里谁知讣告来。
何事诗人屏世务,吟坛辞却到泉台。

彭鹤濂

挽华锺彦教授

曾访先生教授楼,诗词有幸绍箕裘。
宏图正展情方切,巨册编成意未休。
伫望芳华光李杜,那堪噩耗报燕幽。
洞庭人誓承遗志,共把吟旗卷九州。

湖南省诗词协会副会长洞庭诗社副社长李曙初拜挽

哭华锺彦先生

方冀山高水更长,晴天霹雳震黄冈。
初瞻芝宇吟河汉,曾沐春风课洛阳。
手札尚存千古笔,文星遽陨九回肠。
华佗无术医华老,敢遗诗魂伴草堂。

自注:我与华老第一次通讯是在1984年秋季,书信往来甚密,神交已久。1986 年 4 月我和华老在黄河题咏会上首晤三日，同月在牡丹之乡洛阳市亲听过华老讲座吟咏诗词。

湖北叶钟华

锺彦教授长逝

　　羞为虚声误，重劳枉道来。
　　中州尊祭酒，文苑仰清裁。
　　曾做輶轩使，广搜爨下材。
　　添筹登上寿，闻笛起沉哀。

浙江周采泉

悼华锺彦师

　　华锺彦老师是河南大学中文系教授，系副主任，中华诗词学会顾问，于去年七月溘然仙逝，数月来哀思萦之，诗以悼之。

一

　　教席初登少壮年，书生意气薄云天。
　　拼将热血酬华土，桃李成春百态妍。

二

　　白发飘萧两鬓斑，忍将衰朽惜余年？
　　点红着翠豪情在，夕照青山入简编。

三

　　噩耗传来泪洒笺，音容笑貌忆华年。
　　《长生》一曲情犹在，绛帐无人解翠钿。

四

唐诗说法得真诠,更有丽句万口传。
鹤泪苍天思往哲,拓新救弊赖群贤。

朱现魁

华锺彦教授挽诗二首

一

中州一别成千古,高唱犹传敕勒歌。
诗社知音怜绝响,共抛热泪注黄河。

二

举臼孟光能捧砚,诗翁咳唾自生珠。
温其如玉怀君子,愧未灵前献束刍。

湖南何泽翰

悼华锺彦教授二绝

一

存异求同论古韵,新词酬唱贺新春。
风刀霜剑都无损,自是金刚不坏身。

二

星沉云暗北京城，诗国惊传瘁老成。
遥想梁园公祭日，汴渠呜咽助悲声。

刘家传

青衫湿、挽华锺彦教授

思亲一幅藏园画，增色见鸿题。论诗革故，奇文与析，开眼金鎞。　刘樊仙侣，榴园妙曲，延洞佳醴。文星遽陨，凝神想象，雨泣风凄。

陈葆经

悼华锺彦老先生

北雁南来报噩音，文坛耆旧忽捐尘。
传经授业虚师席，掞藻扬葩重艺林。

犹忆移樽聆雅教，讵知易箦罢高吟。
他时诗酒中州会，聚首榴国少一人。

刘人寿

悼河南大学华锺彦前辈

讣讯惊闻自大连，识荆记得在渤湾。
听公论屈服高见，勉我吟唐续正传。
五四以来存雅颂，一千载下注《花间》。
谁知转瞬成今古，未果中州访古坛。

辽宁孙风态

华锺彦教授挽词

吟席高悬正正旗,遗编五四树清规。
野人游女俱留韵,秋菊春兰自吐奇。
一代风骚量巨眼,九州佳气入新诗。
那堪玉树今埋土,笛冷山阳忆导师。

四川傅承烈

挽华锺彦教授(四首)

一

一代文宗连圃公,诗坛学界并推崇。
教鞭勤执六十载,笔不停挥思不穷。

二

神交心契属忘年,几度邮筒递锦笺。
拙稿先承题妙句,暮云春树自拳拳。

三

迟来讣告倍心惊,何意频频伤老成。
默悼难禁垂涕泪,夜阑人静梦来萦。

四

从兹无处访音容,唯有案头书数封。
但愿瑶玙能接武,遗编重整迈数峰。

浙江吴亚卿

纪念锺彦师逝世一周年

张芝

华师仙逝，于兹周年，敬述往事二三，以为纪念。

余学诗于华师，盖自五八年。初，无缘侧身帐下，通信求教而已。承师不弃，有问必答，有诗必改，更多做批语，遂细指点。余曾有句记其事云："句边彩笔神奇化，诗国金针仔细论。"驽钝之资得以稍进者，吾师所赐也。只为其后致力他事，无暇于诗，迄今无所得，甚感惭愧。

余尝为曹雪芹《红楼梦》补其久佚之后三十回书。初为避祸，未敢外扬。迄其粗成，适闻有某红学家兼作家久有此意，且正试笔，喜而叹曰："早知有此，余何必为此孺子扛鼎之举。"因置之箧底，不复顾。八零年冬，华师莅安讲学，因及此事。华师不以为然，力促余早日定稿，谋求印行，云："为曹公补书，天大好事，汝虽有所不足，抛砖引玉，何为不可！"命速速誊清，要亲自审阅，指点。阅四岁，拙著得以问世。非吾师督促、指导，恐草稿数册仍压书箱耳。

华师教诗教人。大动乱中，余养疴多年，未曾工作。尝赐书，以"为人民服务亦乐事也"相勉。迄八一年冬，余起复，供职于安阳地区文化局，师喜曰："如此甚好。以汝所近，为人民服务，正是人尽其才。"八七年春，余辞官一事，人多不以为然，独吾师云："此意可以理解。然如不获准，则应勉力其难，只要存心为人民服务，即是。"为人民服务云云，眼下多已不讲，余却奉之唯谨。盖不仅当年风尚如此，且是吾师所谆谆教诲者也。

华师，当代有数之诗家，其成就之辉煌，岂待余言。唯吾师为诗之苦心，尝略示一二，启予实大，不敢忽忘。华师力主白居易所倡"文章合为时而著,诗歌合为事而作"之精神,以为唯此为诗歌正宗。凡当代大事、杰出人物、良好风尚、社会弊端,一发于诗,歌颂之,批评之。总以有利生民、有益国事为依归。故其诗,言之有物,非泛泛嘲风月、记行踪所可比。余曾有句云:"迩来狂歌历乱舞,呕哑嘲哳称天枢。为时为事白太傅,英灵不灭泣路隅。独有吾师华锺彦,碧海探得骊龙珠。宝光四射逼夜幕。粒粒圆润红珊瑚,祛邪除怪力难估。"尚记"好个包公满座呼"。"好个"句,华师看包公戏后有感而作也。

  社会与日俱进,诗歌也必须力求革新,逐步适应。诗歌之严格韵律,常阻人于藩篱之外。尤其用韵,仍通行平水韵,与今日之口语相去过远。不唯今初学者望而却步,也减弱诗歌之社会效能。华师二十年前即主张放宽诗韵,始则以鲁迅、毛泽东为例,以为进一步扩大邻韵通用之准则为宜;其后,主张以词韵为基础,再略事并分,使更切近今日语音;再进而提出,应容许较大地区之方音入韵。于此可以见出吾师不断革新前进之精神。

  余曾有《感事呈华师》一律,末联云:"浞浞便应穷岁月,起衰八代佐韩猷。"如今师去经年,而余亦风檐日晚,言念及此,悽怆难名。

悼念华锺彦先生

叶元章

华锺彦先生猝逝都门,这消息来得突然,令人惊愕而不敢相信。但事实证明,华老确是不在了。

我认识华老已将近十年。20世纪80年代初就开始通信。后来由于编选诗集,他向我征稿,我也向他征稿,彼此交流一些作品,有时也就某些问题交换意见。论资格,他是我的前辈;论学问,他是我的师长;论人品,他更是我的楷模,是我终身服膺的典范。他执教半个多世纪,门墙桃李遍于天下,但对待后学新进,仍热诚鼓励、多方奖掖,从不以权威自居。他的诗,功力深厚,多体皆备,不愧名家之目。对诗词创作及其改革,他有许多真知灼见,而且身体力行,大胆探索,直到晚年,仍奋进不已,表现了一个学者老而弥坚的钻研和求实精神。

我拜识华老也有好多年了。最难以忘怀的,一次是1986年4月在郑州黄河游览区,与先生欢叙数日。会后,蒙先生盛情相邀,我同苏渊雷先生一起作为河南大学中文系的客人到开封盘桓一日。其间,我与苏老同去中文系与师生见面并做了讲演,后又由系里安排参观河南大学图书馆和当地的名胜古迹,时间虽短,收获甚大。而所有这些都出于华老的厚爱。长者殷殷之意以及河南大学中文系师生的友好情谊,都使我铭记五内,毕生难忘。

另一次是1987年初肇庆之会,先生偕夫人远道莅会,与各地代表一起共同探讨当代诗词的若干问题。先生精神矍铄,步履稳健,并且在会上发言,纵谈诗词改革及其发展趋向。受到了普遍欢迎。当时,会议发起为到会的已八十高龄、包括华老在内的四位老前辈祝寿,与会代表或赋诗,或填词,或书写对联,以表达各人由衷的敬意。在肇庆数日,我与华老时相过从,并同游星岩,摄影留念。我看华老登临之际行动自如,不需要夫人扶持,不由得暗暗高兴。临别时,又互道珍重,期以后会。谁知四老中看似清健的华老,竟第一个撒手人寰,悄然逝去。一别竟成永诀,真是万万料想不到的。

现在,华老离开我们已经好几个月了,他的音容笑貌,仍不时在脑际浮现,真乃往事历历,如在眼前。想起华老对我高情厚谊,无论是每次来信和见面时的谈心,都体现了长辈的勉励和期望。自己这些年于诗词创作和研究,一无成绩,中国古代文学的教学、研究,一无建树,觉得非常对不起他老人家。

好在华老师生前精心编选、穷数年之力得以完成的《五四以来诗词选》一书,已正式出版,华老的心血没有白费。中国诗词近年来在华老等名家高手的倡导下,在新的历史条件下,仍取得了可喜的进展。国内诗社林立,作者队伍迅速扩大,作品数量激增,亦涌现了不少好作品。个人诗词选集不断问世。《中国当代词诗选》一书的续编正在进行,华老曾为之献出毕生精力的中国诗词,正展现其光明的前景。华老地下有知,也可以放心了。

未列门墙,其风义却在师生之间,而感情之深且笃,则又过之。所以,华老之离去,我是十分悲痛的。曾经写过一首挽诗"记论文坛学步时,他山有石指迷痴。何期遽作人天别,哭损双眸写挽诗",正好移用于此。华老是我的师长、我的前辈,也是我的平生知己。我正是流着眼泪写这篇纪念文章的。

愿华老得到安息。

落花时节读华章

夏影

落花时节,购得一本《花间集校注》,细细一看,校注者竟然是我们敬爱的华教授。

于是,便饶有兴致地读了起来……

我是华先生的学生,曾读过他不少的东西,对于华教授的诗才,我是十分仰慕的,每次展读他的华美词章,都觉得自己的灵魂受到了一次圣洁的洗礼。

华教授一生都与诗歌打交道。他不仅校诗、注诗、析诗、赏诗,而且还写诗、吟诗,更是教了一辈子的诗词歌赋、散曲戏文……可以毫不夸张地说,他的生涯是诗的生涯。

华教授是位典型的诗人型的学者、学者型的诗人,身上有着很浓的诗的气息。这一点即使在一些平凡小事上也能看得出来。

一次,我们看见他在夕阳下担水,就感到有诗的东西在他身上流动。他着一身白色的短衣短裤,挑的是两个又粗又高的洋铁桶。百十来斤的重担子,撂在他的肩上,他既不怯,又不颠,脸不红,气不喘,只是一个劲儿地在霞光中飞跑。小扁担,在他的肩上,轻轻地颤悠着,一上一下的,宛如鸟儿翻飞的翅膀;桶里的水,微微地荡悠着,在斜阳的照射下,跳着满桶的金光;他一手把着担子,另一只手自由自在地甩悠着,在身边划着很好看的弧线,真像是高明的乐队指挥在打着节拍……扁担儿"吱吱",脚步声"嚓嚓"……他口中还响着仿佛是"号子"之类的"嘿嘿""呀呀"的声音……这一切,都显得优美,和谐,韵味儿十足。同学们都看呆了,不禁啧啧称赞:"好一个'杭育杭育'派的诗人啊！"

他讲诗讲得非常好。我很难确切地概述出他讲课的特点，我只能说，我是他最忠实的听众之一。前不久，我曾撰文，依据我们老师的不同教态，把他们的教学风格区分为三大派别：一曰"考证派"，一曰"逻辑派"，再一个就是"表演派"。华先生似乎无所归属，但又似乎是属于任何一派的。因为他讲课，既有着"考证派"的"考订详细，言之有据"，也有着"逻辑派"的"环环紧扣，结构严密"，更有着"表演派"的"手之舞之，足之蹈之"……总之，我觉得，他的课堂犹如一个巨大磁场，强烈地吸引着众多青年的心。

现在，仔细回味起来，他析诗赏诗，似乎有着更为宝贵的特质。这特质，一言以蔽之，恐怕就是"执著"两个字。

华师有言"文胆当求大于斗"，记得他在给我们讲析《长生殿》的主题思想时（剧中的优美唱词，也是绝妙的好诗呀），从作品的实际内容出发，独树一帜，大胆地提出了一种新观点（大概是李、杨爱情中心说）。这种观点与当时由于屈服于政治压力而流行的各种观点相逆相悖，很有点离经叛道的味道。这自然是纯学术问题，但在当时严峻的环境中，提出这样的观点是很危险的。许多人都替他捏着一把汗，劝他改变自己的看法。但他却一直坚持着，决不看风使舵，决不随声附和，也决不随波逐流，就像山巅的一根劲竹，"咬定岩石不放松"，不怕当"靶子"，不怕被"拔白旗"，也不怕被定成什么"分子"……

华先生常说，写诗要有真情，要有激情，要有热情。他的名言是"诗情应许热如汤"。他是这样说的，也是这样做的。

我大学毕业之后，曾编过几年文艺刊物，为了提高刊物的知名度，我常向名家约稿子，其中自然也包括华教授。但约稿信发出后，我又惴惴不安，一是怕影响先生繁忙的教务，二是怕他嫌我们的刊物小，不肯赐稿……不料想，几天之后，他竟寄来了一首百句长诗。那诗气势恢宏，激情如火……诗中勾勒了诗歌的发展脉络，追叙了诗歌的繁盛境况,记述了诗人的创作趣闻,并对诗歌的发展提出了热切的厚望……可惜,由于刊物的篇幅所限,这篇诗作未能全文发表。作为当时的责任编辑,也作为他的学生,我至今还觉得是愧对师长的。

"诗不吟哦不知味。"华先生讲诗是常常伴着清吟的,这种"习惯"或者说这种"传统",他一直保持到他生命的终结。

1986年底,我所在的城市召开了一次全国李煜词学术讨论会。华先生是大会的执行主席之一。会下,他兴致勃勃地为大家吟诵了许多好诗。我记得很清楚:在一个小餐厅里,他坐在一张小方凳上,头儿轻摇着,眼儿微闭着,脚儿交迭着,脚尖点晃着,双手还击着节拍……那一声声充溢着古律逸韵的长吟,显得悠扬,显得婉转,显得深遂,显得邈远……如行云舒卷,如溪流潺湲,如雨敲芭叶,如珠落玉盘,也像丝竹的震颤……其美妙真是比仙乐还要好听。听众们都陶醉了、痴迷了,深深地被感染了,都被带进了优美的诗的意境之中……

现在,正是落花时节,我合上《花间集校注》,默默地望着窗外片片飞红出神,心中感到轻轻地抖,微微地颤,隐隐地痛……然而花虽落去,但细察那青青的枝头,已有豆儿大的果实在闪现,于是,又有慰安,又有希冀,爬上了心头……

怀念华老

姜海峰

华老和我最后一次会面是在六年前西安全国唐诗学术讨论会上。最后一次赐函于我是一九八八年七月三日从北京发出的：说住在北京孙老师家，还将承德一行，"每天随同孙老师练练拳、校校《花间集》，一般不出门，所以避暑，身体还好"，并希望我"来此会晤一谈为快"。孙老师的北京住址及登府路线，老人家详详细细地写了一张卡片的前后两面；谁知我外出转回，北行尚未成行，却意外地接到河南大学七月十一日的加急电报："华先生七月十一日病故，二十五日追悼大会，特告。"真如噩梦，人寿难定。

今年来，老想看看五六年已没有见面了的华老，莫非此中有什么预感？我虽然不相信"心电感应"，但总觉得老人家康健情况颇佳，年寿还应该再长些；一念及此，难禁泪下。

我平生同夏承焘先生、唐圭璋先生、华老三位老师关系最亲切，与前二者在一起时间长些，但信件来往都很多。我虽然经常在默默中祝福他们康健长寿，然而自然规律终难抗拒，现在只有唐先生健在。三位老人，各有个人的气质、风尚与超人的长处。

悼念华老，动我心者：老人家刚直不阿，忠厚老诚，道德风范、治学态度与育才后辈，堪称楷模、垂范后代。事有巨细，谨以琐屑，略为倾衷。

华老秉公理事，节高风亮。譬如对人民内部两方面存在的矛盾，他不压一方，也不偏袒一方，以缓和矛盾与解决问题为尚。记得数年前在西安唐诗学术讨论会上，有两个方面对会议存在意见分歧。华老年高有德，德高望重，当时被推为会议的主持者。我曾同华老私下语：会议不好掌握。华老说："秉公办事，都要风格高，没有什么了不得。"解决不了的矛盾，就求同存异，不让矛盾扩大与激化，华老平易近人，以团结为重，使会的学术争鸣气氛，浪浪骤起，没有出现什么什么人事纠葛，与会者感到快慰。

西安之会后，我填一首《满江红——全国唐诗学术讨论会感赋，酬霍松林先生"秦川杂咏"》词，也呈华老：

渭水春晖，诗文会，光风霁月。经纶事，唐音嗣响，运筹功杰！李氏开天吟兴盛，祖龙过客风骚歇。念秦川，霸柳寄深情，天长阔。　诗魂振，图治切，衷情诉，坚如铁！信中兴大计，不容稍缺！耆老俱施骐骥力，鲰生肯负芳菲节！望重逢，硕果奏高歌，腾欢悦！

华老赐我诗二首：

飞跃重重百二关，八方风雨到秦川。
谁知桃李芳菲日，又会朋侪老少年。
稷契思存工部笔，鲁连调入翰林篇。
从今清渭东流水，载定唐音遍入埏。

——《唐诗讨论会即兴》

一春两度会唐京，犹䐶醁醾风满庭。
始信名都花自好，更谈古调眼同青。
诗能寿世无古今，文不匡时岂典型？
休把吟哦作余事，有人危坐正倾听。

——《唐代文学学会感赋》

我又奉和二首《参加唐诗讨论会和华锺彦先生原韵》：

　　　　记从浉水入秦关，风虎云龙集渭川。
　　　　别久师生成宿梦，兴高耆老胜华年。
　　　　豪情奋起云烟笔，壮志吟成汗漫篇。
　　　　趁得春风正骀荡，好吹唐韵遍八埏。

　　　　春归我亦别唐京，想象槐花香满庭。
　　　　千里长淮人自远，两番嘉会眼犹青。
　　　　喜闻风义兴诗教，尚有文章树典型。
　　　　自古吟哦关国政，刍荛小议总堪听。

　　华老对学术问题，既着眼于宏观，也不放松落实微观。我撰写了有关李煜及其词的论文，期间夏承焘师已由长期患病终至辞世；拜读其著作《南唐二主年谱》，其中有关李煜生活方面，夏老曾引《避暑漫抄》中的"浅斟低唱偎红倚翠大师，鸳鸯寺主，传持风流教法"，拙作用这几句话，在"唱"之后加一逗点，在"师"后加一分号，在"传"旁轻笔划一问号。华老过目拙作部分章节后，要我写下去。又过了好长时间，赐函示我："传"为"傅"之误，夏先生可能"转引"之误。"《清异录》我亲眼看过，木刻板十分考究……"华老在学术性问题上，就是如此认真对待，一丝不苟。尽管也可能是夏先生笔误或排字印刷之误，因繁体"传"与"傅"，字形相像，未见夏先生手稿不得而知。

　　我撰李煜，曾提到西蜀鹿虔扆。华老赐函曾有"官为太保的鹿虔扆"语。我当时在查检鹿虔扆，是否像曹操在世时并未做过魏武帝，而是死后，其子曹丕即魏文帝位后，封乃父为魏武帝的。正在此时，华老赐函示意："官为太保，应为封为太保。"学问问题，哪怕再小，华老都如此细心与用心。在拙文后，华老还附二首《虞美人——咏李煜》：

　　　　玉钗檀板琼楼上，词为尊前唱。鹿侯烟月泣香红，犹是昙花一现未成风。

重光放浪真情见，风格由他变。南冠北首更何如，化作行行血泪散珍珠。

江南年少词坛主，错被风流误。娥皇长往女英来，念载真情挚爱不须猜。

煦仁广被囚徒少，无奈春台倒。众生罪恶我何堪，拼得投身孽海一肩担。

华老为拙作作序，在出版社出此类书怕赔钱的情况，老人家要我继续写《南唐二主评传》，说"不怕出版社怕这类书赔钱不干，不怕不出书，学问就是学问，不是为出书，而是为学问"。大学问家，几乎都有这种奋志治学的生平记录，博得敬重。由此，我也联想到一九八五年三月二日《安徽日报》转载新华社郑州三月一日电的一则消息"张之同志《红楼梦新补》草成"后，给华老看，老人家高兴地说："立意新，诗词格律也合辙，语言也不错，要好好修改，尽快送出版社出版，好让大家提意见。"一次，我呈华老信附一纸条：华老对《新补》，用创新眼光，鼓励创新。华老赐函也附一纸条："我为这种创新精神而创新。"这种精神，符合我们时代精神的要求。

华老看过拙作肯定李煜是"帝王中的贾宝玉"等篇，极为赞赏，颇有同感："李后主的才情性格颇似宝玉，太像了。"我在一九八六年开封李煜学术讨论会呈华老词三首：

《西江月》二首——为一九八六年于河南开封李煜学术讨论会而作：

是非人间难料，"左倾"年代批改，"荒淫君主"顿罢空，和尚诵经调统。文苑掀波黑浪，鲜花毒草同宗，群芳踏泥任天公，难辨东西伯仲。

艺术功成休论，平心静气飘风，行空天马待时逢，独往独来堪颂，历史名誉应正，开封之会由衷。重新评价地天容，底事终非吃梦。

《西江月》一首——一九八六年农历七月七日，是李煜一千四十的周年生辰，遇害一千九周载的离世之日，为不幸的国主，辉光的词章，赋此：

东去一江春水，浪花拍就词雄；只缘家国梦成空，愁恨泪流永痛。
词业千秋一帝，开天挥采新风；斜阳几度谩言红；花月春风长共。

华老复锡《虞美人·词到重光风始正》：

翠鬟檀板珠楼上，词为尊前唱。鹿候烟月泣香红，只是昙花一现未成风。
重光北首风初变，情性深深见。今时哪管旧时悲，尽写人生真味笛中吹。

鹿虔扆于蜀亡不仕，作《临江仙》，下片有"烟月不知人事改""暗伤亡国，清露泣香红"寄慨，这在西蜀花间词中，实属凤毛麟角，而在南唐李煜后期词中，比比皆是。

在开封李煜学术讨论会前，华老要我参加会议，准备一两篇文章；我提交大会四篇。老人家说："四篇中你大概喜欢《李煜词的艺术成就》《李煜有多少词》《帝王中的贾宝玉》三篇好，我认为《李煜及其词讨论中的问题》也佳，并交给河南大学学报。"我揣测后者，符合当时学术讨论的中心问题。

唐圭璋师为拙作题字，问我可知开封召开的李煜学术讨论会，我回禀知晓，华先生赐意；华老并问及唐老。我深谙老辈间情笃，并将华老赐我的《虞美人》词，抄呈唐老。

华老兢兢业业，孜孜不倦，做学问，著书立说，编诗词集……我每次上函华老，都祝福老人家康健长寿；有一次赐函示我：写《〈诗经〉通论》、编辑《五四以来诗词选》，每天要工作十小时，"眼花""腰酸"，临终前在北京避暑还在继续校已经出版了的《花间集校注》，还赐知我：《五四以来诗词选》已出版，"收到了吧"。一九八六年新年，赐其《金缕曲·八十迎虎年》：

日月腾双羽，问飞光。朝昏万里，为谁辛苦！镜里飘萧惊白发，漫道朱颜犹驻。方顾盼，冰花满树。新岁八旬犹作健，我将驰牛马迎寅虎。书与剑，结仙侣。

生涯奋指传薪炬，照征程，心眼明亮，上探三古。宵旰丹铅形影对，乐在无人知处。堪慰藉，缥缃盈户。纵有狂歌风海内，却无多可拟登闻鼓。倾玉斗，唱金缕。

华老在临终数日前还于北京赐函相约，来北京"会晤一谈为快"，……谁知，这都成千古了。

华老已离开了我们，然其高贵思想精神，青春长在，谨调寄《破阵子》以志：

一代诗词师去，心摧恸泪翻波。桃李同哀神州地，学界悲伤几洲多。京华报挽歌。

翰墨光永世，天夺人寿奈何。老笔斫轮春点采，德品高峰越星河，心血共销磨。

一九八八年七月二十九日

砖塔胡同

姚小鸥

砖塔胡同位于北京西四南大街的西侧,是中国已知最早的胡同之一。在元代人的作品中,已经出现过它的名字,可见其历史有六七百年了。

在中国文化史上,应该有砖塔胡同的一席之地,不过它常常萦我的心头,却是由于我敬爱的导师、已故华锺彦教授的关系。先生对我的厚爱及我对先生的仰慕,是母校与故乡学术界的师友所共知的,先生的行止当然也处处影响到我。师母孙叔容夫人是近代著名武术家孙禄堂先生的孙女,孙氏旧宅坐落在砖塔胡同贴邻的小珠帘。先生暑期每与夫人相伴到这里小住,我常随侍。后来,我再游学东北,回家、返校,凡路过北京,必到孙先生寓所谒见。从西四南大街下电车,步行到小珠帘,砖塔胡同是必经之路。许多记忆自然就和它联在了一起。

师生厚谊,片纸何能尽述。最难忘的最后一次相见。1988年夏天,先生想念我,不及放假,早早写信到学校,约我返豫时到孙宅一晤。师生对谈,极尽欢洽。先生知我鲁莽,再三嘱咐我专心向学,少管身外是非(这与他的身教大相径庭)。我见案上集稿盈尺,询问之后,得知是先生一部近著,出版社催促甚急,连日校改,甫近完工。我望先生倦容,极为不安,竭力劝他稍事休息。先生含笑答应了。第二天一早,先生送我上路。胡同里阒静无人,东行近百米,回首十数次,每见先生挥手致意。不得已,急避入旁路。待回首探望时,见老人依然伫立凝望。

返乡数日后,忽传噩耗,先生竟因辛劳过度,在京猝然逝世。我千里奔丧,亲为先生大殓,又护送灵柩至八宝山。去来再从砖塔胡同路过,已经物是人非了。抚今思昔,真令人肠断。

又一年,我因故行动十分不便,再能经砖塔胡同到小珠帘去时,连师母也到女儿家中去住了,因而不得相见,遂怅然而返。

我漫步砖塔胡同,驻足塔下,悄然远思。几百年的风风雨雨,普通百姓的悲欢离合,它不知目睹了多少。几个朝代的更替兴衰,无数风云人物的崛起与败亡,它也是无言的见证。对于项王末路与高祖返乡式的历史话剧,它一律保持着尊严的沉默,而将评论的权力,留给历史自身。我们民族胸怀的博大与坚忍,在它身上正得到某种体现。

《浩气长存天地间》后记

华贲 华维 华锋

1988年的6月,骄阳似火,而先父繁忙的工作,也随着这炎热的气温,在不断加码。撰写论文、校对书稿,全然不顾自己已是年迈八十的老人。6月24日,他主持了研究生答辩工作。答辩结束后,他又谆谆教导弟子为人处世要正直,治学要踏实,生活要朴实;兴致勃勃地与其他答辩委员交换对学术问题的看法,才思敏捷,挥洒自如。下午4时,他告别了家人、弟子,在母亲的陪同下,赴京度假。名为度假,6月25日上午9时,便已在北京西四小珠帘寓所接待了高教出版社编辑苏雨恒先生,为出版他主编的《诗歌精选》进行最后的修订。这是他献给改革开放的一份厚礼。书中,他从历史诗歌精选出许多热爱祖国、奋不顾身的作品,发扬正气、威武不屈的作品,歌颂清廉、反对邪恶的作品,坚持团结、反对分裂的作品,争取改革、反对保守倒退的作品。他希望人们读了他选的诗歌后,"精神为之振奋,思想为之开朗,情节变得高尚,气质变得坚贞"(见《诗歌精选·前言》),积极投身于"四化"建设中。6月30日,他高兴地接待了一位台湾友人,韵味悠长地为之吟咏了唐诗,希望能将这具有悠久传统的艺术珍品,带到海峡彼岸,为海县清一做出自己的贡献。但有谁能料到,死神会来到这位豁达爽朗、充满活力的老人身旁?有谁能料到,在人生旅程的最后一站,他竟走得如此匆忙?大约只有他自己知道,自己所剩时间不多,这才抓紧时间,力图把各项工作画一个圆满的句号。

7月5日,先父略感不适,旋即入院检查诊治,终以大面积心肌梗死医治无效,于7月11日晚8时,他走下了工作近60年的讲台,告别了诗坛学界的同仁朋友、学生弟子,告别了多年来与他相依为命的亲人，长眠于北京医科大学第二附属医院急救室。

消息传来，各方人士为之震惊。他们无论如何也不相信这位"筋骨铁、面容丹"的老人会在这么短的时间内告别人间，而又不能不相信这一无情的现实。一时间，唁电、唁函、挽诗、挽联纷涌而至，他们以自己的心声缅怀这位善良忠厚的老人，抒发对老一辈学者的敬慕与思念之情。《开封日报》《诗词报》《当代诗词》等报刊，都刊登了许多悼念先父的诗词，更多的却是直接寄到家中。这些发自内心的哀音，即便是短短的一纸电文，也能反映出友人与先父真挚的情谊，以及他们得知这一噩耗时悲痛的心情。篇篇情真意切，精警感人。我们在出版了先父的诗词选——《华锺彦诗词选》及论文集《东京梦华之馆论稿》后，感到有责任将这些诗、词、联、文整理出来，一则是向友人有个交待，二是这些作品长期存于陋室，岂不是明珠暗藏？文化是人类共有的，因此，我们愿意将这些悼念先父的作品奉献出来，愿大家能通过这些作品，对先父能有进一步了解；也希望大家能知道，在我们最困难、最悲痛之时，这些作品给予了我们怎样的慰藉和帮助。

在我们刊印这个小册子时，曾得到许多亲朋好友，以及先父门生弟子的大力鼎助。他们或慷慨解囊，或为编排而运筹，或为刊印而效力，他们都说：这是我们最后一次为先生办实事了。其感情之真挚，催人泪下。像张之、刘宝和、徐豫生、马耀东、孙富山等人，虽公务繁忙，日理万机，仍关心这本小册子的问世。这种尊师重道的精神，我们将永远铭记在心。

家母孙叔容，对这一工作十分重视。当先父大归不久，即着手收集整理工作，并亲自为集子定名，要我们永记先父的高风亮节，学习先父严谨的治学态度及不断进取的奋斗精神。现在，此书已问世，我们愿以此来感谢众多的亲朋好友及先辈师长，与之共同保管这份文化遗产。

1992 年 6 月

父亲对我们的教育

——回忆中的几个小故事

华贲

1. 耳濡目染 ——民族气节和家国情怀

1937 我生于日本占领 4 个多月之后的北京。时值父亲罹患支气管哮喘重病，加上怀着我的母亲正带着我的三个姐姐，全家未能跟随父亲任教的东北大学南迁西安。1947 年奶奶与我们同住的时候告诉过我，父亲是"九一八"事变后，跟日本兵打架惹了祸，跑到北京去并改"花"姓为"华"的。"七七事变"后被迫留在敌占区的父亲已是文学教授，已经打算自学《易经》后给人算命，同时在自家中开设了一间"莳蘅吟馆"接收弟子，教授古典诗文借以谋生。后来京华美术学院、保定师专等几所私立学校先后聘请他去教授古典文学；因此毕生从事的古典文学教育事业没有中断。从记事的时候起，我印象中的父亲就是同他教我们背诵的唐诗、古文的作者一样的人，伟岸、博学、豪放但很亲切。他时常唱《苏武牧羊》、岳飞《满江红》等古曲，以至于我自小就能唱。他在家中备课吟诵的，与来访客人谈论的、紧扣着民族精神的古典文学内涵，在不知不觉中渗透到我们幼小的心中。有时听不懂的，问他，他就会讲给我们听，以至于从古至今的圣贤豪杰，从孔、孟、老、庄到屈原、王勃，李白、杜甫到苏、辛、陆、岳，文天祥、史可法等人物和相应的历史故事，我们都耳熟能详。就这样，我们自幼耳濡目染，渐渐地被父亲把民族文化、气节和家国情怀植入了我们的心中，包括"天下兴亡，匹夫有责"，"修身齐家治国平天下"等，毕生难以泯灭。

2. 身教——学而不厌，诲人不倦

父亲对子女的教育是身教重于言教。小孩子总是不知不觉地模仿大人，受教于潜移默化之中。孔子的"学而不厌，诲人不倦"这两句话，父亲并没有反复讲给我们。但是他自己就是这样做的一个极好的榜样。记得我小时在家中看到的父亲除了做一些家务杂事之外，总是手不释卷，或者伏案疾书，或是拿着书卷在书房内来回踱步，同时口中抑扬顿挫地吟诵。他好像有无限的精力，从不知疲倦。每次母亲做好了饭菜，总要叫他几次。而他总是口中说"来了，来了……"却常常拖迟到饭菜发凉。每当有客来访，不论是同事、学生，抑或陌生的求教者，总是听到他侃侃而谈，常常持续一两个小时，甚至错过饭时。母亲常常为此抱怨；而父亲总是微笑致歉，下次则依然如故。一般父亲不上桌，孩子们是不能先吃的，这是家规。但有时他几十分钟迟迟不到，母亲只好叫我们先吃。还有一个例子是在1952年知识分子"思想改造"运动之后，当时父亲就教的东北师范大学校长张如心突然宣布"中国的古典文学全都是封建糟粕，没有任何可以借鉴的精华"，因而决定取消古典文学专业。父亲的古典文学教授职位也被取消，降为副教授，调去教现代文学。我记得很清楚当时他在为讲一篇苏联作家冈察洛夫的小说"永不掉队"而备课的情景。小说讲的是上尉连长高洛沃依"二战"后去读大学，成为复员后重做大学讲师的他的部下、士兵葛罗巴的学生的故事。古典文学造诣深厚的父亲记不住绕口的俄罗斯人名，又对授课极其认真，于是拿着讲义在屋子里走来走去，嘴里不断念叨着："高洛沃依领导葛罗巴、葛罗巴领导高洛沃……"

这就是我们受到的无言的教育。长大以后我们兄弟妹三人也都做了教师，"诲人不倦"这句话也变成了我们作为社会的人习性的一部分。

就我自己而言，不论是与同事、学生，抑或陌生的求教者，也总是侃侃而谈，直到对方明白为止，为备课或做研究而在电脑前忘记时间，以致妻子叫"开饭"叫得不耐烦了，跑来揪我的耳朵，也已成了我家里的习惯。当然，母亲是从未揪过父亲的耳朵的。至于"学而不厌"，也成了我毕生的习性：对自己专业的各个领域，对文学和诗歌，乃至对大自然以及所有美好事物的兴趣、热爱和好奇心，一直伴我终生，直到如今。一个实例就是八十岁的我最近才开始学两只手弹钢琴，左手为右手弹的主旋律伴奏（原来只能右手弹主旋律）。教育的结果是"深入骨髓"的。父亲传给我们的"学而不厌，诲人不倦"绝不仅仅是指做学问，而是高尚和美好的人生的一种基本素质。

3. 一代中国知识分子的独立思想、风骨与人格

父亲为人刚正不阿，言谈直率，从不曲意逢迎；治学极其严谨，每文必在旁征博引基础上形成独立见解，从不人云亦云；求学做事全凭自己刻苦奋斗，从不依赖施舍；路见不平之事就仗义执言，不怕得罪权威。这是我们民族之"士"的风骨，在他身上，从未泯灭。这些品格通过他无言的教育，也都传给了我。所以在历次"政治运动"中我总是难逃劫难。1957年在上大学三年级、刚刚20岁的我就当了"右派"；随后"四清""文革"无一幸免。坎坷半生，但上述本性始终未改；最多是在强势的外部环境之下保持沉默。而父亲能够逃过"反右"这一劫，我想有好几个偶然因素。一是他刚刚在1956年从新乡师院调到开封师院，还不太熟悉当地具体情况，所以在"大鸣大放"中说得不多；二是他真诚拥护中国共产党；三是他工作十分积极努力，而且一直做系工会主席，群众关系好。不过他也未能逃过"文革"，被打成"反动学术权威"，并被抄家和关进"牛棚"。只是在改革开放以后，才迎来了他的事业的春天。他几乎是一天当作两天地工作，书一本接一本出版。为了弘扬古典诗词的民族精粹，他到处讲学，特别是大力传承近乎失传了的诗

词吟诵，可惜只持续了十年的时间就因过劳而早逝。

4. 治家之道——家庭环境与子女成长

父亲一生的精力大部分献给了古代文学教育和研究的事业，其次就是赡养家庭和教育子女，极少有时间用于他个人的爱好和兴趣。由于遗传因素和社会经济条件，父亲所生的6个子女，身体的发育和成长都不是很好，大部分患有疾病；其中的三个还在青少年期间溘然早逝。所以父亲治家总是把身体放在第一位，但也总是不断应付各人、各种疾病的挑战。记得他日常说得最多的嘱咐就是"穿衣服""不要着凉""吃药"。因父亲工资收入相当大一部分用于给家人医病、买药，日常生活总是很拮据，没有钱买水果吃。但作为蔬菜的萝卜很便宜，于是便成了我家水果的"替代品"。别人说"一天一个苹果，医生远离我"，父亲改成"大萝卜就热茶，气得大夫满街爬"；我们也乐在其中，吃得津津有味。

除了关心子女的身体健康成长，家庭教育也很严格，小孩子容易产生的种种坏习惯都是绝不容许的。无论对同事、邻居、亲友还是陌生人，都以"君子喻于义，小人喻于利"作为与别人相处的准绳。父母亲的这种待人接物的态度，就是我们无言的榜样。严格要求自己，真诚对待他人也就成了我们的习惯。至于在学业上，父亲从不对我们提出苛求；然而正因为他教育我们"求诸己"自我完善，所以我们兄弟姐妹在学校都是好学生，在社会上都是好人；继承父业做了教授。

5. 孔子的话："君子之过如日月之食……"

我小的时候脾气很偏，并且不肯承认错误。父亲多次用孔子的话"君子之过如日月之食；其过也，人皆见之；及其更也，人皆仰之"教育我，并且叫我决不能"文过饰非"。我十几岁的时候终于深深悟得了这个道理，自此勇于公开承认自己的错误并努力改正，便成了我做人的不言而喻的准则。做了一辈子教师，从来不觉得需要以掩饰错误来维护自己在学生面前的"面子"，在与学生讨论学术问题时，只要意识到了是我的错，就马上承认，并且表扬学生敢于思维和批评。这却反而得到学生们的尊重。我体会到因为没有强词夺理、文过饰非，因而没有必要在心里存留着一个隐秘的角落，所以就能保持坦荡、怡然的心怀。从而意识到"君子坦荡荡，小人常戚戚"的道理。

6. "照镜子"——与人相处

也许是因为我自小有点聪明，学习成绩好，总是得到别人的表扬，因而养成了一种自我中心的意识；不善于从别人的角度考虑问题，不懂得用怎样的态度对待别人。针对我的这个问题，父亲告诫我说"人与人相处就好像照镜子：你哭他也哭，你笑他也笑"。不论对方与你是处在怎样的地位，只要你自己是谦和、善意的，就总能得到对方平和、善意的回报；你若是倨傲、冷淡的，别人对你也必定是保持距离的。另一层意思是，你可以从别人对你的态度中检查、反省自己是不是哪里做得不对，就好像从镜子里看见自己脸上的脏东西；你也可以从看见别人的优点和长处而想到自己的差距以及如何向别人学习；看见别人犯错误就想到自己应如何避免……父亲的这个比喻使我知道了人应该意识到自己是人群中的一员；必须善待别人，学习和借鉴别人才能很好地与人相处和不断自我完善。

7. "人挪活，树挪死"——勇于迎接新的环境和挑战

父亲时常说过的一句话是"人挪活，树挪死"，意思是不要固守某一个地方或某一个职务。人有惰性；往往习惯于既有的一切，而对于新的环境、新的工作或生活模式心存疑虑或恐惧。但是这种惰性也会使人不思进取，安于现状，留恋过去，或得过且过，委曲求全，无所事事。

一个树立了远大生活目标的人，必应有所作为，不断进取。如果在一个地方或位置上得不到进步和发展的机会，就应该根据形势变化和事业发展的大局，勇于抓住能够改变现状，实现梦想的机会和新的环境、迎接新的挑战。已经长成的树，根伸展得很长，是比较难以移栽成活的（当然现在的技术已经可以加以改善）。人则不然，"挪活"与否全在自己是否努力。

父亲的话对我很有启发。我的一生就有两次大的工作调动的机遇。一次是从工厂到设计院，一次是从设计院到大学。两次我都积极主动抓住了机遇，使自己的人生两次跨上了新的台阶，才得以有后来的成就。至于较小的工作、生活环境或条件的变动更是不计其数，包括从教师变为工人、农民，又再成为教师，或者工作任务从一个专业跨越到另一个专业领域，或者从工程技术转向学术，又从新的学术领域跨入工程技术实践等。在实现人生的社会价值大目标的驱动下，把每次变动的"挪"都看作一次新的学习和实践的机遇和挑战，就总是能够学习到新的东西，做出新的贡献。

8. 生命不息，奋斗不止

父亲生于普通农民家庭，虽然自幼聪慧过人，但因家贫无力供他读书深造。他是依靠就读免费而且提供食宿的师范学校，毕业后一边教书，一边自学所有课程而先后以最优成绩考上东北大学和北京大学两所大学的。1933年他从北大毕业后，也是由于一个偶然的机会才得以在大学任教的：当时某大学"欧洲文艺复兴思潮"课程需要一位讲师，只有三个月的准备时间。而父亲一直在中国古典文学领域，对欧洲历史和文艺并不了解。但他硬是在三个月里不但自己融会贯通，而且在课堂上娓娓道来，一举获得学生的赞扬，自此开始毕生的教育事业，直到逝世之前几天还在为校阅著作清样而奔波；实践了生命不息，奋斗不止。

父亲的这种性格深深地影响了我。我在"自述"中回顾过，在一生的任何坎坷、低谷境遇中都没有消沉，而都是尽力有所作为。我从1949年上中学之后直到"文革"的历次"政治运动"中，一直被批判有"个人英雄主义""骄傲自大""个人奋斗"等种种问题，并且被迫多次检查"阶级根源"和"思想根源"——是受到父亲"个人奋斗"的影响。其实我从来没有轻视学习成绩较差的同学或者其他同事，而且从来都是尽可能和诚意地帮助他们。只是我受父亲影响的独立思考、自我奋斗、自我完善的情怀，是与当时要求以共性压抑个性的风气不相容的。直到1979年我在洛阳设计院做出了一点成绩，与陈俊武总工程师等一起被《河南日报》记者写入长篇报道后，还是马上就有人说我"骄傲自大"了。其实无论中国古代还是西方的文化传统，都是主张基于个人的努力奋斗为社会创造价值的。马克思在《资本论》扉页上说的"每个人的自由发展是一切人的自由发展的条件"，儒家的"修身齐家治国平天下"和陈寅恪在王国维墓碑文中说的"独立之思想，自由之精神"都是如此。一个立志献身于社会在某一领域发展进步的人，既应是有独立思想、批判精神和开拓创新的人，也一定是与群体交融互动、协力向前的人。献身于科学和教育事业本身就是以个人的努力和创见协同团队、和培育后代一群人的成长和专业的薪火相传、继往开来。我从2008年办理退休手续之后也一直在几个能源工程领域继续做一些开创性的工作，近8年出版了5本书，发表文章70余篇，会议演讲数十次，淡泊名利，乐在其中；就是在学习父亲这种生命不息奋斗不止的精神。

缅怀我的父亲

华维

窗外大雨在下着,我的心瞬间回到了30年前。

那是1988年7月15日,在八宝山殡仪馆,我的父亲静静地躺在鲜花翠柏之中。那酷热的天气,那肃穆的灵堂,那哭泣的人群,那痛苦不堪的我……十点整,哀乐奏起,我们跟父亲作最后的告别时,骤然间,狂风大作,雷声轰鸣,瓢泼大雨仿佛从天而来。而当晚我们护送父亲骨灰的火车鸣笛启动时,天又降起暴雨来,这真是天也在为他哭泣!当父亲的骨灰抵达郑州车站时,那两辆专程从开封赶来"接灵"的大轿车,那写着"沉痛悼念敬爱的华锺彦教授"的白色横幅,那近百名难过至极的年轻学子,乃至两鬓斑白的老者,令我悲痛和感动交织,眼泪像断了线的珠子一样,不停地滑落,流个不停。追悼会于7月30日举行,正值暑假,匆匆从外地赶回来的师生也加进了追悼的队伍。河南大学小礼堂里三层、外三层挤满了人,挤不进去的只能站在门外,站在窗外。想起一个月前老先生还是神采奕奕,堪称"老骥伏枥,志在千里"的标杆,而今竟然驾鹤西去,大家都无比感慨,我更是泣不成声。

有一位专程从福建赶来吊唁的农民,是一位古典文学爱好者,在父亲生前他曾慕名几次专程前来请教。这次赶来参加追悼会,每顿饭前,他都在父亲的遗像前虔诚地三鞠躬,嘴里还喃喃自语"华先生啊华先生,您那样侠骨佛心,那样看好我这个穷农民,那样不辞劳苦地栽培我,怎么说走就走了呢?我到哪儿才能再找到您这样的好先生呢……",说着说着又哽咽起来。他那真诚的怀念,那由衷的敬仰,那无限感激的样子,至今仍印在我的脑海中。是的,父亲就是这样一个侠骨佛心的人，不仅对事业鞠躬尽瘁，对学生、同事、亲友、邻里，甚至于对一个"编外"的求教者都充满深沉的关爱……怪不得这么多人对父亲的离世如此悲伤。

其实，我是父母亲唯一的女儿，四个姐姐或因战乱，或因"文革"动乱患病得不到及时治疗，都在豆蔻年华先后离世。因而父母对我更是疼爱有加，一直唤我"小五"。他们不仅给了我生命，给了我做人之道，给了我无尽的精神财富，而且总是在我最困难的时候挺身而出，为我遮风挡雨，排忧解难。记得在困难时期，我正就读高一，每天7两高粱面，还要开荒、挖淤泥，是父亲从牙缝里省出馒头片（国家给他的特供）来接济我。他总说："孩子啊，你正是长身体的时候，活又重，吃吧！吃吧！"这哪里是普通的馒头片？它分明是艰困时期的"生命之源"啊！还记得20世纪六七十年代，我们工作在穷山沟里，生活倍加艰辛，父亲惦记女儿，不顾自己已是花甲之人，千里迢迢给我们送来他一点一点积攒起来的大米、鸡蛋、白糖，甚至连洗衣服的肥皂也给送来了，其中蕴含了多么深厚的父女、母女之情啊！我的两个孩子都出生在开封，大孩子更因我患病住院在父母身边一年多，父亲协助母亲伺候月子干了多少脏活累活，哄孩子，请大夫，培育六七岁的小外孙更是倾注了无尽的爱！孩子在姥爷身边打下的基础，回来后跳了一级还是佼佼者。这点点滴滴都渗透了对女儿和外孙浓浓的爱。想起这些，他慈祥的面容、和蔼的目光又浮现在我的面前。忘不了，忘不了父亲疼爱我的每一个故事。记得1982年我到北京去看望他，在拥挤的公交车上，别人给他让座，他却硬把我"按"在座位上。在北京站买返程票时，面对黑压压的人群，70多岁的老父亲硬让我坐在一边，由他替我这个40岁的女儿排队买票。他总说："你刚出院，身体虚弱，而我的身体棒着呢！"他就是这样，总是把思念、忧愁和苦难埋在心底，怕我惦念；总是把无尽的爱送给我，时时处处把我当作小孩儿呵护着，呵护着，真是父爱如山哪！

可我这个傻闺女，长期以来身在外地，心又在工作上，心里总觉得父母身体不错，来日方长再尽孝也不迟。就这样一年一年的往后推着，到了明年，又推到后年。一边是我倾心于孜孜不倦的"奋斗"，热衷于一个接一个的"光环"；一边是他们扳着手指，盼我的信，更盼他们唯一的女儿常回家看看。可我连这点最起码的要求都没有做到，忙忙碌碌，懵懵懂懂。谁能想到那一天来得那么快，他们走得那么急，等到我懂得他们的心时，他们却已经不在了，连句心里话也没来得及说。此时，作为女儿的我，才明白了"子欲养而亲不待"是多么残酷的现实啊！爸爸呀！您可知道此时的我"心如刀割，后悔至极"到了什么地步？！您走后的每一天，我都深深地怀念您，我多么想尽尽女儿的孝道，给您端杯水，捶捶背，伺候伺候病中的您；我多么想在您身边，再听听您的教诲，听您讲讲您的故事和经历；我多么渴望您把心中的喜怒哀乐一一跟女儿道来，哪怕是忧愁和痛苦，哪怕是抱怨女儿几句，我心里也舒坦些。然而，这一切都已经不可能了。呜呼！想起这些，我泪流满面，泣不成声。

在缅怀父亲的日子里，我的心灵受到极大震撼，总觉得父亲没有走。一会儿他的音容笑貌清晰地浮现在我的眼前，可一会儿又不见了。悲痛欲绝的我竭力寻找，我一定要找回我的父亲！我从父亲的著作中寻找，我从父亲的文集中寻找，我从父亲的诗集中寻找，我从父亲的同事、朋友和学生的怀念文章中寻找，我从亲朋好友的回忆中寻找，我从自己的梦里寻找。30年了，经过苦心寻觅，终于找回了我的父亲。我终于明白了：父亲人虽然走了，但他高尚的人格永存！他丰硕的学术成果永存！看！遍天下的桃李之花开得是那么茂盛！看！中国古典文学教学和研究的历史上，在古诗词吟诵领域里有一位人们始终怀念的身影——那就是我的父亲华锺彦。

我的父亲华锺彦，原名连圃，1906年10月生于沈阳的一个普通农民家庭。他自幼聪颖过人，非常喜欢读书；读过私塾，上过小学。但因家中兄弟姊妹众多，难以资助他继续深造，于是他考上免费而且包食宿的师范学校。毕业后一面教书一面自学，并于1927年考上了东北大学。1931年"九一八"事变，日本侵占东北，他毅然离开家乡来到北京，他曾写下古风《侠士行》，发表在《大公报》上。"男儿生不能备身王门执金吾，又岂能卑身甘为虏作奴……拼将一颈孤血，开作千年烈士花"，那雄浑悲壮、大气磅礴的诗句被人们赞叹不已。那时，他还以第一名的成绩考上了北京大学中国文学系三年级的插班生，于1933年毕业。父亲毕业后很快经师长推荐登上大学讲坛，并于1935年回母校东北大学任教，1937年春，凭借《花间集注》和《戏曲丛谭》两本专著和学生对他授课的高度评价而一举破格被聘为教授，时年刚过30岁。1937年夏"七七"事变时父亲身染重病，庶母又怀孕即将临产，家中还有三个年幼的孩子，因而无法跟随东北大学师生转移到大后方，被迫滞留在沦陷区。具有强烈民族气节的父亲决不肯与伪政权办的大学合作，他拖着病体，钻研《周易》，研究《卜筮正宗》，准备卖卜街头维持生计，后来又在租住的四合院中开设"莳蘅吟馆"招收弟子，教授中国古典文学，借以养活六口之家。那一年父亲曾写诗一首《梦中吟》："饥来驱我走风尘，那惜穷愁久病身。一岭霜花千里月，寒光孤照板桥人。"在那艰难的岁月，父亲悲痛地送走了庶母和两个因病夭折的姐姐。真是国难与家愁齐聚，落寞与艰辛备尝。光复后，东北大学迁回北京，父亲又回到母校任教。1949年跟随学校迁到长春，1954年转往新乡师院，最终于1955年任教于河南大学（当时为开封师院），直到去世。

在历次"政治运动"中，我的父亲同其他教师一样受到冲击，"文革"中被批斗，住进了牛棚。一位父亲的同事回忆说，在"文革"中，他给人们印象最深的有几件事。一是在武斗之风尚未兴起的运动初期，在学校大礼堂由红卫兵主持的批判大会上，好几个老教授被揪到台上，严令低头"认罪"，只有我父亲不肯低头。两个红卫兵强按住他的头，喝令他弯腰曲背，但刚一松手，父亲又挺胸昂首，如此反复多次。第二件是 1976 年 1 月，周恩来总理辞世，在黑云压城的日子里，他不惧个人安危，毅然写挽联一幅："平生肝胆照人，鹏程先导，利剑斩长鲸，错节盘根何足算；举世云烟障眼，铁帚方挥，狂飙摧大树，琼楼玉宇不胜寒。"这幅挽联高高悬挂在学校大礼堂大门的两侧，引来无数路人驻足观看，其中不仅有河南大学师生，还有闻讯赶来的各界人士。人们唏嘘不已，感慨万千。第三件是河南大学家属院门口的荷花池，人们每每从那儿走过，都会想起他。那个荷花池 70 年代由于附近一家工厂违规排污，使之变成了臭水塘。人们捂着鼻子从它旁边走过，还臭得出不上气来。尽管屡次向上级反映，但仍无人过问。为解决这个问题，一向爱管"闲事"的父亲决定牵头给《人民日报》"读者来信"栏目组写信，反映这个情况。人民日报刊登了父亲的来信，使问题很快得到解决，臭水塘又变成了荷花池。父亲就是这样一位典型的刚直不阿、仗义执言的中国知识分子，给人们留下了深刻印象。

父亲早年边教学边从事学术研究。1935 年、1936 年由上海商务印书馆先后出版发行了他的专著《花间集注》和《戏曲丛谭》，这两部书奠定了他在古典文学学术界的地位。大陆和台湾地区都再版多次。父亲平生写作论文，非有自己的真知独见，决不轻易下笔。他在《历史研究》等刊物上发表论文多篇，立论新颖，论据充分，广为瞩目。1978 年发表的论文《从古典的清官戏说起》，据中国科学院统计，此文是"文革"否定清官以后在全国范围内为清官翻案的第一篇。父亲写作《〈诗经〉会通》时，正值 20 世纪 80 年代初。虽然政治思想领域已经春风劲吹，但是学术界的拨乱反正还没有开始，在《诗经》研究界占统治地位的还是阶级斗争论。父亲在写作这篇论文的同时，大胆地开始了正本清源的工作。当时学术界公认在《诗经》研究领域正本清源的代表是"北华南陈"。北华指的是父亲的《〈诗经〉会通》，"南陈"指的是复旦大学陈子展先生的《诗经直解》。《会通》和《直解》针对十年浩劫对中国古典文献肆意歪曲与牵强附会的肤浅批判，从文本出发，为拨乱反正迈出了第一步。

父亲的主要精力放在了教学上,直到 80 岁高龄一直工作在教学第一线。他的课犹如一个巨大的磁场,吸引着众多学子。不仅本专业学生欢迎,其他专业学生也常来听课,甚至外地大学的学生也慕名而来。有一次,在一个大雪纷飞的冬天,寒冷异常。在教研室里,教师们围炉搓手都寒冷难耐。上课铃响了,父亲夹着教案出门。这时有人说,这样的鬼天气,不会有学生来听课了。父亲却坚定地说:我的学生一定会来。果然,他到教室里看见学生已坐得满满的。

父亲晚年为挽救古典诗词奔走呼号,不仅编写了《诗词精选》和被人们称为"诗史"的《五四以来诗词选》,还不顾 80 岁高龄,亲自登台为本科高年级学生讲授"古典诗歌韵律及其作法"专题课,意在指导青年如何掌握旧体诗词曲的声韵格律,如何吟咏,如何写作,用以挽救古典诗词濒临失传的危机。他自己精于古诗词写作,著作颇丰,存留数百首,主持组建全国唐代文学研究会诗歌吟诵小组,是当代诗歌吟诵继往开来的主要奠基人。

我的父亲本来身体十分硬朗,精力十分充沛,怎么突然就离去了呢?原来 1988 年夏是几十年不曾遇到的酷热。6 月 15 日父亲负责为他的三个研究生主持论文答辩,他不顾酷暑,主持答辩一丝不苟。从早上 8 点开始,除去中午简单吃了几口饭外,一直到下午 4 点答辩才结束。他顾不上休息,立即乘车去郑州,晚 7 点就登上了开往北京的列车,为的是履约,跟出版社在次日面谈书稿事宜。炎热的夏天,他顾不上旅途的劳顿,一到住地,就忙着跟出版社同志商谈书稿。在简陋的小平房里,汗流浃背仍坚持工作。书稿一事安排妥当,他又忙着去看望一个穷困潦倒的老同学,从西四小珠帘出发,边走边问,换了 5 次公交才到了石景山老同学家。正值酷暑,老父亲实在太累了,才导致突发心梗过早离世。父亲是倒在繁忙的工作中,倒在关心他人的路上,倒在他为之奋斗一生的事业上。

窗外的雨停了，我推开窗户，望着天空，心里大声呼喊着："爸！您在那边一定要珍重啊！有时间就到梦里看看女儿吧！女儿会永远怀念您，永远学习您，永远像您那样做人，做事，永远像您那样生活、学习和工作。"

2017 年 8 月 22 日

后 记

2016年11月河南大学文学院召开了隆重的"纪念华锺彦先生110周年诞辰暨学术研讨会",会议由文学院院长李伟昉教授主持,河南大学党委书记关爱和教授、河南大学原校长王文金教授等近百名来自全国各地各个时期的学生参加了会议并做了发言。其中年龄最大的是父亲1955年来河南教的首届学生曾祥芹先生和韩玉生先生,他们都已经是80高龄的老人了。父亲的学生兼同事河南省财经政法大学教授王宗堂先生、河南大学文学院教授王芸先生、魏清源先生等人都参加了会议。父亲的学生、原文学院老师、现任中山大学博士生导师康宝成教授专程前来参加此会。此外,父亲的研究生姚小鸥博士、曾广开博士、边家珍博士,七七级、七八级的同学闵红、吴河清、周铁项、徐予生、陈江风、宋利民、张云鹏,都参加了会议。文学院古代文学教研室教授张进德、王利锁、王宏林、马予静、耿纪平、孔漫春等先生都参加了会议并为会议的筹备做了大量的工作。对所有参与此会、关心此次会议的老师、领导、同学、同仁,我及我的亲人们对他们表示衷心感谢!

河南大学文学院积极组办了2016年的纪念活动,而且资助出版了《华锺彦先生纪念文集》,在此我们深表感谢!

感谢关爱和教授在百忙之中亲临大会,并做了热情洋溢的讲话,对父亲做了恰如其分的评价。

感谢王文金先生,他为纪念父亲赋诗三首,而且几易其稿,在纪念

后　记

会上朗诵讲解了这三首诗，令所有人为之感动。感谢王刘纯先生，亲自挥毫，将王文金先生所赋之诗书写成篇，并装裱成卷。好诗、好书法、精美的卷轴，可谓难得的珍品。

感谢曾祥芹先生和韩玉生先生，他们以杖朝之年亲临会议，并做了激情四射的发言。

感谢王宗堂先生，不顾年高体弱专程来开封参加会议，而且赋诗怀念称颂父亲。

感谢文学院魏清源先生，不仅参与了纪念活动，并拍摄了许多照片，为此次盛会留下了宝贵的资料。文集中所有有关会议的照片均是魏清源先生提供的。

文学院耿纪平博士和孔漫春博士不仅在举办纪念活动时跑前跑后，忙于各种具体事务，在编纂此书时，更是不遗余力，耗费了大量的时间与精力，我们深表感谢。

河南大学出版社为出版本书亦做了许多工作，为此我们十分感谢杨国安先生和邵培松先生。

此外，我还要感谢的是朱绍侯先生，朱绍侯先生得知有这样的一个活动之后，两次表示希望能参加这次会议，因为父亲曾经三次教过朱绍侯先生，师生感情很深。考虑朱先生当时的身体状况，没有请朱先生参与活动。事后见到朱先生，朱先生还说："我是真想参加这个会啊！"

南开大学教授孙克强博士因在台湾讲学未能参与盛会，但他不仅提交了论文，而且让他的学生参加了会议，在此一并致谢。

感谢刘娟博士，她不仅为此次盛会提供了一篇优秀的论文，而且专程从广东湛江来参加此次活动。

父亲1988年病逝于京，30多年年来我们兄弟姊妹无时无刻不在怀念我们亲爱的父亲，从在徐予生先生帮助下出版了《华锺彦诗词选》《浩气长存天地间》，到在张云鹏先生的帮助下出版了《华锺彦文集》，今天在文学院王宏林先生的帮助下，完成了《华锺彦先生纪念文集》，都离不开这些老同学老朋友的帮助。在此，我们再一次对所有参加会议的师长、同学、朋友表示衷心的感谢！

《华锺彦先生纪念文集》在河南大学文学院和河南大学出版社的支持下顺利出版了，我们做子女的也算是了却了一桩心事，但父亲耿直的性格、高尚的品德、勤奋严谨的治学态度、乐善好施的博爱精神，永远是我们学习的榜样。我们虽然都已经70多岁了，但我们愿像父亲那样，在有生之年把自己的全部精力献给祖国，献给我们毕生从事的事业。

华锋

2019年9月于古城汴京雅音堂